普通高等院校国际化与创新型人才培养·现代经济学专业课程"十三五"规划系列教材

- **主　任**

  张建华

- **副主任**

  欧阳红兵　江洪洋

- **委　员**（以姓氏拼音为序）

  崔金涛　范红忠　方齐云　刘海云　钱雪松　宋德勇
  孙焱林　唐齐鸣　王少平　徐长生　杨继生　张卫东

 普通高等院校国际化与创新型人才培养
现代经济学专业课程"十三五"规划系列教材

公司金融分析

Analysis of Corporate Finance

左月华◎编著

华中科技大学出版社
http://www.hustp.com
中国·武汉

内容提要

本书以案例的形式,对我国当前资本市场与实体市场公司金融方面的常见问题与重要问题进行了多层次和多维度的综合分析与理论论证。本书不仅为金融、管理和经济专业的高年级本科生和研究生提供了公司金融理论与实践运用的综合教材,也为企业管理层进行企业投融资决策、治理等方面提供了可以对比和权衡的参考样本。本书案例全部为自编案例,比目前市场上大部分教材的内容更为贴近现实金融,尤其是实体金融,也更为透彻地解析了公司金融常见的投融资问题。

图书在版编目(CIP)数据

公司金融分析/左月华编著. —武汉:华中科技大学出版社,2019.12
普通高等院校国际化与创新型人才培养·现代经济学专业课程"十三五"规划系列教材
ISBN 978-7-5680-5906-0

Ⅰ.①公… Ⅱ.①左… Ⅲ.①公司-金融学-高等学校-教材 Ⅳ.①F276.6

中国版本图书馆 CIP 数据核字(2019)第 275858 号

公司金融分析 左月华 编著
Gongsi Jinrong Fenxi

策划编辑:周晓方 陈培斌
责任编辑:苏克超
封面设计:原色设计
责任校对:张会军
责任监印:周治超

出版发行:华中科技大学出版社(中国·武汉)　　电话:(027)81321913
　　　　　武汉市东湖新技术开发区华工科技园　　邮编:430223
录　　排:华中科技大学惠友文印中心
印　　刷:武汉市籍缘印刷厂
开　　本:787mm×1092mm　1/16
印　　张:22.75　插页:2
字　　数:520 千字
版　　次:2019 年 12 月第 1 版第 1 次印刷
定　　价:68.00 元

本书若有印装质量问题,请向出版社营销中心调换
全国免费服务热线:400-6679-118　竭诚为您服务
版权所有　侵权必究

习近平总书记在全国高校思想政治工作会议上指出，要坚持把立德树人作为中心环节，把思想政治工作贯穿教育教学全过程，实现全程育人、全方位育人。根据这一要求，对于致力于世界一流大学和一流学科建设的中国高校来说，其根本任务就是贯彻落实立德树人宗旨，全面促进一流人才培养工作。

为了体现这一宗旨，华中科技大学经济学院制定了教学与人才培养"十三五"规划。基本思路是：贯彻坚守"一流教学，一流人才"的理念，抓好人才分类培养工作，更加重视国际化与创新型拔尖人才的培养。在教学方面，立足中国实际和发展需要，参照国际一流大学经济系本科和研究生课程设置，制定先进的课程体系和培养方案，为优秀的学生提供优质的专业教育和丰富的素质教育，培养具有创新能力的领军人才。为此，我们必须推进教学的国际化、数字化、数量化、应用化，改进教学方式，大力推进研讨式、启发型教学，加强实践性环节，着力培养创新型、领导型人才；进一步推进教学内容与方式的改革，规划建设一流的现代经济学专业系列教材，构建起我们自己的中国化的高水平的教材体系（即这些教材应当具有国际前沿的理论、中国的问题和中国的素材）。与此同时，注重规范教学，提高教学质量，建设并继续增加国家级精品课程及教学团队，组织教学与课程系统改革并探索创新人才培养的新模式。此外，还要加强实践环节，广泛建立学生实习实训基地。以此培养出一批具备扎实的马克思主义理论功底、掌握现代经济学分析工具、熟悉国际国内经济实践、能够理论联系实际的高素质人才，以适应国家和社会的需要。总之，这一规划确立的主题和中心工作就是：瞄准"双一流"目标，聚焦人才培养，积极行动，着力探索国际化与创新型人才培养新方案、新模式与新途径。我们也意识到，高质量的课程是科研与教学的交汇点，没有一流的课程，"双一流"就不可能实现。因此，抓教学改革、抓教材建设，就是实施这种探索的重要体现。

那么，如何做好现代经济学专业课程系列教材编写呢？习近平总书记提出，应按照"立足中国、借鉴国外，挖掘历史、把握当代，关怀人类、面向未来"的思路，着力建设中国特色社会主义政治经济学。根据习近平总书记系列讲话精神,一是要在经济学科体系建设上,着力在继承性、民族性、原创性、时代性、系统性、专业性上下功夫。要面向未来,从教材体系建设入手,从战略层面重视教材建设,总结提炼中国经验、讲好中国故事,教育引导青年学子在为祖国、为人民立德、立言中成就自我、实现价值。要着眼未来学科建设目标,凝练学科方向,聚焦重大问题,在指导思想、学科体系、学术体系、话语体系等方面充分体现中国特色、中国风格、中国气派。二是要研究中国问题。张培刚先生开创的发展经济学植根于中国建设与发展的伟大实践,是华中科技大学经济学科的优势所在。经济学科要继承好、发扬好这个优良传统,要以我国改革发展的伟大实践为观照,从中挖掘新材料、发现新问题、提出新观点、构建新理论,瞄准国家和地方的重大战略需求,做好经济学科"中国化、时代化、大众化"这篇大文章。

编写本系列教材的思路主要体现在如下几个方面。第一,体现"教书育人"的根本使命,坚持贯彻"一流教学,一流人才"的理念,落实英才培育工程。第二,通过教材建设,集中反映经济学科前沿进展,汇聚创新的教学材料和方法,建立先进的课程体系和培养方案,培养具有创新能力的领军人才。第三,通过教材建设,推进教学内容与方式的改革,构建具备中国特色的高水平的教材体系,体现国际前沿的理论、包含中国现实的问题和具备中国特色的研究元素。第四,通过教材建设,加强师资队伍建设,向教学一线集中一流师资,起到示范和带动作用,培育课程团队。

本系列教材编写的原则主要有如下三个。第一,出精品原则。确立以"质量为主"的理念,坚持科学性与思想性相结合,致力于培育国家级和省级精品教材,出版高质量、具有特色的系列教材。坚持贯彻科学的价值观和发展理念,以正确的观点、方法揭示事物的本质规律,建立科学的知识体系。第二,重创新原则。吸收国内外最新理论研究与实践成果,特别是我国经济学领域的理论研究与实践的经验教训,力求在内容和方法上多有突破,形成特色。第三,实用性原则。教材编写坚持理论联系实际,注重联系学生的生活经验及已有的知识、能力、志趣、品德的实际,联系理论知识在实际工作和社会生活中的实际,联系本学科最新学术成果的实际,通过理论知识的学习和专题研究,培养学生独立分析问题和解决问题的能力。编写的教材既要具有较高学术价值,又要具有推广和广泛应用的空间,能为更多高校采用。

本系列教材编写的规范要求如下。第一,政治规范。必须符合党和国家的大政方针,务必与国家现行政策保持一致,不能有政治错误,不涉及有关宗教、民族和国际性敏感问题的表述。第二,学术规范。教材并非学术专著,对于学术界有争议的学术观点慎重对待,应以目前通行说法为主。注意避免在知识产权方面存在纠纷。第三,表述规范。教材编写坚持通俗易懂、亲近读者的文风,尽量避免过于抽象的理论阐述,使用鲜活的案例和表达方式。

本系列教材的定位与特色如下。第一，促进国际化与本土化融合。将国际上先进的经济学理论和教学体系与国内有特色的经济实践充分结合，在中国具体国情和社会现实的基础上，体现本土化特色。第二，加强中国元素与案例分析。通过对大量典型的、成熟的案例的分析、研讨、模拟训练，帮助学生拓展眼界、积累经验，培养学生独立分析问题、解决问题、动手操作等能力。第三，内容上力求突破与创新。结合学科最新进展，针对已出版教材的不足之处，结合当前学生在学习和实践中存在的困难、急需解决的问题，积极寻求内容上的突破与创新。第四，注重教学上的衔接与配套。与经济学院引进版核心课程教材内容配套，成为学生学习经济学类核心课程必备的教学参考书。

根据总体部署，我们计划，在"十三五"期间，本系列教材按照四大板块进行规划和构架。第一板块：经济学基本原理与方法。包括政治经济学、经济思想史、经济学原理、微观经济学、宏观经济学、计量经济学、国际经济学、发展经济学、中国经济改革与发展、现代管理学等。第二板块：经济学重要分支领域。包括国际贸易、国际金融、产业经济学、劳动经济学、财政学、区域经济学、资源环境经济学等。第三板块：交叉应用与新兴领域。包括幸福经济学、结构金融学、金融工程、市场营销、电子商务、国际商务等。第四板块：创新实践与案例教学。包括各类经济实践和案例应用，如开发性金融、货币银行学案例、公司金融案例、MATLAB与量化投资、国际贸易实务等。当然，在实际执行中，可能会根据情况变化适当进行调整。

本系列教材建设是一项巨大的系统工程，不少工作是尝试性的，无论是编写系列教材的总体构架和框架设计，还是具体课程的挑选，以及内容取舍和体例安排，它们是否恰当，仍有待广大读者来评判和检验。期待大家提出宝贵的意见和建议。

华中科技大学经济学院院长，教授、博士生导师

2017年7月

我国实行改革开放已有四十多年,其间我国的经济与社会状况发生了翻天覆地的变化。2018年,我国经济总量已经达到90.03万亿元,占世界经济的比重达16%左右,居世界第二位。为了保持国民经济的快速发展,为企业提供多元化的融资渠道,积极推动企业做大做强。我国的资本市场的建设在这四十多年中也取得了显著的成就,形成了主板、中小企业板、创业板、全国中小企业股份转让系统、区域性股权转让市场等多层次的证券市场格局。除证券市场外,还形成了产权交易所、商品交易所、金融期货交易所等多市场并存发展的局面。据世界银行统计,2018年中国股市(包含主板、中小企业板、创业板)总市值为43.50万亿元,已居世界资本市场的第二位。

公司金融,主要关注的是公司如何有效地利用各种融资渠道,获得最低成本的资金来源,并形成合适的资本结构,还包括企业投资、利润分配、营运资金管理及财务分析等方面的问题。随着企业规模的发展,资本市场的扩大和深化,我国公司金融领域出现了新的探索和新的问题,这些问题对企业的投融资和公司治理都产生了深刻的影响和巨大的挑战,例如:

股权计划是激励方式还是新的融资方式?

融资约束和股权结构产生的代理成本会影响企业创新吗?

股权质押在增加股东融资渠道的同时,会增加公司的财务风险吗?

供应商的信用融资对银行而言,可以有信用信号效果吗?

高科技企业高溢价并购该如何估值?

企业面临政治成本时,会进行盈余管理吗?

面临外部严格的监督环境时,企业会进行费用归类操纵吗?

我国处于新兴市场的转型时期,公司金融领域涌现的新现象和新运作与国际经典公司金融理论预期的有效市场假说存在很大的不同,这个差异让学生们在学习经典公司金融理论时难免产生困惑。而且这个差异在学术论证上被印证是合理的,可能还要存在很长一段时间,因此研究实际运行机制和总结经验教训有着很强的现实教学需要。引入案例研究是满足这种需要的切实办法。

案例研究是一种深入解构现象、构建理论的重要实证研究方法。但现阶段高质量、有清晰的理论分析和完备的数据与细节论证的公司金融案例非常少。因为公司金融案例研究在学界来说，对研究者的深度思考（如实践感悟、理论升华，以及两者的结合）能力要求高，而且缺乏对理论和定量研究所用的相对标准化过程和工具的使用，所以公司金融案例研究文章发表难度大，这与高校的科研激励目标相背离。因此长期以来我们广大研究公司金融的学者远离这类研究，选择了西方主流的基于定量分析的实证研究，使得专业综合论证型和学术视角研究型的案例出现得非常少。公司金融业界有丰富的实践经验，但缺乏系统的理论分析和前沿跟踪，其提供的案例往往属典型现象示例型和情景素材引导型，这些案例的出现可以帮助读者了解一定的实务操作进程，但对当前在校金融方向和管理方向的高年级本科生和研究生提升实务解释能力和理论运用能力帮助不大。

本书的案例主题对应盈余管理与费用归类，营运资金与长、短期融资，并购，股利分配与股权激励，定向增发与整体上市，以及公司治理等一直被实务界关注的公司金融知识模块，涉及通信设备制造业、房地产业、家电业、电力业、零售业、消费类行业、信息软件业、煤炭业、采矿业等不同行业，以及国有企业与民营企业、中小企业与大型企业和高科技企业与传统制造企业等不同类别的企业。选用的案例主要为专业综合论证型，设计的思路是"凸显有代表性的公司金融主题，强调案例论证的理论逻辑和实际应用条件，综合分析对比决策，提升读者对中国公司金融的感知力和判断力"。同时，本书侧重于加强案例论证过程中对该主题系列问题的总体理解，强调以问题为导向的案例分析方法论的思维模式，重视读者进一步研究和跟踪问题发展的思考需要。

本书在案例选取与设计、案例论证与分析和融入学术研究方面具有如下特点。

1. 案例选取注重结合我国自身的市场环境

本书案例以我国在境内外的上市公司或具有代表性的公司金融问题作为分析载体，完全不同于以往公司金融案例偏于国外场景的特点，旨在将案例的分析与论证过程置于我国企业面临的微观金融的真实场景之中，并在案例论证过程中，具体介绍相应的法规制度、运行约束和潜在收益，这种实务分析有助于增强学生对于我国实体金融市场的深入了解。如在"案例十三　定向增发之后高送转，是否存在股利分配动机异化？——基于鑫科材料的案例分析"中，我们为读者梳理了现行规定，企业可以实施高送转的条件、定向增发的要求。企业为什么要进行合谋，合谋的收益各自是什么，在这个背后存在什么样的利益链。通过该案例的学习，学生可以对当下我国A股市场层出不穷的高送转和定向增发现象有较为清晰的认识，也为将来的工作做了必要的知识储备。

本书中的案例面临的场景还包括发展导致的融资约束问题、经济周期与经营风险问题、并购与估值的问题、股权结构与股东社会资本问题、政治成本与外部监督问题、创新与股权激励问题、资本市场升级机制问题,这些问题无一不是现在金融界关注的热点问题。这些具有代表性的案例可以为众多关注者提供问题解决的思路参考和背景资料。

2. 案例设计强调多维度专业论证

本书大部分案例为专业综合论证型案例,侧重于从已有实证中,结合理论分析,进行相关案例论证。在案例设计方面,尽可能从多维度出发,体现案例研究的典型性、代表性与实际差异性。在案例分析中,强调对案例问题论证的有效性和可信度,所有的案例设计都遵守专业论证的规范流程:首先是基于现象提出案例核心问题;其次是专业文献在该领域的研究梳理,在领悟文献的基础上,提出案例论证的逻辑框架;然后是具体的案例分析,在分析过程中,基于核心问题,将其具体分解成不同维度,每个维度的论证层次和数据分析都有相应的支撑素材;而后是归纳总结出案例分析给出的结论和启发;最后是案例带来的延伸思考和有关参考文献。

如在案例"企业商业信用融资对银行信贷融资有信号效应吗?——基于比亚迪营运资金融资信号的案例分析"中,上市公司的商业信用融资和银行信贷融资之间往往相互关联又受多种因素影响,所有制、地区市场化水平和该行业的产能过剩看起来都会是重要的影响因素,我们的问题设计就是:商业信用融资可以成为银行信贷融资的信用信号吗?这个信号什么情况下会有效,什么时候会失效?所有制、地区市场化水平和该行业的产能过剩哪个会对其信号效应产生较大影响?我们用比亚迪公司作为主案例,在国有企业与民营企业、市场化程度高的区域与市场化程度低的区域、产能过剩行业与非产能过剩行业中进行以上核心问题的各个维度的对比分析,除了普通财务指标,还引入宏观背景数据、同行业平均水平,得到了现实中商业信用融资如何发挥信用信号作用,为企业获得银行信贷融资得出研究结论。

我们的案例研究想要达到的效果,主要体现在:强化学生对公司金融重要概念的辨析能力;加深学生对公司金融理论思想的理解;提高学生对实体经济的经营与投融资问题的判断和思考能力;训练学生案例论证维度与层次的设计能力,提升其案例分析能力;提升学生寻找支撑素材与挖掘数据的能力;激发学生自主性案例论证的探索能力。避免以主观判断代替客观且具有合理性来源的相关论证素材支撑,避免以发散性议论代替问题导向的收敛性论证,避免以单纯叙述故事过程代替公司金融理论与方法的分析。影响公司金融的因素是多方面的,通常与宏观趋势、企业业务模式和经营战略紧密相关,因此,在案例论证的过程中,我们通常都是在明确论证指向的基础上,依据多种影响因素进行多维度、多层次的深入分析与判断,综合运用不同知识和适用的评价方法。

3. 案例论证融入了相关学术研究成果

本书重在提升学生对案例问题的认识深度以及对公司金融实务的理论解释能力。本书对相关学术研究成果的融入体现在以下几个方面。

(1) 融入了相关研究问题,体现了研究问题的前瞻性。部分案例问题,如新三板企业的转板机制设计,既是当前企业界关注的热点问题,又是学术研究讨论的前沿问题。

(2) 借鉴了学术研究思想,体现了案例研究的创新性。在案例论证的过程中,委托-代理理论、信息不对称理论等公司金融理论的运用,提高了案例论证的高度和力度。如融资约束、股权结构对企业创新的影响,非控股股东是否具有监督大股东的能力,定向增发与高送转背后大股东与定增股东的合谋。

(3) 吸收了相关学术的研究逻辑,体现了科学性。如政治成本与企业盈余管理的关系研究,我国治理污染的力度加大,导致资源采掘类能源消耗企业可能面临政治成本增高的普遍性局面,其应对方法在吸收相关理论研究的逻辑关系的基础上,使得论证的逻辑框架与问题设计具有科学性、条理性和合理性。

(4) 反映了最新研究动态,体现了时效性。在案例选择上,本书与目前我国公司金融界关注的主要问题保持内在的一致性和关联性,使得我们的案例除了是学生们了解业界的良好窗口外,也是业界公司高管和股东决策时有用的借鉴和参考。

本书是为高等学校经济与管理类研究生、MBA以及高年级本科生的"公司金融"和"公司金融案例分析"课程设计、编写的一本特色教材。对每一个专题模块都有理论梳理、逻辑分析和背景介绍,收纳了多个近年公司金融在资本市场和要素市场的最新实践案例。在后续会推出配套的网络学习资料,将在课程网络平台上提供案例教学载体、教学引导、阅读素材等,通过线下与线上教学,基于混合式学习方法改革,在现有课内教学基础上增加一定程度的课外阅读与思考,利用课程网络平台提供的在线开放式课程(MOOC)所开辟的互动空间,实现对案例的深入理解、现实跟踪与问题讨论,最终达成提高课内学时利用效率、提升课内讨论点评质量、加深课内讨论专业理解、扩展课外自主学习空间的教学效果。

本书在提供的案例中所使用的数据和相关资料来源于上市公司的财务报告和公告,以及万德(Wind)、国泰安(CSMAR)、同花顺(iFinD)与财经媒体提供的公开资料,已在确认数据与资料具备合理性的基础上注明了资料与数据的来源。

本书是华中科技大学经济学院金融系教学改革的成果之一,也是作者本人在"财务管理"、"公司金融"方面将近二十年的教学与科研的经验之作。在两年的写作过程中,学习和借鉴了很多公司金融方面的优秀论文,感谢这些作者的精彩实证研究。同时,本书基于学术探讨的目的,选用公开的财务报表数据和信息,对于一些公司的行为仅在学术上进行了推理和演绎。由于时间和精力有限,没有办法进行相关公司的实地调研。对于分析中可能存在的不当之处、不足之处,恳请社会各界予以包容与指正。

为保证案例论证的完整性、时效性和新颖性,案例的挑选与比对、数据及素材的收集和补充、案例资料的整理等工作庞杂而繁复。在此对参与案例的挑选与比对、案例主题探讨的欧阳红兵教授、钱雪松教授、刘方池副教授和代昀昊副教授表示衷心的感谢。对参与数据及素材的收集和补充、案例整理和编写等工作的本科生、硕士生和博士生,尤其是对刘代刚同学的付出表示感谢。参与本书相关工作的同学还有刘晓军、刘蒙、邹宇、蒋雪颜、张欣一、方蕾、王淑璇、魏国超和李燕珊。

作者

2019 年 7 月

目录 Contents

融资篇

案例一　经济周期对企业经营风险与营运资金融资有显著影响吗？
——基于山煤国际、格力电器的案例研究　/3

一、引言　/3
二、文献回顾与理论分析　/4
三、研究框架与数据来源　/6
四、案例分析　/7
五、案例对比分析　/17
六、结论与启示　/23

案例二　企业商业信用融资对银行信贷融资有信号效应吗？
——基于比亚迪营运资金融资信号的案例分析　/28

一、引言　/28
二、文献回顾及研究框架　/30
三、案例选择与数据指标　/33
四、案例分析　/35
五、案例总结　/47

案例三　我国房地产企业多元化融资方式研究
——以保利地产为例　/50

一、引言　/50
二、理论分析与文献综述　/51
三、研究方法与数据来源　/53
四、案例研究　/53
五、结论与启示　/69

/73　**案例四　选择整体上市的动因及效果何在?**
　　　　　　——基于美的集团的案例研究

/73　一、引言
/74　二、文献回顾与理论分析
/76　三、案例概况
/79　四、整体上市的动因和效果分析
/87　五、整体上市后的经营绩效
/91　六、总结

公司治理篇

/97　**案例五　创始人专用性资产、堑壕效应与公司控制权配置**
　　　　　　——基于上海家化与阿里巴巴的案例研究

/97　一、引言
/98　二、文献综述
/99　三、案例介绍
/101　四、案例分析:创始人专用性资产、堑壕效应与控制权配置
/113　五、进一步分析:基于不同行业的创始人专用性资产对比及其对堑壕效应与控制权
　　　争夺结果的影响分析
/114　六、结论

/118　**案例六　股权质押会带来股价崩盘风险吗?**
　　　　　　——以辉山乳业为例

/118　一、引言
/120　二、案例介绍
/122　三、案例分析
/132　四、总结

/135　**案例七　融资约束与代理成本会抑制企业 R&D 的投入吗?**
　　　　　　——以伊利股份、石基信息的分析为例

/135　一、引言
/136　二、文献回顾及研究框架
/138　三、数据指标与案例选择说明

四、案例分析　/140
五、案例总结　/149

案例八　研发支出资本化还是费用化能更好地传递公司价值？
——基于科大讯飞的案例分析　/152

一、引言　/152
二、文献回顾及研究框架　/153
三、逻辑框架和数据来源　/155
四、案例分析　/156
五、对比案例分析　/160
六、案例总结　/167

案例九　企业面临强的外部监督，是否会进行费用归类操纵？
——以地方国企和大型央企为例　/169

一、引言　/169
二、文献回顾与理论分析　/170
三、案例选择依据　/171
四、案例分析　/183
五、某地方电力企业A与某中央电力企业B对比　/188
六、总结　/200

案例十　环保监管、政治成本与盈余管理
——基于紫金矿业集团有限公司的案例分析　/203

一、引言　/203
二、文献回顾与理论分析　/204
三、案例研究　/206
四、总结　/226

并购篇

案例十一　我国上市企业跨国并购融资方式研究
——以中联重科并购意大利CIFA为例　/231

一、引言　/231

/234　二、融资理论与相关研究文献综述
/235　三、中联重科并购CIFA案例介绍
/246　四、中联重科并购后表现
/249　五、结论

案例十二　高资产专用性的企业并购有协同效应吗？
——基于天神娱乐并购的案例分析

/253　一、引言
/254　二、文献综述
/255　三、研究方法与案例介绍
/258　四、案例分析
/270　五、主要结论

股权分配和股权激励篇

/277　案例十三　定向增发之后高送转，是否存在股利分配动机异化？
——基于鑫科材料的案例分析

/277　一、引言
/278　二、文献回顾及研究框架
/279　三、案例概况
/280　四、案例分析
/288　五、案例总结

/291　案例十四　股权激励是企业融资手段还是人才自我投资手段？
——基于华为、科大讯飞高科技企业的案例分析

/291　一、引言
/292　二、文献回顾与理论分析
/294　三、案例分析
/302　四、案例对比分析
/310　五、总结

资本市场篇

案例十五　成长的烦恼：新三板企业转板 vs 创业板上市
　　　　——基于合纵科技与北京科锐的案例研究　/317

　一、引言　/317
　二、文献综述与国外实践经验　/318
　三、案例介绍　/322
　四、案例分析　/326
　五、案例总结　/343

融资篇
RONGZIPIAN

案例一
经济周期对企业经营风险与营运资金融资有显著影响吗？
——基于山煤国际、格力电器的案例研究

> **案例导读** 经营风险上升会给企业带来营运资金融资约束，尤其是周期性行业，这种融资约束会影响企业的正常经营。本案例对山煤国际的经营风险进行测度，并结合商业信用占用情况来分析其融资决策背后的逻辑。经分析发现，经营风险加剧使得山煤国际营业活动自发融资出现困难，具体表现为商业信用占用为负，企业出现较大的营运资金净需求。然而山煤国际在补足营运资金的融资渠道上选择了潜在风险更大的短期借款，而非稳健的长期资本，本案例从产权结构的角度分析了其融资决策的内因。本案例还以格力电器作为对比，探讨了非周期性行业中商业信用占用变动情况及原因，并比较二者营运资金决策的逻辑和路径。本案例研究为企业的营运资金融资决策提供了参考。

一、引言

企业的经营风险会受到经济周期、自身经营状况及政策导向等多种因素影响。尤其是周期性行业，随着我国宏观经济增速下行，实体经济持续下滑，尤其是周期性行业，其经营风险加剧会对企业营运资金融资造成一定影响，进而影响企业的正常经营。一般地，企业在营运资金融资选择上会优先采用商业信用中的资金占用来获得融资，因此在企业经营风险加剧的同时，该融资渠道是否受到约束成为企业融资决策关注的主要问题。若企业无法利用商业信用中的资金占用来获得融资，则意味着其营运资金融资需求增大，企业将被迫选择从其他正式渠道获得融资。正式渠道主要为短期借款和长期资本，短期借款虽能缓解短期营运资金需求，但同时也加重了短期还本付息压力，从而使得经营风险进一步加剧；而长期资本主要通过长期借款、长期债券及股权融资等方式募集，其融资难度较大，但是可以较为有效地降低经营风险。此外，国有企业由于控制权归为国有，这类企业会利用产权结构优势及良好的历史信用更加顺利地通过银行信贷来缓解融资约束；相应地，民营企业由于天然缺乏以上融资优势，其在生产经营中会更加重视对供应链上下游的商业信用管理，尽可能多地从经营活动中获得资金占用。不同企业的产权结构、历史信用以及所属行业等都存在相当大的差异,其各自会按照何种逻辑路径来进行营运资金融资决策,成为学者和企业共同关注的问题。

山煤国际和格力电器两家上市公司的营运资金融资决策的案例分析对经济周期、经营风险与营运资金融资决策的逻辑梳理和路径研究提供了很好的素材。山煤国际所处的煤炭行业为周期性行业,受经济周期影响较大,而格力电器所处的家电行业受经济周期影响较小,在考虑到宏观经济的影响时,区别行业分析是审慎的。同时,山煤国际和格力电器的控股股东均为国有,在对比两家企业营运资金融资决策时控制产权性质这一影响因素则更为严谨。

作为煤炭行业中的大型国有企业,山煤国际自身处在经济周期的不景气区间和行业"去产能"的大环境下,其经营风险逐渐加大,其利用营业活动自发融资的渠道是否受到制约?进而山煤国际的融资决策如何实施?本案例将对山煤国际的经营风险进行测度,剖析山煤国际对利益相关者的资金占用情况和融资决策。以山煤国际为代表的煤炭企业属于典型的周期性行业,那么非周期性行业是否存在同样的问题?本案例分析中的第二个主体部分则选用了大消费类行业中的格力电器来加以对比分析,探究前一部分中山煤国际由于行业周期造成的经营风险加剧以及营运资金融资约束是否在格力电器显现,分析二者在营运融资渠道上的差异。此外,在对山煤国际融资决策的研究分析中,我们发现供应链中信息并不对称的上下游在商业信用供需上出现了明显的正相关,而家电行业中的格力电器却不存在此变动关系,本案例将结合各自行业特点从供应链管理的角度予以阐明。

本案例在已有的经营风险与营运资金融资决策的研究框架下阐明了经营风险与营运资金融资决策的内在逻辑,为企业的融资决策提供了参考,同时还结合产权性质对企业在发展到一定规模下商业信用与银行信贷存在的互补效应进行了论证。将经济周期对经营风险的影响考虑在内,丰富了关于经营风险与营运资金融资决策的研究。另外,本案例还发现企业供应链上下游存在不同程度的信息共享会对其商业信用资金占用情况产生相应影响,从而对企业进行供应链管理提供了参考,完善了经营风险与营运资金融资决策的研究框架。

二、文献回顾与理论分析

(一)经济周期与经营风险

经济周期对经营风险的影响不可忽视,当经济衰退时,企业经营更容易陷入困境。[1] Klein 等基于美国上市公司数据,发现经济周期和上市公司的资产回报率之间存在着显著的正向关系[2],而资产回报率的波动程度正是衡量企业经营风险的指标。然而我国在 20 世纪 90 年代至 2008 年这一经济上行区间内,出现了经济周期与上市公司经营绩效背离的异象,在控制了 IPO(首次公开募股)效应后,发现国内的上市公司经营绩效和宏观经济周期的波动也是一致的。[3]此外,经济周期在影响企业经营风险的同时,也会影响企业的融资行为,吴华强等发现经济周期会通过影响融资-托宾 Q、融资-现金流敏感度来影响企业的外部融资行为。[4]融资约束会促使企业在经济周期下行期更加积极地进行营运资金管理。[5]可见,在分析经营风险与营运资金融资决策的问题上,将经济周期影响因素考虑在内是必要的。周期性行业的盈余管理程度总体上大于非周期性行业,尤其是在经济收缩期,周期性行业的盈余管理程度越大。[6]应计与真实盈余管理都会对公司未来经营业绩产生负面影响,且应计盈余管理对公司短期经营业绩的负面影响更大,真实盈余管理对公司长期经营业绩的负面影响更大。[7]以上逻辑主线说明了在经济周期下行区间内,周期性行业受到的业绩影响比非周期性行业更显著,将会面临更大的经营风险。

(二) 经营风险与营运资金融资决策

一般财务理论认为,经营风险是指由于公司经营的不确定性而使利润产生变化的可能性。在测度企业经营风险时,国内外学者分别选用了不同的指标和方法。李涛采用应收账款、应收票据和其他应收款在总资产中的比例(即应收款比例)来测度经营风险,应收项目比例越高,未来难以收回的可能性越大,经营风险就越高。[8]然而企业商业信用是由应收项目和应付项目共同组成,商业信用融资差额才是营运资金的缺口,单独地使用应收款占比这一指标显得有些片面。Mcdaniel使用经营杠杆系数(DOL)来衡量经营风险,然而这一指标并未与企业盈利情况挂钩。[9]廖理等认为主营业务收入的波动性越大,则企业的经营风险越高,他选取了企业过去三年主营业务收入的标准差来度量经营风险。[10]John K.等则认为盈利波动性越大则企业经营风险越高,他们在对经营风险的测度中选用了EBIT/总资产这一指标。[11]盈利波动程度能够很好地反映企业的经营风险水平,然而EBIT(息税前利润)未考虑到折旧与摊销,不能反映出企业经营性现金流情况。本案例在企业风险测度中选用了EBITDA(息税折旧与摊销前利润)与总资产的比值作为基础数据,通过计算其波动程度来测度经营风险。

企业经营风险会影响企业的营运资金融资决策。[12]随着经营风险的上升,企业在营运中更难以利用营业活动自发融资,会面临更大的营运资金缺口。[13]潘慧妍从供应链上下游的角度将营业活动自发融资模式划分为"顾客资本融资模式"和"供应商资本融资模式","顾客资本融资模式"表现在企业对下游分销商的议价能力上,具体反映于应收账款、应收票据及预收款项等项目;"供应商资本融资模式"则表现在对上游供应商的资金占用上,具体反映于应付账款、应付票据及预付款项等项目。[14]肖斐斐等认为从供应链获得融资能降低融资成本,[15]而供应商资金"短借长用"带来的高风险可能使供应商与企业中断商业往来,从而影响企业正常经营,增加融资和管理成本。[16]可见营业活动自发产生的融资——商业信用融资并不能完美填补企业的营运资金缺口,尤其是经营风险高的企业。经营风险高的企业会尽量减少运用短期金融性负债这类高风险的融资方式,进而选择稳定的长期资本作为替代。[13]然而在现实环境中,企业通过上述正式渠道获得融资并不容易,其在银行信贷上存在融资约束。Meltzer最早提出替代性融资假说,认为商业信用对银行信贷具有替代作用,Cook证实了该效应的存在。[17][18]当商业信用达到一定的规模后,银行信贷与商业信用表现为互补关系。[19]而采用股权融资补足营运资金缺口的方式在我国颇受限制。国内存在相当数量的国有控股上市企业,其在产权结构和历史信用等方面均与民营企业存在显著差异,在营运资金融资决策上也会立足不同的现实条件。

(三) 营运资金融资决策与外部融资渠道

上市公司外部融资方式主要分为股权再融资和债务融资,其中股权再融资在我国主要有配股、增发新股等方式;而债务融资则根据期限长短分为长期债务融资和短期债务融资。股权再融资方面,究竟上市公司应该选取何种方式,学术界一直存在争论。Cronqvist等认为,配股会使得老股东的持股比例不变,而增发新股则会稀释老股东的持股比例,财富分配效应使得老股东的财富减少,因此配股要优于增发新股。[20]而Brennan等则认为,增发新股引入外部机构投资者,也引入了新的外部监管者,尤其是股权集中的上市公司,一股独大可能导致中小股东的利益受到损害,引入新的外部投资者会对大股东起到制衡作用。[21]然而中国的《上市公司证券发行管理办法》对上市公司选择配股和公开增发均做出较为严格的财务业绩要求。例如,上市公司实施配股的条件需满足连续三个会计年度盈利且以现金或股票方式累计分配的利润不少于三年实现的年均可分配利润的百分之二十。而公开增发须满足三个会计年度连续盈利,三年以现金方式累计分配的利润不少于最近三年实现的年均可分配利润的百分之三十,三个会计年度加权平均净资产收益率平均不低于百分之六等更为苛刻的条件。定向增发由于财务业绩门槛较低,近些年来成为A股股权再融资最常见的手段,但上市公司在资金募集完成后变更资金投向的做法屡见不鲜。2016年,中国证监会发布了"募集配套资金不能用于补充上市公司和标的资产流动资金、偿还债务"的新规,从而限制了上市公司补足营运资金的途径。

债务融资方面,短期债务融资以短期借款为主,其在补充营运资金的同时也带来了较大的短期还本付息压力,对于短期偿债能力较差的企业,无疑会加剧其财务风险。而长期债务融资则主要为长期借款、发行债券以及长期应付款等,因避免了短时间内的还本付息压力,其相较于短期借款更加稳健。然而长期债务融资对于补足营运资金也有其鲜明的缺点,借贷资金"长借短用"的期限错配问题会出现资金使用的空档期,产生不必要的利息支出,成为经营状况不佳企业改善业绩的一大障碍。

三、研究框架与数据来源

(一)研究框架

尽管国内学者对经营风险与营运资金融资决策之间的逻辑脉络做了深入的研究,然而从产权结构的角度对营运资金融资决策的分析和探讨有所欠缺;同时,考虑到经济周期的影响之后,区分周期性行业与非周期性行业进行对比分析会更有说服力。

本案例选取了周期性行业中山煤国际这一典型案例,基于EBITDA/总资产这一指标得出滚动取值的标准差来计算和比较经营风险水平,进而结合其商业信用占用情况来分析山煤国际在行业经营风险加剧背景下利用营业活动自发融资所面临的困境,并结合产权结构及供应链关系对其融资决策进行剖析。此外,本案例还选取非周期行业中的格力电器作为对比,比较不同行业利用营业活动自发融资的差异,为企业经营管理和融资决策提供参考。营运资金融资决策逻辑框架如图1所示。

(二)数据来源

本案例采用双案例研究的方法,所选案例为山煤国际(股票代码:600546)和格力电器(股票代码:000651)。选用以上两家上市公司作为研究对象来分析所涉理论命题,主要理由如下:①山煤国际的营运资金融资决策帮助其走出困境,多项盈利指标向好;②以

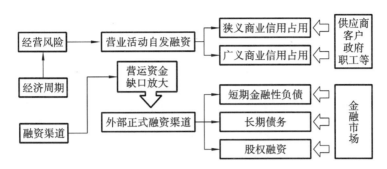

图 1 营运资金融资决策逻辑框架

(资料来源:作者绘制。)

山煤国际为代表的煤炭企业,所处行业产能过剩,其融资决策具有一定的广泛适用性;③煤炭行业为周期性行业,与经济周期关系密切,故选用非周期性行业中的代表企业格力电器进行对比,强化研究结论。

本案例以新浪财经、Wind 数据库、交易所披露的企业年报等为主要数据来源。包括山煤国际在内的四家煤炭企业和对比案例中格力电器的数据均取自新浪财经及交易所年报,历年中国煤炭价格指数来源于 Wind 数据库。需要特别说明的是,山煤国际为借壳上市,其上市前三年财务报表数据见于原壳公司中油化建的要约收购报告书。

本案例首先在理论回顾阶段通过文献回顾,构建了经营风险与营运资金融资决策的逻辑框架;进而在逻辑框架的指导下,具体从经营风险测度、商业信用占用、营运资金净需求、融资决策等部分进行分析和论证;在案例研究的最后阶段,选取了非周期性行业中的典型代表格力电器进行对比分析。

四、案例分析

(一) 企业概况与行业现状

山煤国际能源集团股份有限公司(以下简称山煤国际),是全国四家具有煤炭出口成交权的出口企业之一和山西省唯一拥有出口、内销两个通道的大型国有企业,2002 年起步入全国最大的 500 家大企业集团行列。2009 年,山煤国际顺利完成煤炭资源整合,主营业务整体上市,顺利登陆 A 股市场。截至 2015 年,山煤国际实现销售收入 395.95 亿元,总资产达 504.90 亿元,2015 年位列"中国 500 强企业"第 93 位。

中国的煤炭行业有两个重要的时间点,分别为 2012 年和 2015 年。2012 年以前的十年是煤炭行业的"黄金十年",伴随着中国工业化进程的加快以及社会基础设施建设的大力推进,煤炭作为重要的资源性商品,其价格逐步攀升。2000 年以后煤价从不到 200 元/吨一路飙升到 2008 年 7 月最高 1070 元/吨,煤炭行业处在行业周期的景气区间。而 2012 年之后,中国宏观经济下行压力加大,GDP 增速放缓,处在经济转型期的煤炭行业产能过剩,行业恶性竞争加剧,多数煤炭企业面临亏损。2015 年以后,中央提出供给侧结构性改革方案,煤炭行业"去产能"首当其冲,去除低端供给使得众多小型低效煤炭企业关闭,煤炭行业迎来技术转型和产业整合的关键阶段。煤炭行业重大事件时间轴如图 2 所示。

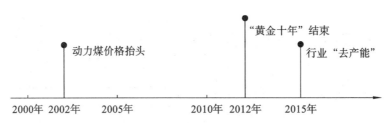

图 2　煤炭行业重大事件时间轴
（资料来源：作者绘制。）

（二）经营风险测度

1. 经营风险加大的客观因素

山煤国际所处的煤炭行业产能严重过剩，企业恶性竞争加剧，经营风险逐步加大。尤其是供给侧结构性改革实施以来，行业面临"去产能"带来的阵痛。经济增速下行导致煤炭需求增速远低于供给增速，以山煤国际为代表的煤炭企业面临限产的窘境，进而加重企业的经营风险。

2. 行业内经营风险测度及比较

本案例选取了中煤能源、安源煤业、恒源煤电等 3 家主营业务为煤炭生产及贸易的上市企业作为行业内对比，这三家煤炭企业的主营业务与山煤国际类似，成品均以动力煤为主，其供应链下游多为煤炭贸易公司，为火力发电供煤。中国神华因自有国华电力和神东电力两大发电企业，且发电收入占其主营业务收入的近 30%，故不列入本案例的行业对比中。

图 3 中反映的是以上 4 家企业的总资产净利率。总资产净利率是企业的盈利指标，其数值的高低反映出盈利水平的高低，其平稳程度能反映出企业经营风险水平，即盈利越稳定，其总资产净利率走势越平缓，经营风险越小。煤炭行业自 2012 年以来，总资产净利率呈单边下降的趋势，行业面临较大的经营风险。

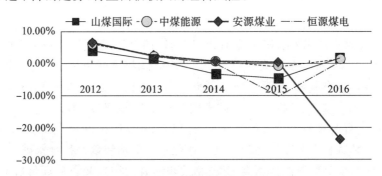

图 3　4 家企业 2012—2016 年总资产净利率
（资料来源：作者根据新浪财经相关数据绘制。）

总资产净利率虽能直观地反映出企业的盈利变动情况，但不能对企业的经营风险进行定量的测度以比较不同企业经营风险所处的水平。John K. 等（2008）在对经营风险的测度中选用了 EBITDA/总资产这一指标，同时基于盈利的波动性度量来经营风险的大

小,其计算公式如下:

$$\delta_t = \sqrt{\frac{1}{T-1}\sum_{t=1}^{T}\left(E_t - \frac{1}{T}\sum_{t=1}^{T}E_t\right)^2} \quad (1)$$

$$E_t = \frac{EBITDA}{A_{t-1}} \quad (2)$$

该计算公式是以公司本年度的息税折旧摊销前利润(EBITDA)与公司第 $t-1$ 年的总资产的比值,即总资产息税折旧摊销前利润率作为参考数据,利用第 $t-4$ 年至 $t-1$ 年上述数据求得滚动标准差计算经营风险。4 家煤炭企业 2012—2016 年经营风险水平如图 4 所示。

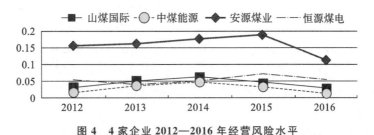

图 4 4 家企业 2012—2016 年经营风险水平
(资料来源:作者根据新浪财经及交易所年报披露相关数据绘制。)

图 4 更直观地反映出 4 家企业的经营风险程度,除安源煤业外,山煤国际的经营风险与其他 2 家同行业上市公司相差不大,为平均水平。然而上述经营风险的测度方法能够对不同企业的盈利波动情况进行横向比较,却并不能反映单个企业不同年份的经营风险走势。山煤国际自身的经营风险走势分析采用了 EBITDA/总资产指标,2006—2016 年 EBITDA/总资产和中国煤炭价格指数走势见图 5。2012 年以前,山煤国际的 EBITDA/总资产稳步上升,这与同一时间区间煤炭价格走势吻合。2012 年煤炭"黄金十年"终结,煤炭行业产能过剩严重,行业面临供需失衡、结构不合理、体制机制约束等症结,山煤国际经营业绩从 2012 年开始直至 2015 年一路下滑,经营风险凸显。此外,2015 年年报显示,在涉及诉讼和仲裁的 47 起纠纷中,被告方为山煤国际的高达 35 起,内容多为拖欠应付账款。而 2015 年中央提出供给侧结构性改革以后,煤炭价格开始反弹,山煤国际多项财务指标好转,其中主营业务收入止跌回升,同比增长 24.16%;销售毛利率创下 2011 年以来新高,达到 7.64%。在没有明显盈余管理的前提下,营业利润和净利润都扭亏为盈,山煤国际开始从"去产能"的阵痛中走出,2016 年的经营状况得到明显改善。

(三)商业信用占用

煤炭行业经营风险在经济周期不景气的区间内逐渐加大,那么其在利用营业活动自发融资上是否受到了制约将直接影响到企业的营运资金融资决策。企业利用营业活动自发融资主要表现在对供应链上下游的商业信用净占用上。对供应链中上下游的资金占用,主要反映在应付账款和应付票据以及预收款项等项目上;相对地,供应链上下游也会对企业造成资金占用,主要反映在应收账款和应收票据以及预付款项等项目上,狭义商业信用占用是二者的差值,能够衡量企业在供应链中的整体议价能力。广义商业信用占用则是在狭义商业信用占用的基础上还包含了企业对政府、个人等供应链之外的利益

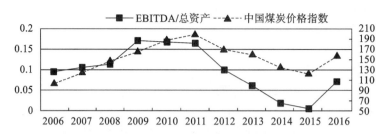

图 5 山煤国际 2006—2016 年 EBITDA/总资产和中国煤炭价格指数走势图
（资料来源：作者根据新浪财经和 Wind 数据库绘制。）

相关者的资金占用。如果商业信用占用为正，则表示企业更能从营业活动中获得足够融资来维持日常经营；相反，若商业信用占用为负，则表明企业在供应链中的议价能力偏弱，无法通过商业信用资金占用获得足够融资，此时会存在明显的营运资金缺口，当缺口放大时，企业应选择其他融资渠道获得资金予以补足。本部分将结合山煤国际在经营活动中的商业信用占用的变动情况来剖析企业所面临的营运资金融资约束。

1. 狭义商业信用占用

狭义商业信用占用是企业对其产销供应链上下游企业的商业信用资金占用。反映狭义商业信用占用的指标为商业信用净占用，其数值等于狭义商业信用需求减去狭义商业信用供给，三个指标能反映企业、供应商和经销商之间的商业信用供求情况。各指标计算公式如下：

狭义商业信用需求＝（应付账款＋应付票据－预付款项）/营业收入

狭义商业信用供给＝（应收账款＋应收票据－预收款项）/营业收入

狭义商业信用占用（商业信用净占用）＝狭义商业信用需求－狭义商业信用供给

狭义商业信用需求的增加反映了企业对于营运资金的需求程度增加，即对上游供应商的资金占用增加，企业相对于上游供应商处于强势，或者企业有意拖欠供应商货款；而商业信用供给增加则表现出其在营运资金上表现相对充裕，也反映出企业对于下游客户的议价能力减弱，企业增加了销售投入。

1）狭义商业信用需求和供给

利用狭义商业信用需求和供给计算公式得到的山煤国际 2011—2016 年狭义商业信用需求和供给如图 6 所示。

如图 6 所示，山煤国际 2011—2013 年狭义商业信用需求和供给呈同向变动趋势，但是从 2014 年起，出现了反向变动。2014 年，山煤国际宣布亏损，其狭义商业信用净需求反而有所降低，缺口变成最小，难道亏损导致融资需求下降？2015 年是公司经营风险最高的时期，也是该公司商业信用融资缺口最大、资金需求最强的时期。2015 年以前的狭义商业信用需求呈上升趋势，即企业对上游供应商资金占用的增长率大于营业收入增长率，企业对供应链上游供应商的应付账款、应付票据同比增加，说明山煤国际拖欠上游供应商货款的情况变得严重，也说明对上游供应商的议价能力增强。山煤国际同期的狭义商业信用供给同样呈上升趋势，其增长率超过营业收入增长率，反映出下游企业不愿意立刻支付的所欠款项同比增多，山煤国际与下游经销商的议价能力减弱。山煤国际上下

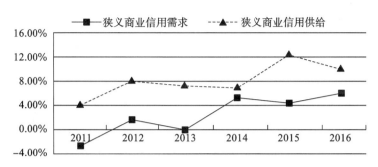

图 6 山煤国际 2011—2016 年狭义商业信用需求和供给

（资料来源：作者根据新浪财经相关数据绘制。）

游议价能力的一强一弱反映为图 6 中广义商业信用需求与供给同向向上变动。在图中，山煤国际 2014 年狭义商业信用需求和供给变动方向出现弱化，营运资金融资缺口变小，不是亏损导致融资需求下降，而是由于会计科目调整造成的。2014 年山煤国际的其他应收款出现了大规模的增长，从 2013 年的 10.13 亿元提升到了 2014 年的 49.38 亿元，二者占营业收入的比重从 2013 年的 1.25% 上升到 2014 年的 7.81%，而当年年报中披露的其他应收款均为货款，应符合应收账款的计量标准，故造成 2014 年不包含其他应收账款的狭义商业信用供给出现下滑，会计科目的调整平滑甚至降低了应收账款的规模。此外，山煤国际下调了当年的应收账款和其他应收款 2 年以内账龄的坏账计提比例，1 年以内的从 3% 下调至 1%，1~2 年的从 10% 下调至 5%。对于应收账款和其他应收款总额规模超过 100 亿的山煤国际，本次计提比例调整会在未来两年虚增 2 亿元和 5 亿元的税前利润。而 2015 年狭义商业需求的小幅下滑则是由于在当年营收规模减半的情况下，山煤国际的预付款项依然保持上年规模。2016 年，预收款项占营业收入的比重回归正常水平，故造成了狭义商业信用需求出现一减一增，而广义商业信用需求却出现一增一减的反向变动现象。此外，山煤国际 2014 年和 2015 年连续两年亏损，其商业信用需求和供给快速同步抬升至峰值，也印证了山煤国际供应链上下游信息共享动机的存在。

如图 7 所示，从 2012 年开始，山煤国际的营业收入增长率开始下滑，2013—2015 年连续 3 年为负增长，2015 年以后出现回升，这说明"去产能"给大型煤炭企业带来短期阵痛后企业经营状况扭转向好，包括 EBITDA/总资产、商业信用占用等在内的指标在 2015 年之后均出现好转，时间节点上也与同期煤炭行业的景气程度一致。

2）商业信用净占用

利用商业信用净占用计算公式得到的山煤国际 2011—2016 年商业信用净占用如图 8 所示。

如图 8 所示，山煤国际近年的商业信用净占用为负，这表明企业难以从供应链的上下游企业中获取经营活动所需融资，商业信用净占较低。同时，图 6 显示山煤国际在去产能开始实施的 2015 年以前，狭义商业信用供给和需求二者整体呈上升趋势。其原因主要是行业内出现恶性竞争，企业生产经营过程中的不确定性加大。在供应链上游，企业会拖延采购和生产等渠道的债项支付，争取供应商的资金支持，增加营业活动自身可以融通的资金，在财务指标上会出现应付账款、应付票据显著增多；在供应链下游，企

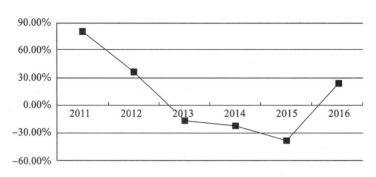

图7 山煤国际2011—2016年营业收入增长率
（资料来源：作者根据新浪财经相关数据绘制。）

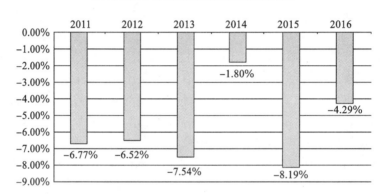

图8 山煤国际2011—2016年商业信用净占用
（资料来源：作者根据新浪财经相关数据绘制。）

业的经销商为了应对经营风险的负面影响，也会拖延销售渠道的款项支付，迫使企业增加狭义商业信用供给，在财务指标上会出现应收账款、应收票据显著增多。这使得狭义商业信用供给和需求之间呈现正相关关系。

此外，山煤国际2015年以后的狭义商业信用供给和需求出现了反向变动。造成趋势改变的原因是随着"去产能"政策的推进落实，小型、低效的煤炭企业相继关闭。与此同时，山西省将同质化竞争的煤炭集团合并重组，煤炭行业竞争环境得到极大改善，2016年山煤国际的营业收入增长了24%，上下游的议价能力也得到改善，当年的商业信用净占用较上年提高了50%，2016年的短期借款余额占营业收入比重相比上一年下降超过10个百分点。这表明，2015年以后，山煤国际的营运资金融资约束在一定程度上得到了缓解。包括山煤国际在内的同行业4家上市公司狭义商业信用净占用如图9所示。

图9表明，中煤能源的狭义商业信用净占用一直为正，其狭义商业信用需求高于狭义商业信用供给，这说明中煤能源更有能力通过营业活动自发融资；而包括山煤国际在内的3家上市公司的商业信用净占用一直为负，恒源煤电和安源煤业的商业信用净占用更是明显走低，这说明其利用商业信用获得融资的能力较差，甚至逐渐恶化。

同时，笔者还发现山煤国际供应链中信息并不对称的上下游在商业信用供需上出现明显正相关关系，这其中有何种必然的逻辑呢？山煤国际上游供应商主要为山西省内的原煤供应企业，而下游客户以省外的标准煤销售企业为主。事实上山煤国际供应链中的

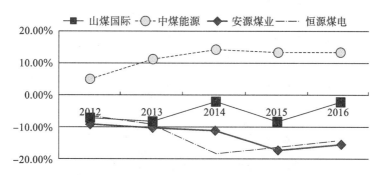

图9　4家企业2012—2016年狭义商业信用净占用

（资料来源：作者根据新浪财经相关数据绘制。）

狭义商业信用需求与供给同时增大，即山煤国际所处的供应链中，上游的议价能力都要弱于下游。在"去产能"之前，山西的煤炭行业乱象丛生，煤炭生产加工这一环节不仅有山煤国际这类大型国有企业，同样也充斥着大量的中小民营煤企，鱼龙混杂导致了行业内的恶性竞争，产能过剩且伴随着大量的低端供给。由于产能过剩出现在供应链的最上游，导致整个供应链上游议价能力明显弱于下游，但是山煤国际在产业链中的环节很短，上下游联系紧密，信息容易互通，造成了山煤国际供应链中上游的狭义商业信用需求和下游的狭义商业信用供给同向放大。当经销商对上游供应商依赖性较弱时，如果下游市场的不确定性很强，企业之间会更有动机实现信息共享。山煤国际供应链下游的议价能力要强于上游，即经销商对供应商的依赖性不高，同时在行业"去产能"的大环境下，供应链下游市场不确定性也会增大，使得信息不对称的上下游存在信息共享的动机，并反映在狭义商业信用供需同向变动上。

2. 广义商业信用占用

广义商业信用占用是考虑了除供应链上下游企业之外的资金占用情况。广义商业信用需求中还包括应付职工薪酬、应交税费、其他应付款、其他流动负债等，广义商业信用供给中也将其他应收款包含在内。反映广义商业信用占用的指标为营业活动自发融资，其数值等于广义商业信用需求减去广义商业信用供给。各指标计算公式如下：

广义商业信用需求＝（应付账款＋应付票据－预付款项＋应付职工薪酬＋应交税费
　　　　　　　　　＋其他应付款＋其他流动负债）/营业收入

广义商业信用供给＝（应收账款＋应收票据－预收款项＋其他应收款）/营业收入

广义商业信用占用（营业活动自发融资）＝广义商业信用需求－广义商业信用供给

根据以上公式计算得到山煤国际的广义商业信用占用情况见表1和图10。

表1　山煤国际广义商业信用占用表

年份	2011	2012	2013	2014	2015	2016
广义商业信用需求	3.93%	7.26%	6.06%	13.40%	17.77%	11.66%
广义商业信用供给	5.39%	9.43%	8.76%	14.91%	23.05%	14.05%
营业活动自发融资	－1.46%	－2.17%	－2.70%	－1.51%	－5.28%	－2.39%

（资料来源：作者根据新浪财经相关数据整理。）

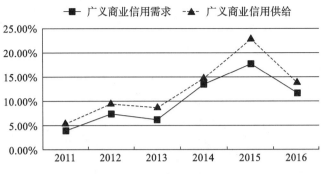

图 10　山煤国际 2011—2016 年广义商业信用需求和供给
（资料来源：作者根据新浪财经相关数据绘制。）

图 10 显示，山煤国际的广义商业信用需求与供给呈明显的同向运动，与经营风险的变化同步，经营风险越高，广义商业信用需求越大。在企业经营风险最大的 2015 年，也就是煤价最低的时候，山煤国际的商业信用需求（缺口）也达到最大值。广义商业信用的计算相比狭义商业信用更好地反映了企业营运资金融资的状况，克服了因会计科目调整而导致的账面波动。

山煤国际广义商业信用占用在 2012—2016 年均为负值，这进一步表明其利用营业活动自发融资的能力比较薄弱。此外，山煤国际的广义商业信用占用明显低于其狭义商业信用占用，这表明山煤国际对供应链上下游的商业信用占用情况糟糕，同时其他与经营活动相关的资金占用情况也不容乐观，最终反映出其利用营业活动自发融资困难，整体能力在行业内同样偏弱。包括山煤国际在内的 4 家企业 2012—2016 年营业活动自发融资情况见图 11。

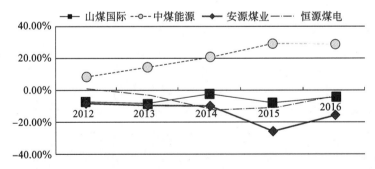

图 11　4 家企业 2012—2016 年营业活动自发融资情况
（资料来源：作者根据新浪财经相关数据绘制。）

（四）营运资金净需求与融资决策

1. 营运资金净需求

山煤国际的广义商业信用占用为负，表明其利用经营活动自发融资难以实现，企业存在营运资金缺口。而在企业正常运营过程中，需关注经营性流动负债能否在一定程度上满足流动资产的融资需求。如果缺口过大，则企业应选择正式融资渠道来填补。营运资金净需求是衡量营运资金缺口的重要指标，其计算公式如下：

营运资金净需求＝(流动资产－经营性流动负债①)/营业收入

根据以上计算公式得到山煤国际 2012—2016 年营运资金净需求,如图 12 所示。

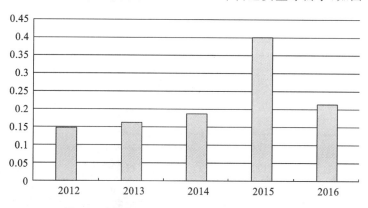

图 12　山煤国际 2012—2016 年营运资金净需求

(资料来源:作者根据新浪财经相关数据绘制。)

如图 12 所示,山煤国际由于经营风险较高,难以在经营活动中通过对利益相关者的资金占用获得融资,这使得 2015 年以前山煤国际的营运资金净需求呈上升趋势,山煤国际急需通过正式融资渠道来填补营运资金缺口。

值得注意的是,山煤国际的短期偿债能力指标流动比率自 2011 年以后出现了明显下滑,从 2011 年的 1.34 下滑至 2016 年的 0.67;而反映营运能力的流动资产周转率同期也下滑严重(见图 13)。山煤国际在该不景气区间的短期偿债能力、营运能力明显下降。

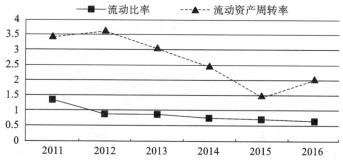

图 13　山煤国际 2011—2016 年流动比率、流动资产周转率

(资料来源:作者根据新浪财经相关数据绘制。)

2. 融资决策

营运资金净额,即营运资金净需求,其数值等于金融性流动负债与营运资本之和。说明企业营运资金缺口由以上两部分来补充,金融性流动负债主要来源于短期借款或短期债券;营运资本(长期资本－长期资产)则来源于长期借款、长期债券以及自有资金等。一般来说,经营风险处于较高水平的企业在选择短期金融性负债进行融资时,伴随的还本付息压力会进一步加剧企业经营风险;在利用长期资本融资方面,选择长期借款融资

---

① 经营性流动负债包括应付账款、应付票据、预收账款、应付职工薪酬、应交税费、其他流动负债等。

能够延缓本金的支付,选择股权融资则可以免除定期支付本息的压力,从而更好地控制经营风险。那么山煤国际的融资决策究竟是选用短期借款还是利用长期资本来填补营运资金缺口呢？长期资本方面,A股股权融资主要为定向增发,然而,由于行业不景气以及缺乏题材炒作,定增方案难以达成,股价也是常年低迷。

既然山煤国际没有通过股权融资（A股优先融资方式）来补足营运资金缺口,那么其在短期借款和长期借款两种渠道中做出了何种选择呢？

表2中列示的是山煤国际2011—2016年短期借款和长期借款占营业收入比重。

表2 山煤国际2011—2016年短期借款和长期借款占营业收入比重

年份	2011	2012	2013	2014	2015	2016
短期借款占比	10.54%	11.55%	13.67%	18.59%	47.45%	36.01%
长期借款占比	4.51%	3.04%	4.98%	4.04%	7.61%	6.09%

（资料来源：作者根据新浪财经相关数据整理。）

表2显示,山煤国际2011—2016年的长期负债水平并不高,而短期负债则维持了较高水平。对于山煤国际这类经营风险较高的企业,短期负债会伴随还本付息的压力从而进一步加剧企业的经营风险。事实上,近年山煤国际的营运资本持续为负,这说明山煤国际的长期资本少于长期资产,即部分长期资产由流动负债提供；而在流动负债这一项目中,短期借款占了较大比重。

山煤国际在债务融资上并未倾向于长期借款,而是选择了大规模的短期借款,如此一来会加剧自身的经营风险,看似矛盾的做法背后,山煤国际为何做出如此选择？

分析山煤国际的产权结构,其第一大股东为山西煤炭进出口集团有限公司（国有独资）,持股比例为57%,相较于民营企业,山煤国际的大股东有着更强的风险承受能力,银行对山煤国际的放贷标准也会更加宽松。同时山煤国际并没有摒弃长期借款渠道,从2013年开始,山煤国际分别发行为期2年、3年不等的中长期债券,只是相较于短期借款其比重不大。山煤国际债务上存在连续的短期借款到期再续约行为,实际效果与长期融资类似。

以2012年为例,当年的长期借款和长期应付款利率分别为5.85%和7.59%,而估算的短期借款利率区间为5.19%～6.14%,即短期借款成本略低于长期借款。此外,山煤国际还拥有较高的短期信用借款额度,2012年包括国有五大行在内的18家银行通过了山煤国际提交的高达301亿元的综合授信额度申请,申请授信的有效期至2012年12月31日,贷款可由公司及合并报表范围内的子公司使用。巨额的短期授信额度能灵活快速地解决企业短期融资需求,且利息成本低于长期借款,使得短期借款成为山煤国际补足营运资金的首选。

2015年,银行短期借款融资渠道更是帮助山煤国际挺过了行业寒冬。山煤国际短期借款占营业收入比重自2015年开始出现大幅提升,原因是当年的信用证计入了短期借款,即银行信用保证下的应付账款到期由银行支付。一方面,企业只需要垫付20%左右的信用证保证金,从而减少了外贸进口的资金占用；另一方面,山煤国际在无力按期补足信用证垫款差额时则由银行优先垫付应付款项,从而在会计项目上反映为应付账款减少和短期借款增多,归根结底还是得益于银行信贷支持。债务成本方面,综合长期借款、长期应付款、应付债券等项目后得到的2015年长期债务利息支出估算值为4.2亿元,与2014年的4.4亿元基本持平;而同年的短期借款利息支出估算值高达11.5亿元,与2014年的9亿元相比有显著提高,可见山煤国际在经营风险加大时补足营运资金的主要手段依旧是短期借款。大规模的短期借款融资帮助山煤国际度过了行业寒冬。从2016年起,山煤国际的营业收入增加了24.16%、总资产净利润率从上一年的-4.61%提升至1.37%、营运资金净需求下降将近50%,各项指标明显好转。

五、案例对比分析

山煤国际所在的煤炭行业为典型的周期性行业,本案例选取的时间区间为煤炭行业面临经济增速放缓、政策调控及产业转型升级阶段。那么非周期性行业利用营业活动自发融资的情况是否存在同样的变动?本部分将选用大消费类行业中的格力电器作为对比,探讨非周期性行业中利用营业活动自发融资的变动情况。

(一) 企业概况和行业现状

珠海格力电器股份有限公司(以下简称格力电器)成立于1991年,旗下的"格力"品牌空调,是中国空调业唯一的"世界名牌"产品,业务遍及全球100多个国家和地区。1996年11月,格力电器股票在深圳证券交易所成功上市。截至2016年底,格力电器总资产规模超过1800亿元,主营业务收入达到1083亿元,净利润超150亿元。

家电行业是我国近30年来发展较为迅速、竞争较为激烈、与国际接轨也较为彻底的传统产业。当前,国内家用电器市场技术更新较快,从总体上供过于求,尤其是在创新驱动发展的新的市场环境下,行业竞争愈发激烈。

(二) 经营风险对比

过去5年中国宏观经济下行压力增大,GDP增速放缓,以煤炭行业为代表的周期性行业面临较高的经营风险,那么以格力电器为代表的大消费类非周期性行业是否也存在相同情况呢?本案例选用山煤国际与格力电器在2009—2016年的资产净利率这一盈利指标,与GDP增速对比来分析2012年前后二者的业绩表现,详情见图14。山煤国际与格力电器在2009—2016年的经营风险对比情况见图15。

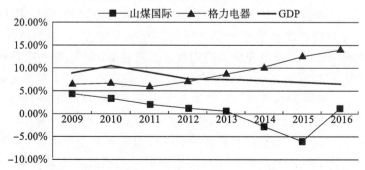

图 14 山煤国际、格力电器 2009—2016 年资产净利率与 GDP 增速对比

(资料来源:作者根据新浪财经相关数据绘制。)

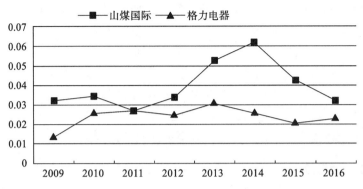

图 15 山煤国际、格力电器 2009—2016 年经营风险测度对比
（数据来源：作者根据新浪财经相关数据绘制。）

图 14 显示，2009—2016 年 GDP 增速呈下行趋势，但格力电器的资产净利率则是平稳上行，在宏观经济增速放缓的大环境下其盈利波动并不显著，而山煤国际的资产净利率和 GDP 增速变动方向趋于一致。这也说明了在同一宏观经济运行区间内分析企业经营风险与营运资金融资决策时，区分周期性行业与非周期性行业是审慎的。需要说明的是，山煤国际在 2014 年、2015 年连续两年亏损之后，2016 年恰逢动力煤价格大涨，营业利润得到极大改善，挺过了行业寒冬。

图 15 则更直观地显示出山煤国际经营风险持续处于较高位置，尤其是在煤炭行业"黄金十年"终结的 2012 年至"去产能"政策执行的 2015 年这一区间，山煤国际经营风险逐步走高。而 2009 年以来格力电器的经营风险维持在较低水平，很明显，经济增速下行并未对格力电器的经营风险产生显著影响。然而这并不意味着格力电器没有遇到过经营困境，需要注意的是，格力电器 2010 年和 2015 年两个年度的营业利润和 EBITDA 较前一年均出现了明显回落。以 2010 年为例，当年的销售费用增长了 45.06％，而营业利润下降了 7.66％，销售费用增长迅速而营业利润出现负增长，反映出格力电器的经营状况较上一年度出现了一定程度的下滑。同时，由于小家电更新换代较快，存货的大幅积压会带来账面价值贬值的风险，预付款项激增也反映出在行业激烈的竞争环境中格力电器对上游供应商的议价能力减弱。格力电器 2006—2016 年总资产的息税折旧和摊销前利润率（EBITDA/总资产）如图 16 所示。

EBITDA/总资产这一指标能够针对性地反映企业日常经营情况，图 16 清晰显示出这一指标走势与总资产净利润率平稳上行趋势存在一定差异，格力电器在 2010 年和 2015 年两个年份的经营情况出现较大的回落。尤其是 2015 年，格力电器的营业收入和净利润双双出现下滑，这是企业自 1996 年上市以来的首例。2015 年格力电器实现全年营收 977.45 亿元，相较 2014 年的 1377.50 亿元下降了 29.04％，该年度格力电器的主要对手美的集团和青岛海尔的空调业务营收同比分别增长 2.7％ 和下降 18.8％，空调行业需求增速放缓是主要原因。同时，价格战的愈演愈烈也导致该年度格力电器的销售毛利率同比下滑了 5 个百分点，这也反映出格力电器的经营情况并不是一帆风顺，其在个别年份也暴露出了一定的经营风险。

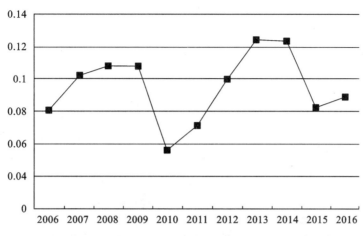

图 16 格力电器 2006—2016 年 EBITDA/总资产走势图
(资料来源:作者根据新浪财经相关数据绘制。)

(三)狭义商业信用需求和供给对比

根据狭义商业信用需求和供给计算公式得到的格力电器 2011—2016 年同期狭义商业信用需求和供给变动情况见图 17。

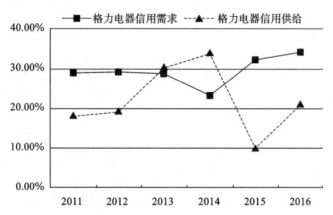

图 17 格力电器 2011—2016 年同期狭义商业信用需求和供给
(资料来源:作者根据新浪财经相关数据绘制。)

与图 6 中山煤国际狭义商业信用需求和供给情况比较,图 17 所示的格力电器狭义商业需求和供给并没有出现明显的同向变动,这一现象又存在何种内在原因呢?经营风险高的企业商业信用需求与供给呈现出显著正相关特点(王竹泉等,2017)。从图 15 中,我们看到格力电器的经营风险远远低于山煤国际,因此其商业信用需求与供给在图 17 中呈现非正相关的特征,与其低经营风险,上游供应商愿意维持较高的商业信用,而下游经销商能接受其较为严格的销售信用政策密切相关。另外,格力电器的上下游信息共享动机与可能都不强。格力电器的上游供应商主要为零部件生产销售企业,下游为各地空调分销商,格力电器的上下游不存在明显的信息互通,这和山煤国际的供应链完全不同,其信息不对称程度高于山煤国际。有别于山煤国际的是,空调行业虽有一定的过剩产能,但远没有煤炭行业糟糕。此外,由于格力独特的品牌优势,格力电器的经销商对格力电器依赖性较高,信息不对称的上下游也没有较强的信息共享动机。依据前文狭义商业信用占用计算公式发现,格力电器狭义商业信用需求和供给反向变动的原因主要在于供应链上的核心企业——格力电器"上下通吃"的议价能力。以格力电器议价能力增强为例,运用狭义商业信用需求和供给计算公式可清晰得出:格力电器对上游的议价能力增强主要反映在应付账款和应收票据的增多上,导致狭义商业信用需求增加;对下游的议价能力增强主要反映在预收账款的增多上,导致狭义商业信用供给减少,狭义商业信用供给和需求呈反向变动。当格力电器议价能力减弱时,相应地,狭义商业信用需求减少,狭义商业信用供给增多,最终使得格力电器的狭义商业信用供需呈现反向变动。

山煤国际和格力电器2009—2016年商业信用需求和供给情况见表3。

表3 山煤国际和格力电器2009—2016年商业信用需求和供给情况

年份	山煤国际商业信用需求	格力电器商业信用需求	山煤国际商业信用供给	格力电器商业信用供给
2009	−8.56%	43.70%	4.09%	6.78%
2010	−4.21%	33.39%	3.86%	18.61%
2011	−2.64%	28.82%	4.13%	18.21%
2012	−1.68%	29.11%	8.20%	19.27%
2013	−0.03%	28.80%	7.52%	30.48%
2014	5.30%	23.29%	7.10%	33.91%
2015	4.43%	32.10%	12.62%	10.37%
2016	6.01%	34.03%	10.30%	21.15%

(数据来源:作者根据新浪财经相关数据整理。)

表3显示,2009—2016年,格力电器的狭义商业信用需求维持稳定且数值较大,而山煤国际2009年以来一直呈上行趋势;狭义商业信用供给方面,格力电器在2012年以前一直维持在20%左右的稳定水平,2013年、2014年连续两年超过30%,2015年后得到缓解并逐步回到正常水平,而山煤国际大体呈上行趋势,二者差异明显。

数值方面,格力电器的狭义商业信用需求和供给显著高于山煤国际,且存在数量级的差异。由于商业信用需求和供给都是对应的净额与营业收入的比值,巨大的数字差异背后是格力电器强大的议价能力所带来的大量商业信用资金占用。

(四)商业信用净占用对比

根据商业信用净占用公式,得到山煤国际与格力电器2009—2016年商业信用净占用对比,如图18所示。

图18显示,格力电器在商业信用净占用上多年(除2013年、2014年外)维持正向且较高水平,而山煤国际的商业信用净占用连续多年为负。需要说明的是,格力电器2013年和2014年连续两年商业信用净占用为负。以2013年为例,格力电器营业收入同比增长19.44%,而狭义商业信用供给方面,年末的应收账款增长率为25.39%,应收票据增

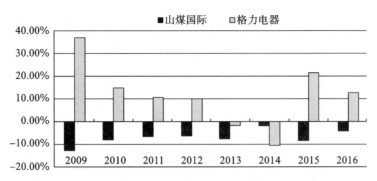

图 18 山煤国际、格力电器 2009—2016 年商业信用净占用对比
（数据来源：作者根据新浪财经相关数据绘制。）

长率则高达 35.01%，增长比率都明显高出同年营收，相反，预收款项却出现明显下滑，较上一年度减少了 27.93%。应收项目的同比增多以及预收款项的同比减少，最终使得格力电器当年的狭义商业供给激增，从 2012 年的 19.27% 增加到 2013 年的 30.48%。而同年的狭义商业信用需求为 28.80%，维持稳定水平，然而这是格力电器近 10 年首次出现商业信用净占用为负。

回看这两年的家电市场，政府节能补贴政策在 2013 年 5 月 31 日到期，从 6 月起家电行业进入政策真空期，原本高速增长的空调业迅速回落。2014 年，格力电器为抢占市场份额开启价格战，大规模的促销增加了商业信用供给，伴随的是经销商预付款项的减少。尤其是 2014 年，该年度的狭义商业信用需求下降 5.5 个百分点的同时，狭义商业信用供给上升 3.5 个百分点，格力电器的商业信用净占用进一步走弱。

（五）营运资金净需求与融资决策对比

利用营运资金净需求的计算公式得到的格力电器 2011—2016 年营运资金净需求情况如图 19 所示。

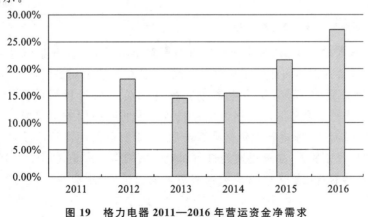

图 19 格力电器 2011—2016 年营运资金净需求
（资料来源：作者根据新浪财经相关数据绘制。）

如图 19 所示，格力电器 2011—2016 年营运资金净需求整体上呈现出稳中有降再快速上升的趋势。这一结果也与前文中的时间节点吻合。在 2014 年空调业价格战开始之前，格力电器作为供应链的核心，一直具备强大的营运资金融资能力，其外部渠道融资占比并不高,2011—2016年格力电器短期借款和长期借款占营业收入比重见表4。

表4 格力电器2011—2016年短期借款和长期借款占营业收入比重一览

年份	2011	2012	2013	2014	2015	2016
短期借款	3.29%	3.54%	2.80%	2.60%	6.42%	9.88%
长期借款	3.11%	0.99%	1.16%	1.64%	0.00%	0.00%

(资料来源:作者根据新浪财经相关数据整理。)

回顾2010年以来格力电器的外部融资渠道,良好的营业收益使其可以参与资本市场的各项融资活动如配股、公开增发、定向增发、发行债券等。但是格力电器仅在2012年进行过一次公开增发的股权融资32.6亿元,主要投入到技改扩产和空调建设项目,项目均为固定资产投入,且未发布过变更募集资金投向的公告,也即本次募集资金并未用来补足营运资金。配合格力电器长期为正、数额较大的营运资金融资,我们看到格力电器因为良好的经营业绩、较低的经营风险,其营运资金融资可以自我满足。通过表4格力电器2011—2016年长短期借款总和占比不到10%的数据,也可以得到印证。

如表5所示,格力电器在剔除掉应付账款、应付票据、预收账款等项目后的流动比率数值维持较高水准,企业真实的短期偿债能力较强。格力电器的货币资金占比也较高,2008—2014年,货币资金年均占比为27%。2015年开始持续处于40%~50%的稳定状态。故债务融资方面,格力电器只需使用短期借款补充企业营运资金因为期限不一致而造成的临时资金缺口即可。格力电器的短期偿债能力非常强,使得它获取银行的贷款十分容易。

表5 格力电器2011—2016年短期偿债指标一览表

年份	2011	2012	2013	2014	2015	2016
流动比率	1.12	1.08	1.08	1.11	1.07	1.13
流动比率(剔除应付账款等)	3.94	2.69	2.12	1.76	1.66	1.81

(资料来源:作者根据新浪财经相关数据整理。)

分析格力电器的资本结构,企业资产负债率常年高于70%,行业均值为40%水平,然而格力由于具备强大的商业信用资金占用能力,其总负债中相当一部分为应付项目的占款,约占负债总额的35%,格力电器剔除掉这一类负债项目后的资产负债率约为45%,位于行业水平的合理区间。格力电器具备较强的短期债务偿付能力,其财务风险并不高。2013—2014年家电行业价格战打响后,由于商业信用供给增多,格力电器的营运资金融资缺口开始放大,企业迅速通过增加短期信用借款渠道进行了补充。相较于山煤国际,格力电器的营运资金融资决策拥有更大的弹性,利用商业信用的资金占用就能在一定程度上维持日常经营,而当企业潜在经营风险暴露或者行业竞争加剧而出现营运资金缺口放大时,格力电器也能通过其经营风险低和经营业绩好的优势顺利获得银行信贷支持予以补足。格力电器和山煤国际营运资金融资决策对比见图20。

很明显,山煤国际和格力电器在同一经济周期运行区间,其在利用营业活动自发融资方面呈现出截然不同的局面。对比二者的经营风险和商业信用占用情况,山煤国际的

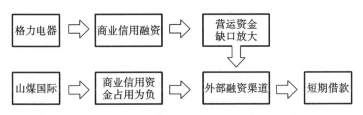

图20 格力电器和山煤国际营运资金融资决策对比

（资料来源：作者绘制。）

经营风险要明显大于格力电器。根据信用风险传染效应[①]，经营风险更高的山煤国际在某种程度上被排斥在商业信用市场之外，从而更难通过商业信用资金占用获得融资。然而，山煤国际在上市后通过银行信贷渠道缓解了融资压力。自2009年上市以来，山煤国际的应付账款2009年从6亿元激增到17亿元，2013年一度超过100亿元，2015年"去产能"后维持在20亿到30亿元的水平；而短期借款在上市伊始28亿元的基础上稳步抬升，其后维持百亿元以上的规模，2009年以后的山煤国际商业信用与银行信贷同步放大呈现出明显的互补效应。

反观格力电器，其负债总额中绝大部分为流动负债，应付、预收款项之和在2009—2013年平均占流动负债的64.37%，占负债总额的62.95%，由此可见格力电器在供应链上强大的融资能力。自2009年以来，格力电器的商业信用和银行信贷规模同步放大，呈现出互补效应，品牌优势以及良好的征信使得格力电器可以快速、灵活获取银行信贷支持以应对可能的营运资金紧张局面。良好的供应链管理及强大的议价能力，使得格力电器在宏观经济不景气的大环境下盈利能力稳定，表现出较小的经营风险。格力电器对上下游资金占用能力很强，营运资金融资约束不显著，当政策转向以及行业竞争加剧而出现营运资金缺口时，格力电器能迅速通过短期银行借款来补足营运资金净需求。

值得一提的是，格力电器在产销供应链上采用了类金融模式。格力电器收取的预收款项多为银行承兑汇票，一方面缓解了下游经销商的资金压力，另一方面还可以质押并分拆为应付票据以支付上游供应商货款。这种类金融模式既满足了企业自身对营运资金的需求，又降低了各合作方的财务风险，保证了供应链的良性合作和长远稳定发展。

六、结论与启示

（一）研究结论

与经典的融资顺序理论不同，企业利用营业活动中的资金占用作为一种天然的融资渠道受到诸多学者重视，企业也越来越重视其营运资金管理。企业在狭义上能通过对供应链上下游的商业信用资金占用获得融资，同时也能从供应链之外的政府、职工及其他利益相关者中获得广义上的资金占用。本案例以山煤国际和格力电器在不同经营风险

---

① 当市场存在不同类型的客户时，供应商最理想的状态是根据每个客户的风险状况对其分别定价。但在商业信用的成本很低甚至无成本的情况下，供应商利用自身的信息优势，根据客户的风险状况对其进行"信用配给"，高风险的企业在某种程度上就被排斥在商业信用市场之外。

程度下的营运资金融资决策作为研究对象,通过分析宏观经济下行对周期性和非周期性行业的经营风险影响,再结合商业信用占用情况发现企业营运资金缺口放大的信号,据此来分析企业营运资金融资决策的逻辑和路径。研究结果表明,周期性行业尤其是产能过剩行业经营风险受宏观经济影响较大,经营风险加剧使得企业营业活动自发融资出现困难,具体表现为商业信用占用为负,企业存在较大的营运资金净需求。当企业通过商业信用资金无法满足营运资金需求时,则会选择外部融资渠道,包括股权融资和债务融资。由于2016年中国证监会对上市公司定向增发的募集资金投向做出了严格的限定,企业更多的是在长期债务融资方面和短期债务融资方面做出选择。国有企业在期限选择上更倾向于短期借款,这是因为其凭借产权优势和历史信用更容易获得银行信贷支持,同时借贷资金的长借短用会出现使用真空期,增加不必要的利息支出。

本案例选取的山煤国际所处的煤炭行业产能过剩,且在同地区存在恶性竞争,其经营风险不断加大,商业信用资金占用更加困难,企业面临着更大的营运资金融资压力。由于山煤国际为国有控股且于2009年完成借壳上市,国资系和上市系的双重背景帮助其顺利地打通了银行信贷融资渠道。本案例首先立足具有周期性特征的煤炭行业,挑选同行业中与山煤国际主营业务相近的三家上市公司做对比,对各自的经营风险进行了测度。结果显示:2012年以来,以山煤国际为代表的煤炭行业因为经济周期影响而经营风险逐渐加大;本案例从狭义商业信用占用和广义商业信用占用两个层次来揭示山煤国际利用营业活动自发融资情况,并发现其商业信用的供给和需求与经营风险大小呈显著正相关,并对其原因进行分析。案例分析中,我们发现山煤国际的狭义和广义商业信用占用为负,即山煤国际营运资金存在缺口,山煤国际需通过短期金融负债或长期融资这两种正式融资渠道获得资金,其最终的融资决策以风险更高的短期借款为主,本案例对该融资决策的内在逻辑进行了剖析。一方面,行业产能过剩导致的信息共享使得山煤国际很难获得商业信用融资;另一方面,煤炭上市公司产权性质多为国有,其债务期限结构中,银行短期借款占主导地位,山煤国际可快速通过银行渠道获得短期借款,相较于长期债务也避免了资金使用真空期。

对比案例中的格力电器所处的家电行业为大消费类行业,经营风险受宏观经济周期影响远小于煤炭行业。考虑到是否非周期行业也存在与山煤国际类似的营运资金融资约束,本案例就狭义商业信用占用的系列指标对两家企业做出比较,结果发现格力电器在利用营业活动自发融资方面受宏观经济下行影响极小,在供应链信息共享不明显的前提下,格力电器能够利用其品牌优势和类金融的供应链管理模式从经营活动中获得近乎零成本的稳定融资,只有在个别年份由于行业竞争加剧才会通过短期借款补足营运资金净需求。

(二) 研究启示

企业的营运资金融资决策往往会受限于自身情况。以债务融资为例,由于产权的差异,国有企业因为能方便快捷获得银行信贷支持而更倾向于选择短期借款,而不是更加稳健的长期债务融资方式;而中小民营企业由于天然的产权劣势存在上述融资约束,会更有动机加强供应链管理。本研究为分析经营风险与营运资金融资决策提供了切实的案例,同时将经济周期的影响考虑在内,企业在进行融资决策时应立足自身行业性质及产权结构加以区别。本案例为企业进行营运资金融资决策提供了思路和参考,也有助于企业更多地重视供应链管理。本研究的案例选取均为国有企业,民营企业的营运资金融资决策遵循何种逻辑和路径,如何结合营运资金净需求来定量分析融资规模等问题还有待后续研究继续完善。

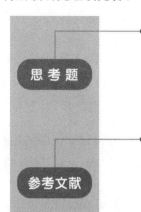

思考题

1. 什么是营运资金融资?营运资金融资渠道有哪些?
2. 经营风险测度有哪些指标?请分析各指标的优劣势。
3. 经济周期在景气区间时,商业信用供给和需求会同向变动吗?请找出案例。

参考文献

[1] Klein A,Marquardt C A. Fundamentals of accounting losses[J]. Accounting Review,2006,81(1):179-206.

[2] Altman E,I. A Further empirical investigation of the bankruptcy cost question[J]. Journal of Finance,1984,39(4):1067-1089.

[3] 李远鹏.经济周期与上市公司经营绩效背离之谜[J].经济研究,2009(3):99-109.

[4] 吴华强,才国伟,徐信忠.宏观经济周期对企业外部融资的影响研究[J].金融研究,2015(8):109-123.

[5] 吴娜.经济周期、融资约束与营运资本的动态协同选择[J].会计研究,2013(8):54-61.

[6] 陈武朝.经济周期、行业周期性与盈余管理程度——来自中国上市公司的经验证据[J].南开管理评论,2013,16(3):26-35.

[7] 王福胜,吉姗姗,程富.盈余管理对上市公司未来经营业绩的影响研究——基于应计盈余管理与真实盈余管理比较视角[J].南开管理评论,2014,17(2):95-106.

[8] 李涛.国有股权、经营风险、预算软约束与公司业绩:中国上市公司的实证发现[J].经济研究,2005(7):77-89.

[9] Mcdaniel W R. Operating leverage and operating risk[J]. Journal of Business Finance& Accounting,1984,11(1):113-125.

[10] 廖理,廖冠民,沈红波.经营风险、晋升激励与公司绩效[J].中国工业经济,2009(8):119-130.

[11] John K,Litov L,Yeung B. Corporate governance and risk-taking[J]. Journal of Finance,2008,63(4):1679-1728.

[12] Gardner M J,Mills D L,Pope R A. Working capital policy and operating risk:An empirical analysis[J]. Financial Review,1986,21(3):31-31.

[13] 王竹泉,王贞洁,李静.经营风险与营运资金融资决策[J].会计研究,2017(5):60-67.

[14] 潘慧妍.营运资金融资模式及其财务风险控制点研究[J].财经界:学术版,2016(29):252-252.

[15] 肖斐斐,向启.降低融资成本的"链式"方案——供应链融资模式[J].金融市场研究,2015(3):69-75.

[16] 杜媛,李中山.营运资金融资模式及其财务风险控制点研究[J].财务与会计(理财版),2013(7):19-20.

[17] Meltzer A H. Mercantile credit,monetary policy,and size of firms[J]. Review of Economics & Statistics,1960,42(4):429-437.

[18] Cook L D. Trade credit and bank finance:Financing small firms in russia[J]. Journal of Business Venturing,2005,14(5):493-518.

[19] 吴娜,于博,孙利军.商业信用融资与银行信贷融资的多重结构突变——基于面板门限的非线性关系分析[J].南开管理评论,2017,20(4):73-81.

[20] Cronqvist H,Nilsson M. The choice between rights offerings and private equity placements [J]. Journal of Financial Economics,2012,78(2):375-407.

[21] Brennan M J,Franks J. Underpricing,ownership and control in initial public offerings of equity securities in the UK [J]. Cepr Discussion Papers,1995,45(3):391-413.

附例1:白色家电产业链分析

附例2：煤炭行业产业链分析

案例二
企业商业信用融资对银行信贷融资有信号效应吗？
——基于比亚迪营运资金融资信号的案例分析

案例导读 本案例以比亚迪公司作为分析对象，探究了商业信用融资产生的信号效应在营运资金融资结构中的作用机制。研究表明：商业信用融资能够产生反映企业信用状况的信号效应，信号建立并被识别后可以缓解银企间的信息不对称问题，引起商业信用融资与银行信贷融资之间的关系从替代到互补的关系转化，而过高的商业信用融资会使信号效应进入模糊期，产生新的信息不对称问题而引起互补关系减弱。另外，本案例通过对比分析探究了企业所有制、区域市场化程度以及产能过剩对信号效应的影响。分析发现：信号效应在民营企业中更加有效，并且信号效应受区域市场化程度的影响较大，而产能过剩并不会对信号效应产生直接影响。

一、引言

营运资金作为企业日常经营活动中的重要资产，是企业制定销售策略、进行存货投资、资金周转等经营活动必需的资金，其融资状况将会直接影响企业的运营状况。诸多关于企业营运资金融资结构的研究发现，商业信用融资能够对企业获取银行信贷产生信号效应，基于此可改善企业的营运资金融资状况（吴娜、于博等，2017）。不过在我国企业营运资金融资的过程中，尽管商业信用融资始终表现良好，对银行信贷的获取的帮助却十分有限。据国家统计局发布的全国工业经济数据，2018年5月企业商业信用融资约为13.4万亿元，同比增长约10.6%，而央行发布的金融数据显示金融机构人民币新增信贷为1.15亿万元，同比仅小幅多增约400亿，其中企业贷款融资仅占约40%且同比下降，这反映出自4月降准之后企业获取银行贷款并没有受到商业信用融资的正向激励。另外，企业因经营恶化引起的信贷违约事件近期也频频发生，例如中兴、江泉实业的贷款违约事件等，个别企业甚至出现了融资难与经营恶化的恶性循环，进一步加剧了银行对企业信用状况的担心。

实际上，自2008年次贷危机爆发后，全球各地银行等金融机构的避险、厌险情绪持

案例二 企业商业信用融资对银行信贷融资有信号效应吗?

续发酵且影响至今,使得信用环境整体收缩,表外信用缩水。特别是在我国特殊所有制以及金融市场不发达的环境下,银企间的部分信息不对称难以有效缓解。另外,现阶段我国整体经济增速放缓,外部环境带来的挑战(如中美贸易战)增多,去产能、去杠杆的压力也不容小觑,这使得银行信贷的授信门槛明显提高。银行始终是我国广大企业最为主要的融资渠道,随着企业信贷需求日益扩张,当获取银行信贷融资时因发展过快、担保不足等信息不对称因素而受到限制,银行信贷融资也没有良好的信号激励,这会极大地影响企业发展,甚至影响运营存续。在此背景下,仅理论验证商业信用融资的信号效应的存在性,已不足以帮助改善银企融资关系,研究商业信用融资的信号效应如何建立并发挥作用更应该是当下关注的重点。

由于我国法律法规不健全、社会信用体系不完善,以及股市投机情绪偏重等因素的影响,企业在获取营运资金时与"优序融资理论"偏离较大。营运资金来源包括对供应链资金的占用(即商业信用①融资)及银行信贷融资带来的现金流增加。从直接融资的角度看,中国企业日常经营活动所需的营运资金,往往优先通过商业信用融资进行,而银行信贷融资其次(王竹泉、王贞洁等,2017)。其中,商业信用融资主要通过企业预收款项、延期支付货款等方式获取,而银行信贷则需要企业向银行申请贷款。在我国企业的营运资金融资结构中,一般存在着这样的关系:商业信用融资是优先的融资方式,而银行信贷融资较少,表现为两者的替代关系;随着商业信用融资规模的上升,银行信贷开始受其影响表现出互补上升的关系;当商业信用融资过度积累后,商业信用融资与银行信贷融资仍然表现为互补关系,但关系减弱(吴娜、于博等,2017)。

现有关于企业营运资金融资结构的实证研究解释了原因:商业信用融资可以产生信号效应,引起营运资金融资结构发生上述关系的演变。但是,信号效应使得营运资金融资结构发生关系转化以及互补关系减弱的作用机制研究尚且缺乏。本案例从银企间的信息不对称问题出发,结合具体案例分析银行对商业信用产生的信号效应的识别过程,以探寻信号效应在营运资金融资结构中的作用机制。另外,本案例还通过与其他企业的对比分析来说明信号效应受市场化程度、企业所有制等因素的影响情况,并为企业改善营运资金融资约束提供思路。

本案例的贡献在于:

第一,说明了商业信用融资产生的信号效应建立过程以及作用机制,同时对比分析了市场化程度、企业所有制、产能过剩等因素对信号效应的影响,为相关的实证研究提供了补充与支持。

第二,对企业改善营运资金融资约束、合理配置资金、提高营运资金管理效率具有参考意义。本案例从企业发展的历程出发,探究了企业营运资金融资过程中,商业信用带来的信号效应对银行信贷融资的作用,为企业合理调整融资结构以改善融资约束问题提供了思路。

---

① 商业信用指的是企业对供应链等渠道的资金占用,分为狭义商业信用与广义商业信用,是企业易于获取的融资来源(王竹泉等,2017)。狭义商业信用主要指供应链中的应付项目、预收项目等带来的资金,广义商业信用还包括政府支持、职工薪酬等项目。本案例中的商业信用均指狭义商业信用。

二、文献回顾及研究框架

（一）商业信用与银行信贷的关系

现有对营运资金融资结构的研究发现，商业信用与银行信贷之间具有替代关系和互补关系。替代关系表现为商业信用是我国民营企业首选的营运资金融资来源，而银行信贷融资较少（Molina，2012；饶品贵，2013）；互补关系表现为商业信用与银行信贷之间存在正相关，商业信用的增加也会引起银行信贷的增加（Tsuruta，2014；Agostino et al.，2015）。商业信用产生的信号效应可以影响其与银行信贷之间替代关系与互补关系的转化（Burkart et al.，2004；Huang et al.，2011；江伟等，2013；于博，2017）。

商业信用带来的信号效应存在最优边界，过高的商业信用带来的信号效应会引起互补关系减弱。Emery等（1984）通过理论分析证明商业信用存在最优水平，当企业的商业信用融资超过最优水平之后，企业价值会下降，这说明商业信用融资规模作为企业经营质量的信号并非越高越好。于博（2017）证明了商业信用与银行信贷之间存在倒U形关系，说明当商业信用在超过某种程度后对银行信贷的正向影响作用将会减弱甚至起到反向作用，进而增加银行避险情绪，引起银行对企业的信贷支持下降。吴娜、于博等（2017）提出并证明商业信用融资对银行信贷的信号效应存在门槛效应，即信号效应超出第一门槛后会引起商业信用与银行信贷之间的关系转化，当信号效应继续积累超出第二门槛后会引起互补关系的减弱。

（二）银企间的信息不对称问题

Jaffer和Modiliani（1969）认为，银行的信贷供给曲线由标准的利润最大化原则所决定。因此，银行在决定是否向企业提供贷款授信时，会考虑利息的获取以及本金的回收，对企业偿债能力的判断十分重要。庄毓敏（2014）认为，银行在提供贷款时会考虑企业申请贷款的理由、借款企业的信用状况以及企业取得贷款后的用途等，银行贷款的发放会受到企业未来的还款能力的影响，需要对企业信用进行有效评估。

但是，由于我国金融市场尚不发达，市场信用评级体系尚不完善，银行在获取企业信用状况时存在严重信息不对称问题。黄山（2003）认为，信息不对称是造成我国企业贷款难的根本原因，有效解决这一问题的根本出路在于建立一个面向企业的金融服务体系。顾海峰（2014）发现，在我国信贷市场，银行与企业之间的信息不对称，促使信贷配给成为常态，企业的贷款需求只能得到部分满足。银企之间的信息不对称问题是影响企业信贷融资的主要原因。

（三）信号效应的作用机制

企业的营运资金融资结构出现从替代到互补的关系转换、互补关系的减弱是商业信用融资产生的信号效应引起的。银企间的信息不对称问题是阻碍企业获取信贷融资的重要因素。本案例将从银行的角度对商业信用产生的信号效应作用机制进行分析，并推导出本案例的分析框架。

本案例利用银行对企业贷款授信的判断依据（庄毓敏，2014），并结合文献综述中的观点认为：商业信用产生的信号效应之所以会使得替代关系转化为互补关系，是因为信号效应在一定程度上缓解了银企之间的信息不对称问题；互补关系减弱是信号效应不断积累后进入模糊期，引起新的信息不对称问题影响银行信贷融资导致的。

如图1所示，企业的信贷融资受限主要是企业与银行等金融机构之间的信息不对称问题引起的。银行在向企业提供信贷支持时必须评估该笔贷款的违约风险，风险评估的准确性直接影响银行的正常运营和经营业绩。银行在发放贷款时会对企业借款理由、财务状况、信用状况以及贷款用途等关键信息进行分析，以此作为评估风险的指标。企业的借款理由主要有销售增长带来的资金需求、营业周期减缓、固定资产购置等因素的影响。一般情况下，银行能够从企业提供的报表中获取历史数据，例如企业的资产结构、规模扩张以及盈利能力等，这些都有助于银行对贷款企业的借款理由及财务状况做出判断。

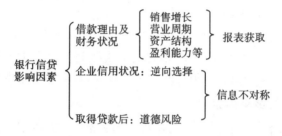

图1　银企间的信息不对称问题

信息不对称问题主要是企业的信用无法评估以及取得贷款后企业行为的不确定性引起的。这需要结合实际背景考虑。一方面，我国资本市场发展起步较晚，社会信用评价体系不健全，监管体系也存在缺陷。银行无法获取企业准确的信用评级信息，银行对于企业获取贷款后的行为与预期是否一致存在疑虑，银行发放的贷款质量无法保证安全，逆向选择问题无法有效缓解。另一方面，在企业取得贷款后，银行面临的还款风险也不容小觑。银行往往通过财务报表获取企业的经营信息，但是报表常常会被企业粉饰，难以真实反映企业经营状况，存在企业因财务困境而出现拖欠贷款的可能，甚至有的企业可能会出现恶意拖欠等道德风险问题。因此，企业在向银行寻求贷款时会受到信息不对称问题的影响，这是限制企业银行信贷融资的主要原因。

信号效应的作用机制如图2所示。商业信用融资规模的上升可以产生信号效应，在一定程度上可以缓解银企间的信息不对称问题。企业的营运资金结构之所以优先表现为替代关系，就是因为银企之间的信息不对称问题导致企业获取的银行信贷支持不足，被迫选择商业信用融资方式。而随着商业信用规模的积累，可以产生反映企业信用质量的信号效应（江伟、曾业勤，2013）。这是因为商业信用能够反映供应商对于企业信用的判断（王竹泉等，2017；Kling et al.，2014）。与银行相比，供应商掌握了企业更多的私有信息，其商业信用融资的授信过程既是基于客户质量进行的选择性行为，也是基于私人信息的风险识别后的决策，因此可以成为一种识别客户质量的信号指标。具有较高商业信用融资的企业可以传递出较好的信用信号，当信号被银行识别后会激励银行信贷融资的增加。

当企业的商业信用融资与银行信贷融资表现为替代关系时，净商业信用规模的上升

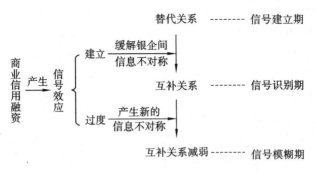

图 2 信号效应的作用机制

可以建立信号效应,即信号建立期。当信号效应建立后,净商业信用融资规模的上升会激励银行向企业提供信贷支持,这时企业的营运资金结构表现为互补关系,对应为信号识别期。但是,过度积累商业信用产生的信号效应会导致质量信号下降(吴娜等,2017),会引起银企间新的信息不对称问题出现,进而影响银行对企业的授信。此时,企业的营运资金结构仍然表现出互补效应,但是互补关系减弱,对应为信号模糊期。

(四) 信号效应的影响因素

区域市场化程度会影响信号效应的作用。景文宏(2011)通过实证分析发现,欠发达地区的金融市场效率较低,但市场化程度和金融市场效率之间存在长期均衡关系。市场化程度是金融市场信息效率的重要影响因素(江伟、曾业勤,2013)。信号效应的传播与识别是基于金融市场进行的,而金融市场的效率将直接影响信号效应的作用效果,因此区域市场化程度会对商业信用融资产生的信号效应产生影响。

另外,信号效应的确会受到企业所有制的影响。有研究表明,商业银行的授信过程通常对国有企业存在政策性偏向,国有企业在获取银行信贷支持方面较民营企业更有优势(张天华等,2016)。我国有着较为明显的信贷歧视,国有企业和地方融资平台均存在政府隐性担保,贷款信用较高(韩鹏飞,2015)。

产能因素会影响企业获取营运资金融资。产能过剩行业中的企业本身存在着较高的经营风险,伴随着高融资约束、财务冗余等问题(顾晓安、蔡玲,2018)。王竹泉、王贞洁等(2017)认为,经营风险增多会使得企业的融资约束紧缩,企业的商业信用融资与银行信贷融资均会受到影响。

吴娜等(2017)的实证研究认为信号效应会受到企业所有制、产能因素的影响。本研究发现,区域市场化及企业所有制才是信号效应的有效影响因素,而产能过剩并不直接影响信号效应,如图 3 所示。产能过剩会使得企业面临的总的融资约束加大,导致商业信用融资与银行信贷融资都减少,而信号效应属于商业信用与银行信贷之间的相互作用,其本身不会受到产能过剩的直接影响,信号效应对银行信贷融资的作用结果会在不同市场化程度背景下产生差异。所有制差异是我国企业界客观存在的现状,国有企业与民营企业本身在获取银行信贷方面存在能力上的差别,国有企业对于商业信用产生的信号效应的依赖程度不高,信号效应发挥作用不明显。因此,产能过剩是对商业信用融资信号效应的外在冲击,企业所有制和区域市场化才是其内在的作用机制。另外,国有企业遭受信贷歧视较少且拥有政府的隐性担保,无须借助金融市场来传达贷款信用的信号,因而企业所有制与市场化因素的影响是独立的。

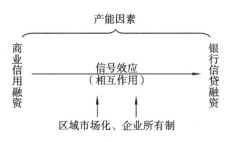

图3　信号效应的影响因素作用图示

本研究将运用具体案例,分析商业信用融资对银行信贷的信号效应的作用机制,并通过对比分析来进一步说明企业所有制、区域市场化程度及产能因素对商业信用产生的信号效应的影响。

三、案例选择与数据指标

(一) 案例分析方法

本案例所使用的分析方法为案例研究法,按照"研究设计—理论分析—选择案例—分析资料—验证结论"的流程进行分析。我们通过对案例研究中的相关数据进行分析,并与公司金融理论相结合,探究了在企业营运资金融资结构转化过程中商业信用产生的信号效应的作用机制。案例研究从信息不对称的角度出发,扩展了当前有关信号效应的研究,并为营运资金融资结构的替代效应与互补效应融合提供了支持。

(二) 数据指标说明

营运资金指的是企业在营业活动中投入的资金。传统研究时常将反映企业财务状况和偿债能力的指标——净营运资本(流动资产与流动负债的差额)与之相混淆。但从资金管理角度来看,如果把商业信用视为一种流动资金或营运资金的筹资方式,则其所对应的营运资金概念应该是经营性流动资产(张新民等,2012;王竹泉等,2017)。

江伟、曾业勤(2013)的研究证明净商业信用规模的积累可以产生反映企业信用质量的信号效应。吴娜等(2017)研究营运资金融资结构时,将净商业信用融资规模作为信号效应的门槛变量,并将每年取得借款收到的现金流作为银行信贷融资指标。以此为参考,本案例使用的相关分析指标如表1所示。

表1　本案例使用的相关分析指标

分析指标	指标说明	计算方式
商业信用融资 (商业信用需求)	商业信用需求指企业对供应链上下游的资金占用,类似于无息贷款,反映企业获取的商业信用融资	资产负债表:应付账款+应付票据+预收账款

续表

分析指标	指标说明	计算方式
银行信贷融资	反映企业向银行获得的信贷融资情况,主要指企业每年获取的短期借款、长期借款的增量	现金流量表:"取得借款收到的现金"
信号效应（净商业信用融资）	商业信用融资会产生反映企业信用状况的信号效应,净商业信用融资可以作为信号效应的门槛变量	资产负债表:（应付账款＋应付票据＋预收账款）－（应收账款＋应收票据＋预付账款）
银企间信息不对称程度	银企间信息不对称程度越低,获取的银行信贷支持越多,银行信贷融资也能反映银企间信息不对称程度	现金流量表:"取得借款收到的现金"

企业的营运资金融资结构变化由商业信用需求与银行信贷融资间的关系变化反映,而净商业信用规模与银行信贷融资之间的关系反映了信号效应对银企间信息不对称程度的作用。

（三）案例选择依据

本案例研究的问题是商业信用产生的信号效应在营运资金融资结构转化过程中的作用机制。

我们以比亚迪作为主要的研究对象,主要理由如下。①比亚迪成立于1995年,于2002年在香港地区上市,2011年回归A股,在营运资金融资结构中明显地出现了商业信用与银行信贷之间的关系转化,并且还出现了互补关系减弱。②受到市场化程度、企业所有制等因素的影响,我们必须选择市场化程度较高地区的民营企业作为研究对象。比亚迪是一家民营企业,总部位于广东省深圳市,广东省的市场化程度较高（见表2）,并且其所处的汽车制造行业（以主营业务作为判断指标）位于供应链中游,故可作为分析商业信用融资与银行信贷融资的良好案例。③作为民营企业,比亚迪有着较长的存续时间,发展历程较为完整,将其作为典型案例进行分析对于企业的营运资金结构管理具有代表性和借鉴性。

表2 2008—2014年中国部分省份市场化总指数评分一览表

年份	2008	2009	2010	2011	2012	2013	2014
广东	7.51	7.62	7.73	7.91	8.37	8.69	9.35
上海	8.01	8.33	8.74	8.83	8.67	8.89	9.77
山西	4.37	4.23	4.60	4.70	4.89	5.08	5.27
江苏	7.80	8.17	8.58	9.18	9.95	9.88	9.63
平均值	5.48	5.53	5.44	5.60	5.98	6.16	6.56

（资料来源:王小鲁、樊刚、余静文《中国分省份市场化指数报告(2016)》。）

为分析区域市场化、产能因素及企业所有制的影响,通过控制个体特征的方式选取以下公司进行对比分析。

(1)为分析市场化程度对信号效应的影响,我们选取了与广东市场化程度相差较大的企业进行对比分析。由于汽车行业中大多数企业为国有企业,且部分民营企业发展时间较短,因此无法作为对比分析的对象。综合多种因素后,我们选择煤炭行业中的美锦能源(000723)作为分析对象,如表2所示,山西省的市场化程度与广东省相比差距较大,并且美锦能源属于民营企业,排除了企业所有制的影响。

(2)美锦能源所处的煤炭行业还受到产能过剩因素的影响,但是产能过剩并不会影响信号效应发挥作用。我们以同处于产能过剩行业——钢铁行业中的民营企业沙钢股份(002075)来说明产能过剩对信号效应的影响。并且沙钢股份位于江苏,其市场化程度与比亚迪相近,可进一步验证市场化程度对于信号效应的影响。

注:美锦能源于2007年入主天宇电气并成功上市,其2007年之前的报表数据来自收购报告书的合并报表及东方财富网;沙钢股份于2011年借壳ST张铜上市,其2007年至2010年报表数据来自邀约收购书合并报表及东方财富网。

(3)上汽集团(600104)的总部位于上海,市场化程度较高且与广东省相近(见表2),上汽集团的市值与比亚迪相近,是汽车行业中的国有企业,可作为企业所有制对信号效应的影响的研究对象。

另外,在对比亚迪财务因素进行分析时,我们使用了与比亚迪市值接近的7家汽车企业作为参考,包括上汽集团(600104)、众泰汽车(000980)、长城汽车(601633)、长安汽车(000625)、东风汽车(600006)、福田汽车(600166)、广汽集团(601238),并且排除了部分缺失数据以及偏离平均值较大的部分数据。以上所有相关数据来自Wind数据库、东方财富网。

四、案例分析

(一)案例背景

比亚迪成立于1995年,公司起步时从事充电电池制造、代工IT等,于2003年通过收购进入汽车生产行业并逐步占领市场,并利用自身的技术优势积极拓展新能源产品领域的相关业务,目前已成为行业中市值第二的大型企业(Wind资讯排名,汽车行业)。在2003年进入汽车行业后,比亚迪产生了较高的营运资金需求,在这一过程中商业信用与银行信贷之间出现了较为明显的关系转化。图4显示了2002—2015年间对应的商业信用需求与银行信贷情况,以及同时期比亚迪的营运资金增长比率。

2002年至2004年,比亚迪营运资金的增长幅度基本维持稳定,在这个时间段内商业信用融资占比亚迪营运资金融资的主要部分,获取的银行借款较少,表现为商业信用与银行信贷的替代关系。2005年至2008年,比亚迪的营运资金出现了大幅增长,2007年的增长率高达124%,巨大的营运资金需要商业信用与银行信贷提供支持。与此同时,银行信贷融资与商业信用融资规模呈现出正相关特征,表现互补关系。在这一过程中,比亚迪的商业信用融资与银行信贷融资之间发生了由替代到互补的转化。2009年至2015年,商业信用需求与银行信贷融资的规模保持总体上升趋势,且仍表现为正相关特征,但是银行信贷的规模出现了较大的波动,商业信用融资与银行信贷融资之间的互补关系出

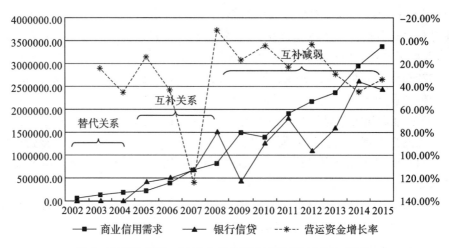

图 4　比亚迪 2002—2015 年营运资金融资情况（单位：万元）

现弱化。

在上述过程中，商业信用融资产生的信号效应发挥了作用。从信号效应的反映指标（净商业信用规模）与银企间的信息不对称的反映指标（取得借款收到的现金）角度看，如图 5 所示，信号效应大致经历了以下三个阶段。

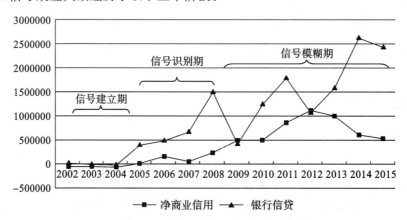

图 5　比亚迪信号效应作用的三个阶段（单位：万元）

信号建立期（2002 年至 2004 年）：商业信用与银行信贷之间主要表现为替代关系，银行信贷较少或不存在，商业信用融资占主要部分。银企之间的信息不对称问题较大，企业很难获取银行信贷支持，净商业信用规模较小，仍旧处于信号建立期。

信号识别期（2005 年至 2008 年）：商业信用与银行信贷之间表现为互补关系，净商业信用规模积累达到一定程度，使得银行信贷与商业信用之间发生关系转化，表现为两者的正相关特征。此时，银企间的信息不对称问题得到缓解，伴随着净商业信用规模的上升，银行信贷增加，进入信号识别期。

信号模糊期（2009 年至 2015 年）：商业信用与银行信贷之间整体仍保持互补关系，但银行信贷融资规模的上升出现波动，两者间的互补关系减弱。企业获取的银行信贷融资出现波动，反映出银企之间的信息不对称问题增多，商业信用产生的信号效应进入模糊期。

那么,在上述比亚迪的融资结构关系发生变化的过程中,商业信用带来的信号效应是如何发挥作用的呢?

(二)信号效应的作用机制

1. 比亚迪的财务因素分析

在分析信号效应的建立及作用过程之前,我们应首先对比亚迪处于信号建立期和信号识别期的财务状况进行分析,以排除财务因素对于商业信用与银行信贷关系转化的影响。

比亚迪有较高的营运资金需求,向银行寻求借款理由正当。一般认为,企业的销售增长率大于10%时,会存在较高的借款需求(庄毓敏,2014)。我们选择了同行业中与比亚迪市值接近的另外7家企业——上汽集团、众泰汽车、长城汽车、长安汽车、东风汽车、福田汽车、广汽集团,计算出2003年(比亚迪进入汽车行业后)至2008年销售增长率的平均值,并与比亚迪公司进行比较,得到图6。我们对比亚迪2002年至2008年间的销售收入进行对比分析发现,其营业收入逐年上升,特别是在信号建立期与识别期转化时出现了较大增幅,在2006年增幅超过100%,且高于行业内公司的平均值。这一方面可以反映出比亚迪对营运资金的需求迫使其寻求银行信贷的支持,另一方面也反映出比亚迪借款理由的正当性。

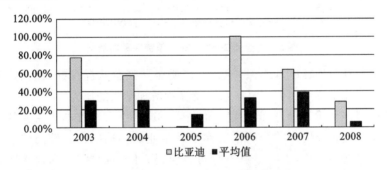

图6 2003—2008年的收入增长率对比

通过对比亚迪的营业总收入和营运资金需求的对比,如图7所示,我们发现处于信号建立期和识别期时,比亚迪的营业总收入变动与营运资金需求变动基本上保持一致。这反映出销售增长是其营运资金需求增加的原因,为维持较高的营运资金需求,比亚迪寻求银行信贷支持是合理的。

另外,一般认为当经营周期减缓,即应收账款周转率、存货周转率下降时,企业也会出现较大的融资需求(庄毓敏,2014)。但是,这种融资需求对于银行来说意味着经营风险增加。如图8所示,在营运资金结构发生关系转化的区间内,比亚迪的应收账款周转率(营业总收入/(应收账款+应收票据))以及存货周转率(营业总成本/存货)变化不大,还略有上升。也就是银行考察其融资需求时,比亚迪财务基本面正常,其影响并不大。

通过以上对比亚迪报表的相关数据分析,我们发现比亚迪销售收入明显上升,带来了较高的营运资金需求,企业向银行寻求借款合理。同时,比亚迪在处于此区间时的应

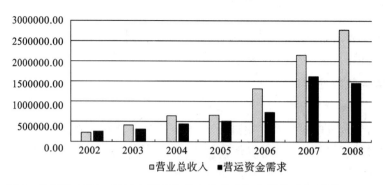

图 7　比亚迪 2002—2008 年营业总收入与营业资金需求对比（单位：万元）

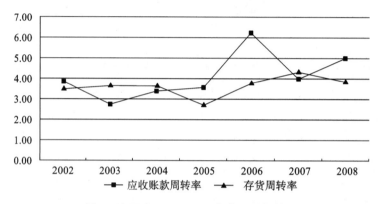

图 8　比亚迪 2002—2008 年营业周期情况

收账款周转率与存货周转率基本保持稳定，说明企业经营状况良好，比亚迪向银行寻求贷款并不是由于流动资产中的应收账款以及存货增加带来的压力。

比亚迪的资产负债率上升，但对银行信贷影响较小。我们在这里主要使用资产负债率这一指标来描述企业资产结构的稳定性以及企业的偿债能力。较高的资产负债率往往反映出资产结构不稳定，也会影响银行对企业还款能力的判断，因此需要分析资产负债率对于比亚迪银行信贷融资的影响。我们对同行业的几家公司（上汽集团、众泰汽车、长城汽车、长安汽车、东风汽车、福田汽车、广汽集团）进行了对比，如图 9 所示，可以看到行业几家公司的资产负债率平均值一直处于 50% 左右。

由于比亚迪新进入汽车行业，处于规模扩张阶段，必然会出现资产负债率上升的情况。在这段时间内，比亚迪的资产负债率总体高于平均水平，并逐渐稳定在 60% 左右。在 2003 年至 2006 年间，比亚迪的资产负债率出现明显的攀升，一般认为这会减弱比亚迪公司的信贷融资能力。但是，在这段时间内，比亚迪公司的银行信贷与商业信用却均保持上升趋势，银行信贷融资并没有受到资产负债率的影响而出现下降的情况。另外，根据财政部公布的《企业会计准则》中有关银行账务的规定，商业银行向企业发放贷款时，要求企业的资产负债率必须小于 70%，最好低于 55%。资产负债率是商业银行向企业发放贷款的门槛变量，当企业满足条件后，一般将不会影响申请贷款。比亚迪的资产负债率虽然高于平均值，但满足商业银行向企业发放贷款的要求，资产负债率对于企业

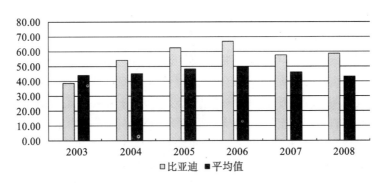

图 9　2003—2008 年的资产负债率对比（单位：%）

的银行信贷影响较小。

比亚迪的盈利能力良好，偿债能力有一定保障。企业的盈利能力反映了企业的营运状况，也可以作为银行等金融机构的授信参考依据。在这里，我们使用净资产收益率来描述比亚迪的盈利能力。我们使用 8 家企业计算平均值，并与比亚迪进行比较，结果如图 10 所示。

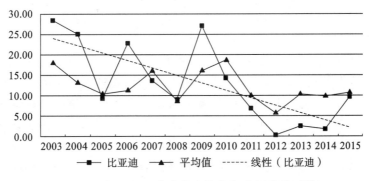

图 10　2003—2015 年净资产收益率对比（单位：%）

在这段时间内，比亚迪的净资产收益率高于平均水平，但是波动较大且整体呈现下降趋势。比亚迪新进入汽车市场，较高的净资产收益率直观反映出企业具有较好的盈利能力，企业经营状况良好，侧面反映出比亚迪在进入汽车行业后有较强的举债偿债能力。另外，自 2009 年后比亚迪的净资产收益率开始明显下降，而行业整体的净资产收益率下降情况是从 2010 年开始的，比亚迪基本上符合行业整体状况。银行有理由认为，比亚迪的净资产收益率下降并不是企业的特例，这个情况在汽车行业中是正常的，因此这个时间段内出现的净资产收益率下降不会影响银行对企业的信贷发放。

结合上述情况，我们分析了比亚迪在处于融资结构转化区间时其财务状况对银行信贷融资的影响：比亚迪的财务状况正常并且保持稳定，银行与比亚迪之间的信用信息不对称问题并没有因为财务因素的影响而得到缓解，需要商业信用带来的信号效应发挥作用。

2. 信号效应的建立与识别期

在比亚迪的营运资金结构中，出现了替代关系到互补关系的转化，这是商业信用带来的信号效应引起的,那么信号效应是如何发挥作用的呢?

1) 信号建立期

2003 年比亚迪进军汽车市场,在维持原本电池生产等业务的同时,在汽车生产领域也需要投入大量资金以维持经营。由于汽车行业自身特点要求具有较高的成本以及存货等经营所需资产,比亚迪必须增加对供应链资金的占用以满足企业对营运资金的要求。但是,对于当时的比亚迪而言,由于受到信息不对称问题的影响,其获取银行信贷支持较为困难。银行与企业间的信息不对称问题的主要来源就是企业还款的风险无法有效评估。Stiglitz 和 Weise(1981)提出的银企间信息不对称理论认为,企业在贷款过程中碰到的最大问题是企业和银行之间存在着信息收集、分析和传播方面的障碍。由于企业信用无法有效获取,会产生逆向选择与道德风险问题,这导致银企间的信息不对称(黄山,2003)。特别是由于比亚迪进入新行业带来了经营状况的不确定性,这使得银企之间的信息不对称问题增多,银行处于"观望"状态而不愿意提供营运资金融资支持,比亚迪只能靠商业信用来为营运资金融资提供支持。

如图 11 所示,在 2002 年至 2004 年,商业信用融资(商业信用需求)是比亚迪的主要融资来源,而银行信贷融资较少,两者之间表现为替代关系。在替代关系期内,比亚迪获取的商业信用需求呈上升趋势,企业对供应链资金的占用上升,反映出供应链中企业愿意为比亚迪提供资金支持。由于应付账款等项目存在着延期支付的特点,商业信用融资就类似于给予比亚迪的"无息贷款",这部分资金可暂时交由比亚迪自由使用,以缓解营运资金需求。商业信用需求能够反映供应链中其他企业对本企业信用信息的掌握情况(王竹泉等,2011;Kling et al.,2014),比亚迪每年上升的商业信用融资能够反映出供应链中企业对比亚迪良好商业信用的肯定,间接地传递出比亚迪在信用贷款方面的正面信号:一个具有良好信用的企业才能维持应付账款等项目的存续或者增多。另外,从商业信用供给角度看,这指的是本企业为供应链中的其他企业提供的商业信用资金支持,包括应收账款、预付账款等项目,可以作为企业良好经营状况的侧面反映,即有着良好经营状况的企业才能维持较高水平的商业信用供给(王竹泉等,2017)。比亚迪的商业信用供给也呈现出上升的趋势,即说明比亚迪也提供给其他企业一定程度的商业信用资金支

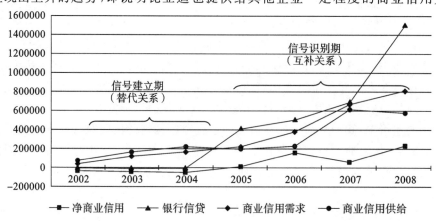

图 11　信号建立期与信号识别期营运资金融资一览图(单位:万元)

持,反映出自身经营状况的"游刃有余",这侧面地传达出企业进入汽车行业后经营状况并没有受到负面影响的信号。

综合考虑,商业信用需求与供给的差值——净商业信用一方面反映出企业自身的信用状况,另一方面也可以反映出企业自身的经营状况,由此传达出的信号可以缓解银行与比亚迪间信息不对称问题的影响。净商业信用可以作为反映企业信用质量的信号(江伟、曾业勤,2013),伴随着净商业信用的上升,其作为反映比亚迪贷款能力的信号效应逐步积累,到2005年净商业信用变为正值时,对应时间点的银行信贷融资开始明显增加,此时信号效应已然建立。

2) 信号识别期

比亚迪在2004年后出现了较大规模的银行信贷融资,在2005年比亚迪获取借款42亿元,在这之后银行信贷融资与商业信用融资呈现正相关特征,两者表现出互补关系。

在2005年至2008年,比亚迪的商业信用需求和提供的商业信用供给都保持上升,且商业信用需求的上升幅度大于供给,使得2005年至2008年间的净商业信用不断积累。从银行的角度来看,尽管无法得到比亚迪的信用质量的直接评价,但是可以从比亚迪的资产负债表中提取出衡量企业贷款能力的间接反映指标——净商业信用。较高规模的净商业信用说明比亚迪的贷款信用维持情况较好,在一定程度上可以缓解贷款时产生的逆向选择问题;净商业信用不断上升还能反映出企业有着良好的经营状况,可认为企业的违约风险较小,道德风险问题得到缓解。因此,净商业信用作为企业信贷质量的一种反映信号,当信号积累并成功建立之后,可以被银行识别,在一定程度上缓解了银行向企业放贷时存在的信息不对称问题,激励银行向企业贷款授信。随着净商业信用规模上升,其获得的银行贷款也会增多,反映为商业信用融资与银行信贷之间的互补关系。

在比亚迪的营运资金融资结构中有一个十分有趣的现象:当净商业信用为负时,商业信用需求与银行信贷之间为替代关系,而净商业信用变为正值后,两者表现为互补关系。对于比亚迪而言,其信号效应正好在净商业信用发生符号变化的时刻成功建立,之后进入信号效应的识别期。在这一阶段,比亚迪的净商业信用不断上升,带给银行正面的激励效果,进而使得企业信贷授信的获取增加,这将有利于比亚迪进行经营活动。可以看到,这个时间段内比亚迪的营业收入增长较快,在此基础上比亚迪不断调整经营战略:开辟新的车型以及生产线,例如其生产的F3系列扩展到F6和G系列;扩大国内市场,例如比亚迪的经销商数量从2006年的500多家扩大到2009年的1100多家;着力于新能源汽车的创新制造,例如在2006年,比亚迪的第一款搭载磷酸铁电池的F3e电动车研发成功,等等。由于开辟新市场以及在建工程项目增多的影响,比亚迪的商业信用需求上升,进而引起净商业信用的上升,商业信用产生的信号效应持续激励银行信贷增多,此时商业信用与银行信贷进入了良性循环,反映为两者之间的互补关系。

信号效应由建立期进入识别期,对应于商业信用融资与银行信贷融资从替代关系到互补关系的转化,商业信用融资产生的信号效应是通过缓解银企间的信息不对称问题来发挥作用的。

3. 信号效应的模糊期

通过前面的分析,我们看到在2002年至2008年,比亚迪商业信用产生的信号效应使得银行信贷与商业信用间的替代关系转化为互补关系。但在2008年之后，比亚迪的营运资金融资结构出现了奇怪的现象：商业信用融资持续上升，而银行信贷融资虽总体呈现上升趋势，但存在较大的波动（见图12），即两者之间的互补关系仍然存在，但表现出了关系减弱的特征。

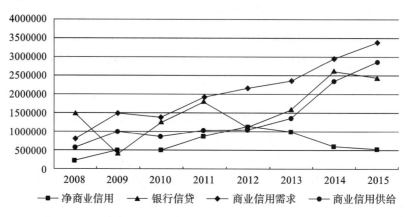

图12 比亚迪在信号模糊期的营运资金融资一览图（单位：万元）

持续上升的商业信用需求反映出比亚迪商业信用融资状况较好，由此产生的信号效应本应持续激励企业的银行信贷融资增多，但实际上出现了波动，反映出银行对比亚迪的贷款授信受到影响。我们通过分析发现，比亚迪的营运资金融资结构之所以会出现互补关系减弱，是因为其2008年之后商业信用过度积累带来了新的信息不对称问题。

2009年，比亚迪获取的银行信贷支持较少，但是反映信号效应的净商业信用保持上升。结合背景看，比亚迪的领导层过于注重销售收入的高增长性，产量连续大幅增加使得营运资金的需求快速上升，引起商业信用需求增加。一直以来的过分扩产使得产品质量出现问题，不断扩张市场份额而带来的高库存、高保证金、整车质量等问题不断出现。比亚迪在2009年成功收购湖南美的客车制造有限公司的全部股权，由此带来了营运资金需求的扩张，并且直观地反映在商业信用需求当中。这对于银行等金融机构而言却不是良好的信号：一方面并购可能对于企业价值产生负面影响；另一方面突然增加的净商业信用规模有很大可能来自比亚迪过度扩张的经营政策，伴随着较大的经营风险。

2011年比亚迪回归A股，并将新获取的融资用于扩大生产规模，进一步扩大了对营运资金的需求，而其在国内市场上因产品质量导致销量下滑的问题仍然没有解决。我们可从2010年至2012年间比亚迪的营业周期情况发现异样（见图13）：尽管总体上应收账款周转率与存货周转率都较为合理，但是两者都表现出下降态势，而对应时间段内的应收账款增长率、存货周转率都处于较高水平，营业收入的增长率却较低，这直观地反映出比亚迪的存货、应收账款的增多，而其面临的经营压力较高。并且，比亚迪的净资产收益率2010年至2012年间呈现下降态势，反映出企业自身经济状况的不利。

比亚迪在2010年至2012年间出现了明显的净商业信用规模上升，对应时间的银行信贷融资却出现了下降的情况。从净商业信用规模与银行信贷的角度看，净商业信用规模作为信号效应的直接反映，本应该向银行传递出正面的信息，但实际上带来了新的信

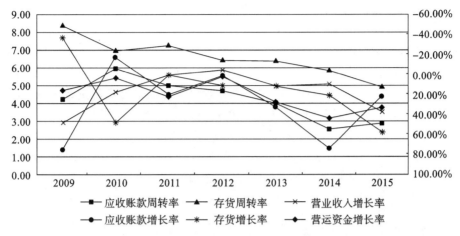

图 13　比亚迪 2009—2015 年营业周期变动情况

息不对称问题,此时的信号效应存在"质量问题"。过分攀升的净商业信用规模传达出了"差质量"的信号效应,这会使得银行对比亚迪的信用状况产生怀疑:首先,比亚迪不断增加供应链资金的占用,由此产生的商业信用需求增加是否来源于经营环境恶化带来的恶性拖欠或市场压力?其次,比亚迪寻求贷款的原因是否与高额存货导致的周转率下降有关,而不是因为销售活动扩大而产生的资金需求?最后,在应付款项较高但应付账款周转率下降的情况下,比亚迪归还银行贷款的偿还能力是否也会受到影响?

诸如此类问题都会导致在银行授信过程中产生新的信息不对称,进而影响企业获取银行信贷融资。比亚迪为满足营运资金需求又不得不扩张商业信用需求,而商业信用供给保持稳定,导致 2009 年至 2012 年间净商业信用规模的持续上升,这又将进一步引起银行信贷融资的恶化,于是进入恶性循环之中。直到 2013 年之后,随着净商业信用的下降,比亚迪商业信用商业融资带来的信号效应重新发挥作用,银行信贷融资才回归正常。因此,当商业信用融资过度积累时,其反映出来的信号效应会出现"质量问题",进而引起互补关系减弱,进入到信号模糊期。

通过对比亚迪的营运资金融资结构分析,我们发现:信号效应的反映指标——净商业信用过度积累后会进入信号模糊期,过高的商业信用融资规模将会带来新的信息不对称问题,影响企业获取银行信贷支持,使得互补关系减弱。我们还注意到,当互补关系减弱时,企业的营运资金融资状况会受到影响而出现恶性循环的局面,进而影响企业的正常经营,这是一种不利的情况。

(三) 信号效应的对比分析

通过比亚迪这一典型案例,我们探究了商业信用融资产生的信号效应的作用机制。实际上,信号效应还会受到区域市场化、企业所有制以及产能过剩等因素的影响。为分析信号效应在这些情况下的作用效果,我们以比亚迪作为参照,选取了三家企业进行对比分析,探究信号效应在市场化程度较低、不同所有制下、产能过剩行业的企业中是否发挥作用。

1. 区域市场化与产能过剩:基于美锦能源、沙钢股份的对比分析

区域市场化程度会直接影响信号效应的作用效果,市场化程度较高的地区信号效应更易被识别,而市场化程度较低的地区信号效应的识别会受到阻碍。比亚迪所处的广东省市场化程度较高,其商业信用融资产生的信号效应的作用效果较为明显。我们选取了位于山西省煤炭行业中的美锦能源作为市场化程度较低的对照案例进行分析。同时,由于煤炭属于产能过剩行业,我们还分析了产能过剩对信号效应的影响。

美锦能源(000723)处于山西省,市场化水平较低。我国煤炭行业有着明显的经济周期,特别是2008年全球次贷危机之后,我国许多行业表现出产能过剩问题,煤炭行业首当其冲。在2015年末政府决定实施"去产能"之前,美锦能源的经营状况表现不佳,如2015年其净利润为-3.64亿元,同比下降64.95%等。另外,在2010年至2015年间美锦能源出现多次债务拖欠以及频繁进行资产重组等事件,也侧面说明企业融资出现了较大问题,进而影响企业的经营业绩。基于美锦能源2002年至2014年的报表数据,如图14所示,我们对其商业信用融资产生的信号效应进行分析。

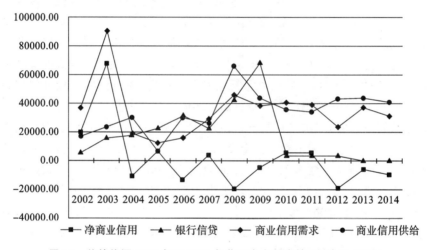

图14 美锦能源2002年至2014年营运资金融资情况(单位:万元)

2002年至2007年间信号效应处于识别期,从2004年开始,伴随着商业信用需求的上升,银行信贷也保持上升,商业信用需求与银行信贷之间表现出正相关特征,但是其获得的银行信贷的规模并不高,这反映出受到市场化因素的影响,信号效应的作用受到限制。而在2008年之后,商业信用与银行信贷之间没有明显的相关特征,美锦能源与银行间的信息不对称问题十分严重。美锦能源的银行信贷自2009后急剧减少,甚至在2013年、2014年为零,美锦能源营运资金的融资渠道只剩下商业信用融资,商业信用与银行信贷之间回到了"替代"关系。特别是,在2015年,美锦能源出现了较大的经营问题,为缓解资金压力而产生较高的营运资金需求,美锦能源被迫选择了较为不合理的融资方式:美锦能源出现了大规模的应付货款拖欠,使得净商业信用增多,约为20亿元;另外,由于2010年以来,没有得到银行信贷的支持,美锦能源只能采用风险和资金成本都较高的信贷融资方式,通过将大量所持股票质押给上海浦东发展银行太原分行,而获取巨额银行信贷支持,约36亿元。并且,由于美锦能源第一大股东持股比例较高,这部分现金流也

有较多部分进入了上市公司,以改善企业经营不利的局面。

受到地区市场化因素的影响,商业信用的信号效应在传递、识别的过程中本身就有着较大的阻碍,而当银行与企业之间的信息不对称问题进一步加深时,信号效应更加难以建立。当企业出现经营危机时,企业往往会被迫保持对供应链资金的持续占用(商业信用需求),主动维持较高的商业信用供给以维护企业自身形象(王竹泉等,2017)。如图14所示,这一时期美锦能源的商业信用融资明显下降,商业信用供给虽然也下降但其规模较高,表现为净商业信用由正变负,并且还进一步下降,此时商业信用融资产生的信号效应无法作为银行衡量企业信用的参考依据,信号效应无法建立,甚至出现商业信用与银行信贷之间回归到"替代关系"的局面。

另外,钢铁行业受产能过剩的影响也较为严重。为说明产能过剩因素对于信号效应的影响,我们以处于钢铁行业、市场化程度较高(位于江苏省)的沙钢股份(002075)进行比较分析。我们直接对沙钢股份2003年至2015年间的净商业信用与银行信贷间的关系进行分析发现,如图15所示,沙钢股份获取的银行信贷融资对其商业信用融资产生的信号效应反应十分敏感,表现为银行信贷融资与净商业信用几乎保持同向变动。特别是,沙钢股份也属于产能过剩行业,在2009年之后其营运资金融资出现了与美锦能源相似的走势(见图14)。

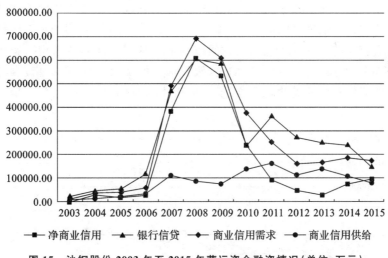

图15 沙钢股份2003年至2015年营运资金融资情况(单位:万元)

受到产能过剩因素的影响,企业的经营风险增加,融资约束紧缩,商业信用融资与银行信贷融资都出现了下降,但是市场化程度不同会引起信号效应的作用产生差异。通过对沙钢股份与美锦能源的对比,我们发现:尽管沙钢股份受到产能过剩影响而融资受限,但是信号效应仍然能够发挥作用,银行信贷融资与商业信用融资同向变动,表现为互补关系;美锦能源所处的山西省市场化较低,对银企间信号传播、识别是阻碍作用较大,当进入产能过剩阶段时,其获取的银行信贷融资与商业信用融资的互补关系并不清晰,甚至回归到"替代关系",信号效应无法建立。

因此,我们认为:产能过剩是一种宏观层面上的绝对影响因素,会影响企业的融资状况,包括商业信用融资与银行信贷融资。而信号效应属于商业信用与银行信贷之间的相互作用,其不会受到产能过剩的直接影响,但是不同的市场化程度会使得产能过剩背景下信号效应的作用结果产生差异。

综上所述,区域市场化程度直接影响了企业商业信用融资产生的信号效应的建立、识别。因此,处于市场化程度较低地区的企业如果想发挥商业信用融资的信号效应作用,需要有意识地控制净商业信用规模,使信号效应更加明显,这将有助于银行对其进行识别。而产能过剩并不直接影响信号效应,处于产能过剩行业中的企业应该勇于利用商业信用融资产生的信号效应,以缓解由于缺乏银行信贷融资而带来的财务约束问题,进而提高经营效率。

2. 企业所有制的影响:基于上汽集团的对比分析

信号效应一般在国有企业中表现并不明显。在我国特殊的政治经济背景下,以国有银行为主导的金融机构在进行贷款授信过程中存在明显的信贷歧视(陈耿、刘星等,2015),国有企业在获取信用借款时一般不受信息不对称问题的影响。从另一个角度看,由于国有企业的银行信贷阻碍较小,此时信号效应发挥作用就不再明显。

我们选取了上汽集团作为对比分析对象。上汽(600104)成立于1997年11月24日并且于次日上市,上汽集团的市场表现强劲,目前是汽车行业中发展最好的国有企业(Wind资讯中依市值排序第一,比亚迪第二)。我们利用与比亚迪相同的数据指标来描述净商业信用和银行信贷之间的关系,选取了2002年至2015年间的报表数据来说明信号效应在国有企业的表现。在选取的时间段内上汽集团的净商业信用与银行信贷之间的关系表现如图16所示。需要说明的是,银行信贷的反映指标"取得借款收到的现金"反映的是企业每年获取的借款现金增量,实际上上汽集团的短期负债、长期负债的借款额度远高于商业信用融资。

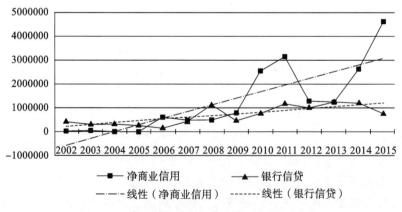

图16 上汽集团营运资金融资情况(单位:万元)

我们可以看到,上汽集团的银行信贷融资在维持较高水平,每年获取的银行信贷基本上不受商业信用规模的影响。上汽集团的商业信用融资与银行信贷融资表现出了正相关的特征,但这并不是由于信号效应的作用。在2010年及之前的年份,商业信用规模较低,而上汽集团的银行信贷较高并保持基本稳定。特别是2011年至2015年,商业信用融资的波动较大,而银行信贷融资对商业信用的波动并没有做出反应。这反映出在国有企业,银行贷款的授信并没有参照商业信用积累带来的信号作用。由于产权性质的影响,商业银行授信过程通常对国有企业存在政策偏向(张天华等,2016),国有企业和地方融资平台均存在显著的政府隐性担保(韩鹏飞等,2015)。国有企业寻求银行贷款时有着天然优势,不需要依靠商业信用的信号效应发挥作用。对于上汽集团而言,无论其净商业信用规模如何变化,其取得的银行信贷融资始终处于较高水平且增幅较小,信号效应的作用并没有得到体现。

将上汽集团的情况与比亚迪进行对比,我们得到结论:民营企业相对于国有企业而言,其商业信用融资产生的信号效应对银行更加有效,民营企业应擅于利用信号效应的作用以获取银行信贷融资支持。

五、案例总结

本案例以比亚迪的营运资金融资结构为例,基于其商业信用与银行信贷之间发生的从替代到互补的关系转化以及互补关系减弱的现象,对商业信用产生的信号效应的建立及作用机制进行分析,并为其他企业改善运营资金融资约束提供参考思路。

净商业信用规模可作为反映企业信用质量的信号,信号建立后可被银行等金融机构识别,这在一定程度上能够缓解银行向企业放贷时存在的信息不对称问题,激励银行贷款授信增多,引起商业信用与银行信贷之间发生从替代到互补的关系转化。另外,随着商业信用的不断积累,信号效应会进入模糊期,此时会产生新的信息不对称问题而影响商业信用与银行信贷之间的互补关系,使得互补关系减弱,此时将不利于企业获取营运资金融资。另外,我们通过与美锦能源、沙钢股份以及上汽集团的对比分析发现:信号效应在民营企业中发挥的作用更为明显,且信号效应受到区域市场化程度的影响较大,而产能过剩并不直接影响信号效应。

通过案例分析,我们认为,企业在进行营运资金融资时,应当考虑商业信用与银行信贷之间的关系,合理调整营运资金融资结构,这对于企业改善融资约束、合理配置资金、提高营运资金管理效率有重要意义。一方面,尚处于替代关系区间的企业可合理且适当地增加商业信用融资,通过产生的信号效应刺激银行信贷融资的增加,缓解经营活动融资压力;另一方面,已处于互补关系区间的企业更应该重视营运资金融资结构的变化,尽量规避信号效应进入模糊期而引起互补关系减弱,阻碍营运资金融资,影响企业经营活动的健康进行。市场化程度较低地区的企业应注意合理把控营运资金融资结构,可通过商业信用融资规模的适度上升来向银行传递有效信号,尽量减少信息不对称问题引起的贷款授信阻碍。而处于产能过剩行业中的企业,在当前"去产能"的政策背景下,更应该对自身财务状况保持信心,敢于使用商业信用融资产生的信号效应来激励其增加银行信贷融资,改善经营状况。

思考题

1. 商业信用融资能够顺利建立信号效应,什么财务指标是银行特别关注的?

2. 如何辨别恶意商业信用融资?

3. 物权法的出台对于商业信用融资有何影响?除了商业信用融资以外,银行还关注那些企业的非直接财务数据?

参考文献

[1] 陈耿,刘星,辛清泉.信贷歧视、金融发展与民营企业银行借款期限结构[J].会计研究,2015(4):40-46,95.

[2] 顾海峰.信息不对称、信贷配给与银行信用风险补偿——基于银保协作的分析视角[J].制度经济学研究,2014(2):101-117.

[3] 江伟,底璐璐,彭晨.客户集中度影响银行长期贷款吗——来自中国上市公司的经验证据[J].南开管理评论,2017,20(2):71-80.

[4] 江伟,曾业勤.金融发展、产权性质与商业信用的信号传递作用[J].金融研究,2013(6):89-103.

[5] 陆正飞,杨德明.商业信用:替代性融资,还是买方市场?[J].管理世界,2011(4):6-14,45.

[6] 王竹泉,王贞洁,李静.经营风险与营运资金融资决策[J].会计研究,2017(5):52-59,89.

[7] 吴娜,于博,孙利军.商业信用融资与银行信贷融资的多重结构突变——基于面板门限的非线性关系分析[J].南开管理评论,2017,20(4):73-81.

[8] 于博.商业信用、信号效应与银行融资——基于A股制造业上市企业的实证分析[J].证券市场导报,2017(1):34-42.

[9] 张天华,张少华.偏向性政策、资源配置与国有企业效率[J].经济研究,2016,51(2):126-139.

[10] 张新民,王珏,祝继高.市场地位、商业信用与企业经营性融资[J].会计研究,2012(8):58-65,97.

[11] 庄毓敏.商业银行业务与经营[M].4版.北京:中国人民大学出版社,2014.

[12] Acharya V,Y Amihud,L Litov. Creditor rights and corporate risk-taking[J]. Journal of Financial Economics,2011,102(1):150-166.

[13] Agostino M,F Trivieri. Does trade credit play a signaling role? Some evidence from SMEs microdata[J]. Small

Business Economics,2014,42(1):131-151.

[14] Choi W G, Y Kim. Trade credit and the effect of macro-financial shocks: Evidence from U. S. panel data[J]. Journal of Financial & Quantitative Analysis,2005,40(4):897-925.

[15] Huang H, X Shi, S Zhang. Counter-cyclical substitution between trade credit and bank credit[J]. Journal of Banking & Finance,2011,35(8):1859-1878.

[16] Kling G, S Paul, E Gonis. Cash holding, trade credit and access to short-term bank finance[J]. International Review of Financial Analysis,2014,32:123-131.

[17] Meltzer A H. Mercantile credit, monetary policy, and size of firms[J]. Review of Economics & Statistics,1960,42(4):429-437.

[18] Molina C A, L A Preve. An empirical analysis of the effect of financial distress on trade credit[J]. Financial Management,2012,41(1):187-205.

[19] Ogawa K, E Sterken, I Tokutsu. The trade credit channel revisited: Evidence from microdata of Japanese small firms[J]. Small Business Economics,2013,40(1):101-118.

[20] Tsuruta D. Bank loan availability and trade credit for small businesses during the financial crisis[J]. Quarterly Review of Economics & Finance,2015,55:40-52.

案例三
我国房地产企业多元化融资方式研究
——以保利地产为例

> **案例导读** 近几年,我国土地价格大幅上涨,国家对房地产行业政策调控日新月异,以及部分房地产企业大规模扩张对资金需求增加等原因,导致传统的融资方式日渐难以满足其资金需求。与此同时,我国金融市场的不断发展为房地产企业的融资渠道带来了更多机会,以保利地产为代表的多家房地产企业开始尝试信保基金、境外发债等新型融资方式,开启多元化融资之路。
>
> 本案例首先分析 2006—2015 年保利地产主要融资方式——股权融资、借款融资、债券融资、境外融资、基金融资的基本情况、资金用途、突出特点以及变化趋势,并以 2010 年保利地产设立信保基金为划分保利地产由传统融资方式转变为多元融资方式的分水岭。其次,就多元化融资方式是否对市场增长、融资成本、政策风险、融资风险产生积极影响四大关键问题,总结出保利地产多元化融资的现实效果:尽管部分新型融资方式的资金成本高、风险大,但多种融资方式综合起来,使得房地产企业融资风险得到控制、获得充足的资金并有效促进其市场规模增长。最后,以案例分析中获得的启示为我国房地产企业在融资结构选择上提供建议。

一、引言

房地产业是我国国民经济的重要组成部分,其作为在工业化和城市化的过程中新兴发展的现代产业和基础性产业,对我国的社会经济生活起着举足轻重的作用。房地产业也是典型的资金密集型高风险行业,具有资金需求大、产业规模大、开发周期长等突出特点,从拿地、土地开发到项目建设和后期营销宣传,都需要巨额资金。由于房地产企业自有资金与所需资金相差甚远,外部融资成为房地产企业资金的主要来源。资金对于房地产企业的重要性,使得融资成为房地产企业运营管理的重要环节。目前我国房地产企业的外部资金来源以银行信贷为主,受国家信贷政策调整的影响大,而且我国对房地产行业的调控政策变化莫测,房地产企业在融资过程中尽可能规避政策影响也是重要一环。

随着国内经济发展进入新常态,作为国民经济增长的支柱产业,我国房地产业告别了十年的黄金时期,进入了行业发展新常态,如投资增速放缓、库存居高不下、房价涨幅下降、市场分化突出。加之我国土地价格的大幅上涨,房地产企业在拿地阶段的资金压力随之变大,银行贷款在此环节受限,开拓新的融资渠道具有迫切的现实意义。

当前,我国金融市场的发展开始呈现多元化,房地产企业的融资渠道也有了更多的选择,不再局限于银行贷款、股权融资、公司债券,已有部分房地产企业开始尝试信托、基金、资产证券化等新型融资方式,但是大部分房地产企业还是以传统的融资方式为主来解决其发展的资金需求。其中,保利地产多渠道低成本补充资金引人注目:成功发行美元高级债券、人民币中期票据、行业超低成本公司债;此外,其房地产基金业务逆势快速发展,信保基金连续四年稳居"中国房地产基金十强"榜单;由保利地产与保利投资、中金公司共同成立的保利资本也在酝酿之中,为其经营与发展开拓新的融资渠道。本研究选择保利地产为例,介绍其多种融资渠道的运作方式,分析各种融资方式的特点,并对各种融资方式加以比较,探讨多元化融资渠道对房地产企业公司治理等诸多方面的作用效果,为我国其他房地产企业的融资方式提供借鉴。

二、理论分析与文献综述

(一) 理论分析

企业融资方式的选择就是其资本结构,西方早期的资本结构理论经历了传统资本结构理论、以 MM 理论为代表的现代资本结构理论和新资本结构理论,国外专家学者一步步放宽假设条件或改变假设条件,呈现出多样化的资本结构理论,为企业融资行为提供理论参考。

1958 年,美国学者 Modigliani 和 Miller 在《American Economic Review》发表《The Cost of Capital,Corporation Finance and the Theory of Investment》,提出了最初的 MM 理论,即无税 MM 理论,开现代资本结构理论之先河。该理论认为,在一定假设条件(企业的经验风险可衡量、市场是完善的没有交易成本、投资者能以同等利率借款、借款利率为无风险利率)下,不考虑企业所得税时,企业的市场价值与其资本结构无关。1963 年,Modigliani 对无税 MM 理论进行修正,考虑存在企业所得税的影响,由于债务融资产生的利息费用税前扣除起到的抵税作用,即当债务融资比重达到 100% 时,企业价值实现最大化。1976 年,Miller 在一次会议报告中,又加入个人所得税的影响,指出个人所得税的存在使得债务融资的抵税作用受到削减,个人所得税带来的损失与企业所得税带来的抵税优惠大致相等,使得该理论回归到无税 MM 理论。后来更多的学者在此基础上加以研究,扩展和丰富资本结构理论。

Robichek(1967)、Kraus(1973)、Rubinmstein(1973)、Scott(1976)、Mayers(1984)先后发展和完善了权衡理论,该理论认为债务融资会带来抵税效应,但是陷入财务困境的可能性也会增加,如果企业破产,则发生破产成本,因此,企业应当权衡债务融资带来的抵税效应和破产成本。

Jensen 和 Meckling 于 1976 年提出代理成本理论,认为随着债务融资的增加,债权人的监督成本会随之增加,债权人会要求更高的利率,而监督成本最终由股东承担,所以,企业资本结构中,债务融资占比上升会导致股东价值降低。

1984年,Myers和Majluf放宽MM理论的假设条件,提出优序融资理论,认为外部融资会向市场传递企业经营的不利信号,还需支付额外的交易成本和费用,因此,企业融资通常会优先选择内部融资,其次是债务融资和权益融资。

(二)我国房地产企业融资现状、趋势与相关建议

杨泱(2009)在次贷危机的背景下研究了我国房地产企业融资结构现状,认为我国房地产企业融资存在融资规模持续增长、自有资金不足、融资方式单一、银行贷款比重偏高等特点。汤华然(2011)、邓程燕(2013)都认为融资渠道单一的主要原因是房地产企业进行直接融资存在法律和政策障碍。根据以上情况,相关建议有:张秀虹(2013)主要从银行的角度提出健全我国房地产融资结构的措施——完善银行信用体系、加强对银行信贷的监督、加大对中低层次房地产商的银行贷款政策支持。张正宜(2006)认为建立房地产的专业银行有助于改善房地产融资主体结构。汪博文(2014)指出房地产企业预收账款占其负债总额比重近50%,房地产企业应当充分利用预收账款这种零成本的融资方式。杨泱(2009)认为应当通过加大股权融资力度以提高自有资金比重、加快房地产企业债券发展、发展民间借贷、引入房地产投资信托基金等方式优化我国房地产企业融资结构。

除此之外,结合我国特殊的社会环境,国内学者研究认为国家的调控政策对房地产行业影响显著,在这种背景下,房地产企业开始寻求新的融资渠道,为其发展筹措稳健的资金来源。

赵冬青、朱武祥、王正位(2008)通过实证研究发现,宏观调控对房地产上市公司资本结构有显著影响:房地产上市公司资产负债率相比宏观调控前显著提高,资产负债率的提高主要是源于经营应付款的比重增加,而不是有息负债比重的增加。此外,该研究还发现,随着宏观调控对银行贷款的限制,迫使房地产企业开拓新的融资渠道,而我国金融市场的发展,也给房地产企业的融资创新带来机会。总的来说,宏观政策和资本市场供给条件是影响我国房地产企业资本结构非常重要的因素。

于涛(2013)就宏观调控下我国房地产融资方式提出了改革住房公积金制度的建议,如果能将闲置住房公积金用于保障性住房建设,那么既能弥补住房保障建设资金的巨大缺口,又能提高住房公积金的收益率。此外,他还提出将社保资金引入保障房开发建设融资体系,但社保资金为全社会所有,其主要责任是承担社会保障义务,所以,社保资金对保障房的资金支持模式大规模运用还需要相关法律政策的支持。

郭冬梅、曾国辉(2008)认为,新的宏观调控背景下,随着紧缩的房地产银行信贷政策和措施的出台,传统融资渠道的弊端会暴露出来,因此房地产企业应构建多种形式相结合的、良性的、低风险的、高效率的融资渠道。

综上所述,无论是从减少对银行贷款依赖、降低国家调控政策的影响、满足资金需求、降低融资成本、分散风险,还是房地产多元化融资符合我国金融市场发展的内在要求等多个角度,国内学者几乎一致认为多元化是我国房地产融资方式的发展趋势。

三、研究方法与数据来源

本案例以资本结构理论和资本成本概念为基础,结合房地产企业的自身特点,以保利地产为例,研究其现有的多种融资方式如何运作以及资本成本、期限、优缺点等。通过内部对比分析,比较保利地产不同融资方式的资本成本、所占比重、获取难易程度和运行状况。通过与探索多元化融资多年的万科和房地产业整体对比,分析保利地产外部融资在整个行业中所处状况。

本案例创新地将保利地产多年融资状况以2010年引入基金融资为分水岭,将其划分为传统融资与多元化融资两个阶段,以多元化融资阶段为主,通过财务比率分析、趋势分析、对比分析,用具体数据说明保利地产多元化融资效果。本案例数据来源包括巨潮资讯披露的公司年报和Wind资讯相关行业数据。

四、案例研究

(一) 保利地产介绍

保利房地产(集团)股份有限公司(以下简称"保利地产")的前身为广州保利房地产开发公司,是由中国保利集团公司(以下简称"保利集团")全资子公司保利南方集团有限公司(以下简称"保利南方")于1992年9月14日在广州市注册成立的全民所有制企业。2002年8月22日,由保利南方作为主发起人,联合广东华美国际投资集团有限公司和张克强等16位自然人,公司改制为股份有限公司,名称变更为"保利房地产(集团)股份有限公司"。2006年7月31日,保利地产股票在上海证券交易所上市交易,证券代码为600048。

经过多年的发展,保利地产的主营业务从商品住宅开发,发展到集房地产一级开发、房屋工程设计、旧楼拆迁、道路与土方工程施工、室内装修、冷气工程安装、物业管理及酒店管理等多种业务为一体的房地产开发集团。面对房地产行业的激烈竞争,2016年保利地产销售额达2203.2亿元,行业排名第五,由中国房地产业协会与中国房地产测评中心联合发布的2016年中国房地产企业500强排行榜上,保利地产位居第四,保利地产处于行业领先地位。

保利地产近几年在融资领域动作频频,备受瞩目。2010年,保利地产成立自己的基金公司——信保(天津)股权投资基金管理有限公司,2013年和2014年分别在香港地区成功境外发行高级美元债券。2015年末,保利地产成立保利(横琴)资本管理有限公司(以下简称"保利资本"),随后,保利地产还与太平洋人寿共同组建国内首只养老产业基金。保利地产连续不断的新动作也展现了其强大的企业实力及发展后劲。

(二) 保利地产多元化融资状况分析

笔者收集并分析了保利地产2006—2015年的主要融资方式(见表1),包括A股市场股权融资、借款融资、债券融资、境外融资以及基金融资。下面分别介绍上述5种融资方式的基本情况、资金用途、突出特点以及变化趋势。

表 1　保利地产 2006—2015 年新增融资结构情况表

年份	股权融资(%)	其中:A股市场股权融资(%)	其中:少数股东投资(%)	借款(%)	债券(%)	其中:境内债券(%)	其中:境外债券(%)	筹资活动现金流入总额(万元)
2006	31.26	30.04	1.22	68.74	0.00	0.00	0.00	696480
2007	41.00	40.23	0.77	59.00	0.00	0.00	0.00	1740165
2008	0.32	0.00	0.32	71.13	28.55	28.55	0.00	1506076
2009	31.23	30.93	0.29	68.77	0.00	0.00	0.00	2526381
2010	0.71	0.00	0.71	99.29	0.00	0.00	0.00	4664639
2011	9.10	0.00	9.10	90.90	0.00	0.00	0.00	4061109
2012	8.11	0.00	8.11	91.89	0.00	0.00	0.00	5034652
2013	6.62	0.00	6.62	88.97	4.42	0.00	4.42	6820579
2014	5.53	0.16	5.37	88.83	5.65	1.39	4.26	7157439
2015	3.78	0.23	3.55	77.32	18.91	18.91	0.00	5799963

(数据来源:保利地产年报。)

1. A 股市场股权融资

保利地产在股权融资方式方面可以说走在了房地产企业的前列,2006 年 7 月 31 日于上海证券交易所 IPO(首次公开募股),2007 年至 2009 年有两次增发,2014 年至 2015 年实行多次股权激励计划募集资金,具体情况如表 2 所示。

表 2　保利地产 2006—2015 年 A 股市场股权融资状况

时间	方式	每股发行价格(元)	发行数量(股)	发行费用(元)	净募集资金(元)
2006/7/31	IPO	13.95	150000000	73940000	2018560000
2007/8/1	公开增发	55.48	126171593	185306171	6814693809
2009/7/14	非公开增发	24.12	331674958	184650003	7815349984
2014/9/16	针对激励对象定向增发	—	19633320	—	99540932.40
2014/11/21	针对激励对象定向增发	—	3120120	—	15819008.40
2015/1/30	针对激励对象定向增发	—	4030290	—	20429540.01
2015/6/8	针对激励对象定向增发	—	18911536	—	91702038.06
2015/9/2	针对激励对象定向增发	—	2559090	—	12409027.41
2015/12/15	针对激励对象定向增发	—	1469250	—	7124393.25

注:本表仅反应保利地产从 2006 年 IPO 至 2015 年 12 月 31 日 A 股融资状况。
(数据来源:保利地产年报。)

通过整理保利地产2006—2015年A股市场的融资情况,对比其在现金流量表上反映的情况,2006年的IPO以及2007年和2009年的两次股票增发均为保利地产提供大量资金,而且这些资金是永久、不需偿还和支付利息的。2014年和2015年多次针对股票期权激励的定向增发不以融资为目的,募集资金占比也微不足道,暂不考虑。

2006年IPO净募集约20.19亿元,计划其中约85%用于保利3个房地产项目——广州保利花园二期、广州保利香槟花园、重庆保利花园一期,剩余15%用于补充流动资金。实际使用过程中,公司将原计划用于广州保利花园二期和广州保利香槟花园结余的募集资金共计3.9亿元用于补充公司项目流动资金,主要用于公司通过公开"招拍挂"获取的新项目,该方案已经该公司2006年第一次临时股东大会审议通过。因此,上述3个项目实际使用募集资金13.25亿元,其计划总投资16亿元,IPO募集资金约占82.81%。此外,本次发行完成后,公司的实际控制人中国保利集团公司持有公司股份比例由75.06%下降至54.59%,仍为公司实际控制人,因此本次发行不改变其实际控制人地位。

2007年公开增发净募集约68.15亿元,主要用于保利现有的广州西子湾等9个房地产项目以及通过"招拍挂"等方式进行以普通住宅为主的项目拓展,项目税前投资回报率原则上不低于15%。9个项目计划总投资约134亿元,公开增发募集资金约占50.86%。此外,本次发行完成后,公司的实际控制人中国保利集团公司持有公司股份比例由54.59%下降至48.97%,仍为公司实际控制人,因此本次发行不改变其实际控制人地位。

2009年非公开增发募集约78.15亿元,计划并实际用于保利旗下8个房地产项目,总投资约212.40亿元,非公开增发募集资金约占36.79%。此外,本次发行完成后,公司的实际控制人中国保利集团公司持有公司股份比例由49.17%下降至46.30%,仍为公司实际控制人,因此本次发行不改变其实际控制人地位。

综上所述,保利地产通过A股市场的股权融资金额巨大,且具有无须偿还、无须支付利息等诸多优点,募集的股权资金主要用于保利已拿地或已处于开发建设阶段的房地产项目。随着保利自身规模的扩张,三轮A股融资的金额逐渐递增。虽然三轮A股融资稀释了原有股东对保利地产的控制权,但是中国保利集团公司仍然是保利地产的最大股东,并没有改变其实际控制人地位。

2. 借款融资

正如我国企业融资的普遍特点,借款融资也是保利地产融资的主要方式。

由于2006年、2007年和2009年保利地产通过A股市场股权融资获得大量资金,其他年份,年新增借款融资占据保利地产新增融资总额在70%以上,尤其是2010年,几乎所有新增外部融资来自借款。但从2011年起,年新增借款融资占新增外部融资总额的比重逐步下降,这也说明,保利地产对借款融资的依赖程度逐渐下降。

由表3可以看出,保利地产借款主体主要是保利地产与其子公司,借款主体的不同带来担保方式的不同:当保利地产为借款主体时,担保方式以信用为主;当保利地产子公司为借款主体时,担保方式则为抵押或保证或两者的混合。借款期限方面,主要以5年内中短期为主,5年以上中长期也占一定比重。

表3 保利地产2011—2015年每年重大借款情况

年份	贷款单位	贷款金额（万元）	借款方	期限	担保方式
2011	国家开发银行	240000	保利房地产（集团）股份有限公司	5年	保证
	中信银行	200000	保利房地产（集团）股份有限公司	2年	信用
	广州农商行	150000	保利增城房地产开发有限公司	3年	保证
	中信银行	150000	保利增城房地产开发有限公司	2.53年	保证
	中国建设银行	150000	北京保利营房地产开发有限公司	3年	保证＋抵押
	北京农商行	100000	北京保利营房地产开发有限公司	3年	保证＋抵押
	招商银行	100000	保利房地产（集团）股份有限公司	10年	抵押
	广州农商行	100000	广州市保利国贸投资有限公司	10年	抵押
	交通银行	100000	保利增城房地产开发有限公司	3年	保证
	中信银行	80000	长春市东朗房地产开发有限公司	3年	保证
	合计	1370000	—	—	—
2012	保利财务有限公司	200000	保利房地产（集团）股份有限公司	2年	信用
	中国建设银行	120000	北京保利兴房地产开发有限公司	3年	抵押
	中国银行、中国建设银行	120000	北京保利营房地产开发有限公司	3年	保证＋抵押
	中国工商银行	100000	保利房地产（集团）股份有限公司	3年	保证＋抵押
	交通银行	100000	保利房地产（集团）股份有限公司	4年	抵押
	中国银行	90000	上海保利建臻房地产有限公司	3年	抵押
	中信银行	80000	保利房地产（集团）股份有限公司	2.75年	抵押
	中国邮政储蓄银行	80000	成都市保华房地产开发有限公司	2.5年	保证＋抵押
	中国银行	80000	保利（珠海）房地产开发有限公司	3年	保证
	合计	970000	—	—	—
2013	上海浦发银行	180000	北京世博宏业房地产开发有限公司	3年	保证＋抵押
	中国建设银行	150000	北京保利首开兴泰置业有限公司	3年	保证＋抵押
	中国光大银行	150000	佛山保利弘盛房地产开发有限公司	3年	保证＋抵押
	兴业银行	130000	保利（福建）房地产投资有限公司	3年	保证
	中信银行	120000	保利房地产（集团）股份有限公司	3年	信用
	中国农业银行	120000	北京保利融创房地产开发有限公司	3年	抵押
	兴业银行	100000	保利（重庆）投资实业有限公司	3年	保证
	交通信托	100000	北京保利兴房地产开发有限公司	2年	保证
	中国银行	99000	合肥保利房地产开发有限公司	3年	保证＋抵押
	中国民生银行	90000	慈溪保利建锦房地产开发有限公司	2.83年	保证＋抵押
	合计	1239000	—	—	—

续表

年份	贷款单位	贷款金额（万元）	借款方	期限	担保方式
2014	中国农业银行	250000	上海保利建昊商业投资有限公司	6年	保证＋质押
	华能银行	250000	保利房地产(集团)股份有限公司	2年	信用
	中国建设银行、中国农业银行	200000	北京保利融创房地产开发有限公司	3年	保证＋抵押
	平安资管	200000	上海保利建颖房地产有限公司	6年	保证＋抵押
	中信信托	170000	保利房地产(集团)股份有限公司	5年	信用
	中信信托	155000	保利房地产(集团)股份有限公司	5年	信用
	中融国际信托	150000	保利房地产(集团)股份有限公司	1年	信用
	中信银行	150000	北京朗泰房地产开发有限公司	3年	抵押
	太平洋资产	139100	保利(成都)房地产开发有限公司	6年	保证
	中国农业银行	120000	北京润诚嘉信置业有限公司	3年	保证＋抵押
	合计	1784100	—	—	—
2015	中国建设银行	200000	北京保利营房地产开发有限公司	15年	保证＋抵押
	中国农业银行	200000	江苏保利宁弘房地产开发有限公司	5年	保证＋抵押
	中国银行	200000	保利房地产(集团)股份有限公司	3年	保证
	中信银行	150000	沈阳中汇达房地产有限公司	2年	保证＋抵押
	中国建设银行、兴业银行	150000	厦门中璟房地产开发有限公司	3年	保证
	兴业银行	150000	保利房地产(集团)股份有限公司	1年	信用
	兴业银行	150000	保利房地产(集团)股份有限公司	1年	信用
	兴业银行	120000	山西万国商业广场开发有限公司	3年	保证＋抵押
	中国工商银行	100000	保利房地产(集团)股份有限公司	2年	保证＋抵押
	上海浦发银行	100000	广州市保利国贸投资有限公司	15年	抵押
	合计	1520000	—	—	—

（数据来源：保利地产年报。）

保利地产借款的主要来源分别是银行、信托和保利地产子公司——保利财务有限公司(以下简称"保利财务")。虽然银行贷款申请程序严格且易受国家政策影响，具有阶段不确定性，但是银行雄厚的资金储备具备提供足够贷款的能力，因此银行贷款占比始终极高；信托融资作为较新的融资方式，在信托产品发行之初，为了吸引投资者，通常标示的预期收益占10%以上，保利地产采用信托的融资成本占14%左右。资金上的巨大需求迫使保利地产尝试资金成本较高的信托融资方式，2012年，根据零售银行实验室监测统计，保利地产是通过信托渠道融资次数最多的房地产企业，也是业内和信托公司合作最多的房地产企业。据不完全统计，保利地产通过信托融资规模在72亿元至82亿元之间。保利财务成立于2008年，由保利地产、保利集团及其他5家公司共同出资设立，意在为保利地产提供优质金融服务,提升资金管控水平和资金使用效率,助力保利地产主业快速、健康发展。贷款利率方面,保利财务较银行贷款有一定优惠,根据保利地产年报,其贷款利率通常为银行同期贷款基准利率上浮5%,资金成本显然较低。虽然保利财务资金提供规模相对较小,但占比整体呈现逐年上升趋势(见表4)。

表4 保利财务对保利地产财务资助情况

年份	保利财务提供财务资助(万元)	收到新增借款总额(万元)	占比
2008	0	1071208	0.00%
2009	10000	1737397	0.58%
2010	0	4631576	0.00%
2011	89000	3691619	2.41%
2012	325000	4626388	7.02%
2013	130000	6068058	2.14%
2014	185000	6357666	2.91%
2015	141300	4484383	3.15%

(数据来源:保利地产年报。)

综上所述,上述三种融资方式均属于借款,但是彼此之间差异较大,这也体现出,保利地产在争取扩大融资的目标下对多种融资方式的尝试。

3. 债券融资

保利地产在债券融资方面主要分为两类——一般公司债券和一般中期票据,具体情况如表5所示。

表5 保利地产境内债券融资状况

债券简称	债券类型	息票品种	期限	发行规模(万元)	利率类型	票面利率
08保利债	一般公司债	附息	5年	430000.00	固定利率	7.00%
14保利房产MTN001	一般中期票据	附息	5年	100000.00	固定利率	4.80%
15保利房产MTN001	一般中期票据	附息	5年	300000.00	固定利率	4.70%
15保利房产MTN002	一般中期票据	附息	5年	300000.00	固定利率	4.60%
15保利01	一般公司债	附息	5年	300000.00	累进利率	3.40%
15保利02	一般公司债	附息	7年	200000.00	累进利率	3.68%

注:本表仅反映截至2015年12月31日保利地产境内债券融资状况。
(数据来源:保利地产年报。)

将保利地产发债的具体情况与其发行债券带来的现金流情况对比来看,保利地产在2008年和近年来通过发行债券获得资金支持,且占新增融资总额比重较大,可见,债券融资也是保利地产重要的融资方式。

保利地产2008年首次发行公司债,2014年发行中期票据,2015年才再次发行公司债,其原因来自国家政策。2007年8月,中国证监会发布《公司债券发行试点办法》,保利地产2008年的首次发债就是赶上了我国公司债券的试点推广。2009年房价开始快速上涨,政府于2010年开始第一轮房地产调控,房地产在资本市场的融资渠道也成为调控的目标之一。中国证监会联合国土部加强对房地产企业融资监管,房企再融资附有前置条件,即必须事先取得国土部和住建部的批复同意。而国土部对于项目审核相当严格,因此2010年之后的一段时间内,房地产企业没有发行过一例公司债。直到2014年9月,中国银行间市场交易商协会在上市房地产企业发行中期票据的政策上开始松动,并以会议纪要的方式给出了发行中期票据的具体要求。2014年底,多家具有国资背景的房地产企业获准发行中期票据,保利地产获得以中期票据进行融资的机会。2015年公司债扩容之后,因为国内市场发行利率低,房地产企业公司债(包括私募)发行规模快速增加。因此,保利地产间隔7年再次发行公司债,是因为经济下行压力和我国债券政策放宽的外部环境。

资金用途上,根据保利地产公司债券募集说明书,公司债募集资金将全部用于补充流动资金,中期票据募集资金全部用于偿还保利地产及其项目子公司的项目开发贷款,二者均属于流动性支持,而保利地产发行债券获得资金属于长期资金。由此可见,在债务期限结构方面,保利地产在资金运用上是比较稳健的。在资金成本上,利率远低于银行同期贷款基准利率20%左右。较低的资金成本、较长的偿还期限、较大的融资金额,债券融资不失为保利地产非常有利的融资方式。

4. 境外融资

2013年和2014年,保利地产通过其全资子公司——恒利(香港)置业有限公司(以下简称"恒利置业")和Poly Real Estate Finance Ltd在香港各发行5亿美元的5年期固定利息债券,具体情况如表6所示。

表6 保利地产境外债券融资状况

债券简称	债券类型	息票品种	期限	发行规模(万元)	利率类型	票面利率
08保利债	一般公司债	附息	5年	430000.00	固定利率	7.00%
14保利房产MTN001	一般中期票据	附息	5年	100000.00	固定利率	4.80%
15保利房产MTN001	一般中期票据	附息	5年	300000.00	固定利率	4.70%
15保利房产MTN002	一般中期票据	附息	5年	300000.00	固定利率	4.60%
15保利01	一般公司债	附息	5年	300000.00	累进利率	3.40%
15保利02	一般公司债	附息	7年	200000.00	累进利率	3.68%

(数据来源:保利地产年报。)

2009年至2014年,由于我国对房地产企业发债的严格限制,房地产企业在境内公司债融资方式受阻,所以保利地产在此期间为了摆脱境内政策的影响,选择在境外发债融资。2014年,我国经济不景气,房地产销售相对低迷,房价下跌明显,国家对地产行业的监管调控有所放松,房企公司债融资逐渐恢复。相较于境外发债,境内发债手续更加方便,加之宽松的利率环境,保利地产近年来选择以境内发债为主。

然而,境外发债非常明显的缺点就是易受到汇率波动的影响,从2015年开始,人民币对美元一定程度的贬值使保利地产承受严重的汇兑损失。2016年6月15日,人民币中间价重回6.6时代,就在当天,保利地产对外公告:公司已于2016年6月14日完成2018年到期、金额为141713000美元和2019年到期、金额为101595000美元的境外美元债券的回购交割工作,已解除相应债务。保利地产回购部分美元债券意在减少汇率波动带来的损失,剩余美元债券余额4956060056.15元还处于人民币贬值的风险中。

综上所述,境外发债规避了政策影响,也获得了较低的融资成本,但其复杂的手续,以及汇率波动风险,使得保利地产在境外融资的尝试有进有退,未来是否继续尝试境外融资还需综合考虑多方面因素。

5. 基金融资

1) 基金融资简介

保利地产在基金融资方面非常引人瞩目的举动是,保利房地产(集团)股份有限公司和中国中信集团旗下中信证券股份有限公司(以下简称"中信证券")于2010年6月在天津市滨海新区联合发起成立的信保(天津)股权投资基金管理有限公司(以下简称"信保基金"),保利地产与中信证券各持40%股权。这是一家专注于产业投资、金融创新、并购整合和资产管理的市场化、专业化、独立运作和主动管理的股权投资基金管理机构。2014年,信保基金由联营企业转为保利地产子公司。

信保基金的成立只是开始,随后的几年里,保利地产与其他公司共同直接或间接设立多家股权投资基金管理公司。保利地产主导的基金公司几乎将所有资金都投向保利地产旗下项目,基金公司作为财务投资人,与保利地产旗下项目公司联合拿地,为保利地产在拿地阶段提供资金支持。后由基金公司引入基金接盘所占股权,提供后续的资金支持,整个过程中,不参与项目的具体开发流程。

图1以信保基金为例,说明保利地产在基金融资方式上的惯用做法。

私募基金这种股权融资方式,使得更多人分享保利地产的最终收益。由于私募基金没有信息披露上的要求,具体的投资收益率不得而知,但由《中国私募基金2015年度报告》可知,2015年市场私募基金平均收益率达26.58%,私募基金融资对于保利地产将承担高额资金成本,私募基金势必摊薄了保利地产的最终收益。

2) 基金融资优点

(1) 相较于IPO或增发,引入基金公司获取股权融资更加方便快捷。

保利地产于2006年在上交所上市,2007年至2009年有两次增发股票,均获得非常可观的募集资金数额。但是增发股票需满足一系列的增发条件,耗费大量准备时间,还需支付巨额发行费用,可能使股价产生波动。而基金公司参与设立控股子公司手续就十分简便,保利地产也无须参与或管理基金公司具体资金募集,可以将更多的精力投向项

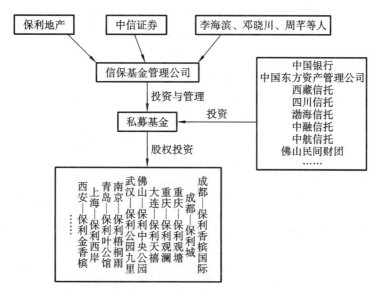

图 1 信保基金运作流程

目运营与管理。此外,A 股募集股权资金需在招股说明书上明确资金用途,后续持续公告资金使用实际情况,而私募基金没有信息披露义务,在资金使用上更具灵活性。

(2) 相较于与其他房地产开发企业合作开发,与基金公司共同出资,保利地产可以拥有更多经营管理上的自主权,也可以独享竞争优势。

与其他房地产开发企业共同出资合作开发,是房地产市场较为常见的一种开发模式。尽管合作开发可以分散经营风险,降低出资压力,但是其最后收益和市场规模也被削减,开发经营过程中产生的管理方式冲突和财务纠纷也可能会带来一系列问题,况且对于市场认可度极高以及实力雄厚的保利地产而言,房地产项目开发的风险极低。与其他房地产开发企业合作开发,通常源于主导项目开发的房地产企业资金不足,而基金公司作为财务投资人可解决资金问题,也可使保利地产独享新项目的市场份额。

(3) 发挥杠杆效应,以较少的自有资金撬动大项目。

保利地产旗下新设项目控股子公司的通常做法是保利地产直接或间接持有 51% 股份,剩余 49% 的资金由私募基金承担。这种做法既可以保证保利地产对项目的实际控制,又可以将剩余资金投向其他项目,从而抢占市场份额。

3) 基金融资情况

保利地产子公司吸收少数股东投资额占筹资总额的比重在 2010 年后出现跳跃式增长,可以将 2010 年作为一个分水岭。此前,少数股东投资几乎为零,2010 年之后,新增少数股东投资比重稳定,占比约 6%。这与保利地产于 2010 年下半年开始成立以信保基金为代表的诸多基金公司有关。

由保利地产旗下项目子公司设立时的注册资本构成来看,保利地产旗下子公司的设立主要有三种类型:其一,保利地产直接或间接出资设立全资子公司;其二,保利地产直接或间接出资,与其他房地产开发商合作,各持一定股份,设立控股子公司;其三,保利地产直接或间接出资,引入保利地产控制的基金公司、第三方基金或投资公司,各持一定股份,设立控股子公司。因此,子公司吸收少数股东投资额反映的是以后两种设立方式获得股权投资,其数额于 2010 年大幅增长,与保利地产开始大规模引入基金关系密切。

从保利地产 2009—2015 年境内年新设控股子公司少数股东出资来源(见表 7)来看,基金公司的出资占比从 2010 年起呈现波动上升,2010 年、2013 年和 2015 年基金公司出资占比更是超过 50%。2014 年基金公司出资占比较低的原因是,2014 年保利地产与广东葛洲坝房地产开发有限公司共同出资近 16 亿元共同开发广州保利广钢 122 地块项目,进而拉低了基金公司出资占比。从 2009 年到 2010 年,基金公司出资占比跨越式增长,可以说是从无到有,主要就是源于 2010 年信保基金等基金公司的设立与运作。

表 7 保利地产 2009—2015 年境内新设控股子公司少数股东出资情况

年份	少数股东出资额(万元)	其中:其他房地产开发公司(万元)	其中:基金公司(万元)	其他房地产开发商出资占比	基金公司出资占比
2009	3850	3650	200	94.81%	5.19%
2010	24554	7550	17004	30.75%	69.25%
2011	123830	103000	20830	83.18%	16.82%
2012	498200	417620	80580	83.83%	16.17%
2013	341233	85300	255933	25.00%	75.00%
2014	181716	99926	81790	54.99%	45.01%
2015	149203	36000	113203	24.13%	75.87%

(数据来源:根据保利地产年报和国家企业信用信息公示系统信息整理。)

综上所述,基于私募基金融资的诸多优点,从保利地产 2006—2015 年现金流量表融资现金流中子公司吸收少数股东投资额项目,到保利地产 2009—2015 年基金公司参与新设房地产开发项目子公司出资规模的变化情况,可以发现,尽管私募基金极大地摊薄了保利地产的最终收益,但从 2010 年保利地产开始大规模设立基金公司起,保利地产开始广泛使用基金融资方式,而基金在项目公司成立之时就被引入,为其在拿地阶段提供充足资金支持。

6. 保利地产总体融资结构分析

从现金流量表角度,保利地产股权融资方面仅在 A 股 IPO 和增发年份有较大融资占比,而子公司吸收少数股东投资的融资占比相对稳定,近几年尤为显著,主要是保利地产引入基金融资所致。借款始终占据保利地产融资的突出地位,近几年呈现下降趋势,可见保利地产对银行贷款依赖程度降低。债券融资在 2008 年被首次尝试后,近几年由于国家政策的放开,占比日渐显著,也得益于保利地产境外发债的尝试。

进而从资产负债表角度分析。通过提取长期负债中的有息负债,将其与所有者权益加总,再计算各科目所在比重,得到保利地产资本结构,具体情况如表 8 所示。

表 8 保利地产 2006—2015 年资本结构情况一览表

年份	长期借款	应付债券	母公司所有者权益	少数股东权益
2006	47.41%	0.00%	47.62%	4.97%

续表

年份	长期借款	应付债券	母公司所有者权益	少数股东权益
2007	41.32%	0.00%	54.52%	4.16%
2008	41.35%	12.52%	41.44%	4.69%
2009	39.34%	8.28%	48.74%	3.64%
2010	56.44%	5.13%	35.66%	2.77%
2011	51.89%	4.45%	36.60%	7.06%
2012	50.48%	0.00%	38.41%	11.11%
2013	51.01%	2.03%	35.15%	11.81%
2014	50.73%	3.94%	34.42%	10.91%
2015	36.50%	10.11%	39.31%	14.08%

（数据来源：根据保利地产年报整理。）

长期借款包含来自银行贷款、信托借款、保利财务贷款等各种来源的长期借款，应付债券包含一般中期票据、境内发行的公司债以及境外发行的美元高级债券，母公司所有者权益包含A股IPO、增发以及未分配利润、各种公积金等，少数股东权益包含与其他房地产开发企业合作吸收的少数股东投资以及私募基金参与到项目公司带来的股权投资。

可以看出，虽然长期借款和母公司所有者权益始终在资本结构中占据较大比重，但是从2006年到2015年，保利地产的资本结构发生了巨大变化：长期借款和母公司所有者权益所占比重波动下降，应付债券和少数股东权益占比则呈现波动上升。尤其2010年以后，少数股东权益占比增加明显，即保利地产的资本结构分布日渐均匀，这是保利地产近几年大力尝试各种境内外债券、私募基金等融资方式的结果。

总体来说，从2006年到2015年，其中以2010年为分水岭，保利地产从银行借款融资一头独大、A股股权融资作为补充的传统融资方式，发展到如今股权融资、多渠道借款融资、债券融资、境外融资、基金融资多头并举的多元化融资方式。

（三）保利地产多元化融资效果分析

通过对保利地产主要融资方式的分析，可以看到保利地产于2011年由传统融资方式进入多元化融资方式。2011年以前，以银行贷款与A股股权融资为主的保利地产的融资状况同我国房地产企业一样普遍存在融资结构单一、期限结构不合理的问题。具体可以归纳为以下几点。

第一，过度依赖银行贷款使其融资状况易受政策波动。保利地产经过2006年、2007年以及2009年三次A股股权融资后，2010年保利地产新增融资中银行贷款融资占99.29%，可见传统融资方式下保利地产十分依赖银行贷款，而国家调控政策的常用手段就是对贷款利率的调节，因此保利地产对融资成本的控制没有充分自主权。2007年的融资状况出现明显波动，该年我国实行了从紧的房地产政策，货币政策上也连续3次上调存贷款基准利率，双紧政策背景下，保利地产通过银行贷款获得资金占新增融资总额比出现2006—2015年的最低值59%。

第二，融资多为短期资金，长期资金不足。传统融资方式下保利地产主要融资来源就是A股股权融资和银行贷款，截至2010年，保利地产银行贷款比重为56.44%，A股股权融资比重为35.66%，银行贷款明显多于A股股权融资带来的长期稳定的资金，而通过银行贷款获得的资金期限以中、短期为主，其中又以3年以内居多，因此，长期资金明显不足。

第三，A股股权融资、贷款资金使用的诸多限制也约束了其经营的扩张。A股股权融资需要事先在招股说明书中说明该资金的具体投向，而银行贷款更是基于某一现有的楼盘项目进行融资，使用灵活度更小，即通过A股股权融资、贷款融资获得的资金只能用于已有项目，不能用于新项目的开拓，对保利地产扩展业务没有直接资金支持作用。

第四，有息负债融资成本较高。保利地产通过银行贷款融资的贷款利率较基准利率上浮5%~20%，高于保利财务的财务资助，较基准利率上浮5%，更是高于其后期以低于基准利率发债的票面利率。2011年以前，保利财务对保利地产的财务资助仅在2009年以基准利率上浮5%的利率发生1亿元，保利地产仅在2008年发债1次，总额43亿元，票面利率7%，低于同期5年期银行贷款基准利率7.83%。因此，保利地产传统融资方式下有息负债融资几乎为资金成本最高的银行贷款，使有息负债融资成本较高。

那么，多元化融资之后，上述传统融资的突出问题是否得到改善？笔者将从以下四个方面进行分析：多元化融资方式是否有效促进其市场增长？是否有效降低融资成本？是否有效规避国家调控政策的影响？是否有效降低融资风险？

具体效果分析，采用横向分析与纵向分析、行业分析与财务分析相结合。关于行业分析，本案例选择2016年房地产企业综合实力居于前20位且在境内上市的房地产企业，分别为万科、绿地地产、保利地产、华夏幸福、金地集团、招商蛇口、阳光城、金科地产，共计8家房地产企业，代表房地产企业的行业水平，并把房地产行业多年领军企业万科单列出来，分别与2016年房地产企业综合实力位居第四的保利地产进行比较。

1. 市场增长

保利地产将外部融资获得资金投入经营，以经营活动现金流出量分析其市场扩张情况，以营业收入分析其销售增长情况，具体如图2所示。

2010年保利地产成立信保基金，开始大规模引入基金融资，融资规模增长速度加快，同年保利地产经营活动现金流出量增速明显加快，与筹资活动现金入量的差距日渐变大。保利地产将获得的更多现金投入其日常经营——拿地、开发项目、人力成本。经营投入的增加最终表现在图3中营业收入的快速增长上。

三者同时快速增长可以表明多元化融资方式扩大了其融资规模，融资对企业发展的造血功能最终有效促进其市场扩张与销售增长。

2. 融资成本

融资成本的比较参考行业水平，但由于保利地产与其他房地产企业并没有披露每一种融资方式的数额与资金成本，不能计算每一家房地产企业的综合资本成本，所以本案例以"财务费用/营业收入"的比值进行融资成本的整体分析，具体情况如图4所示。

保利地产"财务费用/营业收入"值从2011年由负转正，2010年以前保利地产银行存款的利息收入等用于弥补利息支出、银行手续费等，使得该期间财务费用为负。2010年

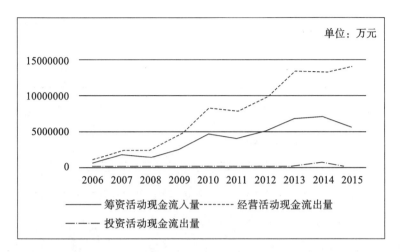

图 2 保利地产 2006—2015 年筹资规模与经营活动现金流出量状况

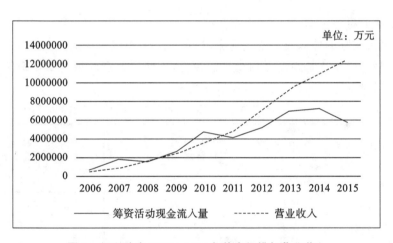

图 3 保利地产 2006—2015 年筹资规模与营业收入

以后,由于财务费用的增长导致该比率有一定程度增长。2015 年增长明显,主要是因为该年保利地产的财务费用中不符合资本化条件的利息及汇兑损失增加。除此之外,保利地产的外部融资成本均低于行业平均水平(行业平均水平在 2014 年出现畸高,主要是因为 2014 年绿地地产该比值的畸高,该年份其营业收入出现大幅下降,第二年又出现大幅上涨,可能与项目开盘经营战略有关)。而万科 2006—2015 年的融资成本呈稳定下降趋势。

所以,尽管多元化融资方式使得保利地产财务费用有所上升,但是融资成本总体稳定。

3. 应对国家政策调控能力

本案例对保利地产借款融资分析已表明:2006—2015 年新增借款占新增融资总额比重逐渐降低,各类债券融资、吸收少数股东投资比重日渐增加。可见,保利地产对银行贷款依赖减少,面对国家随时变化的调控政策,保利地产在融资方式上有更多的选择,根据其经营和投资战略的现实情况选择长期融资还是短期融资、权益融资还是债务融资,进

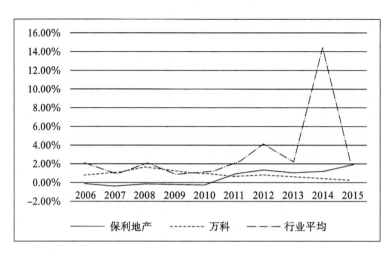

图4 房地产企业"财务费用/营业收入"情况

而更主动地控制融资成本。

此外,考虑实际的外部政策变化情况,2006—2015年我国房地产政策以从紧为主,货币政策则表现出一个从紧到松再到稳健的过程,不同房地产政策与货币政策的搭配,使每年的国家政策都有不同的变化,具体情况如表9所示。

表9 我国2006—2015年房地产政策、货币政策与保利地产融资状况对比

年份	房地产政策	货币政策	保利地产筹资活动现金流入(万元)	新增借款占融资活动现金流入比重
2006	从紧	稳中从紧	696480	68.74%
2007	从紧	稳中从紧	1740165	59.00%
2008	从紧	从紧	1506076	71.13%
2009	从紧	适度宽松	2526381	68.77%
2010	从紧	适度宽松	4664639	99.29%
2011	从紧	稳健	4061109	90.90%
2012	从紧	稳健	5034652	91.89%
2013	从紧	稳健	6820579	88.97%
2014	宽松	稳健	7157439	88.83%
2015	宽松	稳健	5799963	77.32%

(数据来源:根据保利地产年报、国家房地产信息网、中国人民银行官网整理。)

2007年和2011—2013年两段时间,国家房地产政策均比较严格,对比该时段融资活动现金流入,2007年融资活动现金流入继续增长,但是借款的占比为2006—2015年最低值,融资结构波动较大。而2011—2013年的融资活动现金流入在2011年略有降低,之后便恢复持续增长态势,且借款的占比较为稳定。其中,2008年筹资活动现金流入也出现一个低值,与全球经济危机导致的资金紧张相关。这说明,保利地产自2011年进入多

元化融资方式后,其融资状况受国家政策影响减少。

此外,多元化融资方式中,境外发债不受国家政策影响,私募股权基金、信托基金目前国家政策限制小,使得保利地产在融资活动上整体应对国家政策调控的能力增强。

4. 融资风险

1) 财务杠杆系数与经营杠杆系数

本案例采用公式:财务杠杆系数(DFL)=(利润总额+利息支出)/利润总额。其中,利息支出采用财务费用数据,计算财务杠杆系数,分析保利地产财务风险状况。采用公式:经营杠杆系数(DOL)=(销售收入-营业成本)/(利润总额+利息指出)。其中,利息支出采用财务费用数据,计算经营杠杆系数,分析保利地产经营风险状况。财务杠杆系数与经营杠杆系数的乘积就是总杠杆系数(DTL),直接反映营业收入的变化对每股收益的影响。

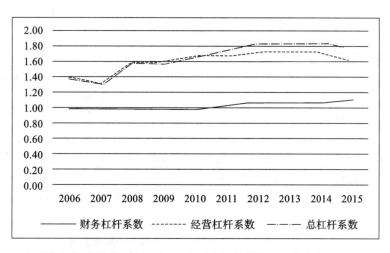

图 5　保利地产 2006—2015 年财务杠杆系数与经营杠杆系数

保利地产 2006—2015 年 DFL 比较稳定,2011 年后发生变化,小幅上升,这与 2010 年起保利地产多元化融资带来财务费用的增加有关。但总体来说财务杠杆系数比较稳定,财务风险并没有发生很大变化。

而保利地产 DOL 从 2008 年开始有一定涨幅,之后也是比较稳定。保利地产在 2008 年销售收入增长率达 91.24%,超高的销售收入增长率加大了经营杠杆系数。之后保利地产销售收入增长率逐步降低到 50%以下,经营规模扩张到一定程度后进入稳健阶段,经营杠杆系数也随之稳定。

DTL 的变化规律与 DOL 几乎一致,2011 年后由于 DFL 上升开始有明显差别,不过总体来说,DTL 比较稳定,即 2006—2015 年保利地产财务风险和经营风险没有很大变化。

2) 偿债能力

(1) 短期偿债能力。

通过流动比率、速动比率和现金比率三个指标来分析保利地产的短期偿债能力,具体情况如图 6 所示。

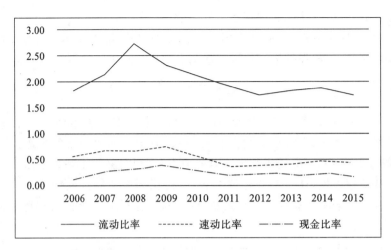

图 6　保利地产 2006—2015 年短期偿债能力情况

保利地产三大短期偿债能力指标 2006—2015 年没有很大的变化,其中 2007 年至 2010 年有一定的提高。主要是由于 2007 年和 2009 年 A 股巨额增发的股权融资降低了当年债权融资,以及巨额股权融资的持续效应使得上述年份偿债能力较强。

通常,流动比率为 2 左右、速动比率为 1 左右较好,但是考虑到房地产行业高负债、高存货的特点,保利地产的流动比率、速动比率还是令人满意的。

因此,保利地产近年来短期偿债能力有所降低,但是仍处于合理范围。

(2)长期偿债能力。

通过资产负债率、产权比率、利息保障倍数三个指标来分析保利地产长期偿债能力,具体情况如表 10 所示。

表 10　保利地产 2006—2015 年长期偿债能力情况

年份	资产负债率	产权比率	利息保障倍数
2006	0.76	3.11	−151.81
2007	0.69	2.19	−74.25
2008	0.71	2.42	−120.12
2009	0.70	2.33	−80.29
2010	0.79	3.76	−71.30
2011	0.78	3.64	26.81
2012	0.78	3.59	16.17
2013	0.78	3.54	17.34
2014	0.78	3.52	15.97
2015	0.76	3.16	10.84

(数据来源:根据保利地产年报整理。)

由表 10 可知,保利地产资产负债率和产权比率两个指标,在 2010 年以前处于较低值,2010 年大幅上涨后,稳步降低。主要是因为 2010 年前的 A 股上市与两次增发,大幅抬升权益占比。而 2011—2015 年,几乎没有 A 股大规模融资情况下,上述指标在多元化融资方式下因吸收少数股东投资比重增多而逐步降低,资本结构更加稳健。

而利息保障倍数在 2006—2015 年发生重大变化,由负转正,绝对值波动降低。2011 年以前,利息保障倍数为负,是因为其财务费用为负。而 2011—2015 年,保利地产财务费用日渐增加,虽然利息保障倍数波动降低,但是仍远大于 1,说明其长期偿债能力虽有降低,但仍然较强。

综上所述,多元化融资方式并没有加大保利地产的财务风险、经营风险,偿债能力略有下降,但仍处于合理范围,总体而言,其融资风险没有明显变化。

五、结论与启示

通过对保利地产多元化融资方式效果的分析,多元化融资方式的有利效果十分明显:融资规模的增长有效促进其规模扩张与市场增长,融资成本因有息负债综合成本的降低比较稳定,受国家政策影响明显降低,融资风险得到控制。因此,保利地产多元化融资方式值得其他房地产企业借鉴。

(一) 根据融资需求确定融资结构目标

我国房地产企业有着不同的经营战略,有地方性房地产企业与全国性房地产企业,有以一、二线城市开发为主的房地产企业与以三、四线城市开发为主的房地产企业,有以高端楼盘开发为主的房地产企业与以普通楼盘开发为主的房地产企业,有快速发展的房地产企业与稳健增长的房地产企业,等等。不同的经营战略,对资金的需求不一,融资结构目标不尽相同。

保利地产作为以中高端住宅为主、集中开发大中城市的全国性房地产开发企业,需要积极囤地,项目前期就需要大量的资金,因此采用积极引入基金的股权融资方式。此外,中高端楼盘也需要大量的营运资金来支持项目的开发与建设,所以通过债券融资获得长期资金以补充流动性。全国范围内房地产开发,各地区资金调剂余缺也非常重要,保利地产的子公司保利财务以资金拆借为主的借款可在一定程度上发挥作用。

因此,经营战略不同、整体实力相异的房地产企业对融资总额、资金期限、权益/债务融资性质等的需求不同,需要合理选择不同融资方式以及各项融资占比。

(二) 适当增加直接融资的比重

从我国房地产企业目前的融资现状来看,过度依赖银行贷款这种间接融资方式是房地产企业的普遍特点。过度依赖银行贷款,不仅使房地产企业易受国家政策调控的影响,也使得银行的信贷违约风险与房地产行业的景气程度密切相关,对房地产企业的稳健经营以及银行风险管理都不利。

保利地产近几年多元化融资的重点就是直接融资比重的增加,吸收少数股东投资、发行债券等直接融资方式能够有效联系资金供求双方,提高使用效率,降低融资成本。此外,直接融资对我国证券市场提出更高的要求,不断丰富与完善金融工具是资金供求双方的共同需求,因此房地产企业努力尝试直接融资也将对我国证券市场的发展产生促进作用。

(三)加强融资信息披露力度

经过对保利地产融资方面的相关分析,笔者发现有关传统的银行贷款融资方式的信息披露还是比较充分的。债券融资和上市融资由于需要按照相关规定进行公告,公众也可以获得较为充分的信息。但对其他融资方式以及各种资金使用的细节并没有进行详细的披露,例如保利地产基金融资方式的信息披露就非常有限,不同融资方式下资金的使用情况也没有分类进行披露。这就使广大投资者很难全面了解公司的运营情况,进而对后续的资金融通带来一定困难。因此,未来上市公司应该主动披露更加全面细致的经营管理信息,特别是需要加强针对资金来源及流向的相关信息披露。同时,监管部门也要与时俱进地制定相关上市公司信息披露细则,保障投资者利益,便于投资者在选择投资时有充分的参考依据。

(四)构建多层次融资体系

保利地产近几年多元化融资如此迅猛的势头相当程度上源于市场环境的支持。例如,2015年以来,有关发行主体扩容、简化发行程序、债券类型创新等相关政策的依次发布拓宽了房企融资渠道,保利地产得以大规模发行公司债和一般中期票据;目前对私募基金的管控限制小使得其私募基金管理规模迅速增长并广泛参与多个项目。因此,企业能否探索新型融资方式或者充分利用资本市场,市场环境相当重要,所以中小房地产企业应积极抓住市场机会,在合法合规的范围内,尝试新型融资方式,结合企业自身的发展需求,构建多层次融资体系。

近些年我国的证券市场虽然得到大力发展,但在证券市场规模、市场条件等方面较国外还存在较大差距。如何充分将社会储蓄优势转化为资本形成优势,这也是摆在金融体制改革面前的一道难题。实现房地产融资多元化战略目标,政府深化经济体制改革的作用不可忽视,特别是在政策法规层面上的改革和扶持。建设统一开放、竞争有序的市场经济体系,是当前加快经济体制改革的重要目标和任务,是社会资源得以合理配置的重要保证。除此之外,还要建立健全与房地产行业相关的法律法规,加强对房地产行业资金筹集及使用合规情况的监管力度,重视培养熟悉房地产领域和金融领域的复合专业人才,为房地产行业的多元化融资搭建平台。

思考题
1. 我国房地产企业融资方式的影响因素有哪些?
2. 房地产企业融资渠道主要有哪些?优缺点是什么?
3. 另举出一个房地产企业多元化融资的案例。

参考文献

[1] Modigliani Miller. The cost of capital, corporation finance and the theory of investment[J]. American Economic Review, 1958(48):261-297.

[2] M C Jenson, W Meckling. Agency cost of free cash flow, corporate finance and takeovers[J]. American Economic

Review,1976,76(2):323-329.

[3] M C Jenson, W Meckling. Theory of the firm: Managerial behavior, a gency costs and capital structure[J]. Springer Netherlands,1976,3(4):305-360.

[4] Myers, Majluf. Corporate finance and investment decisions when firms have information that investor do not have[J]. Journal of Financial Economics,1984,13(2):187-221.

[5] Sirmans. Real Estate Finance[M]. New York: Urban Land INST (DC),2011:110-132.

[6] 陈蓉,干胜道.权衡理论与优序融资理论的比较研究[J].商业研究,2008(5):37-39.

[7] 张秀虹.有关我国房地产融资问题的分析与探讨[J].经营管理者,2013(12):192.

[8] 赵冬青,朱武祥,王正位.宏观调控与房地产上市公司资本结构调整[J].金融研究,2008(10):87-92.

[9] 于涛.宏观调控下房地产融资渠道的困境及建议[J].经营管理者,2013(7):239.

[10] 郭冬梅,曾国辉.浅析房地产企业融资渠道的突破与创新[J].经济研究导刊,2008(10):80-83.

[11] 郭晓婷.中国房地产融资途径发展趋势分析[J].经济与管理,2007(1):64-67.

[12] 薛怀宇,杜晓军,张涛.境外房地产投资信托(REITs)发展对我国的启示[J].金融理论与实践,2009(2):107-111.

附例1:保利地产经营现状概要

附例2：我国房地产企业融资结构现状

附例3：当前房地产企业融资难点

附例4：基金融资的运作模式

附例5：保利地产多元融资的作用效果

案例四
选择整体上市的动因及效果何在?
——基于美的集团的案例研究

案例导读 作为我国家电制造业的领军者,美的集团于2013年通过换股吸收合并子公司美的电器的方式进行整体上市,成功缓解融资约束、提升企业绩效、减少关联交易。本案例回顾了相关文献,介绍了美的集团的企业背景,剖析了其采用整体上市的动因,并对上市结果进行了分析。本案例通过对美的集团这一典型案例的研究,探讨了整体上市及换股吸收合并的特点,为其他企业进行上市提供了借鉴。

一、引言

整体上市可以促进市场进行产业整合和资源配置,同时也是企业求进步、谋发展的重要方式,是企业拓宽融资渠道的桥梁。早些年,我国企业较多采用分拆上市,但是随着时间的推移,分拆上市逐渐暴露出种种弊端,优质资产的剥离、频繁的关联交易、同业竞争的加剧等,不仅给监管提出了难题,也给上市公司、中小股东甚至资本市场造成了损失。为从源头上治理同业竞争和关联交易问题,中国证监会于2010年初提出"解决同业竞争、减少关联交易"专项活动的具体方案。而这一具体方案的实施,促使企业逐渐开始倾向于整体上市。从方案的提出至美的集团整体上市时,我国共有426家公司进行了整体上市。整体上市不仅可以有效避免分拆上市带来的关联交易和同业竞争等弊端,还能为企业带来诸多好处:整体上市能够使企业在证券市场上公开募集大量资金,缓解融资约束,为企业今后的战略布局打下牢固的基础;能够使企业内部实现资源共享,提升协同效应,降低采购成本、销售费用、管理费用等成本,提升企业绩效。此外,整体上市还能使公司持股的管理人员股权市场化,上市公司还可推出更加有效的股权激励计划吸引人才、锁定人才,提高公司的经营管理效率与人才为公司服务的积极性。同时,整体上市还有利于完善资本市场和促进证券市场的良好有序发展。总而言之,整体上市对企业乃至对整个资本市场来说,都具有重大意义。

家电制造业具有大批量生产、专业化生产、技术密集、产品更新换代快等特点。为了与外国品牌抗衡，我国政府从2008年起全面实行对本土家电制造业的支持和补贴，这意味着达到一定规模的家电制造企业上市融资较为容易。2008年到2012年间，我国家电制造企业有89家上市，首次公开发行募集资金总额达到784.83亿元。但在2012年底这一重要时间阈值，出于对环境的转变和政策的变化的考虑，政府开始逐步减少支持和补贴，家电行业承受着市场需求饱和、产能过剩、成本上升、价格战等压力。在严峻的局面下，中国各大家电品牌为求生存，不得不在产品、品质和技术上寻求突破，依靠产品的品牌效应、品质保障、技术创新拉动需求。而刺激政策的逐步收尾同时也让家电制造业陷入了融资难的困境。2013年一整年，中国家电制造业只有美的集团一家公司成功上市。

本案例围绕这一事件深入探究其动因及产生的效果，并试图回答以下三个问题：①在没有政府支持、家电制造业普遍低迷的2013年，美的集团依靠何种模式成功上市？②美的集团整体上市的动因何在？③整体上市能否达到预期的效果，从而有利于公司的可持续发展？

二、文献回顾与理论分析

（一）整体上市的动因及效果研究

Myers和Majluf(1984)提出的融资优序理论指出公司融资的最佳选择是内部融资，然后是债权融资，最后才是股权融资。

但在中国，公司更倾向于选择股权融资，而不是债权融资。黄少安和张岗(2002)研究发现，中国的企业更倾向于选择股权融资要归因于股权融资相对于债权融资的低成本和非硬性约束。陈玥(2007)指出，债权融资获得的资金需要公司支付利息，到期后要归还本金，财务杠杆过高使得公司面临巨大的风险，一旦丧失偿债能力，轻则损害股东利益，重则导致公司破产。债权融资成本约束为硬约束，经估计，我国债权融资的成本为4%~4.2%；股权融资成本包括支付股利的成本、发行成本、市场波动成本和大股东股权被稀释后的控制权损失，面对的是软约束，我国股权融资成本为2%~3%，但结合我国的股利政策，很多公司并不是每年都分红，或者分红数额相当低，所以股权融资成本可能更低。在民营企业的融资过程中，股权融资相较于债权融资的低成本表现得尤为明显。刘力和李广子(2009)、魏志华等(2012)指出，由于中国信贷政策的倾斜和企业之间信用度的差异，银行更偏好贷款给国有企业而非民营企业。MM定理也表明，负债占比的提高会导致有负债企业的权益资本成本增加。

上市公司筹集资金时更倾向于选择增发或配股等股权融资方式，而非上市公司在寻求上市的过程中，近年来更倾向于选择整体上市。相较于分拆上市，整体上市的好处已经得到诸多国内外学者的证实。

整体上市缓解了融资约束，刺激企业的投资与研发投入。李君平和徐龙炳(2015)认为，融资是投资的基础，上市公司通过合理经营与相应的手段抬高股价，增加融资并促进公司投资，也就是说企业的融资约束程度越轻，投资水平越高。杨志海(2016)指出，整体上市前，公司的投资水平高低依赖于公司内部的现金流状况，二者呈显著正相关，也就是说公司面临较大的融资约束,而在整体上市后二者的正相关关系明显减弱,即整体上市在一定程度上缓解了企业的融资约束。康志勇(2013)通过研究发现,没有政府支持的民营企业面临更为严重的融资约束,并且融资约束的存在抑制了公司对于研发的投入。鞠晓生、卢荻和虞义华(2013)通过实证研究得出结论,技术更新换代迅速的工业、制造业企业的内部资金一般无法满足研发投资、固定投资等的需求,融资约束制约着企业的创新性与可持续发展,仅仅依靠营运资本管理的作用有限,还是需要外部金融资本的补充。由此可以看出,整体上市可以缓解融资约束,使得企业有充足的资金进行投资和研发投入。

整体上市扩大了企业的业务规模,有助于发挥协同效应,提升企业绩效。Coase(1937)认为,分拆上市人为地划分开了集团公司的上市资产和非上市资产,公司的产业链被割裂。而整体上市是在整合集团公司的资产后将其注入上市公司,使集团公司的产业链得到优化与完善,内部资源实现优势互补,同时形成规模效应,有效地分摊固定成本和进行专业化生产。张丽(2014)认为,整体上市有利于改善公司内部的治理结构,完善公司治理流程,降低各种无效成本,从而提高盈利能力。刘黎(2014)认为,通过整体上市,企业能够发挥协同效应,整合内外资源,增强竞争力,形成生产协同、管理协同、销售协同等,降低成本,提高盈利能力,最终实现企业绩效的提升。

整体上市可以减少关联交易和避免同业竞争。Khanna(2010)研究发现,当集团内有子公司上市时,内部资本产生了内部市场,这将会促使集团中母公司和子公司之间、各子公司之间进行不正当的关联交易。Bertrand等(2002)、Cheung等(2002)建立数理模型进行分析,发现关联交易的存在是上市公司业绩下降的重要原因之一。Brealey等(2002)认为,关联交易是大股东侵占上市公司利益的主要途径之一,关联交易的频繁发生削弱了投资者的信心,从而使公司价值降低。国内学者的研究也得出了相应的结论,李增泉等(2004)研究发现,上市公司通过关联交易向其集团公司进行利益输送,其结果是上市公司的业绩下降,最终的受害者是广大中小股东。吕兆德(2004)指出,企业整体上市后,上市公司获得了较强的独立性,关联交易减少,大股东的"隧道挖掘"现象减少,对于企业的形象有正面作用。王志彬和周子剑(2008)认为,集团公司整体上市之后,集团公司内部在产业、资产、组织结构等方面将重新进行整合,集团公司内子公司的关系由竞争变成了相互协作,可以避免集团公司内部的同业竞争现象。黄清(2004)也指出,分拆上市的上市公司与集团内其他公司的利益不统一,而整体上市这种模式从源头上克服了分拆上市的缺点。

整体上市使得职业经理人实现股权市场化,上市公司的股权激励计划有效为公司吸引人才、锁定人才。现代公司的治理模式多是所有权与经营权分离,公司的经营者与股东利益诉求不一致,这就产生了委托-代理问题。除了监督以外,公司还可以采用激励的方式降低委托代理成本。关于职业经理人的激励问题,大部分学者认为对职业经理人的激励强度不足是当前家族企业难以引进职业经理人的关键原因。陈春根(2002)通过研究指出,家族企业中对职业经理人的激励存在模糊不明、执行力不强的问题,此外过于重视短期激励和物质激励,忽视长期激励和精神激励。邵帅(2014)认为,我国民营企业相对国有企业的股权激励方案具有较长的考核期和较高的激励程度,大股东根据自身需求和公司实际情况实施激励方案,能够有效推动股权激励的施行,激励效果更好。

(二)整体上市的模式研究

王宇和李子白(2008)提出了整体上市模式的三分法,分别为换股IPO、换股吸收合并和反向收购母公司。在此基础上,罗忠洲、屈小璨和张蓓(2010)进一步提出整体上市模式的四分法,将其分为定向增发、换股IPO、换股吸收合并和自有资金反向收购四种模式。

张晶和张永安(2011)运用概率选择模型进行实证研究,发现国有企业在反向收购过程中更倾向于采用现金支付,说明支付方式的选择受企业的股权结构和性质的影响。潘洪波(2010)通过案例研究,得出了中国民营企业进行换股吸收合并的市场回馈明显好于国有企业的结论。

杨荣(2015)通过资料研究和数据对比发现,反向收购相比IPO节约大量时间,但这两种方式都对公司有较高的资金需求。张丽(2014)认为,定向增发是针对特定对象发行股票,实质上是用股权换取大股东的资产,并且定向增发要求集团领导到上市子公司任职,企业内部管理结构需进行大换血,会影响集团运营的稳定性。郑瑞(2016)指出,换股吸收合并相对于其他几种整体上市模式的突出优势在于企业不需要利用现金收购子公司的股份和资产,子公司也不需要募集新股,整个过程中不涉及现金支付,对企业的现金流不产生压力。

综上所述,国外学者多着重于探讨分拆上市的弊端,且其研究开始的时期比我国更早一些,这对于国内学者来说有着很重要的借鉴意义。反观国内文献,对于整体上市的研究更侧重于其动机和利弊,对于整体上市模式的研究主要是理论的叙述,较少有深入的剖析。并且由于开始时间较晚,我国学者对于定向增发这种模式的研究较多,而对换股吸收合并的研究很少,且主要是针对这种模式的内涵、监管法规等方面进行研究。因此,本案例着眼于美的集团换股吸收合并的具体案例,一方面探讨了美的集团采取这种上市方式的动因;另一方面探讨了通过换股吸收合并整体上市后,美的集团的融资约束、企业绩效和公司治理是否得到了正面的效果回馈。

三、案例概况

(一)企业背景

1. 美的集团

2013年上市之前,美的集团是一家以家电制造业为主营业务的大型综合性企业集团,分为大家电、小家电、电机及物流四大业务板块,旗下拥有美的、小天鹅、美芝、华凌、安得、威灵等十余个品牌,并有美的电器(000527)、小天鹅(000418)和威灵控股(HK00382)三家上市子公司。如今,美的集团已经成为一家集消费电器、暖通空调、机器人与自动化系统、智能供应链(物流)于一体的综合性科技集团,不仅拥有国内多个家电品牌的子公司,更是依靠收购控股多家外国家电、机器人品牌公司,同时还与多家国内外知名企业进行战略合作,进军智能化产业。

2012年,在中国企业500强中,美的集团排名第79位,并未进入世界500强企业名单。2013年整体上市后,美的集团稳居中国500强企业前40位,2016年和2017年分别排名第39和第38位;2016年,美的集团更是首次进入世界500强企业名单,排名第481位;2017年,美的集团在世界500强排名中居于第450位。

2. 美的电器

美的电器(000527)全称广东美的电器股份有限公司,是美的集团于1992年8月10日成立的子公司,成立之初美的集团持有美的电器股份比例高达70%,内部职工持股30%。美的电器于1993年11月12日在深圳主板上市,首次公开发行普通股2277万股,共募集资金18444万元。美的电器是美的集团下设的制冷家电集团中两家A股上市公司之一,上市之后主要负责经营美的集团旗下的空调、冰箱和洗衣机等传统大家电产品,而厨房家电、热水器等新型家电产品由母公司美的集团自行运作。

2006年美的电器进行了股权分置改革,后又进行了一系列的配股和股东股本转让,截至2013年6月30日,美的集团持股比例降到41.17%,但仍是第一大股东,第二大股东持股比例不到2%,美的集团仍处于一股独大的地位,这为美的集团换股吸收合并美的电器提供了良好的基础。

(二) 整体上市模式选择

1. 整体上市模式分类

整体上市模式按四分法分为定向增发、反向吸收、换股IPO和换股吸收合并四种模式。

定向增发指的是集团控股的上市公司通过向大股东实施定向增发,收购其掌控的资产,从而实现资产的整体上市。定向增发模式下母公司并未上市,从本质上来说,定向增发属于公司内部的资产重组,不涉及向资本市场的流通股股东募资。定向增发适用于经营顺利、实力较强、信誉良好的企业集团。定向增发具有运作成本较低、实施风险较小等优势,是我国沪深A股市场采用较多的整体上市模式,如沪东重机、上汽集团、本钢板材等。

反向吸收要求子公司是上市公司,进行反向吸收时将集团的非上市资产注入上市公司内,即子公司按照一定的价格用现金收购母公司的资产,从而实现母子公司的整体上市。该模式适用于上市子公司现金流较为充足、母公司缺乏现金的状况,目前也是应用较广的整体上市模式。通过这种模式实现整体上市的公司有鞍钢、武钢股份、中国联通等。

换股IPO是指集团公司以一定的比例与上市子公司股东换股,吸收合并该上市子公司,同时进行首次公开发行,因此可以分三步走:改制、吸收合并、IPO。根据整体上市的彻底性不同,可以将换股IPO整体上市分为法人整体上市和主业整体上市两种类型,如TCL采用换股IPO模式整体上市就属于法人整体上市。

换股吸收合并是指非上市母公司通过以股换股的方式吸收合并上市子公司。该模式主要适用于母公司有较多非上市资产且同一资产不能在同一市场双层或多层上市的情形及母公司为减少投资层次而整体上市的情形。该模式常常伴随着现金选择权,即让已上市公司的股东在获取现金和换取股份之间选择。该模式成功的关键在于换股价格的制定,合理的换股价格可以使出换股份的持有人获得一定的利益,从而有意愿进行换股。如果已上市公司的大多数股东行使现金选择权而不换股,使得母公司发行的股份少于25%或10%(股本总额超过4亿元人民币的上市公司),则会导致母公司整体上市失败。采用换股吸收合并整体上市的例子有第一百货与华联商厦换股上市等。

2. 采用换股吸收合并的原因

四种整体上市模式中,定向增发要求集团领导到上市子公司任职,企业内部管理结构需进行大规模调整,会影响集团运营的稳定性,上市后需要一段时间来维稳,不利于提升企业的协同效应。美的集团的需求是通过整体上市推动其发展战略,公司架构的稳定性对于其长期发展至关重要,所以定向增发这种模式不适合美的集团的上市需求。

反向收购的子公司需要大量的资金,美的集团和美的电器本身就陷于资金困境,所以反向吸收这种模式显然不适合美的当前的情况。

换股IPO受国家相关政策的影响,条件比较苛刻,流程复杂,相对换股吸收合并耗时久、运作成本高且风险较大。

换股吸收合并时,非上市公司通过以股换股的方式吸收合并上市公司,可以直接保留上市资格,只需要改变代码,不需要进行IPO。在换股吸收合并时,企业可以绕开IPO的严格审核和复杂流程,避免花费过长时间;不必通过现金支付的方式来购买合并方的全部资产和股份,减少现金占用,避免给本就需求资金的美的集团带来更大的资金压力;美的集团在吸收合并美的电器完成后,只需调整代码(由000527调为000333)就可保持上市资格,企业的管理组织构架不会有大的变动。

这种方式有利于企业上市后取得成功,也是最符合美的集团上市要求的模式。

(三) 上市过程

2012年8月27日,美的电器因筹备重大事项在深交所停牌,停牌前股价为9.18元/股。直到2013年4月1日,美的电器发布公告称,美的集团将与美的电器通过换股吸收合并的方式整体上市。美的电器的股票重新恢复交易后,多次涨停,4月8日的收盘价为13.44元/股,相比停牌前的股价,涨幅达到46%,且当日成交额高达32亿元。这表明美的集团即将上市这一事件备受关注,向市场传递了利好消息,刺激了投资者进行交易。

2013年8月15日,美的电器再次停牌实施上市方案。9月12日,美的电器发布公告称换股吸收合并已经完成,并公布了上市的具体方案:美的集团以发行新股的方式换取美的电器的流通股。美的集团的新股发行价为44.56元/股,美的电器的换股价为15.96元/股,这是以定价基准日前20个交易日的交易均价9.46元为基准、溢价68.71%确定的,每股美的电器股票可以换取0.3582股美的集团A股股票。同时,美的集团还为美的电器的股东提供了现金选择权,即不选择换取美的集团股票的美的电器原股东可以全部或部分行使现金选择权,价格为每股美的电器股票10.59元,这是以9.46元为基准,溢价12%得到的。12%的高溢价充分体现了对中小股东权益的保障。

2013年9月18日,美的集团与美的电器在没有花费资金的情况下顺利完成换股吸收合并,美的集团(000333)成功整体上市,在深交所正式挂牌交易。上市后,美的集团对美的电器的持股比例发生变化,换股前美的集团持股美的电器41.17%,换股后美的集团拥有美的电器100%的股权。美的电器的全部资产、负债、人员、业务都并入美的集团,同时美的电器的法人资格被注销。

四、整体上市的动因和效果分析

美的电器于2012年8月27日停牌,于2013年4月1日公布换股吸收合并事项的筹备。因此,将2013年4月1日设定为公告日,公告日前后15个交易日设定为事件窗口。图1为公告日前后15个交易日的累计超额收益率。

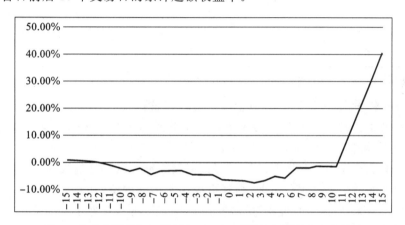

图1　美的电器公告日前后[-15,+15]累计超额收益率走势图

虽然公告日当天超额收益率有小幅下降,但于公告日后第5天开始脱离颓势,缓慢上升,公告日后第12天出现大幅上涨,这是因为美的电器在公告日后第12天又公布了提供现金选择权的公告,大大加强了股东们的信心,并向市场传递了美的集团及美的电器的利好消息。到公告日后第15天,超额收益率已经高达39.99%。这说明美的电器公告换股吸收合并这一利好消息对美的电器的冲击存在滞后,使得美的电器的超额收益率在公告日后第5天才开始不再下降,并在第12天才开始出现大幅飙升。总体来看,美的电器公告换股吸收合并这一消息被市场解读为利好,下面将从融资需求分析、协同效应分析、关联交易分析等三个方面对美的集团整体上市的动因和效果进行分析。

(一)融资需求分析:更好地借助资本市场,缓解投融资压力

美的集团于2011年起推动经营转型,确立"产品领先、效率驱动、全球经营"的发展战略,聚焦产品与效率提升,明确业务结构,构筑协同平台,推动科技机制创新,加强消费者研究与产品开发。简而言之,美的集团的目标是研发生产技术领先的产品、提高营运效率、进一步推动国际化进程。美的集团为了达成其发展战略,需要进行大量的研发投入以提升其产品的核心竞争力以及营运物流效率。美的集团作为本土家电制造公司,在国际竞争局势激烈、外国产品具有技术优势的情况下,要想走向国际,仅仅依靠自身的品牌推动远远不够,还需要与外国知名品牌进行战略合作或收购外国知名公司以获得其品牌优势、营销渠道、国际影响力以及先进的技术。无论是加大研发力度还是合资、并购活动,都需要大量的资金作为支撑。

美的集团作为民营非上市公司,面临着较大的融资约束。在我国家电行业三巨头美的集团、格力集团与海尔集团中,格力集团是国有企业,其经营管理受政策影响较大。而海尔集团与美的集团同为民营企业,且主营业务类型相似,海尔集团筹划整体上市多年,但至今仍未达成,因此,二者具有一定的可比性。企业融资约束的度量指标包括利息保障倍数和股利支付率等,下面将2013年美的集团与海尔集团的利息保障倍数和股利支付率进行对比,如表1所示。

表1 2013年美的集团与海尔集团的利息保障倍数和股利支付率

项目	利息保障倍数	股利支付率
海尔集团	61.68	14.00%
美的集团	18.74	2.24%

(数据来源:根据美的集团年报整理而成。)

由表1可以看出,美的集团的利息保障倍数和股利支付率均低于海尔集团,这在一定程度上反映了美的集团的融资约束程度强于其同为民营企业的竞争对手海尔集团。然而鉴于A股历来低分红的现状,股利支付率这一指标在A股市场参考意义并不大,而投资活动现金流出量和经营活动产生的现金流量净额可以很好地反映企业的融资约束程度。若企业面临较大的融资约束,则其更倾向于内源融资,其对外投资的资金来源主要通过日常经营来获得;若企业不存在明显融资约束,则其对外投资的资金来源主要依靠外部融资渠道来获得。整体上市前后,美的集团的投资活动现金流出量和经营活动产生的现金流量净额见图2。

美的集团在整体上市的2013年以前,其对外投资规模与经营活动现金净额相当,反映出较大的融资约束;而2013年以后,美的集团投资活动现金流出量与经营活动产生的现金流量净额出现明显背离,说明主要资金来源于外部的股权或债权融资,企业的融资约束得到很大程度的缓解。美的集团2013年整体上市以来外部融资情况见表2。

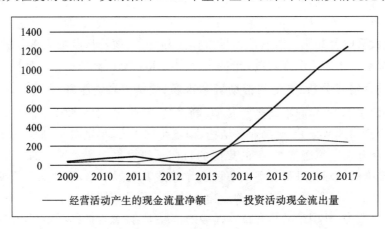

图2 美的电器融资约束程度示意图(单位:百万元)

案例四 选择整体上市的动因及效果何在？

表2 美的集团2013年整体上市以来外部融资情况

融资方式	整体上市后	2013年整体上市时
股权融资:定向增发	12.04亿元(2015年)	无
债务融资:超短期融资券	200亿元(2016年)	无
短期融资券	100亿元(2016年)	无
中期票据	200亿元(2016年)	无
短期借款年末余额	25.84亿元(2017年)	88.72亿元
长期借款年末余额	329.90亿元(2017年)	7.12亿元
应付债券余额	45.53亿元(2017年)	1.53亿元

(数据来源:根据美的集团年报整理而成。)

美的集团自2013年上市后,2014年即公告发布非公开发行预案,最终募集人民币12.04亿元。债务融资方面,整体上市完成后,美的集团开始借助债券市场发行短期债券和中期票据,融资规模累计为500亿元;此外,美的集团2013年以后的长期借款逐年攀升,从2013年的7.12亿元激增至2017年的329.90亿元,外部融资渠道,尤其是银行长期借款成为美的集团的主要融资方式。融资渠道的缓解更有助于企业加大研发投入和投资并购的力度。

1. 研发投入

如图3所示,美的集团在整体上市前每年研发投入略有上升,但幅度不大,整体上市后每年研发投入都按照15%左右的比例增加,上市3年后研发投入金额从39.18亿元上涨到60.46亿元,研发投入占销售额的3.8%。由图4可知,美的集团技术人员占非普通生产员工的比例从2013年的46.08%上升到2016年的61.65%。这表明美的集团对于技术研发的重视,并有充足的资金用于研发投入,从侧面反映了融资约束的缓解。

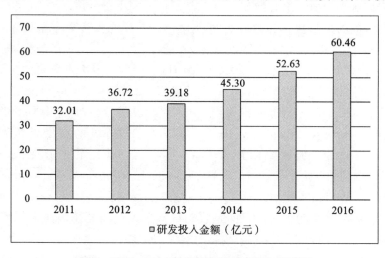

图3 2011—2016年美的集团研发投入变动图

由表3可知,美的集团整体上市后,其授权专利数由2013年的5647项上升到2016

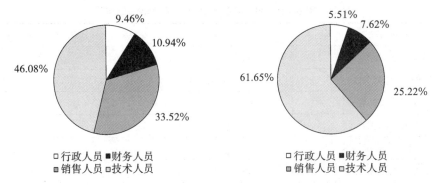

图4 2013年与2016年美的集团员工构成类别图(不含普通生产员工)

年的26000多项。在我国知识产权局进行的中国专利优秀奖评选中,美的集团从2013年的颗粒无收到2016年共获13项中国专利奖。在欧盟委员会评选的2016全球企业研发投入排行榜中,美的是TOP200中唯一一家中国家电企业。由此可见,美的集团对于研发的投入取得了卓越的效果。

表3 美的集团整体上市前后授权专利数变化情况

年份	2013	2014	2015	2016
授权专利数(项)	5647	15145	21581	26000多

(数据来源:根据美的集团年报整理而成。)

2. 并购活动

美的集团在整体上市后,频频进行大规模的并购。2014年1月,美的电器(新加坡)贸易有限公司收购美的泰国合资公司51%股权,交易价格60万美元。2014年6月,美的集团及其一致行动人(境外全资控股公司TITONI)发起对小天鹅A股和B股的要约收购,旨在完成对小天鹅的绝对控股。2015年通过收购小贷公司,设立网络小贷公司、商业保理公司等,美的已形成涵盖财务公司、小额贷款、商业保理等金融体系布局。2016年,美的集团已经与东芝达成最终协议,以537亿日元(约合4.73亿美元)的价格,收购东芝白色家电业务80.1%的股份。2016年10月底,美的与意大利著名的中央空调企业Clivet正式签署协议,完成收购Clivet 80%的股权。2016—2017年,美的集团通过境外全资子公司MECCA合计持有库卡集团3760万股股份,约占库卡集团已发行股本的94.55%,收购总价约合292亿元人民币。2017年1月,美的完成以色列高创公司(Servotronix)的收购。美的集团还于2017年收购SMC、东莞卡飞、富士通、Easy Conveyors B. V.、Talyst Systems LLC、Device Insight GmbH、Visual Components Oy,收购对价合计为1744430000元。

以上并购活动中,最为引人注目的是收购日本东芝电器和德国库卡集团,旨在推动集团"产品领先,效率驱动,全球经营"战略的实现。

2016年3月31日,美的集团发布公告称已与东芝株式会社签署股权转让协议,将以4.73亿美元的价格收购东芝株式会社的子公司东芝生活电器株式会社(简称"东芝电器")80.1%的股权(东芝株式会社百分之百控股东芝电器),同时,美的集团还要接手东芝电器2.2亿美元的债务,并在交割前偿还该债务,因此,美的集团收购东芝电器的总成本在6.93亿美元左右。通过本次收购,美的集团获得东芝电器品牌40年的全球授权。凭借东芝电器在日本以及东南亚地区的品牌影响力和完善的销售渠道,美的集团的国际化进程将会进一步加快。此外,东芝电器拥有全球家电行业领先的科技研发实力,美的集团通过此次收购还获得了东芝电器超过五千项专利,提升了美的集团的核心竞争力。此次收购于2016年6月30日完成,收购资金来自集团的自有资金和并购债务融资。

由图5可知,美的集团在2016年收购日本东芝电器后,海外销售额有了较大幅度的增长,且涨幅明显高于国内销售额,说明公司的海外销售情况受到正面影响。据统计,2016年美的集团由于并购东芝电器而增加主营业务收入75亿元,净利润3000万元。2017年东芝电器营业收入突破150亿元,虽然受日元汇率变动、原材料上涨和全球复杂经济形势等外部影响,东芝电器2017年未能实现盈利,但仍然实现了核心家电业务的增长。尤其在竞争激烈的日本市场,东芝电器在冰箱、洗衣机和空调领域的市场份额得到稳定提升。东芝电器被收购后的两年虽然盈利情况不佳,但是美的集团实现了进一步增加日本家电市场份额的战略目标。

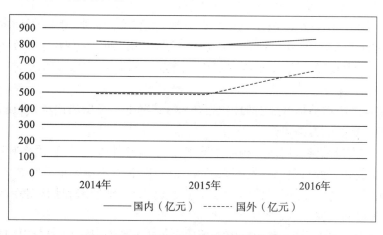

图5 2014—2016年美的集团国内外销售额

2016年5月26日,美的集团发布了要约收购库卡集团报告书,并于6月16日发布要约收购文件,将通过美的集团的境外全资子公司MECCA收购库卡集团不低于30%的股份(包括美的集团在本次收购前已持有的库卡集团13.51%的股份)。本次要约收购价格为115欧元/股,收购总价为292亿元人民币。本次收购对于美的集团的战略布局具有以下三方面的意义:一是获得库卡集团在自动化生产和工业机器人产业上的技术优势,提高公司制造水平;二是凭借库卡集团先进的物流设备和理念,提高物流效率,推进物流自动化发展;三是与库卡集团合作,共同开拓机器人市场,研发制造世界领先的服务机器人产品。到2017年1月7日,美的集团完成本次收购,通过本次收购共获得库卡集团32233536股,占库卡集团股份比例为81.04%,美的集团共持有库卡集团37605732股,股份占比高达94.55%,远超预期。本次收购的资金来源于美的集团的自有资金和银行团贷款。

整体上市后,美的集团为了扩大集团规模,实现"产品领先、效率驱动、全球经营"的战略布局,花费大量资金进行并购,且并购活动对市场和公司业绩产生了正面影响,这也是集团融资约束得到缓解的体现。

(二)协同效应分析:完善和整合产业链,提升资源配置效率

美的集团作为家电行业的综合性大型集团,其业务范围包括大家电、小家电、电机、物流等。整体上市有助于集团整合这些产业资源,从而实现采购、生产、管理、仓储、销售、财务、渠道等全方面协同,提升其协同效应。

整体上市前,美的集团旗下的白色大家电如空调、洗衣机、冰箱等业务由上市子公司美的电器经营,而其他日用小家电、电机和物流等业务不属于上市资产,这导致美的集团的产业链产生断裂。尤其是电机和物流与大家电处于产业链的上下端,产业链的断裂不利于公司内部资源的合理配置,会增加生产运营成本、降低资源配置效率。整体上市后,集团旗下日用小家电、电机和物流等业务成为上市资产,集团通过内部资源的有效调整和配置,解决因专业化的分流所导致的生产流程的分离,形成以白色大家电为核心的一体化产业链,从而降低企业的生产成本,降低营业成本,提升营运效率。各板块的均衡发展可以有效避免产品线单一带来的波动性风险。

同时,协同效应不仅仅反映在营运生产方面,还反映在管理、销售等日常经营方面,协同效应的提升可以有效节约管理费用与销售费用等。此外,整体上市后公司规模扩大,提升了公司的行业地位与商业谈判能力,增强了公司的影响力,为公司带来更多的收益。

因此,整体上市能够提升公司的协同效应,有效降低不必要的成本,增强公司的影响力,使公司的经营绩效得到提升。

通过前文的文献梳理、理论分析与动因分析可知,整体上市使集团实现了内部资源共享,最大化、最高效地利用公司资源及效率优势,降低了不必要的营业成本,并形成了管理协同、销售协同等。下面通过美的集团营业成本、管理费用和销售费用的增长情况来分析产生的协同效应。

由表4和图6可以看出,美的集团在整体上市后,营业成本、管理费用和销售费用的增长都明显放缓,尤其是销售费用增长率有了较大幅度的降低,而营业周期呈逐年下降趋势,从2012年的101.95天下降至2016年的67.56天。说明美的集团在整体上市后产生了协同效应,虽然随着公司规模与业务的扩张,营业成本、管理费用和销售费用仍处于增加或持平状态,但增幅明显放缓,说明整体上市有效减少了不必要的成本,提升了企业价值。其中,管理费用在2016年有大幅上升,是因为美的集团在2016年进行了多项大额并购活动,并购活动产生了大量管理费用,因此这项数据属于异常情况,分析时可以将其剔除。而营业周期的下降表明公司的整体营运管理效率得到提升。因此,美的集团整体上市后提升了协同效应和企业价值。

表4 2012—2016年美的集团营业周期表

年份	2012	2013	2014	2015	2016
营业周期(天)	101.95	81.84	73.44	70.31	67.56

(数据来源:根据美的集团年报整理而成。)

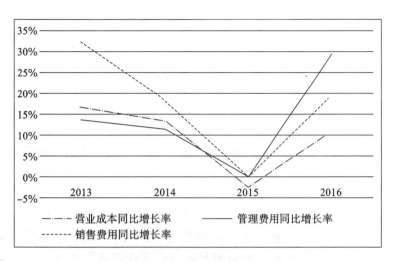

图 6 2013—2016 年美的集团成本变动图

(三) 关联交易分析:减少关联交易,改善公司治理

2010 年初,中国证监会提出"解决同业竞争、减少关联交易"的口号,提倡已分拆上市的公司和有上市计划的公司进行整体上市,并发布了《关于开展解决同业竞争、减少关联交易,进一步提高上市公司独立性工作的通知》(以下简称《通知》)。中国证监会有关部门鼓励运用反向收购、换股 IPO、换股吸收合并等多种方式进行整体上市,并提高分拆上市的门槛,以求从源头处遏制关联交易和同业竞争。据统计,从中国证监会下发《通知》到 2013 年 9 月,我国已有 426 家公司进行了整体上市。

美的集团作为控股多家公司的大型集团企业,内部存在着较为严重的关联交易。

如图 7 所示,美的集团 2011 年和 2012 年日常重大关联交易额都约为 30 亿元人民币,虽然只占当年销售额的 3% 不到,但由于关联交易金额巨大,所以仍有较大的改善空间。

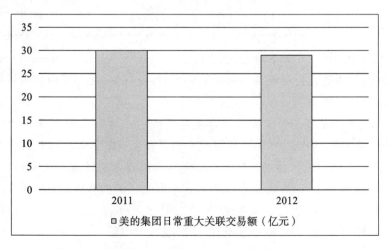

图 7 美的集团 2011 年和 2012 年日常重大关联交易额

美的集团的小家电、电机、物流业务等都与美的电器的大家电业务有着高度的关联性,而整体上市能够使双方之间的关联交易变为公司内部的资源整合,这不但优化了公司内部的管理结构,还减少了不必要的关联交易。关联交易的减少一方面可改善公司治理,降低不必要的成本,提升公司的经营绩效,有利于公司的长期可持续发展;另一方面有利于塑造公司的正面形象、提升公司的声誉,从而吸引更多投资者、巩固公司的行业地位。

所以,美的集团进行整体上市既是响应国家政策号召,也是为了解决影响到公司治理的关联交易问题。

美的集团整体上市之前,在提供资金、担保、购买和销售商品等方面都存在着一定的关联交易。本案例选取了美的集团上市前后向关联企业采购商品和接受劳务、向关联企业出售商品和提供劳务等重大关联交易的金额占销售收入的比重作为关联交易的衡量依据,并与海尔集团进行对比。这是因为购买或销售商品是关联交易最常见的交易事项,能够较为清晰地反映公司的关联交易状况。

根据表5中的数据可以看出,整体上市后美的集团的日常重大关联交易情况有明显好转,交易总额从上市前的29.04亿元下降到15.26亿元,考虑到销售收入的变动,该金额占销售收入的比重从2.83%下降到2016年的0.96%。这是因为美的集团的所有资产与业务都上市后,许多母子公司之间、各子公司之间的关联交易变为公司内部正常的资源配置,降低了关联交易带来的负面影响,有利于充分利用美的集团及其他关联方内部的优势资源,稳定产品质量,降低产品与物流服务成本,实现资源的有效配置,对公司未来财务状况、经营成果有积极影响。公司的这些日常关联交易事项不会影响公司的独立性,公司的主要业务也不会因此对关联方形成重大依赖,并维护了公司形象。

表5 美的集团与海尔集团的日常重大关联交易对比表

年份	2012	2013	2014	2015	2016
美的集团的日常重大关联交易总额(亿元)	29.04	26.25	23.80	13.36	15.26
占美的集团销售收入的比重(%)	2.83	2.17	1.68	0.97	0.96
海尔集团的日常重大关联交易总额(亿元)	517.00	451.00	450.00	351.60	311.70
占海尔集团销售收入的比重(%)	64.74	52.07	46.43	39.15	26.18

(数据来源:根据美的集团与海尔集团年报整理而成。)

美的集团与海尔集团的日常重大关联交易总额占销售收入的比重变动趋势大致相似。但是很明显,海尔集团的关联交易情况非常严重,占销售收入的比重远远高于美的集团。虽然海尔集团的日常重大关联交易总额占销售收入的比重也呈逐年下降趋势,但比例仍旧很高,且占比的下降速率明显慢于美的集团。美的集团整体上市后,日常重大关联交易总额占销售收入的比重从2013年的2.17%下降到2014年的1.68%,下降幅度达到23%,而海尔集团的下降幅度只有11%。经过上市后2014年一整年的调整,2015年美的集团下降幅度为42%,而海尔集团的下降幅度仅为16%。由此可见,整体上市促进了美的集团关联交易的减少。

五、整体上市后的经营绩效

(一) 中长期绩效分析

下面将根据整体上市前后美的集团财务指标变动情况以及与海尔集团的对比来分析整体上市对公司中长期绩效的影响。

1. 偿债能力

美的集团与海尔集团资产负债率和流动比率变动对比情况如图8和图9所示。

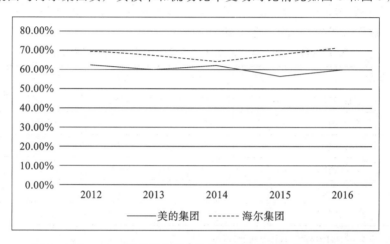

图8　2012—2016年美的集团与海尔集团资产负债率变动对比图

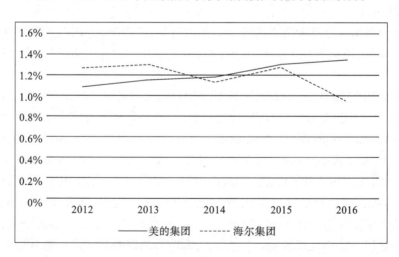

图9　2012—2016年美的集团与海尔集团流动比率变动对比图

由图8可见,美的集团整体上市后资产负债率基本维持在60%左右,整体呈逐渐下降趋势,且与海尔集团的资产负债率差距在整体上市后逐渐扩大。由图9可以看出,美的集团整体上市前流动比率基本维持稳定,整体上市后流动比率呈逐年上升态势,2013年上市时为1.15,到2016年已经上升到1.35,且整体上市前其流动比率略低于海尔集团,整体上市后反而逐步超过海尔集团。这说明美的集团的偿债能力尤其是短期偿债能力得到了一定程度的提升。

2. 营运能力

由表6可以看出,美的集团整体上市后存货周转率有了较大的提升,且由低于海尔集团转变为高于海尔集团,说明公司对于存货的管理效率提高。应收账款周转率在上市一年后有较为明显的提升,之后又回落到和上市前基本持平的水平,而总资产周转率在上市后没有提升,之后不升反降。这是由于政策刺激的放缓导致2013年到2016年整个家电行业的营运能力都呈下降趋势。美的集团在整体环境不利于家电行业营运的情况下,还能保持存货周转率上升、应收账款周转率基本持平和总资产周转率小幅度下降,表明整体上市对于公司的营运能力有正面影响。

表6 2011—2016年美的集团与海尔集团营运能力变动对比表

年份		2012	2013	2014	2015	2016
应收账款周转率(次)	美的集团	10.38	13.60	16.39	14.03	13.35
	海尔集团	22.24	20.57	18.45	15.69	12.94
存货周转率(次)	美的集团	5.35	6.50	6.99	8.06	8.87
	海尔集团	9.14	9.25	8.92	8.02	6.90
总资产周转率(次)	美的集团	1.15	1.31	1.30	1.11	1.06
	海尔集团	1.79	1.56	1.31	1.19	1.15

(数据来源:根据美的集团与海尔集团年报整理而成。)

3. 盈利能力

盈利能力对于投资者来说是较值得关注的方面,本案例选取营业净利率、权益净利率、总资产净利率和每股收益等财务指标来体现美的集团整体上市前后的盈利能力变化情况。

由图10、图11和图12可以看出,美的集团的营业净利率、权益净利率和总资产净利率在整体上市一年后都有较大幅度的增加,之后营业净利率和总资产净利率保持小幅度的增长趋势,而权益净利率基本维持稳定。其营业净利率整体上市前后均高于海尔集团,但整体上市后差距逐年扩大;权益净利率和总资产净利率在整体上市前均低于海尔集团,整体上市后均超过海尔集团。由表7可知,每股收益在美的集团整体上市后下降,这是因为公司在2014年到2016年频繁进行公积金转增股本、非公开增发和期权行权,导致股本增加幅度大于净利润增加幅度,2013年末到2016年末公司总股本分别为16.86亿股、42.16亿股、42.67亿股和64.59亿股。因此,每股收益的下降不能代表公司盈利能力下降,综合各项指标来看,美的集团在整体上市后盈利能力得到了较大程度的提升。

表7 2012—2016年美的集团与海尔集团每股收益变动对比表

年份	2012	2013	2014	2015	2016
美的集团	1.91	1.94	1.6	1.58	1.48
海尔集团	1.21	1.53	1.74	0.71	0.83

(数据来源:根据美的集团与海尔集团年报整理而成。)

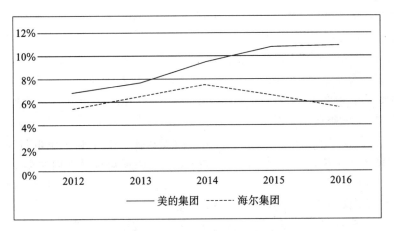

图 10　2012—2016 年美的集团与海尔集团营业净利率变动对比图

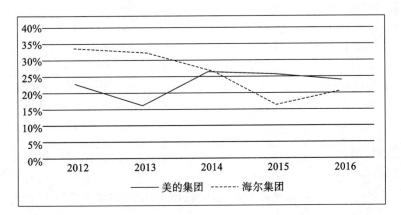

图 11　2012—2016 年美的集团与海尔集团权益净利率变动对比图

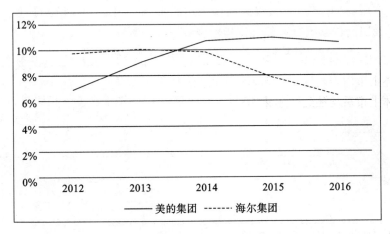

图 12　2012—2016 年美的集团与海尔集团总资产净利率变动对比图

4．成长能力

下面用营业收入增长率和净利润增长率来说明公司的成长能力。

由图13可知,美的集团整体上市后营业收入增长率基本稳定在10%至20%之间,但在2015年出现了负增长。这是因为住宅产业持续低迷,2013年和2014年由于美的集团整体上市的刺激,营业收入有所增加,到2015年开始呈现疲态,并且我国经济在2015年进入"新常态",家电行业整体增速下滑,大家电产业除了洗衣机之外均出现了负增长。2016年,房地产市场回暖,同时,美的集团的技术创新、电商渠道开拓与全价值链模式的推进初见成效,美的集团依靠核心竞争力在中国经济增速放缓的情况下保证了营业收入的增长水平。美的集团整体上市后净利润出现了大幅度增长,随后又在2015年回落,但其增长率始终维持正值,即净利润处于持续增长状态,这也表明整体上市给公司带来了协同效应,减少了不必要的成本,使得净利润的增长水平始终高于营业收入的增长水平。由此可见,美的集团整体上市后成长能力有所提升。

图13 美的集团整体上市前后成长能力指标变动图

(二) 行业地位分析

整体上市后,美的集团一跃成为我国家电行业最大的公司,并保持这个优势至今。美的集团在我国白色家电行业的具体指标排名如表8所示。

表8 美的集团各指标行业排名变动表

年份	排名						
	每股收益	每股净资产	每股现金流	净利润	营业收入	总资产	总市值
2013	3	2	1	2	3	3	—
2014	1	2	1	1	1	1	1
2015	3	1	1	1	2	1	1
2016	2	1	2	1	1	1	1
2017	2	1	1	1	1	1	1

(数据来源:根据美的集团年报整理而成。)

由表8可知,2017年,美的集团的每股净资产、每股现金流、营业收入、总资产和总市值均排在行业首位,每股收益和净利润也位居第二,较整体上市前有所提升。这说明整体上市后,美的集团凭借整体上市带来的一系列优势保持其核心竞争力,快速发展,提升了行业地位。

不仅如此,美的集团自整体上市以来,二级市场中长期表现卓越。整体上市以来美的集团与行业指数及沪深300指数累计收益率对比见图14。

图14 整体上市以来美的集团与行业指数及沪深300指数累计收益率对比

自2013年整体上市以来,美的集团股价(复权后)从2014年初的7.82元,一路上涨至2018年第二季度的52.22元,股价上涨近6倍,同期的家用电器行业指数也上涨了1.7倍。这反映出家电行业作为大消费类行业,受宏观经济下行影响较小,近几年发展良好。而同阶段的沪深300则仅上涨64%。总体来说,美的集团的整体上市使其在行业内处于领头位置,中长期二级市场股价表现也远远优于行业平均水平。

六、总结

为了应对政策和环境改变带来的严峻挑战以及公司自身的长远发展,美的集团走上了换股吸收合并整体上市的道路。

(1) 美的集团通过换股吸收合并,企业不必支付现金就能完成上市过程,缓解了企业资金匮乏的困境,并最大限度地维持了公司原有的组织架构,降低了交易成本。我国重大资产重组管理办法推行以来,美的集团的整体上市是非上市公司吸收合并上市公司的首例。后续上市的公司可以借鉴美的集团整体上市的经验,在保证公平合理的情况下,适应经济大环境的状况,兼顾股东利益和公司的长期发展,制定最合适的上市方案,以求成功上市,并保证上市的后续发展。

(2) 美的集团通过整体上市缓解了融资约束,为公司后续的研发投入、并购活动提供了充足的资金保障,有利于进一步推进公司"产品领先、效率驱动、全球经营"的长期发展战略。美的集团整体上市以后,协同效应得到提升,使得公司的经营绩效得到明显的改善,偿债能力、营运能力、盈利能力以及成长能力都得到不同程度的提升,美的集团整体上市这一事件的宣告也使得美的集团短期内的市场绩效得到提升,最终使美的集团在整个行业增速放缓的状况下跃居行业首位。整体上市使得美的集团的日常重大关联交易总额大幅下降,且通过与海尔集团的横向对比进一步确认了美的集团日常重大关联交易的减少,改善了其作为集团公司关联交易频繁的状况,有利于公司的可持续发展。

思考题

1. 整体上市在我国有几种方式？各自适用于什么样的企业状况？

2. 整体上市对于投资者来说存在的机遇与风险是什么？哪几点是需要特别关注的？

3. 分析整体上市这种融资方式的时代背景，并写出另一个成功的案例。

参考文献

[1] Aghion P, Bolton P. An incomplete contracts approach to financial contracting[J]. The Review of Economic Studies, 1992, 59(3): 473-494.

[2] Bertrand M, Mehta P, Mullainathan S. Ferreting out tunneling: An application to Indian business groups[J]. The Quarterly Journal of Economics, 2002, 117(1): 121-148.

[3] Brealey R A, Myers S C. Principle of corporate finance [M]. Beijing: China Machine Press, 2002.

[4] Cheung Y L, Jing L, Rau R, Stouraitis A. How does the grabbing hand grab? Tunneling assets from Chinese listed companies to the state[R]. Working Paper, Purdue University, 2002.

[5] Coase R H. The nature of the firm[J]. Economica, 1937, 4(16): 386-405.

[6] Dutta S, Jog V. The long-term performance of acquiring firms: A re-examination of an anomaly[J]. Journal of Banking & Finance, 2009, 33(8): 1400-1412.

[7] Eisenhardt K M. Building theories from case study research[J]. Academy of Management Review, 1989, 14(4): 532-550.

[8] Evans F C, Bishop D M. Valuation for M&A: Building value in private companies[J]. John Wiley & Sons, 2002, 10.

[9] Fohlin C. The history of corporate ownership and control in Germany[M]//A history of corporate governance around the world: Family business groups to professional managers. Chicago: University of Chicago Press, 2005.

[10] Healy P M, Palepu K G, Ruback R S. Does corporate performance improve after mergers? [J]. Journal of Financial Economics, 1992, 31(2): 135-175.

[11] Megginson W L, Morgan A, Nail L. The determinants of positive long-term performance in strategic mergers: Corporate focus and cash[J]. Journal of Banking & Finance, 2004, 28(3): 523-552.

[12] Myers S C, Majluf N S. Corporate financing and investment decisions when firms have information that investors do not have[J]. Journal of Financial Economics, 1984, 13(2): 187-221.

[13] Schwert G W. Markup pricing in mergers and acquisitions[J]. Journal of Financial Economics, 1996, 41(2): 153-192.

[14] Tarun Khanna, Yishay Yafeh. 新兴市场的企业集团: 是典范还是寄生虫?(上)[J]. 陈文婷, 译. 管理世界, 2010(5): 159-166.

[15] 黄清. 国有企业整体上市研究——国有企业分拆上市和整体上市模式的案例分析[J]. 管理世界, 2004(2): 126-130.

[16] 黄少安, 张岗. 中国上市公司股权融资偏好分析[J]. 经济研究, 2001, (11): 12-20, 27.

[17] 鞠晓生, 卢荻, 虞义华. 融资约束、营运资本管理与企业创新可持续性[J]. 经济研究, 2013, 48(1): 4-16.

[18] 康志勇. 融资约束、政府支持与中国本土企业研发投入[J]. 南开管理评论, 2013, 16(5): 61-70.

[19] 李君平, 徐龙炳. 资本市场错误定价、融资约束与公司融资方式选择[J]. 金融研究, 2015(12): 113-129.

[20] 罗忠洲, 屈小粲, 张蓓. 上市公司整体上市的模式、问题及对策再思考[J]. 证券市场导报, 2010(9): 20-26.

[21] 王永海, 章涛. 整体上市与股东财富、经营业绩关系的实证研究[J]. 经济评论, 2012 (3): 130-134, 155.

附例1:美的集团在白色家电行业中的地位

附例 2：美的集团营业收入基本情况

公司治理篇

GONGSIZHILIPIAN

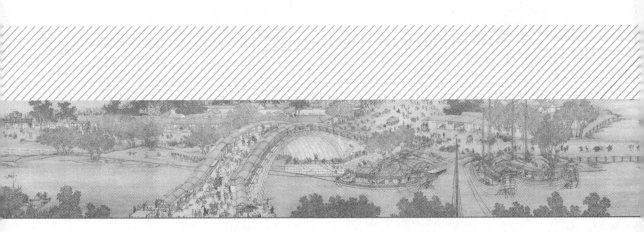

案例五
创始人专用性资产、堑壕效应与公司控制权配置
——基于上海家化与阿里巴巴的案例研究

> **案例导读** 创始人及其团队是企业在初创时期的战略设计者和文化创造者,对企业发展的意义重大。但随着企业的扩张,需要分散创始人团队股权以引进外部投资者,企业控制权因而出现争夺。本案例通过对上海家化和阿里巴巴两个案例的分析,对创始人团队通过自身的专用性资产形成堑壕效应的作用机制进行了对比研究,得出结论:股权掌控较少的创始人及团队的权力基础主要来自其人力资本和社会资本;在发生公司控制权争夺时,堑壕效应的成功与否取决于创始人及团队能否通过专用性资产掌控企业的核心资源。

一、引言

创始人或创始人团队在企业发展经营过程中往往会形成与自身相关的专用性资产。专用性资产是企业拥有的有价值的资源,体现为稀缺性、价值性、不可转移性和不可还原性(张京心等,2017)。创始人相关的专用性资产在能帮助企业形成独有的竞争优势的同时,也会形成堑壕效应,在外部资本进入企业造成创始人股权被稀释、对企业控制权减弱时,增加创始人被替换的成本,帮助创始人进行控制权的争夺。

创始人作为企业创建过程中的核心人物,往往对企业有着长远的规划和战略布局,实证研究也表明,创始人管理的企业,长期业绩比起聘用外部经理人的企业要好(夏立军等,2012)。但这一美好愿景需要创始人长期掌握企业控制权才能实现。现实中,内部存在创始人自身有限理性和个人发展与企业及周边环境变化不适配等原因(贺小刚等,2011),外部存在随着企业的发展需要对外寻求融资,大股东入驻稀释股权,削弱创始人控制权的外因,因此创始人在企业发展过程中自愿或被迫离职也就不足为奇。实践中,试图对企业实现长期控制的创始人会通过自身专用性资产产生的堑壕效应与大股东进行控制权博弈。

纵向来看,企业在不同的发展阶段所需的关键性资源不同,创始人在企业经营中投入形成的专用性资产与企业所需的关键性资源能否进行良好的嵌入整合是影响堑壕效

应形成情况的重要原因。创始人在不同阶段能否及时将自身相关的专用性资产与企业所需的关键资源相匹配是影响不同阶段控制权争夺的关键因素(麻晓莹,2017)。横向来看,不同行业创始人专用性资产可能存在一定差异,而这一差异会对堑壕效应的作用产生影响。

本研究在对上海家化和阿里巴巴的控制权争夺的案例分析基础上,试图通过解决以下问题来理清这一脉络且进行一定拓展:创始人的专用性资产的内容及形成原因何在?在企业控制权争夺中这些专用性资产扮演了怎样的角色?是否会随着企业核心资源的变化而发生相应增减进而影响控制权争夺?创始人专用性资产在不同行业(本案例中将上海家化作为传统行业代表、阿里巴巴作为新兴产业代表)的内容和侧重点是否存在差异?这一差异是否会影响不同行业创始人资产形成的堑壕效应在控制权争夺时的结果?

二、文献综述

(一)创始人:公司架构的设计者和公司文化的创造者

创始人从社会化角度可以定义为在企业创建过程中最重要的资源配置者(贺小刚等,2011)。创始人拥有独特禀性使得他们在企业价值创造中起到重要且难以替代的作用。这些具体体现在:首先,创始人往往倾向于寻求股东收益最大化的战略,而不会像外部受聘管理者那样采取只顾及短期利益的决策行为(Fahlenbrach,2009);其次,创始人往往比受聘管理者的努力程度更高,但对薪酬支付的要求更低(Palia & Ravid,2002);再次,创始人比受聘管理者更加关注公司的声誉,会对公司倾注更多的心血;最后,创始人有更多承担风险的意愿和对成功的高度要求(Begley,1995)。

实践中存在其他研究证明创始人对公司绩效存在影响。夏立军等(2012)认为创始人担任公司关键职务有助于提升公司业绩以及公司业绩的稳定性。李正卫等(2013)认为具有前摄性特质的创始人有助于社会资本的提高从而提高企业的创新绩效。

创始人控制企业固然有诸多好处,但创始人由于自身的有限理性以至于难以确保其认知模式与企业的动态演化模式协调一致,创始人必然会退出经营领域,并将经营决策和控制权交给继任者(贺小刚等,2011)。这就为试图持续掌握企业控制权以实现其对企业长远规划的创始人留下难题,此时,创始人通过自身相关的专用性资产形成的堑壕效应与外部股东进行控制权博弈不失为一种解决方案。

(二)专用性资产

在重新配置到另一用途或给另一使用者时,其价值会降低且呈现出"路径依赖"的特征的资产可定义为专用性资产(Williamson,1979)。

在不完全契约情况下,一方的专用性资产投入会诱发另一方的机会主义行为,产生交易成本(Grossman & Hart,1986;Hart & Moore,1990)。资源依赖理论认为,专用性资产是企业获取和维持竞争优势的重要资源,市场竞争越激烈,企业越需要专用性程度较高的资产(Collis & Montgomery,1998)。因此,专用性资产具有交易成本较高和价值稀缺的特征。

(三) 堑壕效应与企业控制权

堑壕效应是指代理人通过提高其对委托人的价值,增加其被委托人替换的成本,降低代理人被替换的可能性(Shleifer & Vishny,1989)。

李伟等(2016)认为,在高管持股比例适中(30%～70%)时,高管持股可能带来堑壕效应,随着持股比例和控制权的提高,经理人会在更大范围内追求个人目标,导致代理成本增加,企业价值下降。而对于更关注企业长期绩效的创始人来说,创始人对企业进行的专有性投资并非为自身利益而设计,而是在组建企业的过程中为了实现价值最大化而自然形成的(Leone & Liu,2008)。因此,创始人虽然也会存在一些道德风险和个人过度消费问题,但其堑壕行为与职业经理人为私利最大化而进行的堑壕行为是有差别的。

易阳等(2016)通过研究认为,基于创始人专用性资产形成的堑壕效应是影响企业控制权配置的重要因素。马晓莹(2017)认为,在控制权配置机制中,创始人获得企业的实际控制权应该建立在创始人专用性资产与企业关键资源匹配度高的基础上。本案例基于以上两人的思路,以具体案例为例,就创始人专用性资产形成的堑壕效应对控制权进行分析,且进一步对不同行业的专用性资产及其堑壕效应对控制权的影响进行探讨。

三、案例介绍

(一) 上海家化联合股份有限公司

1. 公司介绍

上海家化联合股份公司(股票代码:600315。以下简称"上海家化"),是历史较悠久的日化企业之一,历经百年发展,于2001年在上海证券交易所上市,为国内化妆品行业首家上市公司。公司主要从事化妆品、个人护理、家居护理用品的研发、设计、生产、销售及服务,主要品牌包括佰草集、高夫、美加净、启初、六神、家安等。

上海家化自上市以来一直是国内化妆品行业的龙头企业。在外资日化企业占国内市场份额90%左右,剩下不足10%左右的市场份额中,上海家化独占鳌头,占全部市场份额的约4%。上海家化在2017年营业收入达到64.88亿元,同比增长8.82%,市值达243亿元。

2. 事件介绍:上海家化的控制权争夺

1) 控制权争夺的背景:企业改制引进外部股东

2010年12月6日,上海家化开始筹划国资改革的相关事宜。2011年10月20日,上海家化对外发布公告:上海平浦投资有限公司(实际控制人为中国平安)取得了此次交易的受让资格。

在此次并购过程中,中国平安向上海家化承诺,在认同上海家化多元化和时尚化整体战略的前提下,利用自身渠道提升上海家化相关品牌的知名度,同时在5年内维持上海家化管理层的稳定。这也使得以葛文耀为首的上海家化管理层在并购过程中更属意中国平安。

2) 控制权争夺的开端:创始人公开表示不满大股东行为

海鸥表投资项目成了引发大股东与创始人代表的管理层间矛盾的导火索。葛文耀意欲把国产老牌手表海鸥表做成国人引以为傲的民族品牌,通过对国产奢侈品品牌的发展进一步实现其时尚帝国的蓝图。然而在平安的角度看,投资海鸥表是步入新的领域,具有一定投资风险,不利于公司主业的发展。此后,由于投资理念和公司发展战略上的不同观点,以葛文耀为首的上海家化管理层与实际控制人中国平安在各个方面不断发生摩擦。

3) 控制权争夺的发展:大股东通过董事会罢免创始人职务,与创始人矛盾激化

2013年5月,中国平安发布关于"小金库"举报事件的公司声明,上海家化突然声称"即日起免去葛文耀家化集团董事长和总经理的职务",并在中国平安组织紧急召开的上海家化临时董事会议上,由中国平安副总经理张礼庆取代葛文耀成为上海家化内部的董事长。这也意味着大股东中国平安和以葛文耀为首的管理层之间的拉锯战正式打响。

4) 控制权争夺的落幕:创始人离职,高管结构变更,大股东终夺控制权

董事长职位的丢失对本来就没有股权基础的葛文耀影响巨大,葛文耀在董事会的话语权逐渐被削弱。2013年9月17日,葛文耀提出离职的相关申请,5日之后,上海家化董事会批准通过了葛文耀的辞职申请,并于当日发布了公司公告。自此,控制权的争夺落下了帷幕。

(二)阿里巴巴集团

1. 公司介绍

阿里巴巴集团(简称"阿里巴巴"或"阿里")是中国最大的电子商务企业。阿里巴巴集团经营多个领先的网上及移动平台,旗下业务九个、关联企业两个,分别是:阿里巴巴国际交易市场、1688、全球速卖通、淘宝网、天猫、聚划算、一淘、阿里云计算、支付宝,以及来往、菜鸟两家关联企业,业务覆盖零售和批发贸易及云计算等。

2007年,阿里巴巴B2B公司在香港联交所挂牌上市。到了2012年,随着私有化完成,阿里巴巴为寻求整体上市,从港交所退市。2014年9月19日,阿里巴巴集团在纽交所正式挂牌上市,股票代码"BABA",市值高达2314.39亿美元,仅次于谷歌,跃升为全球第二大互联网公司。2016年,阿里巴巴集团收入达1582.73亿人民币,同比增长56%。

2. 事件介绍:阿里巴巴的股权与控制权变更

1) 初创期(1999—2005年):寻求风投融资,创始人及其团队控股

1999年,马云等18名合伙人在杭州建立了阿里巴巴集团,后续又经历了高盛牵头的一批合伙人500万美元天使投资、软银2000万美元的风险投资、私募基金8200万美元的风险投资。初创期三轮融资后,阿里巴巴的股权结构变更为:马云及其团队占47%,软银占20%,富达占18%,其他股东占15%。由此可见,初创期马云及其团队具有绝对控制权。

2) 成长期(2005—2012年):谋求发展让渡股权,创始人控制权动摇

2005年,为了维持与电商巨头eBay的竞争战略,抵抗新加入的竞争者,阿里集团引入了雅虎的资金。2005年,雅虎以10亿美元以及雅虎中国全部业务换取了阿里集团39%的股权,超过马云团队31.7%的持股比例,一跃成为第一大股东。

为了保住控制权,马云与雅虎签订协议,在2010年10月前,雅虎将5%的投票权交

给马云持有,并且要求不能解除马云 CEO(首席执行官)的职务。马云及其团队虽然保住控制权,但也只有一个 5 年缓冲期,一旦超出约定期限,雅虎将在董事会增加一席,与阿里巴巴、软银形成 2∶2∶1 的格局,马云对董事会的绝对控制权也会消失。

马云团队在控制权弱化的趋势下进行了不少稳固控制权的努力,包括 2010 年 7 月与雅虎、软银私下达成控制董事会的合伙人制度,2011 年的员工股权购买计划和后续回购雅虎的股权计划。2012 年 5 月,阿里与雅虎达成分阶回购协议,此次回购后,雅虎和软银的合计投票权低于 50%,马云及其团队重掌阿里控制权。

3) 成熟期(2012 年至今):双重股权结构确保分散股权下创始人的控制权

2012 年,阿里巴巴正式从港交所退市,私有化后的阿里巴巴通过更加便捷的并购快速进行业务整合和转型。重新上市时,因港交所不认可阿里集团的合伙人制度,2014 年 9 月,阿里巴巴在美国纳斯达克上市。

阿里巴巴的合伙人制度是创始人及其团队保证其对公司控制权的关键制度。合伙人制度通过合伙人替代股权提名董事会中多数人选,形成"合伙人决定董事会,董事会决定公司"的决策过程。只持有少数股权的马云及其团队正是凭借合伙人制度对阿里巴巴形成有效控制。

四、案例分析:创始人专用性资产、堑壕效应与控制权配置

(一) 创始人专用性资产

1. 上海家化联合股份有限公司

1) 社会资本

Pierre Bourdieu(1985)将社会资本定义为"与组织成员相联系且与公认制度化网络密不可分的实际或潜在资源的集合体"。王钰和祝继高(2015)的研究认为,相对大股东拥有更少股权资源的管理层,其资源更多地来源于社会资本。创始人在企业发展的过程中会积累丰富的社会资本,包括创始人内部社会资本(与股东、董事会、管理层等)和创始人外部社会资本。

并购平安前,在上海家化的股权结构中,上海国资委和基金持股比例均较大,而葛文耀一直与大股东保持着良好的关系。

国资委方面,改制前的上海家化作为国有企业受政府和体制的影响较大,其中就有三次大的政府行政干预(见表 1),均对上海家化的经营策略和发展产生不小影响。而葛文耀对三次大的政府行政干预都没有明确反对,而是服从、配合,积极完成政府布置的任务。因此,在葛光耀任职期间,创始人可以专注于实现自身对企业的长期规划战略。

表 1 上海家化三次大的政府行政干预事件

时间	事件	影响
1990 年	政府主导上海家化与美国庄臣合资	旗下民族品牌露美、美加净被冷藏,丢失当时国内第一的市场份额
1996 年	上海家化的控股权被划入上海实业	—

续表

时间	事件	影响
1998年	上海家化受命吸收合并连年亏损的上海日化集团	花费7亿元资金安排上海日化集团员工及处理坏账,大幅延缓家化发展速度

(资料来源:根据网络资料整理而成。)

在基金方面,上海家化是基金长期重仓持有的企业(见表2)。上海家化自上市后整体优良的业绩与股价表现(截至2014年底,上海家化近10年平均主营业务收入复合增长率达到28.41%;股价由2004年末的每股6.67元攀升到2014年的每股40元)也使得基金公司对葛文耀团队的管理颇为信任。2013年,在股东大会上,葛文耀公开表明希望能再干两三年,到场的公募基金等机构投资者和家化高管都明确表示支持也体现了这一点。

表2 2009—2013年上海家化证券投资基金股东情况表

时间	基金股东家数	基金持仓总数(万股)	总持仓占流通市值比(%)	总持股市值(万元)
2009年	56	11883	37.67	390975.46
2010年	65	13985	33.67	519289.90
2011年	107	15769	37.62	537594.38
2012年	149	18487	43.71	942667.82
2013年	183	21631	33.30	913488.16

(资料来源:Wind。)

在管理层方面,葛文耀与董事会及管理层同样保持密切的关系。在2012年董事会换届前,董事会中,除创始人葛文耀外,副董事长陆芝青、副总经理曲建宁和董事会秘书冯珺这三名执行董事均是创始人葛文耀的老部下,葛文耀在董事会中处于核心位置。管理层方面,副总经理王茁由葛文耀在海外引入,一手提拔,公司总会计师、财务总监丁逸菁则是从老家化的财务核算岗位一路成长过来。在家化董事会和管理层的领导地位使得葛文耀在制定实施发展战略时得到足够支持,政策得以顺利推行。

在外部社会资本上,葛文耀曾担任过第十届全国政协委员以及上海市多个协会的副会长职务,有助于对产业政策和行业信息的获取,也有助于葛文耀形成良好的声誉和企业家形象。

因此葛文耀作为创始人,拥有良好的社会资本,并对企业发展起到了推动作用。此外,在创始人持有公司股权较低(约0.7%)的前提下,葛文耀的社会资本在其掌控企业控制权时扮演了关键角色。国资委与基金方的信任使得葛文耀得以在此基础上发挥自身的企业家能力,但社会资本的不稳定也为后续大股东入驻的控制权争夺埋下了伏笔。

2) 人力资本

人力资本是指个体所具备的能为企业带来经济效益的管理经验、专业技能等。与美国庄臣合资又分家后,上海家化一直关注外资的组织架构、人力资源模式和品牌培育方式。合资失败后,意识到完全照搬外资模式无法打赢市场的葛文耀开始探索战略差异化,且在此过程中表现出了出色的战略判断能力和创新精神。

中国日化市场是典型的二元消费结构,时至今日,中国都是个高端、大众分化的两极市场。外资品牌虽然强势,但主打高端;而中国人总体消费水平低,大量中低收入人群和农民,对价廉物美的传统国货更有感情,给了民族品牌生存空间和发展良机。

看准这点,2003年葛文耀主导上海家化开发出"六神"花露水。"六神"花露水精准定位于夏季祛痱止痒的需求,中国人对传统中药的信任,使其迅速赢得消费者信赖。加上价格经济实惠,"六神"花露水竟实现了这一细分领域的垄断。

在"六神"对中草药研发的基础上,葛文耀借鉴国际品牌"THE BODY SHOP"的草本精华路线,在中草药护肤这一细分市场推出佰草集,避开了与国际化妆品巨头的直接竞争。虽然产品开发周期长达5年,但推出两年后,从2007年起,开始以每年100%的增速成长。如今,佰草集已成为我国一个著名的化妆品品牌。在品观传媒发布的2015中国化妆品品牌50强榜单中,佰草集排名第五。

2. 阿里巴巴集团

马云及其创始人团队在企业成长期遭遇了不少控制权危机,其能平安度过控制权危机并不是运气使然,这与他及团队在企业运营中形成并不断加大投入的创始人专用性资产息息相关。

1)人力资本

尽管三次重要经历均以失败告终(见表3),但对马云创立阿里巴巴有诸多启示。中国黄页的创业经历使他意识到资本在企业控制权中的重大影响,也使得他在外资进入时一直坚持对控制权的掌控;外经贸部任职经历使他学习了现成的互联网商业模式,为此后阿里巴巴B2B的运用打下基础。

表3 马云重要经历一览表

个人经历	结果	教训及经验
海博翻译社	行业限制无法国际化	提升英语水平,为之后阿里巴巴参与国际事务奠定基础
中国黄页	被收购,失去控制权	①了解到资本对企业控制权的影响; ②积累了网页建立的相关技术
外经贸部任职	编外人员,无发言权	①学习到现成的互联网商业模式,且此后将其用于阿里巴巴B2B; ②建立了包括杨致远在内的媒体公司人脉

(资料来源:作者根据网络资料整理。)

1999年,我国中小企业存在商品销售渠道较窄、海外出口不畅的情况,认识到这一商机的马云团队凭借自身的技术建立了阿里巴巴这个平台,为广大中小企业拓展销售渠道。

2002年,国际电商巨头eBay进军中国市场,但eBay没有针对中国市场的情况进行本土化设计,仍然实施拍卖制且收取一定上架费的全球战略,这使得对价格敏感、更倾向于固定价格的中国消费者对该平台的接受度和忠诚度不高,eBay在中国市场的份额增长也未达预期。

此外,电商零售增长在中国市场的关键挑战是信任问题,马云团队看到了这一机遇,淘宝通过为买卖双方建立消息系统来解决这一问题,这也满足了中国顾客更喜欢讨价还价这一特性。除了采取固定价格外,阿里还实施了免费战略以吸引更多中小商户入驻,更符合国人习惯的淘宝在成立后的短短几年就超过了 eBay 的市场份额,获得巨大成功。

销售平台获得成功的同时,马云团队也认识到金融领域的重要性。电子商务的各个环节都离不开资金的支持,针对中小企业的融资支持有利于降低企业的融资成本,保证其生产规模与进一步扩张。利用支付宝依托淘宝平台形成的客户资源和渠道,阿里在网络融资和网络理财(见表4)这两大金融领域实现进一步拓展,也进一步推动了阿里核心业务电子商务的发展。

表 4 阿里巴巴互联网金融业务一览表(部分)

领域	时间	产品名称	对阿里巴巴的影响
第三方支付	2003 年	支付宝	引入公正第三方,建立交易双方信任关系从而促进网上交易的发展
网络融资	2010 年	阿里小额贷款	解决阿里巴巴生态圈的小微企业融资难题
网络理财	2013 年	余额宝	改变消费者的理财习惯,实现了向理财领域的扩张

(来源:作者根据网络资料整理。)

马云团队的人力资本不止如此,在 2012 年从港交所退市后,马云团队对原有传统业务进行整合,并基于自身对行业的理解和战略布局,进行一系列其他领域的并购(见表5),以期将各项业务融合成一个相互联通的整体生态,打造自己的电商帝国。

表 5 阿里巴巴上市前并购公司一览表

领域	并购公司	所占股权	花费金额
抢占用户资源	UC 优视	66.00%	—
	新浪微博	30.00%	4.99 亿美元
	恒大俱乐部	50.00%	12 亿人民币
	高德地图	—	11 亿美元
拓展广告资源	文化中国	60.00%	62.44 亿港元
	华数传媒		65 亿人民币
	中信 21 世纪	38.00%	9.32 亿港元
维护企业平台优势	菜鸟物流	—	—
	海尔日日顺物流	9.90%	28.2 亿港元
	银泰百货	26.00%	53.6 亿港元

(资料来源:作者根据网络资料整理。)

马云团队的并购集中在物流、电子技术、零售、移动互联网等领域,其中,菜鸟物流和银泰百货,加强了企业的物流效率,打通线上线下的商业链条,提高了交易效率和服务质量。并购对流量和信息的获取有利于为上游提供数据信息,对物流企业和电子技术企业的并购则是对下游和中游的增强、完善。

移动电商是近年来电子商务的重要形式,增长潜力巨大,其对流量平台、用户数据和用户黏性等方面要求较高。阿里通过并购 UC 优视、新浪微博和恒大俱乐部,获取丰富的流量平台和客户数据信息,在增加用户的黏性的同时,也有利于阿里向移动电商领域进军。在整合线上线下产业、完善产业链以保证核心竞争力的前提下,马云团队精准把握行业趋势,全力发展移动电商。在这一决策下,阿里的移动端销售占比由 2012 年的 5%涨至 2014 年的 33%,占我国移动交易额 87.2%的比例。这一辉煌成就也印证了马云团队在电商行业的战略眼光和判断能力。

马云团队的人力资本在企业的控制权争夺中扮演了关键角色。马云团队在与 eBay、亚马逊等电商巨头抢占电商零售市场份额和后续一系列成功的领域拓展中取得了投资者的信任,在大股东的认可下,马云团队的人力资本得以在控制权争夺中发挥重要作用。

2) 社会资本

马云的社会资本主要体现在马云与高层管理人员、投资者、其他企业以及政府的关系上。

在与管理层关系方面,阿里巴巴管理层大部分是由阿里巴巴创始人身份转换到合伙人身份的,他们是阿里巴巴的中坚力量,普遍持有阿里巴巴的股份且与马云保持有紧密的联系,出于对马云的信任,在重大事务的决策上,他们往往与马云保持一致行动,这种社会资本是马云争夺控制权过程中的有力筹码。

在与投资者关系方面,马云与投资者保持了良好关系。马云在外经贸部任职期间结识了雅虎 CEO 杨致远,这份良好关系在"雅巴联姻"中起到助推作用。"雅巴联姻"后,在杨致远的推动下,雅虎主动将 5%的投票权让渡给马云团队,使得马云团队保持掌握最大投票权。而在软银方面,马云由分析师引荐认识孙正义,马云短时间内就说服了孙正义拍板投资,此后也保持着良好的合作关系。在 2005 年高盛等投资者纷纷套现退出时,软银一直坚守阿里阵地;2014 年阿里上市后,孙正义又通过信托的方式将 30%的投票权转让给马云和蔡崇信。与投资者间的良好关系在阿里与大股东出现矛盾和控制权争夺时起到了一定缓和作用。

在政企关系方面,马云一直与政府保持着良好的关系。创立阿里巴巴前在外经贸部 14 个月的任职,使得马云有了一定的政府关系积累。随着"互联网+"的持续升温,作为中国电商企业龙头的阿里巴巴也受到广泛瞩目,与马云接触的地方政府也越来越多。截至 2014 年,阿里已与 13 个省(区、市)签订战略合作协议。这些都有利于马云团队对产业政策和相关信息的获取。马云还受过美国、比利时、迪拜等多国政要的热情接见,在国际上认可度较高。

(二)创始人专用性资产形成的堑壕效应对控制权的影响——基于企业动态发展过程中创始人专用性资产与企业核心资源的研究

本案例借鉴马晓莹(2017)的研究思路,在企业经营发生重大变动的情况下,创始人需要明确企业经营变化后的核心资源,对其进行识别并建立获取渠道,将核心资源嵌入创始人专用性资产中,提高创始人专用性资产与企业核心资源的匹配度,从而实现对企业的控制,否则匹配度下降可能导致创始人失去对企业的控制。以下借助这一思路对创始人专用性资产的堑壕效应在控制权中的影响进行分析。

1. 上海家化

葛文耀作为上海家化的掌舵人,一直试图将处在产业线布局低端的上海家化向高端的时尚产业转化,进入高端市场进行产品差异化战略进而打造时尚产业集团。然而中国平安作为纯金融集团没有扎实的实体业务,对实业的理解也有限,从中国平安董事长谢文坚的后续言论来看,中国平安对上海家化的发展战略是欲将其打造为"综合性日化企业",专注于已有优势,与葛文耀的目标相悖。

对专注于自身业务的大股东中国平安来说,其看重的是品牌建设和研发实力两大核心资源。

在2012年,上海家化通过"六神"与"美加净"两个成熟品牌为成长性较高的"佰草集"与"高夫"提供了较强的现金流支持。年均增长约20%的佰草集和发展势头正旺的男士化妆品品牌高夫也通过这些资金进一步寻求扩张,抢占市场份额。此外,与花王的合作也补足了上海家化的空缺领域,实现了双赢合作。上海家化在此时已经形成了较完备的多品牌战略格局(见表6)。

表6 2012年上海家化品牌架构体系(部分)

类型	品牌	品牌类型及定位	市场占比
高增长品牌	佰草集	中草药化妆品(中高端)	33%
	高夫	男士化妆品:护肤品、香水	6%
现金牛品牌	六神	清凉类:花露水、沐浴露、香皂	38%
	美加净	基础护理:护手霜、护肤品	10%
代理类品牌	花王	纸尿裤、卫生巾、洗面奶	9%
其他	—	—	4%

(资料来源:信达证券研究报告。)

研发方面,上海家化每年将销售收入的3%~5%投入研发,远高于行业不到2%的平均水平。在众多国内化妆品企业中,2013年,约1.3亿元的投入(见表7)遥遥领先于市值第二的珀莱雅的3240万元。此外,拥有国家级科研中心的上海家化每年开发新产品数超过200个,研发成果和专利申请数全国领先,在中草药个人护理领域更是居于全球领先地位。上海家化此时已拥有较强的研发实力,大股东平安也对这一实力十分重视。

表7 2011—2014年上海家化研发费用一览

时间	2011年	2012年	2013年	2014年
研发费用(万元)	7306	9146	13344	13970
同比增长率	—	25.18%	45.90%	4.69%

(资料来源:根据上海家化年报数据整理。)

综上所述,上海家化在平安入驻时已经走出一条成功运营多品牌成熟模式的道路。拥有多年以来形成的国内厂商难以赶超的研发优势的上海家化,在日化行业高速稳定增长,且中国市场的多样性、广阔性给化妆品较大细分空间的市场环境下,创始人及其管理团队的动荡,在不涉及核心研发实力和实际控股股东无意向新领域(时尚产业)拓展的前提下,其专用性资产与控股股东认为的企业发展所需的核心资源不符。创始人的人力资本在不受认可的情况下也就不能在控制权争夺中发挥堑壕效应,此外,创始人的社会资本也发生了相应减损,具体分析如表8所示。

表8 并购前后家化公司前五名股东持股情况

排名	股东名称	股东性质	占总股本比例(%)
\multicolumn{4}{c}{2010年末上海家化前五名股东持股情况}
1	上海家化(集团)有限公司	国有法人	38.1800
2	中银持续增长股票型证券投资基金	其他	3.0700
3	上投摩根内需动力股票型证券投资基金	其他	2.9100
4	大成创新成长混合型证券投资基金	其他	2.3600
5	易方达价值成长混合型证券投资基金	其他	2.1700
\multicolumn{4}{c}{2011年末上海家化前五名股东持股情况}
1	上海家化(集团)有限公司	国内非国有法人	28.3800
2	上海市城市建设投资开发总公司	国有法人	4.9000
3	上海久事公司	国有法人	4.9000
4	中银持续增长股票型证券投资基金	其他	3.0700
5	嘉实策略增长混合型证券投资基金	其他	2.8900

(资料来源:Wind。)

国资委关系方面,撇开行政权力因素,单从股权比例来看,并购后中国平安虽仅持28.38%的股份,但股份远超包括上海国资委在内的其他股东,成为实际控股股东。上海国资委话语权极小,就上市公司治理制度而言,上海国资委无法对此事发挥作用。况且,葛文耀非国资委系统下辖企业序列成员,政府机构不太容易掌握调停主导权。因此,全资撤出的上海国资委无法对创始人与外部股东的矛盾进行有效协调,这一社会资本遭到大幅减损。

基金关系方面,基金经理因考核制度等原因往往追逐短期利润,参与企业的管理有"搭便车"的特点,本身是不参与企业日常经营管理的,在相对分散的基金分布下(持股上限10%),基金方面没有足够的动机和能力去干预上海家化的控制权争夺。

此外,中国平安与上海家化的基金股东们建立了广泛的组织间联系:持有上海家化的基金管理公司同时持有中国平安的股票,占中国平安总股份的11.54%(2013年底数据);中国平安旗下的平安证券又是上海家化大批基金股东的代销机构,中国平安及其控股公司大量持有这些基金公司上市发行的基金份额(2013年底占发行总份额的4.48%)。

中国平安所拥有的与上海家化基金股东间的社会资本进一步削弱了葛文耀团队与上海家化基金股东的社会资本,使得基金股东们不愿与中国平安公开对抗,因此这一社会资本在控制权争夺中的效果也被削弱。

管理层关系方面,董事会席位的洗牌也在随着平安的入驻不断推进,而葛文耀团队的管理人员并非掌握核心研发技术的技术人员,大多为经验积累管理型人员,可替换程度高,在中国平安不履行没有法律效应的不干预家化管理层这一承诺的前提下,葛文耀团队的人员变动这一趋势不可避免。2012年换届之际,中国平安的董事长兼CEO董凯进入上海家化董事会(见表9)。2014年,创始人葛文耀从董事会辞职,葛文耀一手提拔的"老将"王茁被从CEO职位上罢免,转由中国平安支持的谢文坚兼任董事长与CEO两大要职,此时董事会的性质已经发生改变。2015年,原管理层均被剔除出董事会,从董事长到董事会列席人员均为"平安系"。至此,中国平安已经完全掌控上海家化的董事会权力,葛文耀在这方面的社会资本逐步减损直至消失殆尽。

表9 上海家化2012—2015年董事会及高管成员变动情况

职务	2012年		2013年		2014年		2015年	
	姓名	来源	姓名	来源	姓名	来源	姓名	来源
CEO	王茁	原管理层	王茁	原管理层	谢文坚	中国平安	谢文坚	中国平安
董事长	葛文耀	原管理层	葛文耀	原管理层	谢文坚	中国平安	谢文坚	中国平安
董事会成员	吴英华	原管理层	吴英华	原管理层	吴英华	原管理层	刘东	中国平安
	冯珺	原管理层	冯珺	原管理层	冯珺	原管理层	邓明辉	中国平安
	董凯	中国平安	董凯	中国平安	董凯	中国平安	韩敏	中国平安
财务总监	丁逸菁	原管理层	丁逸菁	原管理层	—	—	—	—

(数据来源:上海家化2012—2015年年度报告。)

我们采用事件研究法分析创始人葛文耀离职事件的市场反应(见表10)。我们将公告日作为事件日(第0天),分析[-1,1]事件窗口的股票累计超额回报。

表10 葛文耀离职事件的市场反应

日期	事件	[-1,1]
2013年5月11日	临时董事会免去葛文耀家化集团职务	-2.20%
2013年9月17日	葛文耀辞去上海家化上市公司职务	-6.53%

注:超额回报=个股回报-市场回报,累计超额回报=$\sum$超额回报;上海家化于2001年在上交所上市,故用A股作为个股回报,用上证综合指数回报作为市场回报。

葛文耀的离职对市场影响巨大,在临时董事会免去葛文耀在家化集团的职务时,市场就对此持悲观态度,但因为葛文耀当时仍然保留着上海家化董事长的职位,消极影响相对较小。然而在葛文耀主动辞去上海家化董事长一职时,市场反应相对较大,第二天甚至股票直接跌停,这也体现了市场认为葛文耀彻底离开上海家化对企业的前景不利。

虽然市场对于葛文耀彻底离职反应较大,但由于大股东平安对创始人葛文耀的人力资本并不认可,认为其不是企业发展所必需而是替换的,在其后葛文耀的社会资本又因此遭到大幅减损,没有股权支撑的葛文耀的专用性资产不能发挥堡垒效应帮助其夺回控制权。

由表 11 可以看出,葛文耀离职后,上海家化的业绩表现并不理想,2015 年扣除出售天江药业的投资收益后,净利润首次下滑,2016 年更是断崖式下跌。"平安系"的谢文坚在接替葛文耀后表现并不理想,原有明星品牌佰草集高端拓展放缓,进行年轻化营销后,细分市场份额由 11.4% 下降到 9.5%,销售收入落后于自然堂、百雀羚等竞争对手;新品牌"一花一木"的推出效果也远不及预期。在营销方面,上海家化花费近亿元独家赞助的"2016 天猫双 11 全球狂欢节"效果并不理想,成交额仅为 2 亿元,主打品牌佰草集的销售也落后于竞争对手。

表 11　上海家化 2012—2016 年利润一览表

	2016-12-31	2015-12-31	2014-12-31	2013-12-31	2012-12-31
营业利润(万元)	27319.96	257583.61	112310.21	93593.42	71583.51
同比增长率(%)	−89.39	129.35	20.00	30.75	64.29
利润总额(万元)	29057.05	261146.02	114210.20	96064.24	72992.14
同比增长率(%)	−88.87	128.65	18.89	31.61	61.39
扣除非经常性损益后的净利润(万元)	20497.51	81785.96	87360.03	78220.05	55883.08
同比增长率(%)	−74.94	−6.38	11.68	39.97	61.60

(资料来源:根据上海家化年报数据整理。)

往昔辉煌与如今品牌塑造和营销策略双失败的上海家化对比也使得我们认识到葛文耀的人力资本对于上海家化的重要性。日化企业虽然步向成熟,但创始人葛文耀在上海家化发展中的独有战略眼光和创新能力对上海家化而言仍是至关重要的。

2. 阿里巴巴集团

长期以来,"同股同权"、"股权至上"的原则是公司控制权安排的标准模式,但是由于屡屡出现外部资本接管将创始人团队扫地出门的"野蛮人行为",各国也涌现了许多包括 Google、Facebook 等新兴企业选择利用双层股权结构以不平等投票权的股票来实现创业团队对公司的控制。阿里在 2014 年美国上市采用的合伙人制度也是通过制度设计实现创始人团队在股权较少时掌握企业控制权的尝试。

马云团队在阿里的发展过程中一直坚持对控制权的掌握,由表 12 可知,阿里巴巴在 2004 年经过三轮融资后,创始人股权得到一定稀释,但仍然保持着对公司的绝对控制权;2005 年引入雅虎的产业资本和软银后,创始人团队股权稀释较大,但也通过与雅虎的特殊协议(雅虎将 5% 的投票权委托给马云团队,直到 2010 年 10 月),继续保持着较高的投票权。在 2010 年协议到期时,马云团队的投票权会少于雅虎集团,届时将不能对公司完全控制。2012 年,阿里巴巴集团通过回购雅虎手中 20% 的股权,将董事会中软银和雅虎的投票权降至 50% 以下,解除了大股东的威胁,重新掌握了公司董事会权力。2014 年,阿里巴巴在纽交所上市,创始人团队通过合伙人制度占据了董事会半数以上席位从而掌握了公司的控制权。

表 12　阿里巴巴股东股权及投票权变化过程

股东	2004 年		2005 年		2010 年		2014 年	
	股权	投票权	股权	投票权	股权	投票权	股权	投票权
马云团队	47%	47%	31.70%	35.70%	31.70%	31.70%	13.70%	大于 50%
雅虎	—	—	39%	34%	39%	39%	16.30%	—
软银	20%	20%	29.30%	29.30%	29.30%	29.30%	32.40%	—
富达	18%	18%	—	—	—	—	—	—
其他	15%	15%	—	—	—	—	—	—

（资料来源：根据阿里巴巴年报数据整理。）

2010 年协议到期之际，阿里创始人团队控制权受威胁，而 2011 年的支付宝转移事件成了马云团队夺回控制权的开端。

支付宝作为全球最大的网络支付平台，是阿里的核心资源之一，对阿里集团有着直接影响和战略影响。据统计，支付宝使用量占到淘宝交易总量的 80% 以上。2011 年第三季度国内第三方支付行业整体交易规模达 6155 亿元，其中，支付宝占据网上支付市场份额的 48.35%（见图 1）。在高速增长的电商行业中，支付宝的前景和价值不言而喻。此外，支付宝能带来的客户资源和渠道对于阿里后续的金融领域布局有着重要战略意义。

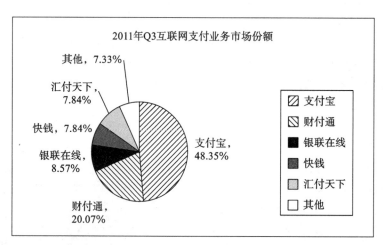

图 1　2011 年第三季度中国互联网支付业务市场份额

支付宝在 2011 年遭遇了危机。2010 年 6 月出台的"二号令"规定：2011 年 9 月 1 日前，未拿到支付牌照的公司将不允许办理支付业务。为取得牌照，雅虎和软银同意分两次将支付宝的股权转移给阿里巴巴，但同时也用协议控制（即注册内资公司获得牌照，再通过协议安排将内资公司的收益和管理都交予三方的合资公司）的方式控制阿里巴巴以保证自身支付宝相关的权益。但 2011 年 1 月 26 日，央行要求支付宝声明是否有协议控制这一事件，使得阿里巴巴了解到：支付宝若要不走国务院审批而顺利第一批拿到牌照，就需要切断协议控制。

案例五 创始人专用性资产、堑壕效应与公司控制权配置

在2011年竞争激烈的国内支付市场上，支付宝虽然处于领先地位，但假如无法及时获得牌照，在竞争对手的遏制之下将会再无翻身之地。多家分析机构都表示，如果支付宝牌照申请问题因其"外资"身份受阻，那么，淘宝及整个阿里巴巴集团乃至股东都会面临动荡。出于长期利益考虑，雅虎和软银最终与马云团队达成和解，以支付宝之后上市的一次性现金回报作为补偿。

支付宝作为阿里未来最值得看好的盈利产品，其未来商业利益不可估量，雅虎和软银的放弃及马云团队成功将其私有化的过程中，马云团队的专用性资产也起到关键作用。

从政企关系上看，雅虎和软银作为阿里巴巴董事会的成员，缺乏与央行沟通的渠道，由于无法获悉内情，只能选择沉默和观望。而支付宝所属的阿里巴巴虽然是民营企业，但由于占市场份额较大，马云团队常常与央行保持着沟通（见表13），在与支付行业相关的法律监管信息掌握上具有优势，更容易快速做出应对，避免法规对自身业务的不利影响。此外，对于央行的指示和要求，马云团队也是尽可能满足。因此，在2011年，支付宝成为第一批获取合法经营牌照的企业之一，没有对自身和关联业务的发展与扩张造成影响。

表13 马云团队与央行的沟通事项梳理

时间	事件
2006年1月	主动寻求中国工商银行作为第三方托管，增加自身公信力
2007年11月	参与央行二代支付系统的项目，协助央行了解支付公司运作模式
2010年6月	成立11人的"牌照小组"，积极与央行沟通
2010年9月	"二号令"出台后，参与会议讨论具体业务的管理方法
2011年4月	参与央行召开的会议，对支付相关文件提出建议

（资料来源：作者根据网络资料整理。）

从马云团队的人力资本来看，其人力资本的不可替代性也是马云团队得以掌控支付宝这一核心资源的关键。马云团队在与国际电商巨头的竞争中，对我国的电子商务运营模式已经有了丰富的实践经验和技术支持，相较于转让核心技术且在中国发展不顺的大股东雅虎，其难以在国际职业经理人市场上找到更好的替代团队来取代成绩斐然的马云团队。

我们采用事件研究法分析支付宝转移事件的市场反应。我们将公告日作为事件日（第0天），分析[−1,1]事件窗口的股票累计超额回报（见表14）。

表14 支付宝转移事件的市场反应

日期	事件	[−1,1]
2011.5.11	雅虎SEC文件显示，阿里巴巴集团已经将支付宝所有权转让给马云控股的一家公司。	−0.34%
2011.5.13	雅虎发表声明称，转移支付宝举动尚未得到阿里巴巴集团董事会或股东批准。	−1.87%

续表

日期	事件	[-1,1]
2011.6.22	雅虎、阿里、软银宣布,支付宝事件谈判获实质性进展。	7.95%
2011.7.29	阿里巴巴集团、雅虎和软银宣布,就支付宝股权转让事件正式签署协议。	4.09%

注:超额回报=个股回报-市场回报,累计超额回报=$\sum$超额回报;阿里巴巴2011年仍在港交所,故用H股作为个股回报,用恒生指数回报作为市场回报。

由此可见,支付宝转移事件在最初公布时对股票市场有一定的消极影响,且在大股东发表声明此转移未经同意时消极影响进一步扩大。但在创始人与股东进行谈判及逐步达成和解时,市场对阿里巴巴集团又持积极态度。这也说明虽然支付宝转移给阿里造成了一定的风波,但市场还是判断支付宝转移只要未造成创始人与股东的理念分歧,阿里集团的前途仍是光明的,这也体现了创始人团队对阿里巴巴集团的重要性。

掌握了支付宝这一核心资源后,后续马云团队继续通过增发优先股、融资、股权回购等行动策略在财务性资源方面取得优势,在回购雅虎所持一半股票后,雅虎和软银投票权降至50%以下,马云团队重新掌握公司董事会权力。

在2012年从港交所退市后,阿里巴巴开始对自身传统业务进行整合并在物流、零售、移动互联网等各个领域并购进行扩充,在这一期间实现了对专用性资产的进一步增强。

从战略角度讲,这些并购有利于阿里对自身产业链的完善和补足,马云团队在此基础上紧跟时代趋势向移动电商领域拓展,体现了其作为专业团队的战略眼光;从财务角度讲,这些并购获得的融资有利于企业进一步扩大规模,增加了企业估值,满足了投资者的财务需求。

由图2可以看出,相较于阿里巴巴的投资活动产生的现金流,阿里巴巴融资得到的现金流远远高于投资活动产生的现金流,在上市之前筹集了大量的资金。阿里巴巴通过企业并购的外生增长,为其带来良好的融资效果,有利于其进一步扩大企业规模,增加企业估值,进而提升了市场信心。从行业来看,上市之前的阿里巴巴市场估值(见表15)位于同类企业的龙头位置,市净率水平较高,投资者对其十分看好,上市前景一片光明。

表15 上市前夕阿里巴巴等公司市场估值表

公司	市值(亿美元)	净利润(亿美元)	市盈率(P/E)	收入(亿美元)	市销率(P/S)
阿里巴巴	1680	35.92	41.76	81.23	18.47
亚马逊	1400	2.74	510.95	744.50	1.88
腾讯	1540	25.72	59.88	99.89	15.42

(资料来源:新浪财经。)

基于自身战略布局和行业趋势预测,马云团队对移动电商相关领域的并购投入前期成本,成功的并购使得投资者对马云团队的信任进一步增加,增强了创始人团队的专用性资产,使得创始人团队对控制权的掌控得以在原有基础上上升到制度层面,更具有稳

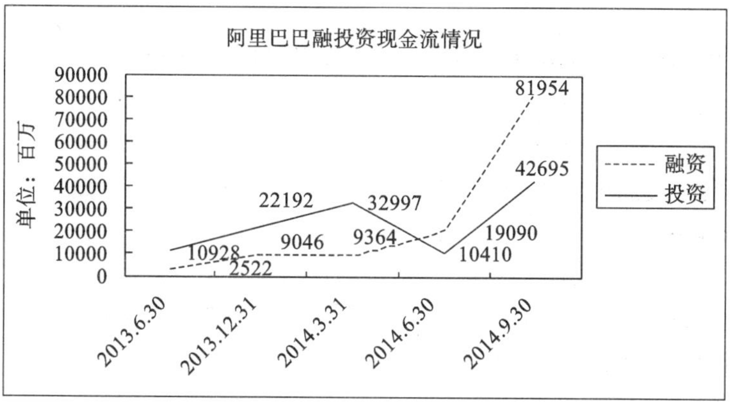

图 2　阿里巴巴 2013 年至 2014 年投融资现金流情况

定性。

支付宝是阿里巴巴发展过程中的核心资源,与阿里巴巴的核心业务电子商务关联密切。在支付宝控制权争夺中,马云及其团队通过其相对外资更紧密的政企关系这一社会资本及具有较高不可替代性的人力资本,最终夺得了这一核心资源。掌控支付宝后,马云及其团队的专用性资产大幅增强,使得后续专用性资产的堑壕效应得以发挥,成功回购雅虎手中的部分阿里股权,化解了雅虎股权过高分散控制权的危机。此后,马云及其团队继续发挥自身人力资本作用,通过在不同领域的并购进一步布局阿里的"电商帝国",为投资者带来丰厚的战略和财务回报。这一战略布局的前期投入和投资者的信赖使得马云及其团队的人力资本也进一步得到投资者的认可,增强后的专用性资产进一步发挥堑壕效应,也使得重新上市后,阿里得以通过合伙人制度将创始人专用性资产不稳定的堑壕效应制度化,更好地保护创始人及其团队在公司的控制权。

五、进一步分析:基于不同行业的创始人专用性资产对比及其对堑壕效应与控制权争夺结果的影响分析

(一)传统行业与新兴行业的创始人专用性资产比较

在中国的法律和市场机制相对不太完善的环境中,非正式制度(如声誉、关系、权威)能在一定程度上缓解正式制度的缺陷,促进企业发展和经济增长。传统行业相较于新兴行业成立更早,在不完善的法律和市场机制下,对非正式制度的依赖性更强,对于传统行业的创始人来说,在其专用性资产中更加依赖于通过社会资本形成堑壕效应,从而实现对企业的控制。

新兴产业诞生于知识经济和信息经济时代,人力资本逐渐取代物质资本成为企业价值创造的主要源泉,从而深刻改变了企业进行商业活动、组织工作和结构的方式(Sang-Woo Nam,2003)。资本市场的完善使得物质资本相对人力资本的重要性下降,日趋激烈的全球竞争也使企业内以雇员为代表的人力资本重要性上升。以上因素再加上"新科技革命"的推动,人力资本密集型企业迅速兴起,成为知识经济时代的主流(张守哲,2011)。新兴产业中,特别是高科技企业,其创始人及团队的人力资本往往是重要的专用

性资产。

（二）不同行业创始人专用性资产差异对堑壕效应的影响

已有研究表明，社会资本以关系为纽带，以信任为基础，具有较强的不稳定性（祝继高、王春飞，2012）。因此，社会资本会随着时间的变化而不断演化，呈现出阶段性和易变性的特点。在更加完善的市场机制和法律环境下，企业能够通过隐性契约显性化和核心员工股权激励等手段减轻创始人的社会资本带来的堑壕效应。

相较于社会资本，人力资本依附于人这一载体，具有主观能动性，可以在后天的学习中逐步加强，具备一定的增值潜力。此外，人力资本的特殊性还表现为团队的专用性，即一旦一些人组成一个团体工作，经过一段时间磨合，就会产生一种特殊的生产力（青木昌彦，1984）。

同样也有研究表明，在现如今的知识经济时代，以高科技人才及职业经理人才为核心的人力资本已经成为企业的稀缺资源（兰玉杰，2006）。从雷士照明、上海家化等传统行业创始人因社会资本减损黯然离职，而刘强东、马云作为新兴产业创始人以低比例股权分别稳定控制京东、阿里巴巴这两大电商巨头的例子中，我们可以得出以社会资本为主的传统行业创始人专用性资产比起以人力资本为主的新兴产业创始人专用性资产，在进行控制权争夺时，堑壕效应弱于后者的推论。

以下再从人力资本的可替换性角度论证这一假设。传统行业相较于新兴行业，商业模式更加成熟，变革更加困难，社会对其前景看好程度更低。持有大量金融资本而非产业资本的大股东在入驻传统行业的企业时，由于传统行业的人力资本可替换性更高（国内外往往有类似业务的职业经理人可雇佣），在没有社会资本联结下，大股东更倾向于干涉管理层以实现自身目标。而在新兴产业，创始人及团队往往担任管理层的职位，由于团队人力资本的专用性和新兴产业商业模式不成熟，前景的不确定性使得人力资本成为推动企业成长发展的关键资源。且与传统行业相比，新兴企业产品生命周期更短，知识、信息和技术的专用性、复杂程度和分散程度更高。掌握核心技术的创始人及其团队在拥有技术优势和对行业未来趋势的自身独特理解且已进行一定前期投入的情况下，大股东寻找职业经理人替代原有管理层的难度更大，并且对未来业绩的不确定影响因素更多。此时，理性的股东通常选择支持原有管理层，甚至为其人力资本支付"溢价"。拥有独特人力资本的新兴产业创始人的堑壕效应在控制权争夺中也就相对更强。

六、结论

（1）创始人及其团队在公司控制权争夺中需要通过自身专用性资产掌控企业的关键资源，通过增强自身专用性资产进而使其发挥堑壕效应来夺得控制权。

在化妆品行业中，品牌和研发是两大关键资源，葛文耀在与中国平安发生战略冲突进而引发控制权争夺时，原控制权依赖的社会资本因为与企业所需的关键资源不符而无法发挥堑壕效应来夺回控制权。

电商行业作为新兴行业，能为企业巩固核心优势进而维持、扩大市场份额的即为企业的关键资源，而支付宝从现有意义和战略意义上都符合这一点。故而马云团队在掌控关键资源后增强了自身的专用性资产,发挥堑壕效应夺回了控制权。在后续中,又通过一系列并购的前期投入和带来的投资者信任进一步增强专用性资产,堑壕效应的影响加大,使得在上市后创始人团队得以将不稳定的堑壕效应通过制度化的方式稳定下来而保护自身控制权。

(2) 创始人团队对控制权的掌控可以通过制度设计来实现,Google、Facebook 的双重股权结构制度与阿里的合伙人制度都是创始人团队掌控公司控制权的成功实践,通过制度设计将存在较大不稳定性的专用性资产堑壕效应带来的控制权掌控稳固下来,是新兴行业中创始人团队进行控制权安排的一大趋势。

(3) 创始人资产在传统行业中更多体现为社会资本,而在新兴行业中则更多体现为人力资本,因新兴行业中人力资本的不可替换性相较于传统行业的不稳定的社会资本更强,传统行业中创始人资产的堑壕效应相对于新兴行业要弱。

思考题

1. 在引进外资时,企业应该选择怎样的合作者?能通过怎样的方式避免其对企业长期利益的损害?

2. 创始人及其团队如何及时适应企业外部环境变化,提高自身专用性资产对企业的价值?

3. 对已经通过制度化(如双重股权结构、合伙人制度)巩固自身对企业控制权的创始人道德风险如何监督?

参考文献

[1] 贺小刚,燕琼琼,梅琳,李婧.创始人离任中的权力交接模式与企业成长——基于我国上市公司的实证研究[J].中国工业经济,2011(10):98-108.

[2] 李正卫,高蔡联,张祥富.创始人前摄性个性对企业创新绩效的影响——社会网络的中介作用[J].科学学研究,2013,31(11):1752-1759.

[3] Shleifer A, R W Vishny. Management entrenchment: the case of manager—specific investments. Journal of Financial Economics, 1989, 25 (1):123-139.

[4] 李伟,周林洁,吴联生.高管持股与盈余稳健性:协同效应与堑壕效应[J].财经论丛,2011(6):72-78.

[5] 麻晓莹.创始人专用性资产、企业控制权配置与企业价值[D].济南:山东大学,2017.

[6] 易阳,宋顺林,谢新敏,谭劲松.创始人专用性资产、堑壕效应与公司控制权配置——基于雷士照明的案例分析[J].会计研究,2016(1):63-70,96.

[7] 王珏,祝继高.基金参与公司治理:行为逻辑与路径选择——基于上海家化和格力电器的案例研究[J].中国工业经济,

2015(5):135-147.

[8] 商鹏.双重股权结构的制度价值阐释与本土化路径探讨——以阿里巴巴集团的"合伙人制度"为切入点[J].河北法学,2016,34(5):166-174.

[9] 徐炜,王超.民营高科技公司创始人控制权与公司业绩[J].经济管理,2016,38(9):61-75.

附例1:阿里巴巴"合伙人"制度

附例2:国内日用化学产品行业分析

附例3:上海家化联合股份有限公司主要情况

附例 4：阿里巴巴集团主要情况

案例六
股权质押会带来股价崩盘风险吗?
——以辉山乳业为例

> **案例导读** 本案例以辉山乳业崩盘事件为例,进行控股股东股权质押行为影响崩盘风险的路径研究。研究发现,公司内部出现财务风险时,为维持股价稳定,避免质押股票爆仓带来的控制权和财富双重损失,控股股东会通过追加质押获得资金的方式增持股票,质押比例和股权集中度不断上升。当外界因素使财务风险恶化为债务危机后,由于公司股权高度集中,信息公告和市场反应都不能反映公司面临的危机。而信息高度不对称,债务危机迅速传导至资本市场使得企业崩盘风险上升最终形成现实崩盘。在这个过程中,企业债务期限结构由长变短可以成为有效的预警信号。

一、引言

股价崩盘又称股价崩溃,表现为上市公司股价在短时间内大幅下跌,判断标准一般是股价单日或数日跌幅累计超过20%。我国资本市场上股价崩盘现象屡见不鲜:2015年我国证券指数暴跌引发了我国乃至世界资本市场上都非常罕见的"千股停牌"现象,银广厦公司财务造假曝光后连着15个跌停板,"万福生科"财务造假事件曝光后股价腰斩,"獐子岛"发布"冷水团"事件公告后股价下跌超过30%。股价崩盘严重损害投资者利益,打击投资者信心,不利于资本市场健康发展。2006年,Jin和Myers基于代理理论和信息不对称理论解释了股价崩盘的形成机理,认为管理层在对外界披露公司信息时,出于自利动机对公司的负面消息进行隐瞒或延迟披露,这些负面消息逐渐积压不能完全反映在股票价格上,直到在某些外界因素刺激下集中爆发,造成股价崩盘。Kim等(2011)结合Chen等(2001)提出的负收益偏态系数和收益率上下波动指标来衡量股价崩盘风险,发现股价崩盘风险与公司的避税行为及CFO的期权价值呈正相关,在此之后,这两个指标在研究股价崩盘风险的文献中被广泛使用。对比发达国家资本市场,我国资本市场起步较晚,稳定性差,股价崩盘现象时有发生,多数学者的研究集中于股价崩盘风险的影响因素,控股股东行为及特征(沈华玉等,2017;林川等,2017)、公司高管特质(曾爱民等,

2017)、所在生命周期(遥远和周爱民,2018)、内控披露水平(叶康涛等,2015)、外资持股情况(吴德军,2015)、网络舆情(田高良等,2018)、分析师行为(许年行等,2012)等公司内部和外部因素均会对股价崩盘风险产生影响。

股权质押是指股东以其所持有的股权作为质押标的物,从金融机构获得贷款或为第三方贷款提供担保的行为。根据 Wind 统计,截至 2018 年 9 月 7 日,A 股上市公司参与股权质押公司总数达 94.38%,总质押市值 4.88 万亿元,几乎所有 A 股都参与了股权质押,控股股东股权质押在我国资本市场上已经成为一种普遍现象。控股股东股权质押发展较快的原因主要有二:一是股权质押可以使控股股东在保持对企业控制权的前提下,利用其所持有的公司股票解决融资约束;二是股票作为一种金融工具,流动性好且价值可见,因此银行方面也更愿意接受股权质押作为附属条件发放贷款。但是伴随着越来越多的股东将此作为一种新型融资方式,股权质押所带来的问题也开始逐渐显露。一方面,股权质押作为一种快速套现的方式,会使得最终控制人的控制权与现金流权分离程度加大,通过影响企业的盈余管理(王斌等,2015;陈共荣等,2016)、创新活动(张瑞君等,2017)、信息披露(李长青和幸伟,2017)、投资行为(谢露和王超恩,2017)等,实现更高的控制权私有收益,对公司价值产生负面影响。另一方面,它对于控股股东自身而言也并非没有风险,控股股东股权质押后,在股价下跌时可能会被要求追加担保,甚至会在股价跌破平仓线时被强制平仓,导致控制权转移(谢德仁等,2016)。因此,控股股东为规避被强制平仓风险会利用手中控制权,可能更有激励提高公司真实经营业绩,控股股东和公司利益一致性提高,代理成本降低,也有可能只是通过操纵公司信息披露程度进行市值管理,但是从长期来看会损害其他利益相关者的利益。结合我国现实背景,控股股东在面对质押股份爆仓风险时,究竟会采取哪种行为?这种行为的最终效果传导到市场上究竟是提高还是降低股价崩盘风险?

本案例以辉山乳业股价崩盘现象为例拓展相关研究,案例选择依据如下。

(1) 相较于国有企业,民营企业控股股东有更强的资金需求,采取股权质押手段获取资金的行为更具有普遍性。辉山乳业作为中国乳业境外上市公司市值排名第三的乳制品上市公司,有 60 多年的历史。作为一家民营企业,辉山乳业有着较长的存续时间,发展历程较为完整,因此选其作为研究对象更具有代表性。

(2) 2013 年 9 月,辉山乳业在港交所挂牌上市,截至 2016 年 12 月 16 日公司临时停牌前,公司股价报 2.75 港元,总市值 371 港元。这样一家明星企业在 2017 年 3 月 24 日股价暴跌逾 95%,最终收跌于 85%,300 亿港元市值蒸发,创下港股日内最大跌幅纪录,可以作为研究股价崩盘影响因素的典型案例。

此次崩盘事件导致中小投资者损失惨重,除此之外,公司之前高杠杆经营下的紧张资金链彻底断裂,公司进入破产重整程序,债权银行可能承受大量坏账损失。在辉山乳业崩盘之前对公司治理情况进行调查时,辉山乳业控股股东的异常持股和股权质押行为引起外界注意。辉山乳业的崩盘事件中,控股股东持有企业 70% 以上股份,股权结构高度集中,同时持有股份几乎完全被质押。经分析发现,控股股东此前为避免质押股票被强制平仓,采用追加质押的方式获取资金增持股票以维持股价稳定,整个过程中质押比例和股权集中度不断上升。公司财务风险在外界因素刺激下转化为债务危机后,由于公司股权高度集中,信息高度不对称,债务危机迅速传导至资本市场使得企业崩盘风险上升。由于不公开质权人所设定的股价平仓线,投资者会对平仓线进行预估。在崩盘之前,公司债务违约的负面消息一经流出,出于对大规模质押股票价格跌破平仓线进而被债权人强行平仓导致手中股票价值大幅缩水的恐惧,外部投资者会在股价下降到预估平仓线之前争相卖出手中股票,引发踩踏效应,加剧股价下跌趋势,最终成为实际的崩盘。

本案例的贡献在于:股价崩盘关乎上市公司所有利益相关者的利益,其影响范围不仅限于股票市场,同时会传导到其他金融市场,影响资本市场对资源的配置效率,进而对实体经济造成负面影响。以此次辉山乳业崩盘事件为例,崩盘之后,23家债权银行发生巨额坏账,同时公司目前已进入破产清盘阶段,经营业务必然受到影响。然而,我国对于股价崩盘的研究开始较晚,且主要集中于股价崩盘风险的影响因素的实证检验,缺乏对影响因素的路径研究,分析深层次的影响机制和原理。本案例采取具有过程导向特征的案例研究方法,可以更清晰地阐释股权集中度和控股股东股权质押对崩盘风险影响的全过程,从深度和广度上拓展已有研究。

二、案例介绍

(一)股价崩盘牵扯出巨额债务危机

辽宁辉山乳业集团有限公司(简称"辉山乳业")是我国一家大型乳制品全产业链企业,先后在辽宁沈阳、锦州、阜城、抚顺、铁岭等地投资建设了良种奶牛繁育及乳制品加工产业集群项目。截止到2016年末,辉山乳业拥有近50万亩苜蓿草及辅助饲料种植基地、年产50万吨奶牛专用精饲料加工厂、超过20万头纯种进口奶牛、82座规模化自营牧场以及6座现代化乳品加工生产基地。在2017年3月24日崩盘前半年内,辉山乳业公司市值达到387亿元左右。东方财富Choice 2016年11月2日数据显示,不论从公司市值还是公司资产规模来看,辉山乳业都是在我国排名第三、仅落后于伊利乳业和蒙牛乳业的一家大规模乳制品上市公司。

而这家市场表现如此出色的上市公司在2017年3月24日上午11点,股价出现悬崖式下跌,半个小时内从2.8港元一度跌倒了最低的0.25港元,盘中最大跌幅超过90%,最终以85%的跌幅报收,创下了港股历史上单日最大跌幅纪录(见图1)。公司暴跌后申请紧急停牌。5月8日,香港交易所应香港证券监督委员会之指令正式停止辉山乳业股份买卖。

股价崩盘当天市场流传的一则消息:公司被中国银行审计发现,账上30亿元资金转出投资沈阳房产无法收回,公司一堆单据造假,资金链十分紧张。2017年3月20日,债权行突然接到辉山乳业通知,称因故无法还本付息。债务危机曝光两个多月后,6月公告终于有了准确数据,"于2017年3月31日,集团总资产约为人民币262.2亿元,总债项约为人民币267.3亿元,当中包括银行及非银行贷款分别约人民币187.1亿元及约人民币42.5亿元"。这个数字虽然不及之前市场上流传的418亿元总负债,但辉山乳业深陷债务危机、资不抵债已经可以确认是事实。此后,部分银行公布向辉山乳业或其相关公司的贷款敞口:对辉山乳业授信金额最大的是中国银行,金额为33.4亿元;平安银行授信

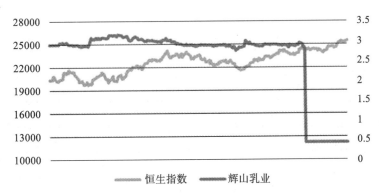

图 1　辉山乳业停牌前一年股价走势图
（资料来源：Wind 资讯。）

21.42亿港元(18.99亿元人民币)；九台农商行授信 13.5亿；招商银行授信 4040万美元 (2.78亿元人民币)；中国民生银行授信 15亿元；浙商银行授信 7亿元；中国农业银行授信 1.1亿元和 1.5亿港元。辉山乳业的债权人一共有70多家，除了23家银行之外，还有四十多家为地方金融资产交易所、融资租赁企业和网络借贷平台。2017年3月23日，在辽宁省政府金融办的组织下，召开了辉山乳业集团债权银行工作会议，辉山乳业的23家债权银行参与了会议，董事长杨凯在会议上承认公司资金链断裂。经过清理辉山乳业的债务，发现需要在 2017年9月30日前偿还110亿元的短期债务。

(二) 负面消息频出，市场反应平淡

辉山乳业股价崩盘的出现并非完全没有征兆。在此之前，著名的做空机构浑水公司 (Muddy Waters Research)发布了两篇针对辉山乳业的报告。第一篇报告发布的时间为 2016年12月16日，报告长达47页，指控辉山乳业至少从 2014年开始发布虚假财务报表，其披露的苜蓿草自给自足是谎言，奶牛养殖场资本开支存在夸大行为，董事会主席杨凯挪用公司资产，公司价值接近于零。除此之外，浑水公司认为，即使财务上不存在欺诈，辉山乳业也正因其过高的财务杠杆处于违约边缘。辉山乳业当日紧急停牌并发布澄清报告，对浑水公司的报告逐一反驳，否认报告中的指控。12月18日，浑水公司在官网挂出第二份共有13页的调查报告，进一步指责辉山乳业在收入上有欺诈嫌疑。辉山乳业当天再次发布公告对浑水公司的第二份报告进行澄清，并于当晚复牌。市场对于浑水公司所发出报告的反应是：在第一篇报告发出后，当日股价下跌 2.14%；在第二份报告发出后的12月19日，股价不仅没有下跌反而上升 1.82%。在此后的3个月里，辉山乳业的股价表现得也很平稳，从股票卖空情况上看，除两份报告发出日期和最后崩盘日期外，股票卖空力量甚至比12月16日之前还要小(见图2)。尽管浑水公司发布的做空报告并没有使公司股价立即下跌，但在报告发布后的3个月内，向辉山乳业提供贷款的各家银行陆续奔赴公司进行审计，审计后传出了许多负面消息，比如辉山乳业债台高筑、资金链断裂，甚至爆出其许多单据造假。那么，是什么原因使得在浑水公司报告发布后，市场反应如此平淡，导致公司负面消息累积，直至最后崩盘使得大量投资者和债权人蒙受损失呢？这种明显具有弱式有效市场特征的股票出现在一直以来认为市场有效性较高的香

港证券市场(张月飞等,2006),也引起了研究者的高度关注。

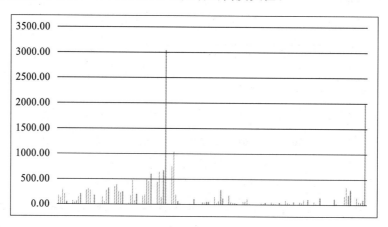

图 2　辉山乳业股价崩盘前 6 个月日卖空股数
(资料来源:Wind 资讯。)

三、案例分析

(一) 股价崩盘的实质:债务危机的突然爆发

辉山乳业股价崩盘的直接原因是公司负面消息的流出,根本原因是债务危机的突然爆发。然而辉山乳业作为我国东北地区最大的乳品企业,公司资产雄厚且上市以来连年盈利,为何会因债务危机而股价崩盘呢?接下来我们将首先从公司自身经营与财务状况、债权人以及控股股东行为三方面分析债务危机成因。

1. 激进扩张的发展策略使得财务负担加重

辉山乳业从上市之初对自身的定位就是全产业链的发展模式,以实现从饲料种植、奶牛养殖、乳品加工到销售及营销的全覆盖。根据辉山乳业网站介绍,企业上市以来大部分资金用于产能扩张,业务范围主要在整个东北地区和部分华北地区。2014 年在江苏省盐城市设立一条新的全产业链,为布局华东地区打下基础。除此之外,2015 年 9 月 29 日,公司发布公告称将收购一家可再生能源公司,涉足沼气压缩天然气、有机肥等再生能源领域,并于 2016 年年底签署了一份合作开发光伏发电项目的框架协议。图 3 为公司 2010—2015 年资本性支出。

从图 3 可看出,辉山乳业自 2010 年至 2015 年资本性支出总额超 150 亿元,主要集中于 2013 年上市之后。2013 年和 2014 年资本性支出分别高达 46.6 亿元和 42.8 亿元,2016 年该数据虽然下降,但仍高于上市之前最高的 16.9 亿元。那么,公司如此大规模的投资行为是否给企业经营方面带来相应回报呢?

图 4 对比了辉山乳业与我国乳制品加工行业的营业利润/营业收入指标。可以看出,辉山乳业在经营方面的表现远优于行业平均水平。2012 年到 2015 年,辉山乳业营业利润/营业收入一直保持在 30% 左右,而行业平均水平最高不超过 7%,这主要得益于公司自产自足的经营模式所带来的牛饲料成本优势。公司每年的利润表中,都会分别列示农产品公平值调整前后的业绩,这部分调整来自公司自建草场生产苜蓿草、辅助饲料而

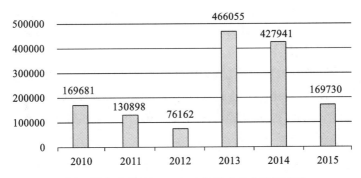

图3 辉山乳业 2010—2015 年资本性支出（万元）

（资料来源：Wind 资讯。）

节约的奶牛养殖成本，因此农产品公平值调整额的绝对值和相对值变动，可作为衡量公司自建草场所贡献的营业利润的指标。公司上市以后各年度中，农产品公平值调整额连年递增（见图5），在营业收入中占比保持在40％以上，高于图4中的营业利润/营业收入，也就是说，如果公司不存在全产业链模式下饲料种植的成本优势，营业利润将降为负值。

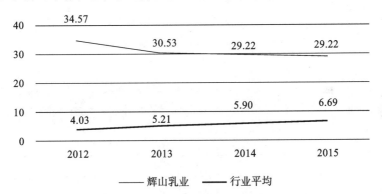

图4 辉山乳业"营业利润/营业收入（％）"变化

（资料来源：Wind 资讯。）

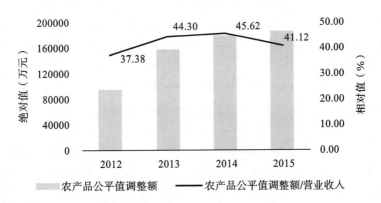

图5 辉山乳业各年度农产品公平值调整额

（资料来源：Wind 资讯。）

辉山乳业的业务分类主要包括三部分：奶牛养殖、液态奶生产和奶粉生产。虽然奶牛养殖业务中的饲料种植给公司带来了巨大的盈利空间，但同时也需要大笔资金投入以建设草场、加工饲料，奶牛养殖业务的资产占用超过公司总资产的50%，且后续追加的资本支出也主要用于此项业务。这无疑加重了企业的财务负担。上市以来辉山乳业主要是通过增加负债来融资，对比辉山乳业与行业平均资产负债率水平（见图6），上市之初，辉山乳业资产负债率较低，但是随后快速增加并在2015年超过行业平均水平。到公司2016年9月30日，公司资产负债率已超过62%。

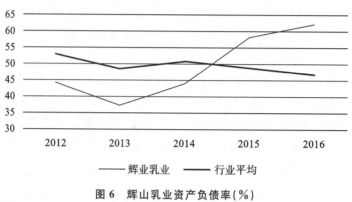

图6 辉山乳业资产负债率(%)

（资料来源：Wind资讯。）

从偿债角度看，公司从2013年开始流动比率急剧下降，到2015年低于行业平均水平，并且此时流动资产已经不足以覆盖流动负债，说明公司流动性风险一直在上升，偿债能力下降（见图7）。

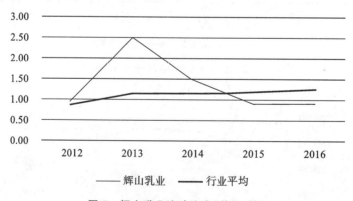

图7 辉山乳业流动比率(单位：倍)

（资料来源：Wind资讯。）

根据以上分析，辉山乳业自上市以来，虽然在经营方面得益于全产业链的生产模式创造了高额利润，但是在财务方面，过快的投资步伐需要大量资本投入，导致公司杠杆率极高，偿债能力下降。公司年报称，公司自2014年加快自营牧场建设导致负债过重，管理层相信公司现有财务资源足以应付公司正常营运，而普通投资者难以从公开信息判断各项指标变动的真实原因。

2. 债务期限结构变动

为判断公司真实财务风险状况,我们将继续从债务期限结构角度探究公司债权人行为。从图8可以看出,公司短期借款/(短期借款+长期借款)和短期借款/总负债从2015年中期开始出现大幅增长。从融资方式上看,公司借款中有信用贷款、抵押贷款、质押贷款、融资租赁甚至还包括将5万头奶牛售出再租回的活体租赁。从融资渠道上看,辉山乳业的融资渠道相当广泛,既有各类银行,还有资产管理公司、P2P平台、地方金融资产交易所、融资租赁公司,甚至还涉嫌通过民间借贷融资。这一方面反映出公司对现金流的强烈需求,另一方面说明银行方面可能已经提前获知了公司内部出现的问题,贷款的谨慎度提高,公司不得不寻求银行以外的贷款渠道。

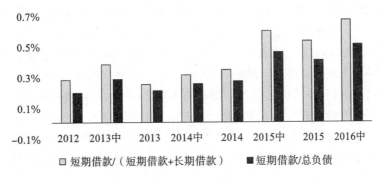

图8 辉山乳业债务期限结构变化

(资料来源:作者根据辉山乳业年报整理。)

进一步观察辉山乳业的主要债权人,也就是银行方面的贷款信息(见图9)。根据公司2014年年报披露,截至2015年3月31日,公司1年内到期的银行贷款余额为28.87亿元,5年以后偿还的长期贷款余额为7.86亿元;而2015年年报中公司1年内到期的银行贷款余额为69.47亿元,相比上年增加了140.63%,5年后偿还的长期贷款余额为6.65亿元,相比上年下降了15.39%。整体来看,公司短期贷款占比不断增加,长期贷款占比却逐渐减少,从2015年开始,这种趋势变得更加明显。

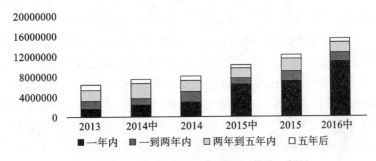

图9 辉山乳业银行贷款余额期限(单位:千元)

(资料来源:作者根据辉山乳业年报整理。)

对于债权人而言,长期债务比短期债务具有更多的不确定性,一旦公司治理水平下降,债权人更倾向于发放短期贷款以降低风险(左月华等,2017)。根据这种观点,辉山乳业进行产业扩张时,采用短期债务融资的方式获取长期投资所需的资金,这种债务结构错配,本身就意味着公司的财务风险增加。

3. 控股股东的利益侵占行为

从辉山乳业上市,控股股东杨凯一直担任公司董事会主席兼执行董事,作为企业重要的利益相关者,其行为会对企业的投融资策略和日常经营施加重大影响。公司崩盘之后,在确定重组方案过程中,有135.8亿元资金去向不明,其中包括现金及现金等价物25亿元。结合崩盘之前控股股东挪用公司资金投资房地产的消息和浑水公司发布的做空报告中对控股股东存在利益侵占行为的指控,相关媒体普遍开始关注崩盘之前控股股东杨凯是否存在占用、挪用公司资金和通过非正常关联交易转移公司资产的行为。

查阅辉山乳业公告,我们发现辉山乳业上市以来可能的与控股股东非正常关联交易有两次。第一次是2015年9月25日公告,将辉山乳业下部分产奶能力低下的奶牛和无产奶能力的公牛出售给福大牛业,福大牛业为杨凯及其配偶通过沈阳华宝有限公司间接控股约66.7%的公司。第二次是2015年9月30日现金收购可再生能源公司,该公司为杨凯及其儿子杨佳宁全资持有。辉山乳业公告中声明,两次关联交易目的是给公司带来持续稳定收入,有利于公司长远发展。然而查阅资料得知,被收购的可再生能源公司成立于2010年,被辉山乳业收购前两年分别录得亏损238万元和438万元。除此之外,2014到2015年间,由于原奶采购需求转移至海外,国内原奶供求关系急剧逆转,国内乳企普遍艰难,辉山乳业此时投资开发新的业务领域无疑会扩大企业经营风险、加重财务负担。

为进一步研究两次关联交易对公司价值的影响,我们采用事件研究法测试市场对辉山乳业这两次关联交易的反应,以风险调整法计算超额报酬率。我们将研究窗口期确定为$[-5,10]$,将研究窗口之前的50个交易日作为估计期,确定模型$R_t = \alpha + \beta R_{mt} + \varepsilon_t$的调整系数,其中$R_t$和$R_{mt}$分别是辉山乳业和恒生指数在第$t$日的收益率,$\alpha$、$\beta$为根据估计期数据所确定的调整系数,$\varepsilon_t$为模型残差,也就是研究窗口期的超额报酬率$AR_t$,第$T$日的累计超额报酬率CAR为:

$$CAR_T = \sum_{-5}^{T} AR_t$$

需要注意的是,2015年9月24日,河北省食品药品监督管理局在食品安全检查中发现辉山乳业生产的高钙奶中硫氰酸钠含量高于国家食品安全风险监测参考值,据此发布安全警示,辉山乳业随后申请停牌。停牌期间,辉山乳业紧急发布澄清声明并再次进行检验,9月29日河北省食品药品监督管理局撤销之前的安全警示,承认辉山乳业生产的高钙奶硫氰酸钠含量并未超标。9月30日辉山乳业复牌。考虑停牌原因,我们剔除9月24日到29日数据,以9月30日为事件发生日,将两次事件合并在一起检验。

根据以上方法,我们计算得出辉山乳业关联交易发生前后的AR和CAR,如图10所示。

可以看出,市场对于出售给福大牛业牛群和收购可再生能源公司的关联交易普遍呈现消极预期,CAR呈明显向下趋势,到事件发生后第10天,CAR已达-30%之多。考虑9月24日硫氰酸钠事件的影响,研究窗口前期$[-5,0]$中,AR为负值包含了河北省食品药品监督管理局安全警示的负面效应,但随后辽宁省食品药品监督管理局和国家权威食

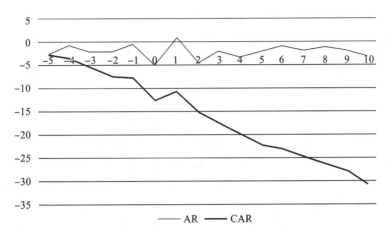

图 10　辉山乳业与控股股东关联交易的市场反应

（资料来源：Wind 资讯。）

品检验机构发布相关声明支持辉山乳业高钙奶并无硫氰酸钠超标，9 月 29 日河北省食品药品监督管理局再次进行检验后亲自发布声明撤销安全警示，9 月 30 日公司复牌正常的市场表现应当是股价向上反弹。而图 10 显示，研究窗口后期[0,10]中，AR 除第二天为正值外，其余均为负值。这更能证明本案例结论：市场认为辉山乳业与控股股东的关联交易并不有利于公司经营，反而会对公司价值带来负面影响。

根据以上分析，公司激进扩张的发展策略虽然节约了大量营业成本，提高了经营方面的盈利能力，却也加重了企业的财务负担，同时在发展过程中，存在公司资金大量被控股股东侵占的情况，多方因素导致企业财务风险上升。债权人尤其是银行方面为降低违约风险，严格对企业的放款条件，主要表现为缩短企业债务期限和要求担保。2016 年 12 月 16 日，浑水公司发布对辉山乳业的做空报告后，各方债权人奔赴公司审计并采取措施以维护自身利益，最终导致公司财务风险恶化为债务危机。

然而，以上问题主要影响的是企业债权人利益，资本市场上中小投资者在发现企业财务风险上升、价值下降后，可通过"用脚投票"转移投资，使公司真实价值反映在股价上，而不至于最后崩盘，这与案例介绍中所发生的事实相悖。那么，究竟是什么原因导致公司的债务危机传导至资本市场使得崩盘风险上升，最终形成现实崩盘呢？

（二）公司股权高度集中和控股股东大规模股权质押

2016 年 12 月 16 日浑水公司对辉山乳业阻击战打响之后到 12 月 19 日复牌，辉山乳业除了发布一篇澄清公告外，还有两份公司实际控制人杨凯及其一致行动人通过其所控股的 Champ Harvest 对辉山乳业股票的增持公告，分别于 16 日和 19 日增持 24766000 股和 21067000 股，此时杨凯已经通过直接或间接的方式共控制辉山乳业 74.00% 的股份（见表 1），这已经十分逼近香港证交所上市规则中规定的 75% 的上限。而向前回顾至 2015 年，控股股东所持股份为 51.58%，随后控股股东持股比例开始猛增。与此相反的是，主要机构投资者在短短半年内全部放弃持股，这说明机构投资者察觉到公司财务风险上升情况，判断这只股票价值下降。这种反常的现象引发我们的思考：控股股东为什么要大比例增持这支价值不断缩水的股票?

表 1 辉山乳业 2014—2017 年主要股东分布表

持股时间	股东名称	持股比例(%)	股东性质	股份变动情况(%)
2014.3.31	Champ Harvest	46.08	杨凯控股	
	Well Ease Limited	8.98	香港投资公司	
	Talent Pool	5.19	杨凯控股	
	Norges Bank	5.00	挪威投资银行	
2014.9.30	Champ Harvest	46.08	杨凯控股	+0.00
	Well Ease Limited	7.18	香港投资公司	−1.80
	Norges Bank	6.01	挪威投资银行	+1.01
	Talent Pool	5.19	杨凯控股	+0.00
2015.3.31	Champ Harvest	51.58	杨凯控股	+5.50
	Well Ease Limited	7.23	香港投资公司	+0.05
	Norges Bank	6.05	挪威投资银行	+0.04
	Talent Pool	5.22	杨凯控股	+0.03
2015.9.30	Champ Harvest	70.71	杨凯控股	+18.83
	杨凯	0.91	杨凯控股	+0.91
	葛坤	0.01	杨凯一致行动人	+0.01
	Well Ease Limited	0.00	香港投资公司	−7.23
	Norges Bank	0.00	挪威投资银行	−6.05
2016.3.31	Champ Harvest	72.8	杨凯控股	+2.09
	杨凯	0.92	杨凯控股	+0.01
	葛坤	0.01	杨凯一致行动人	+0.00
2016.9.30	Champ Harvest	72.79	杨凯控股	+0.19
	杨凯	0.92	杨凯控股	+0.00
	葛坤	0.01	杨凯一致行动人	+0.00
2016.12.16	Champ Harvest	72.97	杨凯控股	+0.18
	杨凯	0.92	杨凯控股	+0.00
	葛坤	0.01	杨凯一致行动人	+0.00
2016.12.19	Champ Harvest	73.12	杨凯控股	+0.15
	杨凯	0.92	杨凯控股	+0.00
	葛坤	0.01	杨凯一致行动人	+0.00

(数据来源:根据辉山乳业年报和公告整理。)

崩盘之后的 2017 年 3 月 28 日,辉山乳业发布了一篇名为《股价的不寻常下跌》的公告可以对此做出解释:Champ Harvest 持有的 70.76% 辉山乳业股份,其中包括为未偿还的平安银行 21.42 亿贷款余额质押了 25.48%,为自身其他贷款质押 14.41%,为杨凯控股的其他公司贷款质押 5.57%,为使 Champ Harvest 获得保证金融资,在股票经纪人账户存入股票 24.85%,共计 70.31%。也就是说,辉山乳业至少 70.31% 的普通股股份被质押。根据我国《担保法》规定,控股股东质押股份期限未到时,如质押股份价值下降,质权方有权要求控股股东追加担保。如控股股东无法追加担保,质权方有权提前变卖质押股份以保障自身利益。也就是说,面对机构投资者大量抛售情况,一旦股价跌破平仓线,控股股东必须还清贷款或补充质押,否则将被强行平仓,面临财富和控制权转移的双重损失。对于辉山乳业的控股股东来说,还清贷款是行不通的:为了解决财务约束而进行股权质押的控股股东没有充足的现金流还清贷款,这与股权质押动机相矛盾,补充质押也无法无限制使用,随着股权质押比例上升,可以质押的股票会越来越少。

在这样的情况下,为了避免股价被强行平仓后面临的财富与控制权转移的双重损失,控股股东必定要想尽办法稳定股价。当机构投资者抛售股票时,通过股权质押的方式买入,买入的股票继续进行股权质押,整个过程简化为"股权质押—增持股票—增持的股票继续质押,并利用所得资金继续增持……"据粗略统计,从 2015 年到崩盘前,控股股东累计增持约 50 次,以当日成交价计算耗资超过 50 亿港元。最终市场上流通股票数量不断减少,换手率极低(见图 11),公司股权高度集中于控股股东一方。

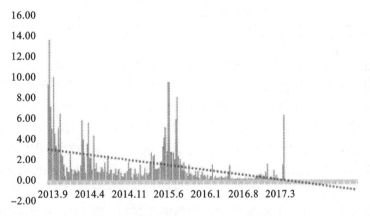

图 11　辉山乳业上市以来每周换手率
(数据来源:Wind 资讯。)

(三) 信息高度不对称下的负面信息累积,崩盘风险上升

在上一部分,我们发现机构投资者早就察觉到辉山乳业的财务问题,因此放弃持有股票。而一般来说,外部普通投资者由于缺少良好的信息渠道,只能通过公司公开信息披露来获取公司治理的信息,从而推断出公司价值,进行投资决策。截止到 2017 年 6 月,从辉山乳业官网汇总,辉山乳业自 2013 年在香港联交所上市以来,共发布了 310 篇公告。其中业绩报告 15 篇;重大事项公告 14 篇,重大事项的内容都是公司股票停牌和复牌的公告,其中在本次事件之前的 2 年内重大事项公告 6 篇,浑水公司发布做空报告后的 4 个月时间里公司发布重大事项公告 8 篇;公司变动报告 22 篇,其中本次事件发生后,公司发布的董事辞职报告 3 篇;财务资料公告 10 篇;关联交易公告 7 篇;会议表决公告11篇；其他杂项公告130篇，其中大部分公告内容都是关于公司股东增持的公告；上市文件、月报101篇。表2为公司自上市以来公开披露的公告汇总表。

表2 辉山乳业自上市以来公开披露的信息汇总

公告性质	公告数量（篇）	备注说明
业绩报告	15	公司年度报告业绩连续上涨
重大事项公告	14	均为停牌、复牌公告，其中在浑水公司发布做空报告的前两年内发布了6篇，而后4个月发布了8篇
公司变动报告	22	本次事件发生后，公司发布的董事辞职报告3篇
财务资料公告	10	均为股利分红政策公告
关联交易公告	7	发布时间均在2016年3月前
会议表决公告	11	发布时间均在2016年8月以前，主要是股东大会公告
其他杂项公告	130	其中本次事件发生后发布的公告14篇，包括2份澄清公告和1份融资租赁公告；事件发生前发布的公告116篇，绝大多数为公司股东增持及股票回售的公告
上市文件、月报	101	公司常规性报告

（数据来源：作者根据辉山乳业公告整理。）

根据香港交易所上市规则，控股股东为获得贷款，使用全部或部分因持有的公司股票而所有的相关利益为其提供保证时，公司应在合理可行情况下尽快披露相关信息。从表2的汇总情况来看，辉山乳业并未特别提及控股股东的股权质押行为，仅在年报和半年报的主要股东权益项下将部分质权人权益列示为实际权益。除此之外，没有任何提示投资者有关内部财务风险的公告，公司信息高度不对称。在这样的背景下，结合浑水公司发布的公告的内容（见表3）来看，由于此时公司股权高度集中于控股股东，公司管理层与控股股东行为高度一致，为避免股价下跌导致质押股票爆仓，企业公告不仅没有传递任何预告风险的信息，还刻意隐瞒有关公司债务危机的负面消息，使得投资者难以判断公司的真实价值。

表3 2016年12月15日至2017年3月24日辉山乳业负面消息汇总

时间	消息内容	辉山乳业反应
2016.12.15	浑水公司质疑辉山乳业存在财务欺诈和利润造假行为。浑水公司列举了大量的证据表明，辉山乳业长期以来从第三方购买大量苜蓿，价格高于其宣称的自产成本，因此利润被夸大	发布公告声明公司没有在第三方采购苜蓿。事实上，辉山乳业从美国安德森公司进口苜蓿，安德森公司的中国代理确认称，辉山乳业自2013年以来是其重要客户。9家牧场的员工亦证实，辉山从海外和黑龙江的第三方采购苜蓿

续表

时间	消息内容	辉山乳业反应
2016.12.15	浑水公司质疑辉山乳业董事会主席杨凯涉嫌挪用公司资产,从辉山至少窃取了1.5亿元人民币的资产	12月16日发布公告称公司董事长未挪用资产。事实上,2014年底,辉山乳业的牧场富裕公司总资产为1.504亿元,2015年股权变更为牧合家。2015财年辉山乳业没有记录任何子公司的处置。据SAIC 2014年度报告,此次未披露资产转让可能对辉山造成的损失至少为资产总额的1.54亿元。除此之外,崩盘后对辉山乳业资产进行清理时发现账上有24亿元现金不知去向,这与崩盘当日市场上传言杨凯挪用30亿元资金投资房地产的数字较为接近
2016.12.15	浑水质疑辉山乳业过高的杠杆已使辉山乳业处于违约边缘,其股权价值接近零	未作回应,但在2017年3月20日,辉山乳业宣称自己已经无力付息,的确发生了违约行为
2017.3.20	公司资金链断裂,出现债务违约行为。辉山乳业出现贷款违约。辉山乳业集团通知相关银行,称因公司副总裁葛坤突发疾病,资金无法及时调度,不能按时偿还部分银行利息,这部分欠息大约为3亿元	未公告投资者,只是上报当地政府,企图隐瞒
2017.3.23	政府出面维稳,辉山乳业违约扩大化、公开化。在辽宁省金融办召开的辉山乳业债权工作会议上,杨凯承认公司资金链断裂,并宣称将出让部分股权引入战略投资者,通过重组在一个月之内筹资150亿元	辉山乳业拒绝记者采访
2017.3.24	公司5名董事相继辞职,1名执行董事"失联"。辉山乳业原有的10名董事中,仅余4位尚在正常履职,辉山乳业董事会仅剩杨凯、葛坤、苏永海、徐广义及郭学研4人在职,公司发布公告确认葛坤"失联"	滞后4天才发布公告,承认公司副董事长"失联"的事实

(数据来源:作者根据新浪财经新闻及辉山乳业公告整理。)

股价崩盘风险源于管理层事先隐瞒公司重大风险和坏消息(Kim et al.,2011),通过考察辉山乳业信息披露情况,我们发现,在债务危机出现后,辉山乳业采取了隐瞒负面消息的手段来稳定股价,企业崩盘风险迅速上升,而上升的崩盘风险转化成现实的崩盘是多方因素的共同作用结果。到2017年3月24日,在外界因素刺激下,企业负面消息曝光,股价崩盘风险被投资者察觉,这使得投资者对质押股权因股价跌破平仓线而被强行平仓使得自己手中股票无法卖掉的恐惧被放大,股权质押本身成了股价崩盘风险变为现实的推动因素之一(谢德仁等,2016)。由于企业不公布股权质押平仓线,我们以在平安银行的质押贷款为例进行估算。股权质押作为担保的一种形式,债权人所要求的担保物价值一般超过债务价值,以覆盖债务违约风险,基于此原则,债权人会在股价下降到100%之前对质押股票强行平仓。以此为标准计算得出平仓线最低约为 0.62 港元,而 3 月 24 日当天股价曾最低下降到 0.25 港元,况且债权人为保护自身权益,都会将平仓线设置在高于 100% 质押率的水平,因此投资者有充分理由相信股价跌破平仓线,抛出手中股票。除此之外,辉山乳业是一家香港上市公司,不同于内地的涨跌停板制度,股票价值的发现完全交由市场决定,崩盘当日负面消息一次性曝光时,大量抛售压力一次性作用到股价上,而持股比例已经处于高位和融资程度达到极限的控股股东也没有能力继续通过增持稳定股价。在这样的背景之下,一直上升的崩盘风险转变为现实的崩盘。

四、总结

综上所述,本案例以辉山乳业为例,对控股股东股权质押如何影响公司股价崩盘风险进行路径研究。通过分析可知,由于投资步伐过快和控股股东侵占等原因,辉山乳业的债务期限变短,财务风险上升,而控股股东为避免质押股票爆仓,当公司股价出现下跌趋势时,选择继续追加质押和增持股票的方式稳定股价。2016 年末,浑水公司针对辉山乳业的做空报告发出后,公司的财务风险转化为债务危机。由于此前控股股东追加质押和增持的行为,公司股权集中,信息高度不对称,债务危机迅速传导至资本市场,使得企业崩盘风险上升,负面消息不断累积,直至最后发生现实崩盘。

通过案例分析与总结,我们提出相关建议:对于监管部门而言,股权质押作为近些年发展较快的一种新型融资方式,尽管在某种程度上提高了控股股东和公司的利益一致性,降低了代理成本,但结合股权高度集中的背景,我们发现控股股东可能只是采取一种短期的、机会主义的行为来维持公司市值稳定,从长期来看是提高了股价崩盘风险。想要保护中小投资者利益,促进资本市场健康发展,关键是需要完善信息披露制度、规范控股股东行为。与此同时,投资者也应当关注机构投资者和债权人行为,了解公司所有权结构和债务期限结构等变化,这些变化中所隐藏的信号可以帮助投资者判断该公司基本面真实情况,在一定程度上克服资本市场不完善所导致的信息不对称情况,做出合理的投资决策以保障个体利益。

1. 什么是股权质押?作为一种新型融资方式,股权质押的优点和风险有哪些?

2. 举例说出我国近年来股价崩盘的公司案例,并找出崩盘的主要原因。

3. 查找相关文献,分析在公司股权结构分散情况下控股股东股权质押对中小股东而言是利大于弊还是弊大于利,并说明理由。

参考文献

[1] 谢德仁,郑登津,崔宸瑜.控股股东股权质押是潜在的"地雷"吗?——基于股价崩盘风险视角的研究[J].管理世界,2016(5):128-140.

[2] 田高良,司毅,秦岭,等.网络舆情及其应对与上市公司的信息效率[J].系统工程理论与实践,2018,38(1):46-66.

[3] 曾爱民,林雯,魏志华,等.CEO过度自信、权力配置与股价崩盘风险[J].经济理论与经济管理,2017,36(8):75-90.

[4] 沈华玉,吴晓晖,吴世农.控股股东控制权与股价崩盘风险:"利益协同"还是"隧道"效应?[J].经济管理,2017(4).

[5] 遥远,周爱民.企业生命周期与股价崩盘风险[J].中南财经政法大学学报,2018(2).

[6] 吴德军.外资持股对上市公司股价崩盘风险的影响研究[J].国际商务(对外经济贸易大学学报),2015(3):55-65.

[7] 林川,杨柏,彭程.控制人权力、制度环境与股价崩盘风险——基于创业板上市公司的经验证据[J].现代财经(天津财经大学学报),2017(12).

[8] 许年行,江轩宇,伊志宏,等.分析师利益冲突、乐观偏差与股价崩盘风险[J].经济研究,2012(7):127-140.

[9] 张瑞君,徐鑫,王超恩.大股东股权质押与企业创新[J].审计与经济研究,2017,32(4):63-73.

[10] 王斌,宋春霞.大股东股权质押、股权性质与盈余管理方式[J].华东经济管理,2015(8):118-128.

[11] 陈共荣,李婧怡,蔡树人.大股东股权质押对盈余管理的影响研究[J].会计之友,2016(14):12-17.

[12] 李常青,幸伟.控股股东股权质押与上市公司信息披露[J].统计研究,2017(12):75-86.

[13] 谢露,王超恩.控股股东股权质押与上市公司过度投资[J].上海金融,2017(7):43-49.

[14] 左月华,李茂行,张鹏.公司债务期限结构、产权性质与股价崩盘[J].财会通讯,2017(30).

[15] 王化成,曹丰,叶康涛.监督还是掏空:大股东持股比例与股价崩盘风险[J].管理世界,2015(2):45-57.

[16] 叶康涛,曹丰,王化成.内部控制信息披露能够降低股价崩盘风险吗?[J].金融研究,2015(2):192-206.

[17] 江轩宇.税收征管、税收激进与股价崩盘风险[J].南开管理评论,2013,16(5):152-160.

[18] 郑国坚,林东杰,林斌.大股东股权质押、占款与企业价值[J].管理科学学报,2014,17(9):72-87.

[19] 李旎,郑国坚.市值管理动机下的控股股东股权质押融资与利益侵占[J].会计研究,2015(5):42-49.

[20] 张月飞,史震涛,陈耀光.香港与大陆股市有效性比较研究[J].金融研究,2006(6):33-40.

[21] Chen J,Hong H,Stein J C. Forecasting crashes:trading volume,past returns,and conditional skewness in stock prices[J]. Journal of Financial Economics,2001,61(3):345-381.

[22] Kim J B,Li Y,Zhang L. Corporate tax avoidance and stock price crash risk:firm-level analysis[J]. Social Science Electronic Publishing,2011,99(3):639-662.

案例七
融资约束与代理成本会抑制企业R&D的投入吗?
——以伊利股份、石基信息的分析为例

> **案例导读** R&D(研究与开发)投入作为科技创新动力源泉,在增强企业竞争力中扮演着重要的角色,其中融资约束和代理成本在R&D投入水平的确定中占主导地位。本案例以股权分散的伊利股份和股权高度集中的石基信息为分析对象,探寻了融资约束、两类不同的代理成本对企业R&D投入的关系,我们发现融资约束会抑制企业R&D投入,在股权分散的情况下经营权与所有权的分离会抑制企业R&D投入,这时可以通过提高企业前三大股东持股比例、提高管理者的持股比例缓解;股权高度集中会抑制企业R&D投入,可以通过提高第二大股东持股比例形成股权制衡从而得到缓解。这对于其他不同股权结构的企业提高R&D投入提供了有效的方法。

一、引言

我国已经成为世界第二大经济体,过去那种主要依靠资源要素推动经济增长的方式行不通了,必须依靠创新,企业必须自主掌握核心技术。科学技术的发展离不开投资,企业需要给予研究与开发足够的资金,才能收获研发的成果。然而,由于信息技术的R&D成果共享性较强,加上其本身的高投入、高风险,使得信息技术的R&D投入面临融资约束。尽管企业对R&D投入越来越重视,但由于信息问题、高度的不确定性以及抵押价值的缺乏等不同于普通投资的特点,使得R&D投入相较于其他投入面临更高的融资约束(Brown,2009)。

企业R&D投入除了受到由外部资本市场不健全引起的融资约束外,还同时受内部公司治理不完善引起的代理成本的影响。代理成本系指因代理问题所产生的损失,以及为了解决代理问题所发生的成本。代理成本可分为监督成本、约束成本及剩余损失。第一类代理成本,在所有权和经营权分离下,体现为股东对管理层的监督成本。在股权分散的情况下,小股东选择"搭便车",缺乏对经营者的监督,企业的监督成本很高,从而导致经营者的非效率投资。就股东和企业管理人员之间的冲突而言,进行研发将会占用企

业相当一部分资金,是否研发成功还具有不确定性,所以研发对于企业目前的业绩提升没有明显作用。管理人员出于自身利益,在企业研发方面不愿投入太多的资金。但是一个企业想要长远发展是离不开大量、及时的研发的。只有增大在研发方面的投入,企业才能保证在未来市场中立于不败之地。从长远考虑,不管是对股东还是企业本身而言,不间断地进行研究对于企业来说是十分必要的。第二类代理成本,在股权集中的情况下,体现为对大股东的约束成本。在股权集中的情况下,股东有能力控制公司,可以消除或降低管理层"搭便车"的行为,因此对管理层的监督成本较小。但由于控制权与现金流的分离,拥有较高控制权的大股东可能以牺牲中小股东利益为代价,也就是投资者的约束成本较高,大股东可以通过左右投资决策轻易获取控制性资源和利益输送,从而抑制了企业的R&D投入。

本案例首先从企业面临的融资约束出发,探讨了融资约束对企业R&D投入的影响,发现融资约束对企业R&D投入的影响是非常显著的;其次对股权结构差异产生的两类代理成本与企业R&D投入的关系进行了分析,探讨了在股权分散条件下和在股权集中条件下如何缓解第一、二类代理成本对企业R&D投入的抑制作用。本案例采用案例研究法,以伊利股份(600887)、石基信息(002153)为案例分析对象,对它们的融资约束、股权结构以及R&D投入的变化进行了分析。借鉴况学文等(2010)提出的LFC指数衡量融资约束,检验企业所受融资约束与企业R&D投入的关系。以及分别检验在股权分散和股权集中的股权结构下,提高高管持股比例和提高小股东的持股比例对企业R&D投入的影响。本案例的贡献在于以下几点。①用现实案例验证了融资约束对企业R&D投入的抑制作用,说明融资约束对于企业R&D投入的抑制有一定作用。本研究补充和丰富了相关研究成果。即不论是消费品行业还是高科技行业,遭遇融资约束时,研发投入一定会受到抑制。②本案例对降低代理成本以提高企业R&D投入的路径做了详细对比研究。将代理成本中的监督成本与约束成本的不同影响进行分离。在股权分散的情况下,经营权与所有权的分离会导致监督成本过高,从而抑制企业R&D投入,这时可以通过提高企业前三大股东持股比例、提高管理者的持股比例来降低监督成本,从而缓解投入抑制;股权高度集中会导致约束大股东的成本较高,也将抑制企业R&D投入,这时可以提高第二大股东持股比例来形成股权制衡,降低约束成本,从而缓解R&D投入抑制。

二、文献回顾及研究框架

通过文献回顾,我们分析融资约束与代理成本对企业R&D投入所产生的影响及其原因,得到本案例的研究框架。

(一)融资约束对企业R&D投入的影响

李建明(2011)指出,基于以下原因,R&D投入面临融资约束。首先,R&D投入具有高度的不确定性。研发的投资收益有时候是帕累托分布,研发投入的多寡与其投资收益不一定呈正相关。高风险的特点决定了对于活动的融资较一般投资更为困难,从而增加了融资的难度。其次,R&D投入领域存在高度的信息不对称,容易引发逆向选择和道德风险。主要体现在企业研发出来的技术包含专有信息,一般企业把这些技术信息作为企业的机密,通过申请专利、专有技术等产权保护手段防止外露。接着,R&D投入形成的主要是无形资产,其通常无法作为抵押物获得贷款。最后,刘胜强等(2015)指出,R&D活动的未来现金流很难用恰当的方法进行估计。以上四个原因导致企业R&D投入面临严重的融资约束。张杰等(2012)认为,民营企业面临更严重的融资约束。

R&D投入的独有特征,使得企业R&D投入难以从外部融资渠道获得有效的资金支持,并带来企业R&D投入不足和"融资缺口"问题(Hall,2002)。Himmelberg和Petersen(1991)指出,企业R&D投入的融资渠道中存在由内源融资向外源融资方式排列的次序,企业R&D投入主要依赖企业自有利润积累以及企业所有者的资本增加方式来进行融资,但创新企业不可能只依赖内源融资,外源融资对降低R&D投入风险也相当重要。卢馨等(2013)指出,当企业的内部资金不能满足R&D投入的资金需求,而且企业不能或只能较少从外部筹到资金以支持投入时即面临着"融资约束",那么企业只能量入为出,依据当前现金流来决定R&D投入支出。较低的现金流水平使企业对每一项R&D投入都慎之又慎,从而表现为对现金流过度敏感。张杰等(2012)指出,融资约束对企业R&D投入有抑制作用,并且这种抑制作用在民营企业里表现得更为强烈。

(二)代理成本对企业R&D投入的影响

现代企业存在两类代理成本问题。第一类代理成本为管理层的监督成本。由于现代企业制度导致所有权与经营权分离,在股权分散下,股东与经理人的代理冲突以及由经理人自利行为而导致企业产生非效率投资。刘胜强等(2015)指出,在股权分散的情况下,小股东选择"搭便车",而缺乏对经营者的严格监督,从而导致非效率投资。杨建君等(2015)提出,分散的股权结构导致企业资源配置倾向于代理人收益,由于创新项目利益所得与风险承担的不对等,抑或出于项目失败会带来个人声誉受损的考虑,经理人规避创新的动机较为强烈。朱向萍(2016)认为,管理层对于风险规避比较敏感,因此对风险较高的研发投入有抵触心理。但是如果股权比较集中,股东就有能力站在公司战略高度推动各项创新研究,相对于管理层,股东对研发投入起到积极作用。

第二类代理成本为约束成本。由于股权集中,而对大股东产生约束成本。冯根福等(2008)指出,集中股权下的大股东控制能够有效监督管理层的经营行为,约束其机会主义行为,有利于企业R&D投入的实施。但是大部分学者认为股权集中不利于企业进行长远的R&D投入。张文海(2015)指出,在控制权和现金流分离度较大的情况下,控股股东可用较少的现金流控制企业,得到远多于研发投入所能获得的控制权私有收益。所以在控制权与现金流分离的情况下,拥有较高控制权的大股东可能以牺牲中小股东利益为代价,通过左右投资决策来获取控制性资源和利益输送,并导致非效率投资(刘胜强等,2015),而不是进行符合企业长期利益的R&D投入。过于集中的股权虽可以抑制经理人的机会主义行为,但会诱发控制性股东追求私人利益(杨建君等,2015)。假如公司的第一大股东想要侵占公司和其他股东利益,不再关注公司的长期发展,不希望企业有太多的研发投入,这时候,第一股东与其他股东产生代理冲突,其他股东就会对第一大股东起到制衡作用,而其他股东对第一股东的约束就成了缓解研发投入被大股东抑制的因素。因此,股权制衡程度越高,企业的研发投入可能性越大(朱向萍,2016)。

(三) 分析框架

制约我国企业 R&D 投入的因素很多,国内外学者也对其进行了大量研究,融资约束无疑是关键因素之一。因为企业 R&D 活动的异质性,即巨大的资金需求和高风险性,在企业融资过程中,由信息不对称所引起的逆向选择和道德风险,使制造业和高新技术企业面临融资约束和投入不足的问题。所以融资约束在很大程度上对企业研发投入造成影响。

企业融资主要有两个途径:外源融资(金融机构信贷、商业信贷)和内源融资。针对外源融资中的银行、金融机构信贷部分,一些文献着重关注了利息支付。一般来讲,利息支付越多,代表企业可从银行获得更多贷款,外部融资成本越低。除了利息支付外,也有文献使用企业负债杠杆水平。对于外源融资中的商业信贷部分,文献中一般关注应收账款、应付账款的表现。对于内源融资,常用企业现金流指标,一般情况下企业对自身经营现金流的支配能力越强,内源融资约束越弱。

本案例参照况学文等(2010)提出的融资约束指数(LFC)来衡量上市公司融资约束,其得出的 LFC 对上市公司融资约束程度的判别正确率达到 94.90%。

在股权分散的情况下,代理问题主要表现为所有权与经营权的分离。此时,第一类代理成本对企业 R&D 投入的影响不明显,因为此时股权高度集中,股东有动力去严格监督管理者的经营行为。在这种情况下,代理问题主要体现为大股东和小股东的利益矛盾。提高公司第二大股东的持股比例,就可以对第一大股东的决策产生一定的影响,从而使得小股东利益得到保护。因此,本案例主要考察股权较为集中的公司第一、第二大股东持股比例变化对企业 R&D 投入的影响。图 1 为企业 R&D 投入的影响因素。

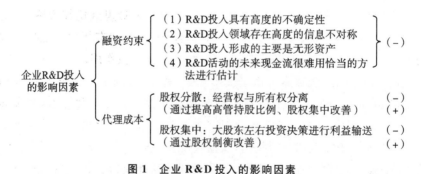

图 1 企业 R&D 投入的影响因素

三、数据指标与案例选择说明

(一) 数据指标

企业 R&D 投入是指企业进行研究与开发所投入的资金。我国从 2007 年 1 月 1 日开始实施的《企业会计准则》要求企业在增设的"研发支出"科目中披露R&D支出信息。融资约束的衡量方法有多种。目前,我国学者所选用的度量公司所受融资约束程度可分为单一变量和多变量构造指数衡量法。其中单一变量衡量主要有股利支付率、公司规模、公司债务等级(郑文杰,2010)。企业受到的融资约束是由于多种原因引起的,单一变量衡量方法不能全面反映企业所受到的融资约束程度。因此,大多数文章是借鉴Whited(2006)的做法,通过真实利润水平、财务冗余、资产负债率、净资产收益率、销售净现率来构造模型并测算融资约束指数(LFC),融资约束指数越小说明企业受到的融资约束越大,这个指数侧重度量的是企业外部市场对融资约束的影响。由于本案例需要度量的是单个企业所受到的内外融资约束综合情况,况学文等(2010)提出并实证验算过的我国企业融资约束指数公式为:

$$LFC = -3.784 + 8.995LEV - 3.124NWC - 63.852ROE + 1.992MTB - 1.490DIV$$

该公式可以很好地衡量企业的综合融资约束程度,其中LEV(资产负债率)可以反映企业受到外部融资约束的状况,NWC(净营运资本)能够反映企业内部融资约束的状况,ROE(净资产收益率)反映企业的总体盈利能力,MTB(市场价值与账面价值比)反映资本市场认可度,DIV(现金股利/总资产)反映企业可动用的现金能力。LFC分别从融资的效率、压力和流动性对企业的融资约束进行综合测度。该公式计算出的LFC越大,说明企业的融资约束程度越高。

(二) 案例选择

由于R&D活动主要发生在高新技术企业与先进的制造业企业中,而融资约束对企业R&D投入有抑制作用,并且这种抑制作用在民营企业里表现得更为强烈。为了分析融资约束与企业R&D投入的关系,本案例需选择民营企业且研发投入对其起关键作用的企业。当股权较为分散时,代理成本主要表现为第一类代理成本;当股权较为集中时,代理成本主要表现为第二类代理成本。因此,为了分析两类代理成本与企业R&D投入的关系,本案例需选择股权结构不同的企业进行分析。

本案例分析对象为伊利股份、石基信息。

选择伊利股份为主要研究对象的理由如下:①伊利股份主要经营范围为乳制品制造及销售,而国内乳业已进入品质升级和创新发展的新阶段,为提高产品竞争力,R&D投入对企业发展具有战略作用;②伊利股份作为民营相对控股企业,基于R&D投入的特点必然会面临一定程度的融资约束;③伊利股份股权结构比较分散,且其实施了高管激励政策,使得持股比例有一定的变化范围。

选择石基信息作为主要研究对象的理由如下:①石基信息是中国的高新技术产业,属于计算机应用行业,经营范围包括技术开发、技术服务、网络技术服务、安装计算机等,因此R&D投入对企业的发展起着至关重要的作用;②石基信息是民营企业,因此R&D投入的特点必然会面临一定程度的融资约束;③石基信息的股权结构高度集中于董事长李仲初一人,由于与阿里的战略合作,使得第二大股东持股比例有一定的变化范围。

所有相关数据都来自巨潮资讯网公布的企业年报、Wind数据库、国泰安数据库、同花顺网。

四、案例分析

(一) 伊利股份案例背景

内蒙古伊利实业集团股份有限公司(以下简称"伊利股份"或"伊利")成立于1993年6月,于1996年3月在上海证券交易所挂牌上市。公司属于乳制品制造行业,主要业务涉及乳及乳制品的加工、制造与销售,旗下拥有液体乳、乳饮料、奶粉、冷冻饮品、酸奶等几大产品系列。伊利股份是全国乳品行业龙头企业之一,是520家重点工业企业和国家八部委首批确定的全国151家农业产业化龙头之一。由荷兰合作银行发布的2017年度"全球乳业20强"榜单显示,伊利股份稳居全球乳业8强,继续蝉联亚洲乳业首位。2017年,该公司实现营业收入675.47亿元,较上年同期增长12.00%;实现净利润60.03亿元,较上年同期增长5.89%。在我国,乳企三巨头——伊利股份、蒙牛乳业、光明乳业营业收入遥遥领先于其他企业,其中,伊利股份稳居第一,比蒙牛乳业领先73.89亿元。

伊利股份的融资约束较大。其融资途径可分为内源融资和外源融资。内源融资除依靠自有资本金外,还有其每年的留存利润。根据其财务报表可计算出,伊利股份在不亏损的年份利润留存率都高达98%以上,而且,在2012年以前,我国的乳制品市场受2008年三聚氰胺事件影响,消费者不信任国产乳品,导致伊利产品销量大幅下降,净利润大幅下跌,甚至呈亏损状态。此外,为了应对食品安全事件,从源头上改善产品质量,伊利股份又开始收购牧场,不断扩大牧场规模,导致企业内部资金更加紧缺,可见伊利很难再依靠企业内部融资。而其外源融资主要依靠间接融资,从伊利股份上市以来的募资情况来看,在2004年以后,伊利股份仅在2013年定向增发筹资503865.34万元用于扩建其在黑龙江的液态奶项目以及补充流动资金。其余融资皆为间接融资,自上市以来,间接融资按筹资现金流入计算占累计募资的90.13%;按增量负债计算占48.51%。伊利股份的间接融资比例已经很高,2011年其资产负债率高达68.36%,过高的资产负债率使企业难以再从债权人处取得借款。伊利还积极依靠商业信贷进行融资。2011年,伊利的应付账款占总资产比例已高达21.97%。可见伊利的外部融资渠道已经利用得较为充分。

伊利股份是民营相对控股企业,其股权结构一直比较分散。如图2所示,从2006年到2017年,第一大股东最高持股比例仅为2007年的10.50%,最低持股比例为2015年的8.79%,其余年份在8.79%～10.50%之间变化。而在此期间,伊利股份所属食品制造行业的第一大股东持股比例均值最低为2008年的29.26%,最高为2013年的35.70%。此外,食品制造业的前三大股东(含第一大股东)持股合计比例均值最低为2008年的38.63%,最高为2016年的50.84%。而伊利股份的前三大股东(含第一大股东)持股合计除了2017年超过20%以外,从2006年到2016年都低于20%,大多数时候在15%左右。

伊利股份高管于2007年才开始持有股份(见图3)。2006年12月28日通过了股权激励计划的议案后,2007年12月公司的4位高管——总裁潘刚、总裁助理刘春海、赵成霞、胡利平持有的股份明显增加,其中潘刚买进1.93万股,刘春海、赵成霞、胡利平均买

图 2 伊利股份 2004—2017 年第一大股东持股比例及前三大股东(含第一大股东)持股比例合计

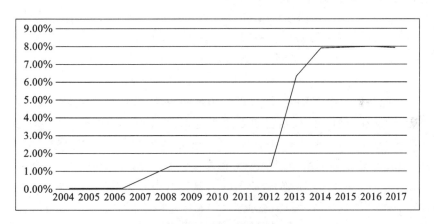

图 3 伊利股份高管持股比例合计

进 0.64 万股。2008 年 5 月,4 人持有的股份再度增加,合计股份已经占到公司的 1.26%。从 2008 年到 2012 年,4 人持股基本保持不变。2013 年 6—7 月,由于股权激励计划的实施,公司总裁潘刚买进 5427.63 万股,总裁助理刘春海、赵成霞、胡利平均买进 1809.21 万股。至此,他们 4 人均进入公司的前十大股东之列,合计股份达公司的 6.29%,并于 2014 年增至 7.90%,之后 3 年波动不大。而食品制造业的高管持股比例均值在 2014 年为 15.88%,约为伊利的 2 倍。

(二) 伊利股份的案例分析

内部资金是企业 R&D 资金的主要来源,但创新企业不可能只依赖内源融资,外源融资对降低 R&D 投入风险也相当重要。由于 R&D 投入内在高风险所造成的收益不确定性以及逆向选择和道德风险的存在,企业 R&D 投入难以从外部融资渠道获得有效的资金支持,因而企业 R&D 投入行为总是受到一定程度的融资约束。而卢馨等(2013)认为,股权融资可在一定程度上减缓企业从事 R&D 活动所面临的融资约束。绝大多数研究都表明代理成本的存在有利于R&D投入,在股权分散的情况下,由于股东与经理人的代理冲突以及经理人自利行为常导致企业的非效率投资。但是,Belloc F.(2012)基于发达国家的研究背景,认为股权集中能够提供有效的监督机制,可以解决股权分散所引发的股东与经理之间的代理冲突,因此股权适度集中能够促进企业对有益项目的研发投入。朱向萍(2016)也认为,企业研发投入受到融资约束的抑制作用,高管持股率可以促进企业研发投入程度。高管持股率的提高能使管理层与股东的利益趋于一致,股东与管理层之间的冲突缓和可以减弱融资约束对于R&D投入的负面影响。那么,企业面临的融资约束变化对企业的R&D投入有什么影响?在面临融资约束的情况下,伊利股权结构发生上述变化,对企业的R&D投入又有什么影响?伊利股份于2011年开始公布研发费用,因此本案例主要分析2011—2017年伊利股份融资约束与代理成本对企业R&D投入的关系。

1. 融资约束对企业R&D投入的影响

根据前面的分析,此处采用融资约束指数(LFC)来衡量企业受到的融资约束程度,其数值越大,说明企业面临的融资约束程度越严重。

从图4可以看出,融资约束对企业R&D投入有明显的抑制作用,随着企业所受融资约束情况的缓解,企业R&D投入逐年增加。融资约束指数整体呈下降趋势。在2012年以前,受2008年三聚氰胺事件影响,伊利的经营业绩不甚理想。企业2011年、2012年的经营活动产生的现金流量净额分别为367038万元和240854万元,仅为2013年的1/2左右。但为了从源头上改善产品的质量,伊利仍不断收购牧场,扩大牧场规模。2011年购建固定资产、无形资产和其他长期资产支付现金378854万元,投资活动产生的现金流出量净额347564万元;2012年支付现金310196万元,投资产生现金流出量净额305722万元。而且,2011年企业筹资活动产生的现金流量也为净流出13199万元,2012年净流出90483万元。可见在2012年以前,企业面临的融资约束较为严重。而从2012年到2013年,伊利的融资约束指数由正转负,企业的融资约束得到了很大程度的缓解。这是因为2013年伊利的业绩明显好转,净利润约为32亿元,同比增长84%。当年企业的委托理财数额高达89亿元,可见企业内部有较多的自由资金。并且,2013年企业进行股权融资,定向增发筹资503865.34万元,可见股权融资能在一定程度上缓解企业面临的融资约束。在之后的年份,伊利的融资约束指数虽有波动,但皆为负数。在2015年后企业的R&D投入明显增多,而2016年伊利的资产负债率下降了8.35%,营运资本增加了370112万元,现金股利与总资产比率从6.89%提高到9.29%。由此可以看出伊利受到的内外部融资约束均有所缓解,企业R&D投入进一步增加。

2. 代理成本对企业R&D投入的影响

伊利股份的股权结构分散,因此第一类代理成本问题可能会影响企业的R&D投资。Belloc F.(2012)基于发达国家的研究背景,认为股权集中能够提供有效的监督机制,可以解决股权分散所引发的股东与经理之间的代理冲突以及由此产生的内部人控制问题。因此,股权适度集中能够促进研发投入水平的提升。从2011年至2016年,伊利股份的第一大股东始终是呼和浩特投资有限责任公司,持股比例在8.79%~10.18%间小幅度波动。而第二、三大股东则有一定的变化,但持股比例都在逐渐增加。2016年,伊利股份

案例七　融资约束与代理成本会抑制企业 R&D 的投入吗？

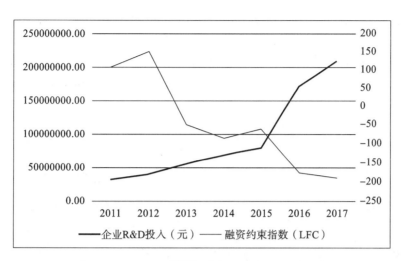

图 4　伊利股份融资约束对企业 R&D 投入的影响

向呼和浩特投资有限责任公司定向增发的股份解禁,呼和浩特投资有限责任公司减持,持股 8.95%,成为第二大股东。而香港中央结算有限公司(陆股通)持股 9.27%,第三、第四大股东也分别持股 4.90% 和 3.88%。此时,前三大股东持股 23.12%。相较于 2011 年前三大股东持股比例 15.25%,股权结构有适度的集中。从图 5 可以看出,随着伊利股份前三大股东持股比例的增加,企业 R&D 投入呈现逐步上升的趋势。这说明在股权分散下所有权与经营权的分离导致的第一类代理成本会抑制企业的 R&D 投入,但是可以通过提高股权集中度,使股东能够提供有效的监督机制,从而倾向于增加企业 R&D 投入。

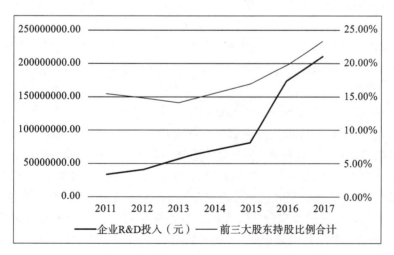

图 5　前三大股东持股比例之和对企业 R&D 投入的影响

从图 6 可以看出,企业 R&D 投入随着前十名高管持股比例合计的增加而增加,并且当前十名高管持股比例合计稳定在较高的水平后,企业 R&D 投入的增速也保持在较高的水平。企业在 2013—2014 年的融资约束波动较为平缓,但企业的 R&D 投入仍有增长。企业的高管持股比例在此期间有所增加,从2012年的1.27%,增加至2013年的6.31%,增加至2014年的7.90%,其余时间波动不大。这说明在股权分散的条件下,所有权与经营权的分离导致的第一类代理成本会抑制企业的R&D投入,但是通过提高管理者的持股比例,会使经营者从公司的长远发展考虑,使行动的利益函数与企业价值最大化趋向一致,从而倾向于增加企业R&D投入。

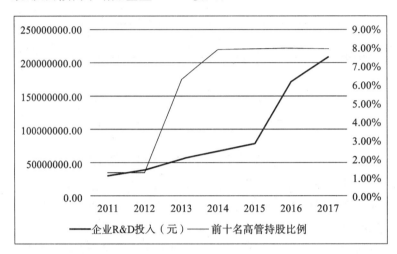

图6 伊利股份前十名高管持股比例合计对企业R&D投入的影响

(三) 石基信息案例背景

北京中长石基信息技术股份有限公司(以下简称"石基信息")成立于1998年,2007年8月13日在深圳证券交易所挂牌上市。石基信息是一家高科技企业,属于软件和信息技术服务行业,主要从事酒店信息管理系统软件的开发与销售、系统集成、技术服务业务,是目前国内主要的酒店信息管理系统全面解决方案提供商之一。2017年,该公司实现营业收入29.61亿元,较上年同期增长11.21%;实现净利润4.25亿元,较上年同期增长4.72%。目前,公司酒店客户总数超过1.2万家,在国内五星级酒店市场占有率达到80%以上。2017年,公司完成新建国际高星级酒店信息系统项目142个,新签技术支持与服务用户138个,签订技术支持与服务合同的用户数达到1609家。公司的全资子公司杭州西软新增酒店客户568家,年末合计用户数量达到6800余家;全资子公司广州万迅新增酒店客户181家,年末酒店客户总数为3834家;石基昆仑新增酒店用户138家,酒店用户总数达到1189家。公司的酒店客户量增长迅速,继续保持市场领先地位。

石基信息面临的融资约束较小。它的融资途径也可分为内源融资和外源融资。石基信息的主要融资来源是内源融资,根据其财务报表可计算出,在2008—2017年间,石基信息的利润留存率2012—2016年稳定在90%左右,而2009年仅为52.45%,相邻两年波动较大。可见在前几年石基信息的内部融资约束较小,2008—2012年间企业仅依靠内部融资,没有进行外部融资,短期、长期借款和一年内到期的非流动负债金额都为0,外源融资的补充十分有限。从石基信息历年融资结构统计数据来看,自上市以来,仅在2015年定向增发筹资238887.93万元用于补充流动资金以及与阿里开展业务合作。此外,自上市以来,其间接融资按筹资现金流入计算仅占 20.11%;按增量负债计算则占 19.12%,其中累计新增短期借款占 11.83%,累计新增长期借款占 7.29%。可见,石基信息在间接融资上还有较大的空间。

石基信息是一家民营企业,股权结构高度集中。从 2008 年到 2015 年的 11 月,公司的最大股东是该公司的董事长李仲初,持股比例稳定在 63%,前三大股东(不含第一大股东)持股比例合计保持在 12%左右(见图 7);2014 年 9 月,石基信息与淘宝(中国)软件有限公司签署《股权认购协议》,拟引入其作为战略投资者。两家公司就淘宝旅游与酒店信息系统直连、淘点点与餐饮信息系统直连,支付宝与公司就产品渠道推广方面达成全面战略合作共识。2015 年 12 月,阿里巴巴以 28 亿元入股石基信息,淘宝(中国)软件有限公司成为石基信息的第二大股东,持股比例达到 13.07%,之后一直稳定在 13.07%。而企业的前三大股东(不含第一大股东)持股合计也稳定保持在 20.13%。

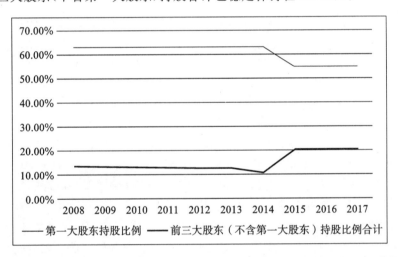

图 7 石基信息 2008—2017 年第一大股东持股比例及前三大股东(不含第一大股东)持股比例合计

(四)石基信息案例分析

由前面伊利股份的案例分析,我们看到对于以伊利股份为代表的消费品行业,融资约束与企业 R&D 投入确实为负向关系。那么,在高科技企业是否也存在类似现象?企业面临的融资约束大小是如何影响其 R&D 投入的。石基信息于 2008 年开始公布研发费用,因此我们主要分析 2008—2017 年石基信息融资约束及代理成本与企业 R&D 投入的关系。

1. 石基信息融资约束与企业 R&D 投入的关系

根据上面分析,此处仍然采用融资约束指数(LFC)来衡量企业受到的融资约束程度,其数值越大,说明企业面临的融资约束程度越严重。从图 8 可以看出,石基信息的融资约束指数与 R&D 投入也呈负相关,约束越小,投入越多。但是石基信息和伊利股份完全不同,其资金一直较为宽裕,体现为 LFC 一直为负,且大体呈下降趋势,可见企业的融资约束较小。但其 R&D 投入依然不高,仅在 2014 年后有明显增加。在 2008—2014 年间,企业的资产负债率一直处于较低水平,最高只有 22.62%,可见企业的外部融资约束也较小。但是石基信息的R&D投入非常少,在2014年仅为9519.85万元,占营业收入的比重为4.35%。作为一个高科技企业,其投入不论是比重还是总量都远低于同类型企业科大讯飞,2014年科大讯飞R&D投入总量为51805.99万元,占营业收入的比重为29.18%。

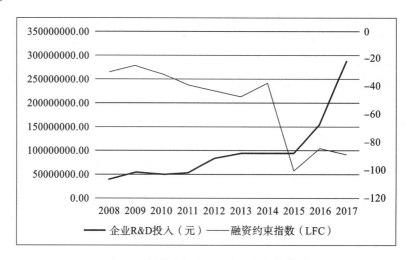

图8 融资约束与企业R&D投入的关系

观察石基信息的投资及收购活动(见表1)可知,企业在2008—2014年间,持续大规模地利用自有资金,最少从2008年的666.00万元,最高到2013年的49702.60万元,进行投资和收购活动。此外,企业自2011年开始购买理财产品,金额从11800万元到34000万元不等,说明其融资约束的松弛状态。石基信息在2008—2014年将大多数资金用于投资或收购活动,而没有用于R&D研发投入。这些投资很多是非效率投资,如石基信息在2013年和2014年共花费5.53亿元收购中国电子器件工业有限公司(简称"中电器件")100%的股权。中电器件的主营业务为计算机周边设备及消耗品、电子元器件、医疗设备等产品分销业务,是国内领先的分销综合服务商。但是在2014年,石基提出要让中电器件按照公司的发展目标进行转型,增加与公司现有软件业务协同的业务板块,重点开发POS机市场、服务器及自有品牌,将不符合公司总体规划的医疗部业务分阶段退出。自2015年起,由于业务调整,中电器件收入大幅减少,净利润连续下降,3年皆为亏损状态。2015年净利润为-370.35万元,2016年、2017年分别为-951.51万元和-1007.89万元。中电器件原有主营业务与石基信息提出要重点开发的业务并没有很大重合,但石基信息仍花费大额现金收购中电器件,并将中电器件原有盈利业务剥离退出市场,造成连续亏损。由此可见,在2015年以前股权高度集中于大股东一人,拥有较高控制权的大股东可能以牺牲中小股东利益为代价,通过左右投资决策来获取控制性资源和进行利益输送,并导致非效率投资,而不是进行符合企业长期利益的R&D投入。2015年,石基信息通过股权融资定向增发筹资238887.93万元用于补充流动资金以及与阿里巴巴开展业务合作,除了其融资约束指数进一步大幅下降外,这次调整直接导致企业R&D投入有大幅提升(见图9)。石基信息其实并没有遭遇很强的融资约束,资金面十分宽松,为什么它的R&D是在阿里巴巴加入之后才大幅提升的呢?

表 1　2008—2014 年石基信息的投资与收购活动汇总表

时间	收购或投资资产	获取权益	支付现金(万元)
2008	北海石基信息技术有限公司	100.00%	666.00
	北京中长石基软件有限公司	100.00%	1000.00
2009	杭州西软科技有限公司	22.00%	2750.00
	焦点技术(香港)有限公司(港币汇率)	100.00%	3060.00
2010	南京银石计算机系统有限公司	100.00%	6000.00
	迅付科技信息技术有限公司	15.00%	1575.00
2011	北海石基信息技术有限公司	100.00%	10334.00
	杭州西软科技有限公司	18.00%	3000.00
	上海正品贵德有限责任公司	70.00%	3066.00
2012	迅付科技信息技术有限公司	7.50%	3675.00
2013	Infrasys International Limited	30.00%	5439.60
	中国电子器件工业有限公司	55.00%	23763.00
	深圳万国思讯软件有限公司	75.00%	20500.00
2014	中国电子器件工业有限公司	45.00%	31500.00
	深圳市奥凯软件有限公司	100.00%	100.00
	SnapShot 公司	12.50%	646.00

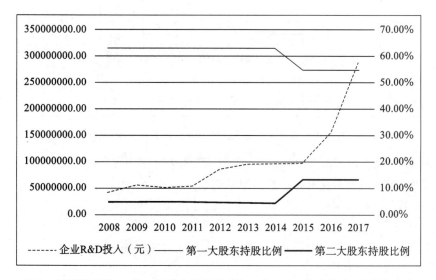

图 9　石基信息第一、第二大股东持股比例与企业 R&D 投入的关系(单位:元)

2. 石基信息代理成本与企业R&D投入的关系

根据上述分析,石基信息的融资约束较小,且石基信息的股权结构非常集中,因此第二类代理成本,即约束大股东的成本对企业R&D投入的影响更为重要。由图10可以看出,与目前应用软件行业的龙头企业科大讯飞相比,在2010—2014年间,石基信息净利润都大于科大讯飞,但是其R&D投资总量和比重却远低于科大讯飞。2014年科大讯飞的R&D投入为5.18亿元,占营业收入的比例为29.18%,而石基信息的R&D投入仅为0.95亿元,占营业收入的比例为4.35%。从图9可以看出,从2008—2015年的11月,石基信息的股权高度集中于董事长李仲初一人,由于企业现金流充足,基于R&D投资风险大且收益不确定的特性,大股东没有进行R&D投资的意愿,因此企业的R&D投入保持在较低的水平。2015年12月,阿里巴巴以28亿元入股石基信息,并与其达成战略合作关系,淘宝(中国)软件有限公司成为石基信息第二大股东,持股13.07%,董事长李仲初的持股比例下降到54.77%,这期间企业R&D投入持续上升。如上文分析,小股东持股比例的提高会导致对大股东的约束加强,即约束成本降低,约束成本降低可以缓解对企业R&D投入的抑制。实际结果证明石基信息第二类代理成本对于企业R&D有明显的影响。在2015年12月至2017年,石基信息通过提高第二大股东的持股比例,股权得到一定的制衡,缓解了第二类代理成本对企业R&D投入的抑制作用。

图10 石基信息与科大讯飞净利润及R&D投入的比较(单位:百万元)

从图11可以看出,2008年至2015年11月,石基信息的第一、第二大股东持股比例之差比较大,小股东根本没有办法对大股东进行股权制衡,约束成本很高,直接导致企业R&D投入很少。2015年12月至2017年,石基信息的第一、第二大股东持股比例之差减小后并保持稳定,企业R&D投入呈逐渐上升的趋势。说明在股权高度集中的情况下,缩小公司的第一、第二大股东持股差距,能更好地发挥股权制衡的作用,缓解第二类代理成本对R&D投入的抑制作用。

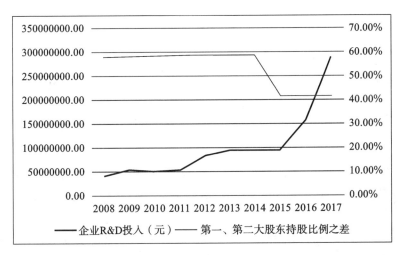

图 11 石基信息第一、第二大股东持股比例之差与企业 R&D 投入的关系

五、案例总结

本案例以伊利股份、石基信息为案例分析对象,分析了融资约束和代理成本对企业 R&D 投入的影响。通过对比研究,我们发现,伊利股份比石基信息面临更严重的融资约束,伊利股份的 R&D 投入明显受到融资约束的抑制作用。在前期由于受乳品安全事件影响,伊利股份的融资约束较为严重,但后期有明显改善。这个改善直接带来伊利股份每年的 R&D 投入的增加,从 2012 年的 0.1% 逐年提高至 2017 年的 0.31%;而高科技企业石基信息虽然也呈现出融资约束对企业 R&D 投入的抑制作用,但其融资约束远远弱于伊利股份,而历年的 R&D 投入占公司的营业收入仅在 5%~13% 间波动。说明除了融资约束外,不同的股权结构产生的代理成本对企业 R&D 投入的影响也较大。在股权分散情况下,第一类代理成本——对管理层的监督成本过高会抑制企业 R&D 投入,随着前三大股东持股比例合计的提高、管理层持股比例的提高,会缓解其对企业 R&D 投入的抑制作用。在股权高度集中的情况下,第二类代理成本——对大股东的约束成本会抑制企业 R&D 投入。提高第二股东的持股比例,尤其是在第二大股东持股比例高于 10% 时,可以形成对第一大股东的制衡作用,可缓解第二类代理成本对企业 R&D 投入的抑制作用。

通过本案例的分析,总的来说,企业面临的融资约束会显著抑制企业 R&D 投入。但是股权结构特征不同,使得代理成本对企业 R&D 投入的抑制作用也不同。在企业股权分散条件下,为了达到最优的 R&D 投入,一方面可以通过提高管理层的持股比例从而使经营者与股东利益趋于一致,使之能够站在公司的战略高度进行决策;另一方面也可以通过提高前三大股东的持股比例从而提高股权集中度,使股东提供有效的监督。在企业股权集中条件下,可以通过提高第二大股东的持股比例形成股权制衡,促进企业的 R&D 投入。上述提高企业 R&D 投入的方法,也可降低代理成本对公司最优策略偏离的影响,因此为民营企业提升公司战略高度提供了切实可行的方法。

思考题

1. 企业的融资渠道具体有哪些？如何改善企业面临的融资约束？
2. 代理成本的存在究竟是促进了企业R&D投入,还是抑制了企业R&D投入？
3. 影响企业R&D投入的因素还有哪些？

参考文献

[1] 刘胜强,等.融资约束、代理成本对企业R&D投资的影响——基于我国上市公司的经验证据[J].会计研究,2015(11):62-68.

[2] 张杰,芦哲,郑文平,等.融资约束、融资渠道与企业R&D投入[J].世界经济,2012(10):66-90.

[3] 卢馨,郑阳飞,李建明.融资约束对企业R&D投资的影响研究——来自中国高新技术上市公司的经验证据[J].会计研究,2013(5):51-58.

[4] 杨建君,王婷,刘林波.股权集中度与企业自主创新行为:基于行为动机视角[J].管理科学,2015(2):1-11.

[5] 冯根福,温军.中国上市公司治理与企业技术创新关系的实证分析[J].中国工业经济,2008(7):91-101.

[6] 况学文,施臻懿,何恩良.中国上市公司融资约束指数设计与评价[J].山西财经大学学报,2010,32(5):110-117.

[7] Hall B H. The financing of research and development[J]. Oxford Review of Economic Policy,2002,18(1):35-51.

[8] Himmelberg C P, Petersen B C. R&D and internal finance:a panel study of small firms in high-tech industries.[J]. Working Paper,1991,76(76):pages. 38-51.

[9] Whited T M, Wu G. Financial constraints risk[J]. Review of Financial Studies,2006,19(2):531-559.

[10] Ran D, Ozbas O, Sensoy B A. Costly external finance, corporate investment, and the subprime mortgage credit crisis[J]. Journal of Financial Economics,2010,97(3):418-435.

[11] Belloc F. Corporate governance and innovation:a survey[J]. Journal of Economic Surveys,2012,26(5):835-864.

[12] Brown J R, Fazzari S M, Petersen B C. Financing innovation and growth:cash flow, external equity and the 1990s R&D boom [J]. Journal of Finance, 2009, 64 (1): 151-185.

附例1:石基信息2008—2017年的投资和收购活动情况

附例2:2008—2017年石基信息子公司的净利润

案例八
研发支出资本化还是费用化能更好地传递公司价值?
——基于科大讯飞的案例分析

> **案例导读**　由于管理者和市场投资者存在着信息不对称问题,企业对研发支出资本化或费用化的会计处理方法向市场传递了不同的信号。研究发现,研发支出资本化并不总是能向市场传递公司价值,尤其当企业存在着盈余管理的动机时,其信号传递会受到干扰甚至失效。本案例以科大讯飞为例,发现其维持高比例的研发支出资本化率是基于收益平滑动机和资本运作动机,而华力创通2012年该数值异常升高,原因是虚增利润维持股价以方便内部人减持,因此对价值信号产生了一定程度的干扰。而恒生电子则选择完全费用化,其给企业带来节税现金流的正向增值作用并未及时得到市场的认可,从而反映出A股市场投资者对信号识别不充分的现状。

一、引言

研发支出是企业在研究与开发某项目时所支付的费用。根据我国的会计准则,研发支出处理主要有三种方式:全部费用化、全部资本化和有条件资本化。研发支出的不同会计处理方式会向市场传递不同的市场信号,其资本化处理同时存在价值折损和价值增值效应。前者由于资本化会增加更多的税额从而在当期减少公司价值,发生"折损";但由于资本化也向市场传递了"研发成功"的信号,使得未来价值"增值"。然而我国股票市场有效性不足,研发支出是否正确向市场传递"信号"仍存疑惑。本案例将从研发支出资本化和费用化产生的信号效应出发,探寻市场对企业资本化和费用化的反应,进一步对信号效应的传导机制进行分析,为解决企业研发支出资本化还是费用化问题提供思路。研发支出资本化还是费用化问题一直存在主观判断因素,如何抓住主要因素分析市场的"信号传导",使得本案例具有现实意义。

本案例采用案例研究法,选择科大讯飞作为主要分析对象,就其研发支出资本化对二级市场的影响进行分析。科大讯飞作为软件行业的龙头企业,高额的研发支出成为它的基因特性,因此具有典型性。我们还将通过和同属软件行业的华力创通对比,探寻当研发支出资本化比率指标出现明显异常时,该信号效应是如何传递的,背后究竟是何种动机。同时选取同行业的华力创通和恒生电子作为对比案例,分析研发支出资本化提升异常对信号传递的冲击以及完全费用化的内在原因。

本案例主要研究科大讯飞等软件类上市公司的研发支出资本化情况及二级市场表现,主要解决以下问题:高比例的研发支出资本化向市场传递了怎样的信号?企业的盈余管理动机是否对信号效应产生干扰?研发支出完全费用化时的信号传递是怎样的?

二、文献回顾及研究框架

(一)研发支出的信号传递

近年来,我国为了促进经济增长方式转变,不断出台优惠政策鼓励企业加大研发投资力度。然而由于研发投资巨头高风险、高不确定性、高信息不对称性、高估值主观性等特点,研发支出会计处理弹性比较大,因此也给研究企业"信号传递"提供了独特的视角。

刘万丽(2007)认为,一般来说,研发支出的会计处理有三种方式:全部费用化、全部资本化和有条件资本化。全部费用化一方面会传递出企业研发投入未取得实质性成果的负面信息,另一方面由于全部费用化虽然降低了税前利润,但相较于全部资本化再逐年摊销,由于时间成本因素存在,全部费用化产生了避税收益,增强了企业的经营性现金流量,提升了企业价值。全部资本化则相反,一方面传递出企业研发投入取得实质性成果的信号,然而在提升公司名义利润的同时,也因为税收因素的存在,降低了企业价值。而我国高新技术企业在研发支出处理上,大部分采用的是有条件资本化,从而控制过度资本化的风险。在研究研发支出的信号传递时,我们往往只关注研发支出的资本化而忽略费用化。王亮亮(2012)发现,资本化研发支出相比费用化研发支出的价值正相关性更强,研发支出资本化具有信号传递效应。高丽蓉(2013)指出,由于公司管理层和股东之间存在着严重的信息不对称,企业研发项目的盈利能力只有管理层了解,因此市场投资者可以将研发支出的资本化或费用化作为判断企业项目未来盈利能力的信号。

投资者对企业创新活动通常认识不足也认识不及时(Deng et al.,1999),相对于创新不足的企业,高强度创新企业不仅具有正向的公告效应,而且存在长期的价格漂移现象。Eberhart等(2004)和Cohen等(2013)研究发现,高强度创新企业能够为投资者带来长期正超额收益率,他们认为这主要是因为投资者对企业创新反应不足,对企业创新价值的认识存在滞后。Lev和Sougiannis(1996)研究指出,研发支出资本化不仅与企业当期价值相关,而且也影响了未来一期公司价值。罗婷等(2009)研究发现,投资者无法在当期确认R&D价值,研发投入与当期股价变动不相关,与未来一期股价变动显著正相关。而在研发支出信号传递的时间效果表现上,王淑芬等(2010)发现,在IC设计业,研发资本递延效应发生在当期及之后一期,且研发与股价报酬的正相关性较高。张倩倩等(2017)同样得出了,研发支出资本化处理同时存在折损和增值效应。对当期来讲,由于"节税"现金流的损失,所以存在价值折损效应;然而研发支出资本化向市场传递了研发"成功"的信号,所以对未来存在着价值增值效应。

(二)证券市场有效性与信号

有效证券市场可定义为证券定价完全并准确地反映了所有相关信息的证券市场。

1965年,美国金融学家法玛尔正式提出了一个被广为接受的有效市场定义:如果在一个证券市场中,价格完全反映了所有可获得的信息,每一种证券的价格都永远等于其投资价值,那么就称这样的市场为有效市场。根据信息对证券市场价格影响的不同程度,证券市场可划分为弱势有效市场、半强势有效市场和强势有效市场。

关于A股市场的有效性的讨论,国内的学者多认为A股市场的有效性不足。祁斌等(2006)发现A股机构投资者持股比例比较低的股票存在着比较明显的反转现象,而机构投资者持股比例比较高的股票存在着比较明显的惯性现象,两者从不同角度说明了中国股票市场有效性较低。邓子来等(2001)先通过随机游程和股价自回归检验方法得出了我国股票市场处于弱型有效市场的结论,但并不具有半强型有效市场的特点。廖理(2008)发现,解禁前后股改限售股存在有－13%的累积异常收益,解禁股收益能够反映公司基本面的时序变化和个体差异,从而验证了中国资本市场的有效性。由于市场的有效性不足,通过会计信息传递公司价值信息会出现前文提到的反应不足和反应过度等现象。例如,骆品亮等(2007)认为,会计盈余信息对个股股价具有冲击作用,并得出这种冲击作用为正向冲击并逐期衰减的结论。即上市公司内部人可能通过会计盈余管理虚增净利润,从而对股价产生正向冲击,稳定甚至推高股价,待公司真实财务信息逐渐被市场消化,公司股价回落至理性区间,从消息公告到股价回落的这一段市场反应时间给"知情人"创造了可操作空间。

MacNeal等(1939)提出,会计盈利和股价存在着一种"机械关系",即若公布的盈利为正时,股价将上升,反之股价将下降。Jones等(1970)采用实证方法研究会计盈利信息和股价变动的关系,结果表明二者的关系并非机械关系,而是一种"同步关系",即在盈利公布之前,市场已充分预期上市公司的经营状况。若盈利变动为正,则累计超常收益为正;若盈利变动为负,则累计超常收益为负。但是在盈亏信息公布之后,累计超常收益趋于平稳不变。这一结论与市场效率理论的结论不谋而合,从而支持了市场效率理论。吴世农(1999)指出,研究盈利信息和股价的变动关系可反映投资者是否真正关心上市公司的经营业绩,反映了投资者决策的理性程度。而对于A股市场,研发支出资本化究竟向市场传递了怎样的信号,投资者是更关心上市公司公告的盈利还是对其经营业绩有理性认识的问题值得研究。

(三)企业盈余管理的动机

高丽蓉(2013)也指出,出于盈余管理动机,以及企业是否对研发支出进行资本化,其传递的信号都是虚假的。白玉梦(2017)归纳企业进行盈余管理的可能因素有债务契约动机、收益平滑动机和资本市场动机。王艳等(2011)发现,对于我国高科技企业来说,研发支出资本化的比例受到债务契约和资本市场动机的影响。也就是说,当企业财务杠杆较高、经营状况不好时,为了保持上市资格、扭亏为盈,企业倾向于将研发支出进行资本化处理。而Dalcy等(1983)则认为,研发支出资本化的选择除了受债务契约影响外,也受到政治成本、股利分配的影响,且研发支出资本化的公司比研发支出费用化的公司的规模更小。Aboody等(1983)研究了软件开发企业,发现其研发支出的资本化强度受公司规模与盈利能力的负相关的显著影响。而Oswald(2008)还认为,英国企业研发支出资本化受到盈利波动水平、盈余信号、公司规模及研发项目进度的影响。而收益平滑动机,是指在企业盈利能力及运营情况不稳定时企业管理者有进行盈余管理的动机。而资本市场动机则可具体分为再融资动机、维持上市动机。成力(2012)认为,产权性质也可能会影响研发支出资本化的信号传递。由于我国国有企业更易获得财政和信贷支持,所以非国有企业更有动机采用资本化研发支出的会计政策传递自身财务信息。另外,由于利润最大化并不是很多国有企业的目标,所以国有企业出于利润平滑动机采用研发支出资本化手段进行盈余管理的需求也比非国有企业低。

三、逻辑框架和数据来源

(一)逻辑框架

企业研发支出采用资本化还是费用化会向市场投资者传递不同的信号。一般来说,若企业研发支出资本化是出于研发成功、确认资产的需要,而不是出于盈余管理的需要,高研发支出的资本化会提升企业价值,给投资者带来正的超额收益。然而,由于现实市场的有效性不足、投资者的非理性和信息不对称,对于研发支出资本化是否出于盈余管理动机认识不够,而过多被"高研发投入"、"高利润"的现象迷惑,认为这显示了企业的研发实力和研发绩效,市场表现为股价的持续上扬。市场对于企业利用研发支出资本化进行盈余管理、调节利润,研发支出资本化与企业的研发绩效之间关系是否正相关的认识不足。如企业研发支出全部费用化,公司当年的利润会因此而有所降低,但是其经营现金流量提高和潜在的税盾效应却不能得到二级市场的认可。本案例选取科大讯飞作为研究对象,发现市场普遍认为,研发支出资本化传递的是研发成功的正向价值信号,这在同行业企业华力创通中也有一致反应。为进一步分析研发支出资本化的盈余管理对研发绩效信号效应的干扰机制,本案例选取华力创通发生盈余管理,配合股权解禁的突发事件测试了市场对于研发支出资本化的"盈余管理"是否做出有效反应。同时选用研发支出费用化的恒生电子作为对比反应,以测试市场对研发支出完全费用化的反应。

图1为逻辑框架图。

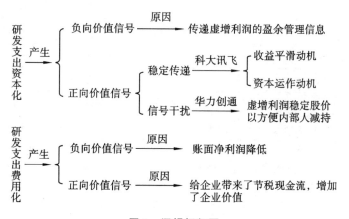

图1 逻辑框架图

(二) 数据来源

本案例数据来自国泰安数据库、新浪财经、巨潮资讯网等权威数据披露平台,以及上市公司年度报告。

四、案例分析

(一) 案例背景

1. 公司简介

科大讯飞股份有限公司(002230,以下简称"科大讯飞")成立于1999年12月30日,2014年4月18日变更为科大讯飞股份有限公司,专业从事智能语音及语言技术研究、软件及芯片产品开发、语音信息服务及电子政务系统集成。拥有灵犀语音助手、讯飞输入法等优秀产品。科大讯飞2008年在深圳交易所挂牌上市,2017年6月入选《麻省理工科技评论》2017年度全球50大最聪明公司榜单。截至2017年底,科大讯飞总资产规模高达133.4亿元,实现营收54.45亿元,净利润达4.79亿元,其在软件和信息服务业是佼佼者,更是教育信息化的行业龙头。

2. 行业概况

随着我国工业化进程的加快及信息化投入的逐年增加,我国软件和信息技术服务行业总体保持平稳较快发展。2016年我国软件和信息技术服务行业共实现业务收入4.85万亿元,同比增长14.90%。2009年至2016年,我国软件和信息技术服务行业业务收入的复合增长率达到25.36%,显著高于同期我国GDP的增速,在国民经济中的地位进一步提升。近年来,我国软件与信息服务业也面临挑战:出口水平偏低,国际竞争力不强;企业规模小、散、弱,核心竞争力不强;软件与信息服务业的风险投资机制有待完善。

2010年,科大讯飞研发投入额仅为9145万元,而到了2016年,科大讯飞研发投入已达到了7.09亿元,数额是行业均值的7倍。那么科大讯飞逐年高企的研发投入向市场传递了怎样的企业价值信号?图2为科大讯飞2008—2017年研发投入比重与公司价值对比。

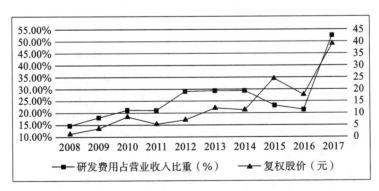

图2 科大讯飞2008—2017年研发投入比重与公司价值对比

(资料来源:作者绘制。)

科大讯飞研发支出占营业收入比重从2008年的14.54%攀升到2017年的52.43%,

而复权股价从 2008 年的 1.37 元逐年上涨至 2017 年的 39.36 元。由于 2015 年 A 股异动,科大讯飞复权股价波动程度较大,剔除掉 2015 年数据后的科大讯飞 2008—2017 年复权股价与研发支出的投入比重呈显著正相关。逐年走高的研发支出占比表明科大讯飞对研发活动的投入力度加大,较大的研发投入是否向市场传递了正向价值信号呢?

事实上,虽然科大讯飞的研发投入逐年加大,但其是否转化为能产生未来现金流的无形资产,才是检验研发投入和公司价值同向变动的关键,这将反映到公司研发支出资本化的比率上,会计处理中资本化的研发支出将增加当期的无形资产。科大讯飞的研发支出资本化比率与同行业对比见图 3,科大讯飞 2008—2017 年研发支出资本化比率见表 1。

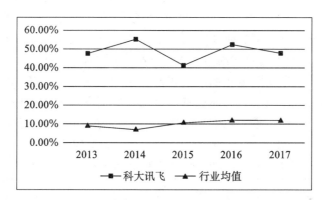

图 3　科大讯飞的研发支出资本化比率与同行业对比
(资料来源:作者绘制。)

表 1　科大讯飞 2008—2017 年研发支出资本化比率

年份	2008	2009	2010	2011	2012	2013	2014	2015	2016	2017
资本化比率	48.59%	40.19%	36.68%	48.79%	54.39%	47.60%	55.33%	41.49%	52.43%	47.96%

(资料来源:科大讯飞上市公司年报。)

图 3 显示,科大讯飞 2013—2017 年的研发支出资本化比率一致维持在 50% 的高位,且明显高于同行业均值(10%)。同时,表 1 显示,自上市以来科大讯飞的研发支出资本化比率都较为稳定,除去 2010 年该比例降至 36.68% 以外,其他年份均维持在 40.19%~55.33% 的区间内,可见科大讯飞一直保持着相当高的研发支出资本化比率。然而,会计准则虽然规定了符合资本化和费用化的条件,但在实务上企业会出于债务契约动机、收益平滑动机、资本市场运作动机等因素人为地左右研发支出这一会计项目,同时也可能向市场传递出粉饰后的企业价值信号。

1) 债务契约动机分析

债务契约动机即指当企业负债率比较大时,债务增加会使企业产生粉饰盈利的行为。科大讯飞的外部融资手段主要是定向增发为主的股权融资,以及依靠银行借款的债务融资。自 2008 年上市以来,公司于 2011 年、2013 年、2015 年实行定向增发,分别募集资金 4.45 亿元、17.53 亿元、21.52 亿元,合计 43.50 亿元。此外,科大讯飞在 2018 年 5 月 15 日发布非公开发行预案,拟定增募集 34.74 亿元。而其短期借款余额在 2015 年以前长期低于 1 亿元,2015 年以后才有一定幅度的上升,但仅为 5 亿元水平,远低于股权融资规模;长期借款也是如此,上市以来几乎为零,直至 2016 年才出现长期借款较大幅度增加,但规模也不超过 5 亿元。很明显,科大讯飞有着强烈的股权融资偏好,其在盈余管理时并没有明显的债务契约动机。

2) 收益平滑动机分析

收益平滑动机指在企业盈利能力及运营情况不稳定的情况下,企业管理者会有平滑利润的盈余管理动机。科大讯飞利润成色不足的问题一直为金融媒体和分析师诟病,2009—2016 年,科大讯飞营业收入由 3.07 亿元增加至 33.2 亿元,归母净利润由 0.8 亿元增加至 4.84 亿元,营业收入及归母净利润年均复合增长率分别为 41% 及 29%。然而自 2014 年以来,科大讯飞出现了增收不增利的窘态,科大讯飞的营业收入增速明显高于净利润增长速度,同时高比例的研发支出资本化为提升净利润做出了巨大的贡献,科大讯飞本就放缓的净利润增速更加因为上述会计操作显得成色不足。

如表 1 所示,科大讯飞资本化的研发支出占比远高于行业均值(10%),如果科大讯飞研发支出资本化属于有意为之,那么资本化在抵减当期应纳税额的同时,也虚增了当期利润。本案例取 15% 的研发支出资本化占比行业均值进行估算,同时考虑到税盾(考虑到高科技公司享受优惠税率,本案例综合取 25%)影响,得到的调整后净利润见表 2。

表 2 科大讯飞 2008—2017 年调整后净利润对比一览

年份	2008	2009	2010	2011	2012	2013	2014	2015	2016	2017
净利润(万元)	7007.11	8005.07	10111.44	13259.08	18173.68	27843.86	38848.66	43658.43	49677.83	47917.97
调整后净利润(万元)	6064.35	6821.32	8624.33	9499.86	11487.15	18881.00	23176.78	32188.90	29770.73	19605.38
与净利润比值	86.55%	85.21%	85.29%	71.65%	63.21%	67.81%	59.66%	73.73%	59.93%	40.91%

(资料来源:作者根据上市公司年报整理。)

由表 2 可知,科大讯飞在选取适当的研发支出资本化占比行业均值后,其调整后的净利润大打折扣,2016 年其调整后的净利润均不足原净利润的六成,2017 年更是只有四成。2014—2017 年科大讯飞通过研发支出资本化这一会计操作虚增利润均超过 1 亿元,2017 年虚增利润高达 2.83 亿元。

不仅如此,科大讯飞因为巨大的研发支出,政府每年都会给予相当数额的补贴,表 3 显示了 2008—2017 年科大讯飞利润表中的政府补助额,并进一步得到剔除政府补助后的净利润情况。

表 3 科大讯飞 2008—2017 年进一步剔除政府补助后的净利润对比一览

年份	2008	2009	2010	2011	2012	2013	2014	2015	2016	2017
政府补助(万元)	1921.09	3404.14	2870.76	5008.48	8416.91	11175.51	14727.33	11025.93	18025.5	4683.95

续表

年份	2008	2009	2010	2011	2012	2013	2014	2015	2016	2017
调整后净利润(万元)	4623.53	4268.22	6471.26	5743.50	5174.47	10499.36	12131.28	23919.45	16251.60	16092.42
调整后百分比	65.98%	53.32%	64.00%	43.32%	28.47%	37.71%	31.23%	54.79%	32.71%	33.58%

(资料来源:作者根据上市公司年报整理。)

表3显示,自2013年起,科大讯飞接受政府补助额开始超过1亿元,并逐年增加。而在考虑到研发支出资本化因素的基础上,剔除政府补助后的净利润进一步降低,2010年以前为原来净利润的约六成,自2011年开始,该百分比数值开始下降,其中2012、2014、2016、2017年4个年份为原来净利润的约三成。

综上所述,在调整研发支出资本化比率及剔除政府补助后,科大讯飞的净利润质量明显变差,利润成色明显不足,调整后的净利润实际上自2015年起便开始下滑。由此可见,科大讯飞高比例的研发支出资本化具有很强的收益平滑动机。

3) 资本运作动机分析

前文发现科大讯飞的外部融资渠道主要为定向增发,而定向增发的参与热度需要良好的财务数据作为支撑,科大讯飞通过操纵研发投入的会计处理,成倍地虚增净利润以营造具有良好盈利能力的公司形象。同时,此正向的价值传递信号带来的是二级市场股价逐年上涨,多次定向增发接踵而至。此外,逐年走高的股价也使得股票期权行权频繁。

科大讯飞通过逐年递增的研发投入向市场传递出正向价值信号,而其研发支出资本化的占比一直维持接近4倍行业均值的异常水平,则是出于企业的盈余管理动机以平滑利润。科大讯飞在研发支出资本化处理以及高额研发投入带来的政府补助的双重助力下,其盈利能力得到了很大程度的粉饰,股价也一路走高。科大讯飞既然存在如此不堪的真实利润情况,其股价却为何逐年上涨呢?是真实财务信息传递受阻还是市场有不同的解读?

净利润经过两次调整后,科大讯飞的盈利情况不容乐观。市场上存在大量的机构投资者和市场分析师,凭借其专业能力发现科大讯飞的盈利质量存疑并不难,而中国证券市场虽然有效性不足,但分析加工后的财务信息也属于上市公司公开以往信息的一种形式,不属于内幕消息,即真实财务信息可正常传递。较差的盈利质量却伴随着股价上扬,市场可能还存在某种因素可以支撑股价上涨走势。

20世纪初,科大讯飞将销售对象从消费者转向企业,让有渠道、有市场、有技术的大公司去直接面对消费者。中国电子企业百强前10名中,有8家在用科大讯飞的技术。放眼各领域,目前国内已有2000多家龙头企业在用科大讯飞的语音技术。2010年底,科大讯飞正式发布了讯飞语音云以及语音输入法体验版,科大讯飞正从一个单一的核心技术提供商向基于云端的开放平台型企业转变。讯飞输入法、讯飞语记、晓译翻译机、讯飞电视助理、机器人和自动驾驶中的AIUI系统都成功走向市场,搭上人工智能的题材,科大讯飞的高额研发投入及高水平资本化比例,传递出科大讯飞是一家非常重视研发投入及研发成功率很高且具备广阔市场空间的积极信号。投资者对科大讯飞高比例的研发支出反映出的公司盈利情况出现了明显的反应不足,二级市场股票反而得到热捧,其在传递公司正向价值信号的同时,也反映出 A 股市场有效性不足的现状。

五、对比案例分析

在科大讯飞的案例分析中,企业的研发支出资本化占比一直维持较高位置,向市场传递了稳定的企业价值信息。那么当该数据出现异常时,这一信号效应是否会因此受到干扰,值得研究。在对比案例中,本案例选择了软件及信息服务业中的华力创通和恒生电子以进行进一步分析。

(一)华力创通背景介绍

北京华力创通科技股份有限公司(300045,以下简称"华力创通")是国内最早进入嵌入式实时系统技术领域的公司之一,公司基于自主研发的核心技术,精心在产业链上下游布局,在关键模块、元器件、卫星导航、客户终端及检测设备等产品线重点发力,该公司于 2010 年 1 月 20 日成功进入创业板。2012 年度,华力创通获得"中国北斗导航卫星创新性企业"荣誉称号。是中国人民解放军总装备部物资供应商。

据凤凰财经统计,2017 年研发支出占营业收入比重最高的行业为 TMT(电信、媒体和科技)行业,多数上市公司该占比超过 10%,而处于软件与信息服务业的华力创通,其研发支出占比也是如此,详情见表 4。一般来说,研发支出占比越高的企业,对研发也更重视。而该公司自上市以来一直有着良好的业绩表现,研发活动的费用也是稳定增长。但在 2012 年,自上市首次出现亏损的年度,华力创通突然将研发支出资本化的比例提高到 80%,研发经费增长较上一年度增长不显著的同时却创造了研发支出资本化比例的新高,且远高于其他年份。如此大幅调高研发支出的资本化比例,华力创通此举是否存在有意为之的盈余管理呢?

表 4 华力创通 2008—2017 年研发支出占营业收入比重

年份	2008	2009	2010	2011	2012	2013	2014	2015	2016	2017
占比	15.34%	12.32%	13.62%	15.80%	23.89%	35.21%	32.20%	23.87%	28.67%	10.93%

(资料来源:上市公司年报。)

(二)华力创通研发支出分析

华力创通年度报告中自主研发活动的会计处理标准显示:本公司内部研发活动会计处理方式,明确分为研究阶段和开发阶段。研究阶段是指本公司为获取并理解新的科学或技术知识而进行的独创性的有计划调查而发生的支出。本公司内部研究开发项目研究阶段的支出,于发生时计入当期损益。开发阶段支出是指在进行商业性生产或使用前,将研究成果或其他知识应用于某项计划或设计,以生产出新的或具有实质性改进的材料、装置、产品等。华力创通在研发活动的相关会计政策方面完全遵照我国企业会计准则的基本内容进行设置,在规制方面非常合理。华力创通 2009—2014 年研发支出相关信息如表 5 所示。

案例八　研发支出资本化还是费用化能更好地传递公司价值?

表5　华力创通2009—2014年研发支出相关信息一览

指标项目	2009年	2010年	2011年	2012年	2013年	2014年
资本化支出(万元)	715	1426	2727	5233	3861	4147
研发投入金额(万元)	2006	2891	4778	6684	10692	12988
无形资产摊销(万元)	179	231	312	383	2061	2122
符合条件结转为无形资产(万元)	793	519	346	5912	5842	1675

(资料来源:巨潮资讯网华力创通年度报告。)

表5显示,华力创通自上市以来,其研发支出逐年增加,整体保持上升趋势。而资本化支出在2012年出现较大波动,这一年的资本化支出金额为5233万元,为上市以来最高值,而该年度的研发投入金额为6684万元,资本化率高达78.29%。研发支出资本化率这一数据突然出现异常,而资本化支出的大幅调整直接影响到当年利润及未来年份无形资产摊销余额。

值得注意的是,华力创通2012年的营业收入额约为2.8亿元,较2011年度下降了7.48%,这是自2012年华力创通上市以来营业收入首次出现负增长。同时净利润下降到4505.75万元,环比下降26.48%。在华力创通年报中有一项特别引人注目,公司当年得到的政府补助资金达到1051万元,较上年增长了2%。剔除政府补助的影响,则该公司的净利润更会大幅下降。为了验证关于该公司通过研发活动资本化的比例进行盈余管理,查询华力创通2012年上半年的年报,发现该公司上半年的研发支出资本化率仅为24.35%,华力创通为了掩饰自身经营业绩下滑的问题,在6个月内,将研发支出资本化率迅速提高到78.29%。华力创通巧妙地运用研发支出大量资本化的会计方法,达到了迅速优化企业经营业绩的目的,平稳了利润,盈余管理效果显著。华力创通2009—2014年损益情况如表6所示。

表6　华力创通2009—2014年损益情况

指标项目	2009年	2010年	2011年	2012年	2013年	2014年
营业收入(万元)	16279.13	22221.53	30246.69	27983.39	30370.01	40338.64
营业成本(万元)	8599.47	10621.88	15392.14	15169.78	17124.78	20445.69
净利润(万元)	3699.24	5035.84	6128.49	4505.75	1221.15	4233.38
毛利率(%)	47.17	49.95	49.11	45.79	43.61	49.31
销售净利率(%)	22.72	23.73	20.18	11.85	4.72	11.68

(资料来源:巨潮资讯网华力创通年度报告。)

华力创通研发支出费用化与资本化会计政策迅速转变,迅速提高研发支出资本化率的做法,对2012年的财务水平影响巨大。笔者对华力创通2009年至2011年的研发支出进行了简单的计算,得出该公司2009年以来的平均资本化率为48%。如果按照48%的研发活动资本化率对2012年的研发支出进行计算,发现更改后的会计政策会致使管理费用上涨2024万元。如果将净利润除以利润总额作为平均所得税率进行计算,华力创通2012年度的净利润将继续减少1868万元,该年度的净利润将变为原财务报表所列净利润的58%,相应的当期资产净利率和权益净利率也会有大幅度下降。

华力创通公司不良的利润水平被大量研发活动的资本化支出调整后,巧妙地掩饰了其不良的经营业绩,但虚假的利润水平与销售增长率、销售净利率形成鲜明对比,配比标准完全不一致。在表5和表6中,2012年营业收入与2010年度接近,但是销售净利率远低于2010年,净利润却依旧保持平稳。根据2012年反常的销售净利率、平滑的利润,以及远高于平常水平的研发支出资本化率,可以推测华力创通在2012年存在利用研发支出资本化进行盈余管理的行为。

(三) 华力创通盈余管理的动机

1. 债务契约动机分析

在发现华力创通2012年通过高比例的研发支出资本化进行盈余管理后,其动机值得研究。一直处于行业领军地位的华力创通公司,为什么要大费周章地利用研发活动的会计政策调节企业利润?通过研发支出资本化的相关政策实施盈余管理的动机究竟是什么?

华力创通所在的软件服务业未涉及重污染,行业竞争较为市场化,盈余管理的政治成本动机理论并不太适用。那么本次盈余管理是否符合债务契约动机?银行作为债权人会对企业的一些财务指标如资产负债率、利息保障倍数等做出要求,一些企业为了避免违反已有的债务契约,有动机对盈余进行管理。华力创通2009—2014年偿债能力分析如表7所示。

表7 华力创通2009—2014年偿债能力指标一览

指标	2009	2010	2011	2012	2013	2014
流动比率(%)	3.31	20.36	13.31	12.97	5.41	4.52
利息保障倍数	270.80	284.14	13.11	5.84	28.41	17.21
资产负债率(%)	35.01	5.31	7.51	8.34	13.71	20.26

(资料来源:新浪财经。)

研发支出资本化增加了当期利润,进而通过所有者权益增加了资产总额,从而降低企业的资产负债率。华力创通自2010年上市以来至2013年的资产负债率一直低于20%,这说明企业的短期和长期偿债能力都较强。而同期的软件行业资产负债率水平为36.74%,华力创通的资产负债率远低于行业平均值,债务契约并不是华力创通更改研发支出会计政策的主要动机。

2. 迎合资本市场动机分析

2012年,华力创通上市3年来首次出现了利润负增长,净利润下降比例达到-26.48%,如按照上文计算所得的平均资本化率48%,对2012年研发支出费用化进行调整,当期净利润将减少约1868万元,若继续将异于常年的政府补助减掉,净利润很可能出现负值。通过上文的分析可知,华力创通通过研发支出资本化,将本该费用化处理的研发支出转为资本化,这种做法迅速改善了企业的经营业绩,具有扭亏为盈的强烈动机。由于上市以来从未亏损,华力创通还不至于通过利润操纵实现保壳,其挽救净利润的动机究竟是什么呢?华力创通2012年末股价走势见图4。

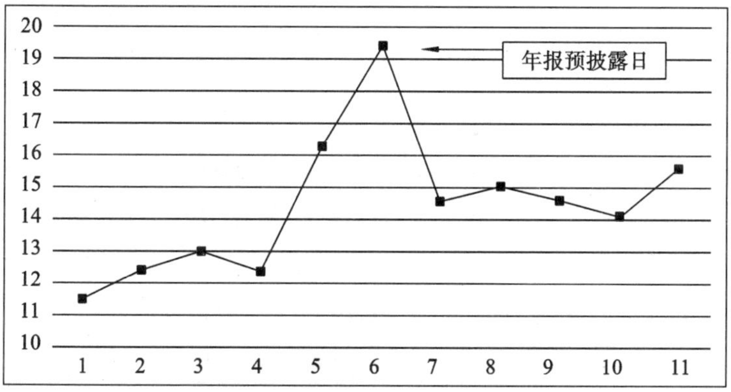

案例八　研发支出资本化还是费用化能更好地传递公司价值？

图4　华力创通2012年末股价走势
（资料来源：东方财富网。）

在发布GNSS全系统卫星导航测试分析仪项目获得科技部国家重大科学仪器设备开发专项项目立项的公告后，华力创通的股价应声上涨，自2012年12月至2013年1月份走出一波上涨行情，股价翻了一番。然而在2013年1月15日，华力创通发布2012年度业绩预告：比上年同期增长－30%～0%，盈利4274.01万～6105.73万元。当日股价高位见顶，3个交易日内从19.4元回落至16元。值得注意的是，2013年1月16日公司即发布首次公开发行前已发行股份上市流通的提示性公告，首发新股于2013年1月21日解禁流通。华力创通正是利用研发支出费用化，最大限度地挽回了当年的净利润，仅比上年度下滑了26.48%，也最大限度地稳住了短期股价，为占总股本高达27.24%的限售股上市流通创造了良好的机会。2013年的半年报显示，包括实际控制人之一的熊运鸿（任副总经理、财务总监）在内的董监高半年以来共减持443.1万股，占董监高持股数量的2.63%。而在新股解禁日2013年1月21日以后的一年内，华力创通共遭到14位高管和1位个人股东的减持，减持次数高达67次，减持股数合计为1188.02万股，套现总额约2.48亿元。而2013年的净利润情况也印证了这一动机，2013年华力创通营业利润迎来上市以来首次亏损，净利润仅为1222.16万元，较2012年巨减72.88%。然而2013年的华力创通已无首发上市新股解禁之急，当年的研发支出资本化比率趋于正常。华力创通2012年高比率的研发支出资本化正是为了首发新股解禁上市做铺垫。

在此分析的基础上，考虑到华力创通规模较小、净利润率较低，自2010年上市以来需要良好的业绩表现，华力创通通过改变研发支出的会计政策，理论上按照研发支出进行有条件的资本化处理，实际自行操控改变资本化的时点与金额，大量本应费用化的支出成为无形资产。华力创通改善了经营业绩，向市场传达了较为乐观的信号，稳住了短期股价下跌压力，为限售股解禁减持做准备。

（四）华力创通研发支出资本化与公司股价走势

华力创通通过研发支出资本化的手段进行盈余管理后，盈余管理后的财务报表会迷惑投资者的眼睛，优良的业绩表现能促进股价的上扬，还是市场机制可识别出公司的盈余管理行为，粉饰报表的恶劣行为反而会受到投资者抵制，造成公司股价的下降？股价可以相对客观地反映公司的经营状况,投资者可以利用股价及其变化对公司的经营现状和发展趋势做出初步判断和分析,那么盈余管理后公司股价又会如何变化呢?华力创通2013年股价走势如图5所示。

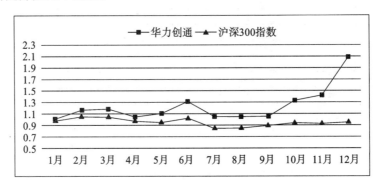

图5　2013年华力创通与沪深300指数对比图

(资料来源:作者绘制。)

图5显示,华力创通在2013年股价明显呈现一路上升的良好走势,这与同期沪深300指数走势是完全相反的。研发活动的投入金额与下一年度4月份的收盘价格呈现明显的相关性。分析相关数据后可以看出,华力创通实施相应的盈余管理后,在大盘走势低落态势下,华力创通的股价出现了上升,盈余管理与股价之间存在某些联系。由之前的结论可知,华力创通在2012年下半年存在明显的调高研发支出资本化率以此实施盈余管理的行为,而公司的股价在2013年年报公布后一直在上升,这有力地证明了大部分投资者只能通过公司的财务报告去了解公司业绩,无法深入了解公司真正的经营情况。公司管理者发现了这一问题,为了向投资者传递良好的经营信号,通过研发支出资本化的手段在短时间内改善了企业的经营业绩,向市场传递经营业绩良好的信号。华力创通在2012年经营水平不佳的情况下,管理者通过研发支出大量资本化优化了经营业绩。根据华力创通2012年上半年的企业年报中公布的数据,发现上半年的研发支出资本化率仅为24.35%,而仅通过半年的调整,公司就将资本化率提升到78.29%,有效地优化了财务报告。这种会计政策的选择行为,提升了企业短期内的经营业绩,稳住了企业的股价,为限售流通股上市营造了良好的减持机会。

(五)恒生电子背景介绍

恒生电子股份有限公司(600570,以下简称"恒生电子"),是一家金融软件和网络服务供应商,2003年在上海证券交易所主板上市。恒生电子以技术为核心竞争力,聚焦于财富资产管理领域,为证券、银行、基金、期货、信托、保险等金融机构提供整体IT解决方案和服务,为个人投资者提供财富管理工具。截至2017年底,恒生电子拥有6791名员工团队,研发人员数量超六成,全年实现营收26.66亿元。

前文中的科大讯飞以及华力创通两家上市公司都采用了高比例的研发支出资本化,而市场由于有效性偏弱,研发支出资本化带来的利润虚增并没有得到市场良好的甄别。相反,经会计手段粉饰后的净利润及资本化传递出研发成功的价值信息得到投资者的认可,使得高比例的研发支出向市场传递了正向的价值信号。此外,华力创通于2012年异

案例八　研发支出资本化还是费用化能更好地传递公司价值？

常调高研发支出资本化率作为事件冲击,在印证了正向价值信号传递的同时,也反映出市场对高新技术企业的容忍度,企业通过调高研发支出资本化率虚增利润甚至扭亏,以进行市值管理。

在高比例研发支出费用化能传递正向价值信号的大背景下,恒生电子却选择了完全费用化,恒生电子2012—2017年研发支出情况见表8。

表8　恒生电子2012—2017年研发支出情况一览表

年份	2012	2013	2014	2015	2016	2017
研发支出资本化比例	0	0	0	0	0	0
研发支出占营业收入比重(%)	41.33	41.42	41.53	38.76	48.43	48.48

(资料来源:作者根据年报信息绘制。)

如表8所示,恒生电子自2012年开始披露研发支出起,至2017年连续6年研发支出资本化比例为0,即全部费用化。此外,恒生电子研发支出占营业收入比重整体高达40%以上,研发投入巨大的同时却选择了完全费用化,势必对其利润水平造成较大冲击,恒生电子2012—2017年盈利性指标见表9。

表9　恒生电子2012—2017年盈利性指标一览表

年份	2012	2013	2014	2015	2016	2017
销售毛利率	79.06%	81.84%	93.68%	92.69%	95.42%	96.63%
营业利润率	17.23%	23.83%	20.56%	19.25%	6.49%	17.38%

(资料来源:作者根据年报信息绘制。)

如表9所示,恒生电子销售毛利率水平极高,从2014年开始维持90%以上的水平,然而其营业利润水平较低,二者差距明显。数值规模方面,恒生电子营业收入从2012年的10.06亿元增加至2017年的26.66亿元,营业利润从2012年的1.36亿元增加到2017年的4.68亿元。高营收、低成本的恒生电子,其息税前利润却大打折扣,究竟问题出在哪里?

以2017年恒生电子年报所披露信息为例,恒生电子当年营业收入为26.66亿元,营业成本仅为0.90亿元,而管理费用高达17.34亿元,其中职工薪酬11.45亿元,职工薪酬占营业收入比重为42.95%,与研发支出占营业收入比重相当,可见恒生电子的研发投入主要集中在研发人员的薪酬上。然而,恒生电子年报中无形资产这一项的数值因摊销呈逐年下降趋势,可见巨额的研发投入并未在会计账目上计入无形资产,而是直接费用化,大大降低了企业的息税前利润。此外,1996年财政部和国税总局下发了《财政部国家税务总局关于促进企业技术进步有关财务税收问题的通知》,规定研发支出可加计扣除,之前扣除比例是50%,2017年提高到75%。以2017年为例,恒生电子研发支出高达12.92亿元,按照15%资本化率的行业均值测算,企业过度费用化的金额约为1.94亿元,可增加抵减应纳税所得额1.46亿元。按照15%的优惠税率计算,2017年恒生电子完全费用化操作相较于正常水平在给企业节省了2190万元的所得税的同时,也减少了账面利润1.24亿元。

与此同时,恒生电子从 2013 年起至 2017 年,拥有软件著作权 298 项、专利 60 项,而科大讯飞拥有软件著作权 170 项、专利 703 项,华力创通拥有软件著作权 27 项、专利 128 项。恒生电子在软件开发上处于优势,而科大讯飞在专利研发上领先,但是两家公司采用了完全不同的方法处理研发费用,其市场认可度也有所不同。

表 10 显示,恒生电子与科大讯飞、华力创通两家企业在毛利率指标上存在明显不同,科大讯飞和华力创通的毛利率维持在 50%左右的水平,而恒生电子由于营业成本极低,其毛利率明显高于另外两家,恒生电子选择研发支出完全费用化则能在更大程度上达到避税的目的。当然,这也基于企业有相当强的盈利能力,恒生电子在多个金融细分行业的 IT 系统都占有相当高的市场份额,几乎都达到垄断优势地位,主营业务收入增长率多个年份维持 20%水平且规模巨大。然而自 2016 年 1 月 29 日 A 股第三轮下跌触底以来,恒生电子的股价多维持在 40~60 元区间,并未得到市场强烈追捧。图 6 显示了案例分析中三家企业相较于沪深 300 指数的超额累积收益率情况(周线),可以发现恒生电子的超额累积收益率相较于科大讯飞和华力创通明显更低。研发支出完全费用化操作虽然给企业带来了节税的正向作用,但同时冲击了利润水平,使得企业账面净利润偏低。对于恒生电子,市场和投资者对其净利润的账面数值反应敏感,而忽略了费用化给企业带来的价值增值,这也反映出我国 A 股市场有效性不足的现状。

表 10 三家企业 2012—2017 年毛利率一览

年份	2012	2013	2014	2015	2016	2017
恒生电子	79.06%	81.84%	93.68%	92.69%	95.42%	96.63%
科大讯飞	53.74%	53.01%	55.63%	48.90%	50.52%	51.38%
华力创通	45.79%	43.61%	49.31%	50.44%	48.51%	49.29%

(资料来源:作者根据年报信息绘制。)

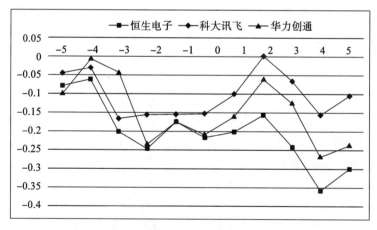

图 6 A 股 2016 年初触底事件三家企业超额累积收益率

(资料来源:作者绘制。)

六、案例总结

本案例以科大讯飞为例,研究了企业研发支出资本化程度是否向市场传递了公司价值,发现研发支出资本化向市场传递了较为稳定的价值信息,高资本化比率伴随着股价节节上扬。科大讯飞维持如此高的研发支出资本化比率主要是基于收益平滑动机和资本运作动机。科大讯飞的利润成色严重不足,以行业均值测算调整后,科大讯飞的净利润下降了近四成,2017 年科大讯飞仅通过资本化处理这一会计操作就虚增利润 2.83 亿元。不仅如此,科大讯飞每年都会接受巨额的政府补助,若进一步剔除掉政府补助这一项,科大讯飞的净利润仅为年报披露的三成,因此,科大讯飞在研发支出资本化处理以及高额研发投入带来的政府补助的双重助力下,其盈利能力得到了很大程度的粉饰。然而投资者对科大讯飞高比例的研发支出反映出的公司盈利情况出现了明显的反应不足,二级市场股票在热门题材以及研发成果频出的刺激下反而得到热捧,其在传递公司正向价值信号的同时,二级市场股价也逐年上涨,多次定向增发接踵而至,也方便了股票期权行权。

对比案例则选取了同样是非国有企业的华力创通,其上市以来一直维持 30%~40% 的研发支出资本化比率,然而 2012 年这一数值上升到 78.29%,华力创通的高比例研发支出资本化的价值信息传递受到干扰,研究发现华力创通这一举动很大程度上是通过虚增利润稳定股价,进而方便内部人减持套现。除此之外,A 股市场也存在研发支出完全费用化的个例,本案例以恒生电子为素材发现其相较于另外两家公司有者极高的销售毛利率,企业进行完全费用化是基于高毛利率下所采取的避税手段,虽然此举增加了企业价值,但也使得账面净利润大打折扣,二级市场对企业真实的价值增值反应不足。

本案例所选取的上市公司均属研发投入较高的软件服务行业,在研究研发支出资本化与公司价值信号传递的问题上具有较强的借鉴意义,案例分析部分反映出 A 股市场有效性不足的现状。同时,本案例也证实了投资者对企业创新反应不足,对企业创新价值的认识存在滞后的现象。

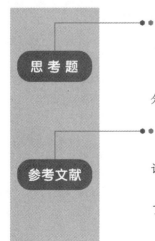

思考题

1. 研发支出资本化如何向市场传递公司价值信息?
2. 影响公司价值信息传递的因素有哪些?
3. 研发支出的盈余管理还适用于哪些行业?能否举例分析?

参考文献

[1] 刘万丽.网络游戏公司研发支出资本化会计处理探讨——以中青宝为例[J].财会通讯,2017(7).

[2] 张倩倩,周铭山,董志勇.研发支出资本化向市场传递了公司价值吗?[J].金融研究,2017(6):176-190.

[3] 王亮亮.研发支出资本化或费用化:税收视角的解释[J].会计研究,2016,347(9):17-24.

[4] 李华.创新驱动发展战略下研发支出资本化的实证研究[J].世界经济与政治论坛,2015(6):126-140.

[5] 潘晶晶,赵武阳.研发支出资本化对价值相关性的影响[J].科研管理,2015,36(11):98-106.

[6] 王燕妮,张书菊,王方.R&D资本化与费用化政策选择的影响因素研究[J].科学学研究,2013,31(4):546-553.

[7] 王淑芬,王培凌.研发支出资本化与股东财富递延效果之研究——以台湾IC设计业为例[J].科技管理研究,2010,30(1):304-310.

[8] 王艳,冯延超,梁莱歆,等.高科技企业R&D支出资本化的动机研究[J].财经研究,2011,37(4):103-111.

[9] 祁斌,黄明,陈卓思.机构投资者与市场有效性[J].金融研究,2006(3):76-84.

[10] 邓子来,胡健.市场有效论及我国股票市场有效性的实证检验[J].金融论坛,2001,6(10):44-50.

[11] 廖理,刘碧波,郦金梁.道德风险、信息发现与市场有效性——来自于股权分置改革的证据[J].金融研究,2008(4):146-160.

[12] 骆品亮,陈连权.会计盈余与非预期盈余宣告对股价冲击作用的一项实证研究[J].经济与管理研究,2007(6):86-90.

[13] 吴世农,黄志功.上市公司盈利信息报告、股价变动与股市效率的实证研究[J].会计研究,1997(4):12-17.

案例九
企业面临强的外部监督,是否会进行费用归类操纵?
——以地方国企和大型央企为例

> **案例导读** 2012年中共中央政治局会议审议通过"八项规定"之后,国有企业的消费性现金支出计入当期管理费用和销售费用的比例显著下降,本案例通过分析探究企业面临严格的外部监督时是否会进行费用归类操纵的问题。本案例将地方国企和大型央企作为对比来研究企业费用归类操纵的动机、时机、手段及其效果差异,最后选取中央巡视组审查企业的数据作为标尺来衡量企业进行费用归类操纵的效果。研究发现部分国有企业存在费用归类操纵的行为动机,企业希望既能维持一定的在职消费水平,同时又可以有效规避外部监督。

一、引言

2012年12月4日,中共中央政治局会议审议通过《关于改进工作作风、密切联系群众的八项规定》(简称"八项规定"),要求厉行勤俭节约,杜绝奢靡之风。"八项规定"实施以来,对机关事业单位和国有企业的工作作风和公款消费活动产生了深刻影响。其明确指出厉行勤俭节约,严格遵守廉洁从政有关规定,严格执行住房、车辆配备等有关工作和生活待遇的规定。财政部在较短时间内,牵头出台了有关差旅费、会议费、培训费、接待经费、出国经费等方面的管理办法。"八项规定"出台后,相比非国有企业,国企销售和管理费用抑制效果更加显著。

面临"八项规定",企业一般有两种应对措施:一是缩减公款消费规模,但这会使得管理层在职消费减少;二是在不降低或有限度降低公款消费水平情况下,不在敏感会计科目例如管理费用或销售费用中的业务招待费、办公费、差旅费等反映公款消费,而是将公款消费计入其他更为隐蔽、相对不太敏感的会计科目(如材料费、生产成本等存货科目)中,借以规避政府和社会公众的监督(叶康涛等,2016)。

2013年中央巡视组开始第一轮审查,接连曝光中国人寿上市央企2012年全年业务招待费为14.1亿元,中国铁建2012年业务招待费高至8.37亿元,中国交建和中国电建2012年招待费分别为7.8亿元和3.42亿元,以及中国北车、葛洲坝存在巨额招待费等事件。巨额招待费惊动了中纪委书记王岐山，要求相关方面予以严肃查处并加强外部监督。

我们用国投电力的相关费用数据作为一把"标尺"，来衡量其他未曝光电力行业的企业招待费状况是否在国家加强监督的背景下真实下降了，还是出现了一定的费用操纵。

以规模不同的地方国企与大型央企作为对比，深入研究其费用归类手段实现途径，归类动机与时机，以及操作程度、效果等方面的差异性。最后用"标尺"数据来衡量地方国企与大型央企进行费用归类操纵之后的效果，判断其数据波动趋势是否趋于正常。

二、文献回顾与理论分析

盈余管理行为总共分为三类：应计项目盈余管理、真实活动盈余管理和费用归类操纵（McVay，2006）。McVay对其中的费用归类操纵进行了明确的定义："费用归类操纵通过改变本期有关的费用的科目归类，来调整利润表内不同费用科目的金额，以达到误导利益相关者的目的。"并将费用归类操纵视为盈余管理的一种手段。

关于费用归类操纵的研究最早源于美国，Ronen和Sadan(1975)、Barnea等(1976)发现当公司经常项目损益高于同行业时，管理者会将经常项目收益归于非经常项目收益，将非经常项目费用归为经常项目费用，反之则反，从而达到平滑经常项目损益的目的。另外，McVay(2006)和Fan(2010)都发现了企业将主营业务成本费用归类于特殊项目损失，并且Fan基于季度数据进一步提出企业做出这一步行为大多集中在财年的第四季度，Barua(2010)也得到了类似的结果。在中国，关于费用归类操纵的研究不多，张子余等(2012)发现全样本和微利公司样本并不支持上市公司存在费用归类操纵的行为，只有某类特殊微利公司具有将利润表中的部分"核心费用"转移到"营业外支出"项目的归类变更盈余管理行为。叶康涛(2016)提出，在2012年"八项规定"出台之后，国有上市企业为了规避外部监督，将消费性现金支出计入当期管理费用和销售费用的比例显著下降，而计入本期存货科目的比例显著上升，并且强调其持续性较低，有可能是国有企业改变消费性现金支出的会计科目归类，来部分规避"八项规定"的外部监督。

在国内外关于费用归类操纵的研究中，有部分研究涉及费用操纵的时机。其中，Fan(2010)提出，企业进行归类操纵的时机一般在财年的第四季度。熊伟(2014)表明，因为中国政府面临税收优惠政策内容复杂、形式过多并且灵活性较大的情况，导致企业利用会计手段实现企业目的。由于存在税收优惠，国有企业会针对税收优惠程度不同这一点而选择不同的费用操纵手段及时机。王亮亮(2016)指出，在税收环境下，企业存在采取费用操纵来调节利润从而达到减少或规避税收的现象。叶康涛等(2016)表明，在2012年"八项规定"出台之后，企业有进行费用归类操纵的行为。刘媛(2017)认为，就中央巡视组2013—2015年对55家央企的巡视结果来看，还存在"四风"问题，公款吃喝、公款旅游等顶风违纪的事情还时有发生，说明企业招待费的下降有可能不是因为国有企业全部都缩减了公费规模，部分国企存在进行费用归类操纵以逃避监管的行为。

国外文献存在诸多有关费用归类操纵动机的研究，McVay(2006)发现大多是为了让营业利润达到分析师预测。分析师预测是形成投资者心理预期的基准之一，管理当局有动机迎合分析师预测。其次为了平滑营业利润（Ronen & Sadan，1975），持续稳定的营业利润可以带给投资者信息,同时还能向市场传递持续盈利能力的内部消息。Givoly 等(1999)发现,动机也可能是通过提高公司股票市盈率来吸引投资者。相反,国内关于费用归类操纵的研究较少,其中,吴溪(2006)发现部分 ST 企业为了达到摘帽所需的盈利水平进行费用归类操纵。之后,张子余等(2012)的研究结果表明,某类微利公司将利润表中的核心费用转入营业外支出科目来达到管理核心收益的目的,这和西方学者的研究结果类似。王一舒(2010)指出,纳税人充分利用各种税收优惠政策以调整所得税支出,或者指导公司利用我国税法和会计准则中的灵活性、漏洞或二者差异,通过费用操纵等会计手段调整税费来达到利益目标。叶康涛等(2016)就"八项规定"出台前后对企业消费性现金支出的影响进行了研究,得出结论:国企在"八项规定"出台之后,为了规避外部监督,会采取费用归类操纵行为,相比非敏感科目,利益相关者对业务招待费更为敏感,会将消费性现金支出归入非敏感科目。这一观点与西方学者的研究结论不同,更加符合中国的实际情况。

中国会计准则对费用尤其是对期间费用的规定还不够完善,这导致企业会利用对费用的归类不同而产生不同的操纵行为。费用归类操纵相对另外两种盈余管理的手段来说更加隐蔽,其手段主要包括企业不在敏感科目反映公款费用,而是将相关费用计入相对不敏感或更隐蔽的科目,例如存货、材料费、生产成本和其他等。根据《中国会计报》的一则报道:企业购买购物卡用于送礼,考察等业务活动,但如果开设的发票抬头是固定资产类例如计算机,这种隐蔽性最强(叶康涛等,2016)。可以通过分析企业年报中销售费用、管理费用中的明细科目数据的变化,以及资产负债表中存货、在建工程、工程物资、固定资产等资产类科目数额的变化来判断企业是否进行了费用归类操纵。

业务招待费是企业为生产、经营业务的合理需要而支付的应酬费用。例如,企业为了争取业务产生的宴请、工作餐开支,赠送纪念品开支,参观开支,以及由此带来的交通费等都算作招待费。在某种程度上,企业招待费成了一个概念模糊的箱子,既可以装进业务招待的必须消费,也可以装进奢侈消费、过度消费。业务招待费不用像三公经费那样公布细节,其透明度低也就意味着可操作性较高。

我国学者对于外部监督和费用归类操纵有一定的研究,但大多是追求共性的实证研究,对于包容差异分析的案例较少。本案例将结合在外部监督加强时规模不同的国企在费用归类操纵的时机、动机以及手段上的差异对比来拓展我国企业外部监督及费用归类操纵的研究视角,差异和共性分析可以进一步为实证研究提供思路。

三、案例选择依据

本案例研究的主要思路为:2012 年中央推出"八项规定"之后,以规模不同的地方国企与大型央企作为对比,深入研究其费用归类操纵手段的实现途径、归类动机、时机以及操纵程度等方面的差异,最后用"标尺"数据来衡量地方国企与大型央企进行费用归类操纵之后的效果。

随着 2012 年中央反腐力度的加强,2013 年中央巡视组开展了第一轮巡查,并指出要发现突出问题、强化震慑作用。紧接着,2014 年中央将目光聚集到企业招待费支出泛滥的能源供应类行业,其中电力行业的企业招待费问题较为严重,因此本案例选择研究电力行业。在经历了大量企业被严格审查、腐败曝光后严惩的事件后,2015年2月第六轮中央巡视组巡视国投电力。在反腐力度加大,检查严格的环境下,国投电力肯定认真执行国家规定,其业务费用可以说是挤干了水分,经得起检查。国投电力主营水电业务,行业内综合实力较强,故本案例选择国投电力的相关费用数据作为"标尺"数据。

同时,在水电行业中选取中小型国企——某地方电力企业A与某中央电力企业B作为对比。选择某地方电力企业A及某中央电力企业B的理由如下。

(1) 从可比性角度而言,某地方电力企业A与某中央电力企业B均属于电力行业且主营水电,具有可比性。在2012年中央推出"八项规定"之后,外部监督加强对某地方电力企业A存在一定的影响,且2014年某中央电力企业B受到有关腐败的负面舆论对企业存在压力,两者可能有动机进行费用归类操纵,可比性较高。

(2) 从信息披露程度而言,某地方电力企业A与某中央电力企业B均属水电行业国企,对外信息披露程度较其他水电企业而言更为规范和完整。两者在信息披露完全的情况下具有代表性及借鉴性,有利于查找与分析财务数据的明细披露与去向。

(3) 从企业规模而言,某地方电力企业A及某中央电力企业B均为上市企业,行业地位较高,具有代表性。某地方电力企业A属于中小规模的地方国企,某中央电力企业B属于大型央企。选择规模不同的企业作为代表,可比较在外部监督加强的环境下,企业规模的不同是否会使费用归类操纵存在差异。

综上所述,将某地方电力企业A与某中央电力企业B进行对比,从费用归类操纵手段实现途径到费用操纵动机与时机以及操作程度与效果等方面来说明两者的差异性,最后将"标尺"数据用于衡量企业进行费用归类操纵之后的一个效果说明。

(一) 国投电力简介

国投电力是一家主营水电为主、水火并济、风光互补的综合电力上市公司,水电控股装机在国内上市公司中排第二,公司取得了雅砻江水电、国投大朝山等核心资产,处于行业领先地位。股票代码为600886,总股本为67.86亿股,总市值为488.59亿元。国投电力的销售费用及管理费用占营业收入比如图1所示。

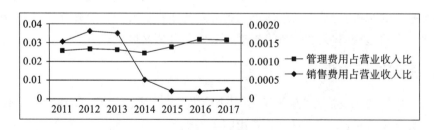

图1 2011—2017年国投电力销售费用及管理费用占营业收入比

(数据来源:巨潮资讯。)

由图1可以看出,国投电力管理费用占营业收入比从2012年"八项规定"出台之后数据出现波动,最终稳定于3%左右;销售费用占比在2013年大量企业被曝光严惩之后出现了大幅下降,最后在 2015—2017 年稳定于 0.2% 左右。说明企业的费用在政府高度监管下已经调整正常,可将正常数据作为衡量其他企业招待费用的标准,来说明费用归类操纵在地方国企与大型央企中存在的问题及差异。

(二)某地方电力企业 A 简介

该公司主营水力发电、供电业务,并经营所在地区地方电网,是集发、供、用电为一体的电力中型企业,主要服务所在区域内的电力需求。其总市值为 33.93 亿元,总股本为 4.97 亿股。该公司目前在销售的电量来源分为三部分:自有电厂发电、收购区域内小水电、购省电网电。除供电本区域之外,公司供电范围正逐步拓展。

1. 同行业国企对比

为了进一步判断某地方电力企业 A 的数据是否存在异常情况,选取同行业中主营为水力发电的国企作为对比,对比企业包括三峡水利(600116)、岷江水电(600131)、华能水电(600025)。以上企业与某地方电力企业 A 销售费用总额对比如表 1 所示。

表 1　2011—2017 年某地方电力企业 A 及同行业国企销售费用总额对比(单位:万元)

年份	2011	2012	2013	2014	2015	2016	2017
某地方电力企业 A 销售费用	5007.20	6619.57	6953.42	5830.32	5500.30	6790.69	8938.16
三峡水利销售费用	245.94	298.56	301.36	99.56	27.23	15.86	11.97
岷江水电销售费用	553.07	709.27	906.22	923.28	987.12	1073.45	761.17
华能水电销售费用	2369.00	2049.22	1704.51	1803.84	2041.99	927.59	1761.98

(数据来源:Wind 数据库。)

由图 2 可知,2012—2015 年同行业销售费用基本保持下降的趋势,除了某地方电力企业 A 在 2015 年之后销售费用总额出现反弹,较往年出现直线上升外,其他同行业国企没有出现销售费用反弹的现象。表 2 为 2011—2017 年某地方电力企业 A 及同行业国企营业收入总额对比,图 3、图 4 为 2011—2017 年某地方电力企业 A 及同行业国企营业收入总额波动对比图和销售费用占营业收入比波动对比图。

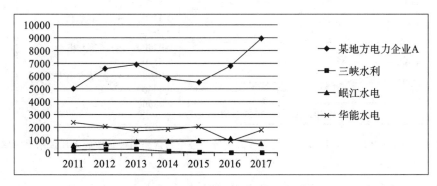

图 2　2011—2017 年某地方电力企业 A 及同行业国企销售费用总额波动对比图

(数据来源:巨潮资讯。)

表2　2011—2017年某地方电力企业A及同行业国企营业收入总额对比　（单位：万元）

年份	2011	2012	2013	2014	2015	2016	2017
某地方电力企业A营业收入	155270.55	171034.07	203181.30	201603.30	192955.27	183626.89	199599.22
三峡水利营业收入	82651.99	94524.26	136911.33	129783.46	131575.29	125751.19	121762.25
岷江水电营业收入	67114.65	80498.66	77175.96	82981.27	93593.34	113661.06	82158.42
华能水电营业收入	887559.98	1029273.98	1357995.24	1560843.64	1296084.44	1155202.78	1284757.69

（数据来源：Wind数据库。）

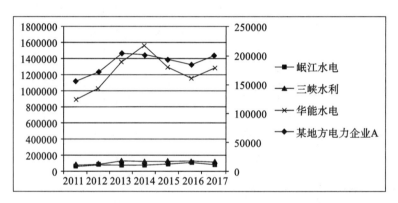

图3　2011—2017年某地方电力企业A及同行业国企营业收入总额波动对比图

（数据来源：巨潮资讯。）

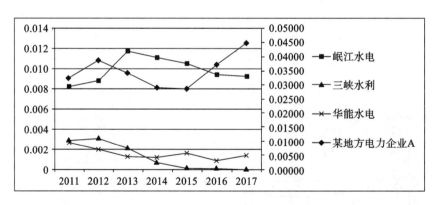

图4　2011—2017年某地方电力企业A及同行业国企销售费用占营业收入比波动对比图

（数据来源：巨潮资讯。）

由图4可以看出，同行业国企当中销售费用占营业收入比从2012年之后基本保持下降趋势，只有某地方电力企业A 2015—2017年销售费用占营业收入比出现反弹，其间某地方电力企业A销售费用出现直线上升，营业收入无明显波动。结合上文，不排除企业将销售费用留到后期释放的可能。2011—2017 年某地方电力企业 A 及同行业国企管理费用对比如表 3 所示。图 5、图 6 为 2011—2017 年某地方电力企业 A 及同行业国企管理费用总额波动对比图和管理费用占营业收入比波动对比图。

表 3　2011—2017 年某地方电力企业 A 及同行业国企管理费用对比　　（单位：万元）

年份	2011	2012	2013	2014	2015	2016	2017
某地方电力企业 A 管理费用	13912.53	14308.54	16643.44	14407.71	14806.05	12973.57	12474.37
岷江水电管理费用	5960.07	6899.90	5733.30	6164.47	6328.44	6438.16	6475.01
三峡水利管理费用	8803.13	8475.03	9785.81	10610.31	9837.59	10961.38	9472.87
华能水电管理费用	13222.08	17377.10	18463.56	20024.83	19630.44	18202.71	20124.82

（数据来源：Wind 数据库。）

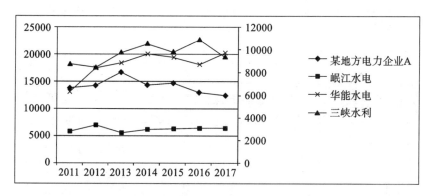

图 5　2011—2017 年某地方电力企业 A 及同行业国企管理费用总额波动对比图
（数据来源：巨潮资讯。）

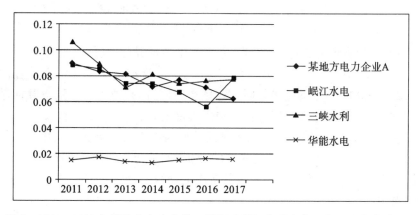

图 6　2011—2017 年某地方电力企业 A 及同业管理费用占营业收入比波动对比图
（数据来源：巨潮资讯。）

由图 6 可以看出,在同行业中,管理费用占营业收入比这一数据从 2011—2017 年基本保持下降趋势,相比之下某地方电力企业 A 的下降幅度较大,并且在 2014—2015 年出现上升后又开始大幅下降,波动剧烈,这一点与同行业国企不同。岷江水电管理费用占比出现剧增是因为 2016—2017 年管理费用总额剧增,营业收入下降。某地方电力企业 A 与同行业国企对比,销售费用占比波动趋势反常,管理费用虽保持与同业同趋势,但是下降幅度比同行业大,波动程度反常。现将销售费用与管理费用总额占比汇总(见表 4),查看费用总额占营业收入的波动情况,来说明费用之间波动相互抵消之后的总体波动情况(见图 7)。

表 4　2011—2017 年某地方电力企业 A 及同行业国企费用总额占比

年份	2011	2012	2013	2014	2015	2016	2017
某地方电力企业 A 费用总额占比	0.1220	0.1220	0.1160	0.1000	0.1050	0.1080	0.1070
岷江水电费用总额占比	0.0970	0.0945	0.0860	0.0854	0.0782	0.0661	0.0881
三峡水利费用总额占比	0.1095	0.0928	0.0737	0.0825	0.0750	0.0873	0.0779
华能水电费用总额占比	0.0180	0.0190	0.0150	0.0140	0.0170	0.0170	0.0170

(数据来源:Wind 数据库。)

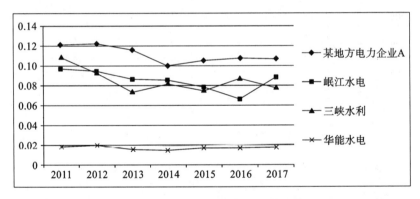

图 7　2011—2017 年某地方电力企业 A 及同行业国企费用总额占比波动对比图
(数据来源:巨潮资讯。)

综上所述,某地方电力企业 A 的费用总额波动情况异常,具体表现为 2011—2013 年费用总额占比下降幅度大于同行业国企,主要是由于管理费用下降幅度超过同行业国企。此外,2013—2017 年波动趋势与同行业国企不同,同行业国企普遍下降而某地方电力企业 A 出现反弹上升,主要是因为销售费用大幅上升。

企业因生产商品产生的制造费用、销售商品期间产生的相关交易费用等最终结转至主营业务成本。为了完善对企业费用变动的分析,现结合企业的营业成本占比(见表 5、图 8),分析企业因生产、销售商品等产生的费用波动情况(见表 6、图 9),以进一步说明企业费用波动异常。

案例九　企业面临强的外部监督，是否会进行费用归类操纵？

表5　2011—2017年某地方电力企业A及同行业国企营业成本占比对比

年份	2011	2012	2013	2014	2015	2016	2017
某地方电力企业A营业成本占比	0.763	0.756	0.780	0.788	0.803	0.770	0.746
岷江水电营业成本占比	0.811	0.754	0.793	0.781	0.801	0.810	0.865
三峡水利营业成本占比	0.841	0.782	0.733	0.717	0.690	0.744	0.830
华能水电营业成本占比	0.533	0.464	0.399	0.414	0.509	0.556	0.525

（数据来源：Wind数据库。）

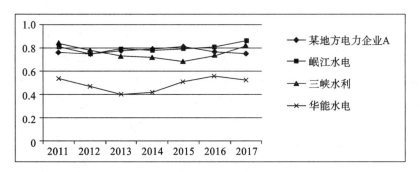

图8　2011—2017年某地方电力企业A及同行业国企营业成本占比对比图

（数据来源：巨潮资讯。）

表6　2011—2017年某地方电力企业A及同行业国企销售毛利率波动对比

年份	2011	2012	2013	2014	2015	2016	2017
某地方电力企业A销售毛利率	23.66	24.37	22.04	21.17	19.91	22.98	26.24
岷江水电销售毛利率	18.85	24.64	20.74	21.93	19.89	18.96	13.53
三峡水利销售毛利率	19.78	23.95	19.97	24.65	28.94	30.56	32.26
华能水电销售毛利率	46.70	53.58	60.07	58.56	49.05	44.36	47.54

（数据来源：Wind数据库。）

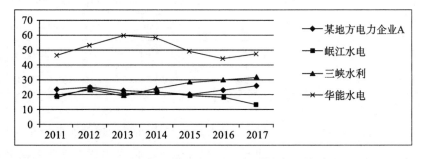

图9　2011—2017年某地方电力企业A及同行业国企销售毛利率波动对比图

（数据来源：Wind数据库。）

由图9可以看出，某地方电力企业A的营业成本占比对比同行业国企而言总体偏高，销售毛利率较低。2012—2015年同行业国企营业成本呈下降趋势，而某地方电力企业A保持上升,并且在此期间某地方电力企业A的销售毛利率呈下降趋势,且销售毛利率水平远低于同行业国企,说明2012年"八项规定"发布之后到2015年某地方电力企业A的营业成本并未出现真实下降,导致2012—2015年销售毛利率持续保持下降。结合前文的销售费用、管理费用、成本的波动异常,某地方电力企业A的费用、成本变动较同行业国企来说出现异常。

进一步分析销售毛利率,其中2013—2017年岷江水电与三峡水利的波动趋势基本一致,相比之下华能水电与某地方电力企业A有所不同。排除波动一致的企业,将华能水电与某地方电力企业A的销售毛利率进行对比,进一步来判断某地方电力企业A销售毛利率波动异常。可见2011—2013年华能水电销售毛利率出现上升,而2014—2016年开始大幅下降。相关资料显示,出现下降是由于华能水电售电出现供过于求,电价下调,属于正常现象。然而2011—2015年间,同行业国企都有上升的波动,而某地方电力企业A的销售毛利率却一直保持下降趋势。相关资料显示,某地方电力企业A其间对外售电均价上涨,销售量也未出现较大波动,由此说明出现此现象的原因正是企业营业成本远高于同行业,与上文由营业成本数据得出的结论相符。

现将对比某地方电力企业A与同行业民营企业费用变化的对比,来说明某地方电力企业A的异常变动在同行业民营企业中是否正常。

2. 同行业民营企业对比

在电力行业民营企业中选取对比企业时,由于民营企业年报对外披露程度较低,且专营水电的民营企业较少,相对而言信息可比性下降,于是选择了营业范围包括水电的综合性电力民营企业,具体分别为浙富控股、联美控股与韶能股份。2011—2017年某地方电力企业A及同行业民营企业销售费用总额对比、销售费用总额波动对比图如表7、图10所示。

表7　2011—2017年某地方电力企业A及同行业民营企业销售费用总额对比

(单位:万元)

年份	2011	2012	2013	2014	2015	2016	2017
某地方电力企业A销售费用	5007.20	6619.57	6953.42	5830.33	5500.30	6790.70	8938.16
浙富控股销售费用	1779.98	2450.11	2635.68	3660.53	4101.05	4771.71	4738.04
联美控股销售费用	136.38	136.24	210.11	182.68	675.20	300.84	695.15
韶能股份销售费用	5106.60	5940.28	5831.77	7853.07	8948.19	8659.01	9274.81

(数据来源:Wind数据库。)

由图10可以看出,同行业中,某地方电力企业A及同行业民营企业销售费用总额基本呈上升趋势,但是在2013—2015年只有某地方电力企业A出现了直线大幅下跌,之后2015—2017年销售费用又出现反弹式增长。2011—2017年某地方电力企业A及同行业民营企业营业收入对比、营业收入波动对比图如表8、图11所示。

案例九　企业面临强的外部监督,是否会进行费用归类操纵?

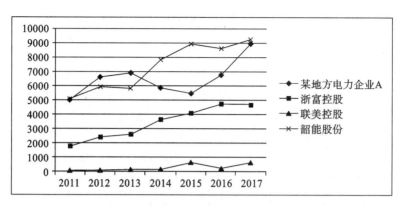

图 10　2011—2017 年某地方电力企业 A 及同行业民营企业销售费用总额波动对比图
（数据来源:巨潮资讯。）

表 8　2011—2017 年某地方电力企业 A 及同行业民营企业营业收入对比　（单位:万元）

年份	2011	2012	2013	2014	2015	2016	2017
某地方电力企业 A 营业收入	155270.55	171034.07	203181.30	201603.30	192955.27	183626.89	199599.22
浙富控股营业收入	105954.06	92519.15	79615.12	68601.52	70746.80	112214.33	109592.58
联美控股营业收入	40619.45	49375.04	58200.96	66148.55	75772.51	204444.49	237646.92
韶能股份营业收入	210960.67	214890.74	233966.45	300952.08	300722.18	319876.53	359410.41

（数据来源:Wind 数据库。）

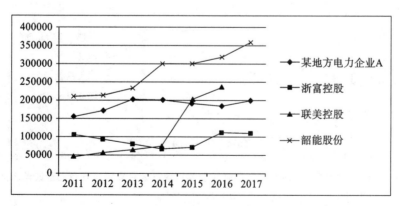

图 11　2011—2017 年某地方电力企业 A 及同行业民营企业营业收入波动对比图
（数据来源:巨潮资讯。）

由图 12 可以看出,某地方电力企业 A 与同行业民营企业相比,某地方电力企业 A 销售费用占比在 2015—2017 年反弹上升,与同行业民营企业不同,这一点异常在与同行业国有企业对比中也存在。2011—2017年某地方电力企业A及同行业民营企业管理费用总额对比、管理费用总额波动对比图、管理费用占比波动图如表9、图13、图14所示。

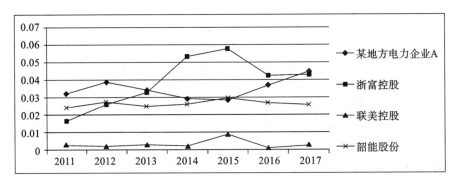

图12 2011—2017年某地方电力企业A及同行业民营企业销售费用占比波动对比图
(数据来源:巨潮资讯。)

表9 2011—2017年某地方电力企业A及同行业民营企业管理费用总额对比

(单位:万元)

年份	2011	2012	2013	2014	2015	2016	2017
某地方电力企业A管理费用	13912.53	14308.54	16643.44	14407.71	14806.05	12973.57	12474.37
浙富控股管理费用	11396.71	13074.08	11463.42	16862.91	15565.04	17700.84	16850.98
联美控股管理费用	2465.40	2761.18	3135.27	4148.48	4776.09	10742.48	11718.84
韶能股份管理费用	13381.47	14646.62	15776.77	16818.41	20006.40	19778.38	18025.77

(数据来源:Wind数据库。)

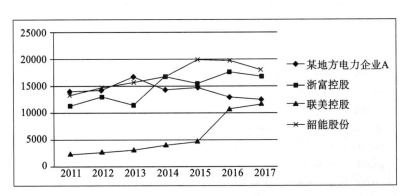

图13 2011—2017年某地方电力企业A及同行业民营企业管理费用总额波动对比图
(数据来源:巨潮资讯。)

由图14可以看出,某地方电力企业A与同行业民营企业管理费用占比变化趋势基本一致,保持下降趋势。综上所述,某地方电力企业A与同行业民营企业相对比,销售费用占比波动趋势反常,管理费用占比波动趋势及程度正常。现将某地方电力企业A及同行业民营企业费用总体占比做比较(见表10),来说明费用之间波动抵消之后总体的变动

案例九　企业面临强的外部监督，是否会进行费用归类操纵？

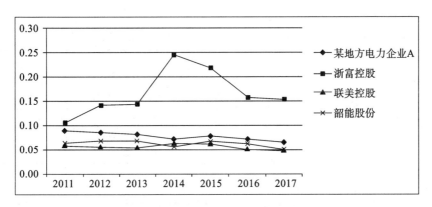

图14　2011—2017年某地方电力企业A及同行业民营企业管理费用占比波动对比图
（数据来源：巨潮资讯。）

情况（见图15）。

表10　2011—2017年某地方电力企业A及同行业民营企业费用总体占比对比

年份	2011	2012	2013	2014	2015	2016	2017
某地方电力企业A费用总体占比	0.122	0.122	0.116	0.100	0.105	0.108	0.107
浙富控股费用总体占比	0.124	0.168	0.177	0.299	0.278	0.200	0.197
联美控股费用总体占比	0.064	0.059	0.057	0.065	0.072	0.054	0.052
韶能股份费用总体占比	0.088	0.096	0.092	0.082	0.096	0.089	0.076

（数据来源：Wind数据库。）

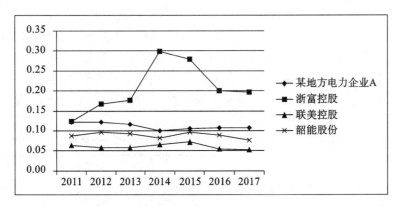

图15　2011—2017年某地方电力企业A及同行业民营企业费用总体占比波动对比图
（数据来源：巨潮资讯。）

由图15可知，某地方电力企业A与同行业民营企业相比，2011—2014年费用总体占比波动正常，2014—2017年费用总体占比波动异常，同行业民营企业费用总体占比保持下降的趋势，某地方电力企业A费用总体占比却保持上升。这种异常现象在某地方电力企业A与同行业国企对比中同样存在。

表11、图16为2011—2017年某地方电力企业A及同行业民营企业营业成本占比对

181

比、营业成本占比波动对比图。

表11 2011—2017年某地方电力企业A及同行业民营企业营业成本占比对比

年份	2011	2012	2013	2014	2015	2016	2017
某地方电力企业A营业成本占比	0.763	0.756	0.780	0.788	0.803	0.770	0.746
浙富控股营业成本占比	0.698	0.705	0.730	0.906	0.778	0.737	0.795
联美控股营业成本占比	0.717	0.727	0.707	0.692	0.658	0.604	0.498
韶能股份营业成本占比	0.763	0.695	0.664	0.725	0.691	0.652	0.719

（数据来源：Wind数据库。）

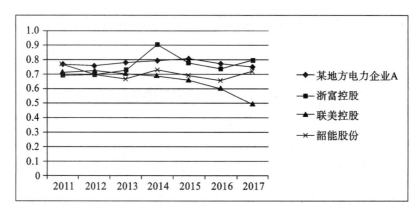

图16 2011—2017年某地方电力企业A及同行业民营企业营业成本占比波动对比图
（数据来源：巨潮资讯。）

由表12、图17可知，某地方电力企业A与同行业民营企业相比，销售毛利率水平较低，大部分年份销售毛利率均处于末尾，并且2012—2015年某地方电力企业A销售毛利率保持持续下降状态。说明某地方电力企业A与同行业民营企业相比，营业成本较高，另外在波动趋势及程度上，某地方电力企业A与民营企业逐渐出现差距，具体表现为2012—2015年同行业民营企业大部分呈下降趋势，但是某地方电力企业A营业成本缓慢上升，2015—2017年才逐渐下降，且下降速度相比同行业民营企业更缓慢。

表12 2011—2017年某地方电力企业A及同行业民营企业销售毛利率对比

年份	2011	2012	2013	2014	2015	2016	2017
某地方电力企业A销售毛利率	23.66	24.37	22.04	21.17	19.91	22.98	26.24
浙富股份销售毛利率	30.23	29.47	26.98	9.40	22.20	26.34	20.52
联美控股销售毛利率	36.35	34.05	37.66	36.77	42.39	46.62	50.00
韶能股份销售毛利率	23.68	30.46	33.61	27.54	30.88	34.76	28.14

（数据来源：Wind数据库。）

综上所述，某地方电力企业A与同行业国企、民营企业相比，从费用、营业成本等占比波动方面来看确实存在异常情况，故选择某地方电力企业A作为案例进行深入分析，以下是某地方电力企业A的案例分析。

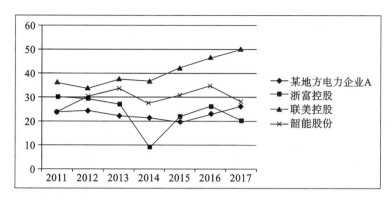

图 17　2011—2017 年某地方电力企业 A 及同行业民营企业销售毛利率波动对比图
（数据来源：Wind 数据库。）

四、案例分析

（一）企业背景简介

某地方电力企业 A 主营水力发电、供电业务，并经营文山州地方电网，是集发、供、用电为一体的电力中型国有企业。其总市值为 33.93 亿元，总股本为 4.97 亿股。从企业规模角度来看，行业平均主营业务收入为 91.11 亿元，某地方电力企业 A 为 20.35 亿元，行业排名为 75/115，在同行业中属于中小规模企业。企业于 2004 年在上交所成功上市，股票代码为 600995。

（二）费用化手段分析

业务招待费、差旅费、办公费等都属于敏感费用，且在年报中不会进行细节披露。有些企业既可以将业务招待费当作业务招待的必需消费，也可以将其当作奢侈消费、过度消费。业务招待费透明度低，可操作性强。通常企业会将业务招待费存放于"管理费用"、"销售费用"中，但是 2012 年"八项规定"发布之后，如果销售费用、管理费用中的业务招待费过高容易引人注目，企业为了规避监管会将敏感的业务招待费用分散到不敏感的费用科目中，此类手段为费用归类操纵中的费用化手段。

由图 18 可知，销售费用占比于 2013—2015 年出现下降，主要原因是差旅费、办公费、车辆使用费、职工教育费等科目不披露数据。劳动保险费占比从 2011—2013 年出现直线上升，2013 年后反而骤降，其他科目占比下降。但是年报中 2013 年后明细科目每年变化很大且不一致，因此这种间断披露的数据可比性不强，可剔除其影响。

此外，连续披露的数据中工资占比相比其他科目较高，在销售费用中占多数，具有可比性。工资占比在 2013—2017 年呈上升趋势，是因为其间工资总额大幅上升，营业收入轻微下滑。查看了 2012 年及之后年份的在职人员情况表，发现公司 2013 年在职人数相较 2012 年反而下降 100 人左右，随后几年在职人数也有减少。其人员减少主要体现为技术人员及生产人员减少，排除是因为在职人数大幅上升引起工资剧增。工资大幅上升也有可能是因为教育程度的问题，表 13 为 2012—2017 年在职员工教育情况变动表。

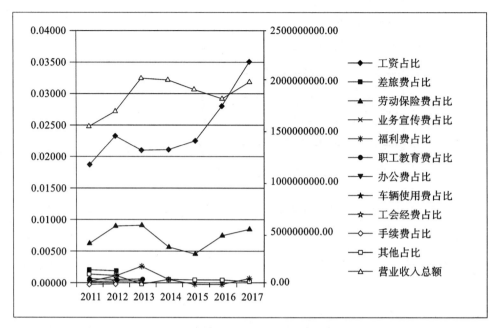

图 18　2011—2017 年某地方电力企业 A 销售费用明细占比波动图
（数据来源：某地方电力企业 A 年报。）

表 13　2012—2017 年在职员工教育情况变动表

年份	2012	2013	2014	2015	2016	2017
大学及以上学历（人数）	231	265	277	317	406	452
增长率（%）	—	15	5	14	28	11

（数据来源：某地方电力企业 A 年报。）

如表 13 所示，某地方电力企业 A 在职员工大学及以上学历的人数在逐渐增加。2014—2015 年大学及以上学历人数增加 40 人，工资增加 97.7 万元。2015—2016 年人数增加 89 人，工资增加 795 万元。2016—2017 年人数增加 46 人，工资增加 1824.4 万元。由上可知，虽然高学历人数在逐渐增加，但是工资增加的数额明显与人数不符，即使是考虑物价上涨的因素，工资上涨的程度依然明显超过其高学历人数增加带来的效应。说明该企业工资上升不仅仅是因为高学历人数的增加，而是可能有部分企业招待费藏匿其中。接下来分析某地方电力企业 A 的管理费用构成部分（见图 19）。

管理费用明细科目很多，排除断续披露的科目之后，相比连续披露的科目可知，导致管理费用下降的原因主要是企业招待费占比这一科目数据出现骤降，企业招待费总额下降 823.27 万元，科目占比下降 97.9%。其他科目占比也出现大幅下降。工资占比较其他科目占比较高，具有可比性。然而工资占比 2012—2016 年出现剧烈波动，2012—2013 年工资占比出现直线上升，营业收入保持上升的同时工资占比依然直线上升。说明其间工资总额出现剧增，其幅度超过营业收入，增长率高达 72.17%。2013—2014 年工资占比又出现骤降，此时营业收入保持下降趋势，工资占比却直线下降。说明工资总额

案例九　企业面临强的外部监督,是否会进行费用归类操纵?

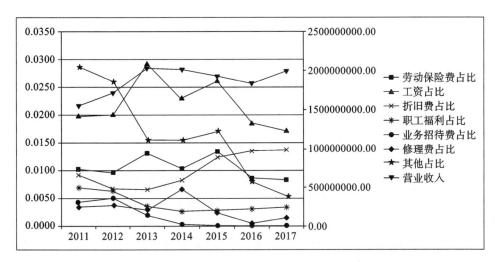

图19　2011—2017年某地方电力企业A管理费用明细占比波动图
(数据来源:某地方电力企业A年报。)

下降幅度超营业收入,下降22%。短期内该企业受聘人员并无太大波动的情况下,工资水平出现巨大波动,可排除由于行业发展受聘人员增加带来的加薪可能。同上文销售费用中工资费用分析一样,工资的波动异常可能是企业隐匿费用的手段。

为了进一步证实工资的波动存在异常,先找到现金流量表中支付给职工以及为职工支付的现金,其代表企业实际支付给职工的薪酬。职工的工资一般存在于销售费用、管理费用、生产成本这三部分中,由于生产成本后期结转到主营业务成本中难以准确地分辨,现将使用倒推的办法计算出生产成本中所包含的工资部分来判断工资波动情况。运用以下公式:

新增应付职工薪酬＋支付给职工以及为职工支付的现金－销售费用中薪酬
－管理费用中薪酬＝生产成本中薪酬

再计算出生产成本中薪酬占营业收入比来对比其占比的波动异常性。

表14、图20为2011—2017年某地方电力企业A薪酬情况、薪酬占营业收入波动图。

表14　2011—2017年某地方电力企业A薪酬情况　　　　(单位:万元)

年份	2011	2012	2013	2014	2015	2016	2017
新增应付职工薪酬	－20.92	386.38	－3.66	283.25	1942.03	3464.55	－3220.7
支付给职工以及为职工支付的现金	25663.44	26275.4	30176.13	32112.8	31478.21	31932.77	34293.02
销售费用中薪酬	4158.88	5965.57	6938.62	5701.03	5397.92	6672.78	8847.12
管理费用中薪酬	5743.79	6189.83	9292.14	7267.78	8231.81	5727.21	5939.96
生产成本中薪酬	15739.85	14506.38	13941.71	19427.24	19790.51	22997.33	16285.24

(数据来源:某地方电力企业A年报。)

企业的三部分薪酬波动情况,销售费用中薪酬占比据前文分析可知2013年之后大幅上涨,上涨程度与其在职人员波动不符。并且结合前文某地方电力企业A营业收入数

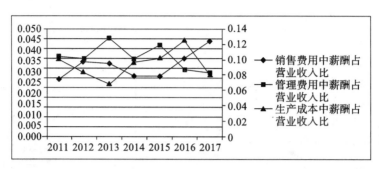

图 20　2011—2017 年某地方电力企业 A 薪酬占营业收入波动图
（数据来源：某地方电力企业 A 年报。）

据来看，2013—2017 年某地方电力企业 A 营业收入持续大幅下降，与企业薪酬持续上涨矛盾。另外，管理费用中薪酬占比波动剧烈且反复，可排除由于人员波动及物价水平上涨带来的剧烈波动。除此之外，2014 年凤凰资讯、和讯网、网易财经等媒体报道国企从 2014 年开始采取降薪，在此大环境下，某地方电力企业 A 薪酬大幅上升不合理。生产成本中的薪酬占比 2013—2016 年出现大幅上升，较之前出现剧烈波动，由此说明 2013 年之后某地方电力企业 A 薪酬的波动异常，可能是某地方电力企业 A 费用归类操纵中费用化的一种手段。

在确定了薪酬可能是费用化手段之后，接下来深入分析某地方电力企业 A 薪酬细分科目中除了工资以外还存在哪些异常现象。某地方电力企业 A 对于销售费用、管理费用中的薪酬归类有所不同。销售费用薪酬包括工资、劳动保险费、福利费、职工教育费、工会经费，管理费用薪酬包括劳动保险费、工资、福利费。将以上提到的明细分类整理如图 21 所示。

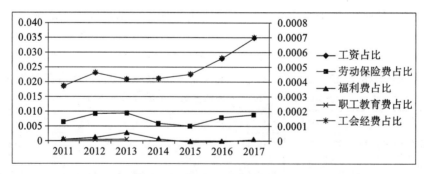

图 21　2011—2017 年销售费用薪酬明细占比波动
（数据来源：某地方电力企业 A 年报。）

由图 21 可知，职工教育费披露不具有连续性则可比性不强，销售费用薪酬明细中科目工资、工会经费占比波动情况一致。另外，劳动保险费与福利费占比在 2013 年之前呈上升趋势，在 2013 年之后开始出现大幅下降，之后又开始出现反弹。基于前文，排除了在职员工、物价上涨的影响，此处出现剧烈波动也可能是企业将其作为分散招待费的费用化手段。

由图 22 可知,管理费用薪酬明细中,工资、劳动保险费、福利费的占比都出现了反复剧烈的波动。基于上文分析可知,排除了在职人员变动和物价上涨的影响,则以上三项数据出现反复剧烈波动是因为企业将工资、劳动保险费、福利费作为分散费用的途径。另外,管理费用中自 2013 年出现新增科目,例如办公费用、运输费、试验检验费,其中办公费与运输费具有操作弹性。

综上所述,企业费用化的手段主要包括将隐藏的费用放入销售费用和管理费用中的工资、劳动保险费、福利费,以及管理费用新增的科目(如办公费、运输费)。

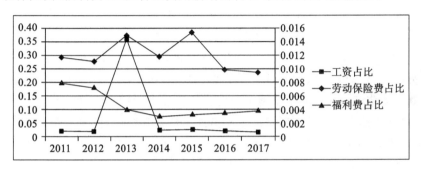

图 22　2011—2017 年管理费用明细占比波动图
(数据来源:某地方电力企业 A 年报。)

(三) 资本化手段分析

企业一般将消失的招待费用进行费用化,除此之外企业还有可能将费用资本化,例如放入存货、其他流动资产、固定资产、工程物资、在建工程等不敏感资产类科目。图 23 是各数据占营业收入比情况。

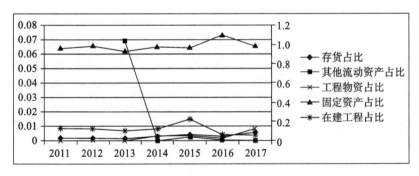

图 23　2011—2017 年某地方电力企业 A 资产类占比波动
(数据来源:某地方电力企业 A 年报。)

可见,存货占比于 2013 年之后呈上升趋势,但是某地方电力企业 A 主营水力发电,所以 2013—2017 年存货总额大幅上升是不合理的,存货中包括原材料、备品备件、库存商品、低值易耗品。年报中提到存货总额大幅增加是因为企业采用备用物资、备品备件等,并未详细解释备品备件相关资料,备品备件科目透明度低且弹性大,企业可将费用资本化放入存货中。

另外,2013—2017 年工程物资占比保持上升,尤其是 2013—2014 年相较之前出现大幅增加。对此,企业解释为2013年后购买工程专用材料,但企业其间前后工程项目并无太大增减,说明企业可能将消失的费用放在存货等费用不敏感资产类科目中。其他流动资产在2013年剧增1.4亿元,此后又出现剧跌,其占比波动最大。对此,某地方电力企业A解释为企业在2013年12月31日向中国农业银行与中国建设银行购买了理财产品,2014年1月3日、2014年1月6日又分别将理财产品赎回,在短期内进行赎回,所以此科目数据出现剧烈波动为正常现象。

2013—2016年在建工程占比出现较大波动,2013—2015年出现增加,尤其是2014—2015年,其间在建工程增加约2亿元。2015年年报中给出的当年在建工程占比剧增的原因是新建住宅小区供电设备配套工程增加所致。相关新闻及招标资料显示,2015年某地方电力企业A项目概况中提到该工程项目主要分为两个标包①。年报中提到的新建住宅小区供电设备配套工程属于标包二,其共计94个单项工程,其中45个单项工程估算投资约2.06亿元,另外49个单项工程暂无估算投资,按费率报价,由此可见在建工程的增加是正常波动。此时的固定资产占比出现大幅上升,与年报中解释大量在建工程转入固定资产导致数据波动较大符合,基本可排除将费用转至固定资产和在建工程的可能。

综上所述,某地方电力企业A资本化的手段主要是将费用资本化放入存货及工程物资等不敏感科目中。为了进一步分析某地方电力企业A的费用归类操纵行为,下面将选取某中央电力企业B作为对比来分析规模不同的国有企业在这方面有何差异。

五、某地方电力企业A与某中央电力企业B对比

(一) 企业简介及背景

某中央电力企业B,主要从事水力发电业务,处于行业前列,在同行业中属于大规模央企。

某中央电力企业B的控股公司三峡集团于2014年被舆论抨击,关于腐败的负面新闻相继传出,某中央电力企业B在此舆论重压环境下可能具有费用归类操纵的动机。本案例将对比大型央企及小型国企在进行费用归类操纵时的差异,包括操纵动机、时机及效果的差异性。下面是关于某中央电力企业B费用化手段的分析,具体包括销售费用和管理费用。

1. 某中央电力企业B费用化手段

对于某中央电力企业B的费用化手段,主要从企业的销售费用与管理费用进行分析。根据前文理论基础可知,企业一般通过销售费用、管理费用对敏感费用进行分散和操纵,将销管费用中的明细占比进行对比来判断企业进行费用化手段的具体实现途径。

由图24可知,某中央电力企业B销售费用占比2011—2016年出现了断崖式下跌,2016—2017年突然出现反弹。现整理某中央电力企业B销售费用明细,进一步判断其销售费用占比剧降原因。

---

① 在工程项目中分标段和标包两种说法,一般情况下施工招标叫标段,货物、服务采购及设备招标叫标包。

案例九　企业面临强的外部监督,是否会进行费用归类操纵?

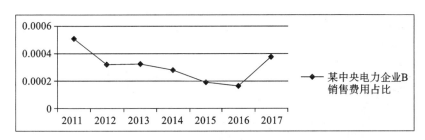

图 24　2011—2017 年某中央电力企业 B 销售费用占比变动图
(数据来源:巨潮资讯。)

图 25 表明销售费用出现断崖式下跌的原因是其明细中的职工薪酬、其他、差旅费占比同时出现了大幅下跌,直到 2016 年出现回升,年报并未对此现象做出解释。综上所述,销售费用明细中未出现此涨彼伏的现象,基本可以排除企业利用销售费用进行费用归类操纵的可能。接下来分析某中央电力企业 B 的管理费用,在整理数据的过程中发现某中央电力企业 B 的管理费用在 2015—2016 年发生了巨额变化。某中央电力企业 B 2016 年年报中对 2015 年的数据进行了大幅调整。现将调整前后的管理费用及营业收入(见图 26、图 27)作为对比来进行下一步分析。

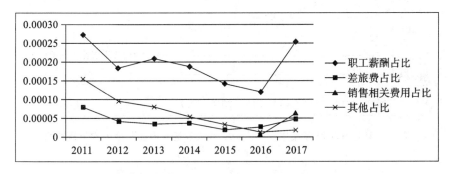

图 25　2011—2017 年某中央电力企业 B 销售费用明细占比波动
(数据来源:巨潮资讯。)

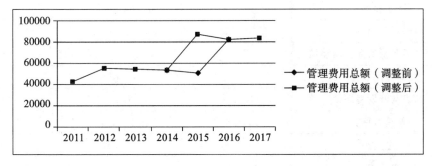

图 26　2011—2017 年某中央电力企业 B 管理费用调整前后波动(单位:万元)
(数据来源:巨潮资讯。)

由图 28 可知,调整后管理费用占营业收入比明显低于调整前。具体表现为 2015 年当年年报中对外披露的管理费用总额为 5.12 亿元,但是 2016 年对上一期 2015 年管理费

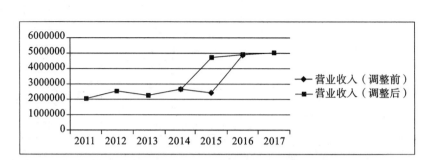

图27 2011—2017年某中央电力企业B营业收入调整前后波动（单位：万元）
（数据来源：巨潮资讯。）

用总额披露为 8.78 亿元，这两者相差 3.66 亿元，同时调整后的营业收入总额高出调整前约 232 亿元，营业收入调整幅度远超管理费用，从而出现调整后管理费用占营业收入比明显低于调整前的现象。企业年报对同一年披露的数据为何出现较大差异？为了找到较大差异的原因，将这两次披露的管理费用明细进行了详细的对比，具体数据如表 15 所示。

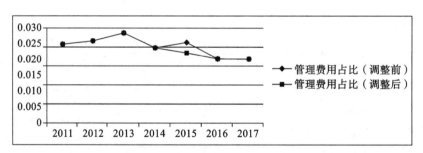

图28 2011—2017年某中央电力企业B管理费用占比前后两次披露对比
（数据来源：巨潮资讯。）

表15 2015—2016年某中央电力企业B披露管理费用明细对比　　　　（单位：万元）

年份	2015（调整前）	2015（调整后）	增加额
职工薪酬	16115.829	17498.608	1382.778
固定资产折旧	1886.351	15213.867	13327.516
无形资产及与低值易耗品摊销	1677.853	1957.213	279.360
枢纽专用支出	3793.762	3793.762	0.000
研发与开发费用	2257.502	2257.502	0.000
修理费用	9301.888	16315.474	7013.586
税金支出	5009.053	13752.810	8743.756
差旅费	945.252	1081.915	136.663
财产保险费	2004.613	2032.530	28.317
物业管理费		4947.014	4947.014

续表

年份	2015(调整前)	2015(调整后)	增加额
中介费		1553.760	1553.760
咨询费		994.143	994.143
办公费		380.196	380.196
租赁费		120.677	120.677
其他费用	8224.035	5902.100	−2321.936
合计	51215.740	87801.568	36585.829

(数据来源:某中央电力企业B年报。)

由表15可知,两次披露的管理费用明细出现较大差异,在调整后披露明细中除了其他费用这一科目出现了下降,另外的大部分科目都出现了大幅上升。出现大幅增加的科目包括职工薪酬、修理费用、税金支出、固定资产折旧等。2015年调整后管理费用明细中还新增科目,例如物业管理费、中介费、办公费、咨询费、租赁费等,并且前后两次披露明细数据中增加的数额远大于其他费用下降的数额。合计两者相差约3.66亿元,某中央电力企业B并未对此次数据调整作任何说明。

另外,在年报中发现2014—2016年某中央电力企业B项目并未出现大变化,并在2015年报中明确指出当年由于长江处于枯水期,发电量较往年减少,导致销售电量也随之减少,较2014年产销量减少约10%,但2015年调整后的营业收入是2014年营业收入的1.76倍。并且当年电力市场供大于求,电价短期不会出现大幅增长,因此2016年对2015年调整后的营业收入不合理,进而我们推算调整后的占比真实性下降。某中央电力企业B对2015年数据进行调整之后,管理费用占比波动2013—2017年持续保持下降,进而隐藏了2014—2015年管理费用占比剧烈波动的事实,向外界传达某中央电力企业B管理费用占比"下降"的现象。

对同一年的年报数据披露出现如此大的差异,某中央电力企业B在年报中并未给出任何解释,这有可能是企业在2014年受到社会舆论抨击之后,为了在短期内大幅下调其差旅费、企业招待费等敏感费用数额,而采取的费用归类操纵手段。以下用对某中央电力企业B进行审计的会计师事务所的资料来做进一步确认。

根据年报资料显示,2011—2015年企业所聘用的会计师事务所一直为大华会计师事务所,直到2016—2017年将会计师事务所更换为信永中和会计师事务所。从综合实力与规模来说,大华会计师事务所是国内首批获准从事H股上市审计资质的事务所,行业内排名第8,而信永中和会计师事务所排名第19。会计师事务所是资本市场的重要参与者,其发布的审计意见对投资者来说十分重要,根据审计连续性原则,一般注册会计师都会通过连续多年与企业的合作才能基本对上市公司的业务进行认识和了解,因此在2014年某中央电力企业B受到新浪财经、网易新闻等媒体负面舆论抨击之后,于2016—2017年更换了会计师事务所,这一变更传递出更多信号。潘懿菲(2017)提出,企业更换会计师事务所的动机主要包括企业财务困境与破产危机,审计收费,以及审计意见分歧三个原因。

企业财务困境与破产危机是指企业处于财务困境,连续盈利为负,为了避免企业被退市,更有可能更换会计师事务所。外国学者 Bryan、Tiras 和 Wheaktiey(2001)发现,上市公司在财务状况不佳的时候,更希望通过更换会计师事务所来达到防止退市的目的。我国学者王春飞(2006)也提出上市公司扭亏为盈与更换事务所之间存在正相关关系。基于以上理论,某中央电力企业 B 的盈利能力及收益质量数据如表 16 所示。

表 16　2011—2017 年某中央电力企业 B 盈利能力及质量数据　　　（单位:%）

年份	2011	2012	2013	2014	2015	2016	2017
销售净利率	37.20	40.15	39.97	43.98	47.53	42.78	44.42
总资产净利率(年化)	4.88	6.60	5.95	7.98	7.97	9.50	7.45
经营活动净收益/利润总额	71.94	76.85	71.11	81.02	71.57	83.52	85.08

（数据来源:Wind 数据库。）

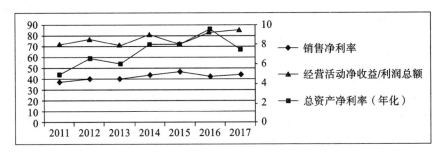

图 29　2011—2017 年某中央电力企业 B 盈利能力及质量数据波动图

（数据来源:Wind 数据库。）

由图 29 可以看出,2011—2017 年某中央电力企业 B 的盈利指标基本保持上升的趋势,说明企业盈利能力整体处于增长阶段,并且收益质量指标经营活动净收益/利润总额波动基本稳定,反映出某中央电力企业 B 盈利能力处于上升阶段且企业收益质量较好保持增长趋势,因此排除某中央电力企业 B 由于企业处于财务困境而选择更换会计师事务所。

关于审计收费的问题,由于国内的会计师事务所数量增多,业内低价竞争激烈,Bockus 和 Gigler(1998)提出,企业倾向于选择审计收费较低的事务所。2012—2017 年某中央电力企业 B 聘用会计师事务所费用如表 17 所示。

表 17　2012—2017 年某中央电力企业 B 聘用会计师事务所费用

年份	2012	2013	2014	2015	2016	2017
聘用会计师事务所	大华	大华	大华	大华	信永中和	信永中和
费用(万元)	260.00	260.00	260.00	260.00	273.95	273.95

（数据来源:某中央电力企业 B 年报。）

从表 17 可以看出,某中央电力企业 B 2012—2015 年一直聘用的是大华会计师事务所并且费用维持在 260 万元,2016—2017 年换成了费用更高的信永中和会计师事务所,基于此,可排除某中央电力企业 B 由于会计师事务所进行低价竞争而更换事务所。

综上所述,某央企电力企业 B 并不满足财务困境与破产危机及审计费用的原因,再结合上文某中央电力企业 B 对 2015 年同一年的管理费用披露出现巨额差异,因此企业可能与原先合作事务所出现审计意见分歧,从而更换长期合作的大华会计师事务所并出更高的费用聘请信永中和会计师事务所。

由此可见,某中央电力企业 B 对于 2015 年管理费用、营业收入披露出现较大差异以及 2016 年更换会计师事务所事件不是巧合,而是企业备受舆论压力,为了规避监管而采取的一种操纵手段。现将 2015 年某中央电力企业 B 管理费用明细占比调整前后作为对比(见表 18)来说明企业对管理费用进行归类操纵的具体途径。

表 18 2015 年调整前后管理费用明细占比

年份	2015 年(调整前)	2015 年(调整后)
职工薪酬占比	0.00665	0.00369
固定资产折旧占比	0.00078	0.00321
无形资产及与低值易耗品摊销占比	0.00069	0.00041
枢纽专用支出占比	0.00157	0.00080
研发与开发费用占比	0.00093	0.00048
修理费用占比	0.00384	0.00344
税金支出占比	0.00207	0.00290
差旅费占比	0.00039	0.00023
财产保险费占比	0.00083	0.00043
物业管理费占比	0	0.00104
中介费占比	0	0.00033
咨询费占比	0	0.00021
办公费占比	0	0.00008
租赁费占比	0	0.00003
其他费用占比	0.00339	0.00124
合计	0.02113	0.01851

(数据来源:某中央电力企业 B 年报。)

从表 18 可以看出,调整后的管理费用总体占比低于调整前,在管理费用明细占比中国家严格控制的差旅费占比下降,其他费用占比下降,固定资产折旧、税金支出占比上升,并且新增科目包括物业管理费、中介费、咨询费、办公费、租赁费占比都出现上升。

综上所述,某中央电力企业 B 由于 2014 年受到腐败负面舆论影响,在 2016 年更换了会计师事务所,并对往年数据进行了较大调整。对比某中央电力企业 B 2015 年年报调整前后数据发现,企业通过新增大量科目和多计提固定资产折旧等非敏感费用的方式来分散差旅费、企业招待费等敏感费用。在扩大管理费用总额的同时虚增营业收入,造成最终管理费用占比下降的现象。一方面费用可以通过多提的方式释放出去,另一方面又通过虚增营业收入造成占比下降掩盖了费用的分散。

2. 某中央电力企业B资本化手段

一般企业进行费用归类操纵还包括资本化手段,即利用非敏感资产科目例如存货、固定资产、原材料、生产设备等来分散敏感费用,某中央电力企业B存货占比波动情况如图30所示。

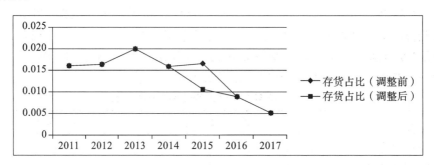

图30　2011—2017年某中央电力企业B存货占比波动情况

(数据来源:某中央电力企业B年报。)

由图30可以看出,某中央电力企业B 2013—2017年存货占比基本呈下降趋势,其中,某中央电力企业B对2015年数据进行了较大调整,使2015年存货占比调整后远低于调整前。调整之后的数据及占比真实性下降,为了进一步分析,将存货明细中原材料、库存商品、备品备件及其他4个科目的变化整理如下:

由表19可知,某中央电力企业B 2015年存货总额增加了约1.05亿元,其中包括原材料、备品备件和其他科目的总额出现明显增长,尤其是其他科目总额出现剧增,增长率高达664%。然而某中央电力企业B在2015年的年报中已经明确指出,当年由于长江正处于枯水期,产电量下降,企业当年产销量下滑,那么以水力发电、以售电为主营业务的某中央电力企业B出现存货总额的巨额增长是不合理的。

表19　某中央电力企业B 2015年调整前后存货明细对比　　　　(单位:万元)

项目	2015年(调整前)	2015年(调整后)
存货总额	40213.53	50710.09
原材料	12468.31	13659.51
库存商品	335.68	335.68
备品备件	27403.07	36665.44
其他	6.47	49.46

(数据来源:某中央电力企业B年报。)

从表20来看,调整之后的各部分明细占比却出现了下降,其中原材料、库存商品及备品备件出现了大幅下降。出现此现象是由于2015年调整后的营业收入陡增了232亿元,并且基于前文分析得知调整之后的营业收入数据不合理。可见某中央电力企业B在受到腐败负面舆论影响之后通过更换会计师事务所对前年的数据进行了修改,利用存货科目资本化来分散费用,其具体分散途径为大幅增加原材料、库存商品、备品备件总额,同时又通过虚增营业收入来降低存货明细占比来达到"下降"的效果。

表 20　某中央电力企业 B 2015 年调整前后存货明细占比

年份	2015 年(调整前)	2015 年(调整后)
原材料占比	0.005144	0.002880
库存商品占比	0.000138	0.000071
备品备件占比	0.011305	0.007730
其他占比	0.000003	0.000010

(数据来源:某中央电力企业 B 年报。)

对固定资产及在建工程用同样的方法来分析,将 2015 年调整前后的固定资产及在建工程作为对比,如表 21 所示。

表 21　某中央电力企业 B 2015 年固定资产及在建工程调整前后对比　　(单位:万元)

年份	2015 年(调整前)	2015 年(调整后)
固定资产	11885186.50	27372068.81
在建工程	31694.43	559347.01

(数据来源:某中央电力企业 B 年报。)

从表 21 可知,某中央电力企业 B 固定资产及在建工程总额在 2015 年调整前后相差甚大,分别增长 1548.69 亿元和 52.76 亿元,固定资产总额增长率高达 130.3%,在建工程总额调整后扩大 16.65 倍。某中央电力企业 B 2015—2016 年年报中关于固定资产及在建工程的资料显示,某中央电力企业 B 在 2015 年年报中明确指出,当年在建工程主要包括:水轮发电机组更新改造,金属结构检修中心设计建造,220 kV 开关站改造,以及其他,共四项工程。并且 2015 年调整前的在建工程总额较 2014 年有所减少,2015 年年报中也特做说明:"期末在建工程减少较大主要系电站水轮发电机组更新改造增容工程阶段性完工本期转入固定资产所致。其他减少主要系部分工程项目形成无形资产以及未形成资产部分费用化所致。"由此可见,2015 年在建工程总额不会出现调整后的巨额增加,因此 2015 年调整后的在建工程总额不合理。

某中央电力企业 B 固定资产包括挡水建筑物、房屋及建筑物、机器设备、电子设备、运输设备、办公设备及其他等。其具体明细如表 22 所示。

表 22　某中央电力企业 B 2015 年固定资产明细调整前后对比　　(单位:万元)

年份	2015 年(调整前)	2015 年(调整后)
挡水建筑物	6287413.65	14189438.89
房屋及建筑物	3004259.40	8962169.23
机器设备	2574295.97	10068381.13
运输工具	5668.13	25367.49
电子及其他设备	13549.35	75675.23

(数据来源:某中央电力企业 B 年报。)

由表22可以看出,固定资产各个明细在调整前后出现巨额差异。在2014—2015年年报中明确指出,当年挡水建筑物为葛洲坝大坝、三峡大坝、茅坪溪水坝,并未出现增加的建筑物,并且2015年固定资产调整前的数据较2014年相比原本是下降的。另外,2015—2016年企业项目未出现大幅增减,其中房屋及建筑物、机器设备、运输工具、电子及其他设备在年报中都未给出任何增加的说明,可见2015年固定资产调整后的数据出现剧增是不太合理的。图31是固定资产及在建工程的占比波动情况。

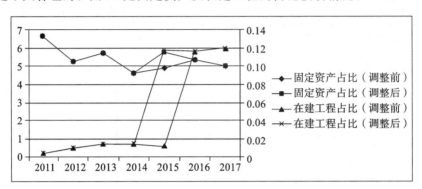

图31　2011—2017年固定资产及在建工程占比波动

（数据来源:某中央电力企业B年报。）

由图31可以看出,固定资产和在建工程占比调整后比调整前要高,在固定资产和在建工程总额剧增的同时营业收入也进行了大幅调整,但是最终占比出现下降,说明固定资产和在建工程的调整幅度更大,其增速远超营业收入增速。综上所述,某中央电力企业B由于腐败负面舆论影响,可能于2015年运用费用资本化来进行费用归类操纵,具体途径包括大量增加挡水建筑物、房屋及建筑物、机器设备、运输工具、电子及其他设备总额来增加固定资产总额及在建工程总额,以达到分散敏感费用的目的。

(二) 企业对比

基于前文对某地方电力企业A和某中央电力企业B费用归类操纵手段的分析,某地方电力企业A和某中央电力企业B费用操纵手段都包括费用化、资本化,但是两者的实现途径、动机与时机、操纵程度及效果都有所差别。

1. 实现途径

某地方电力企业A费用归类操纵途径主要包括费用化和资本化两种。费用化表现为将费用分散至销售费用和管理费用,具体分散途径包括将敏感费用分散至销售费用中的工资、工会经费、劳动保险费、福利费,以及管理费用中的工资、劳动保险费、福利费,新增科目例如办公费、运输费。资本化手段表现为将费用资本化转入非敏感资产类科目,例如存货及工程物资等不敏感科目。

某中央电力企业B费用归类操纵途径主要包括费用化和资本化两种。费用化表现为将费用主要分散至管理费用,分散途径包括某中央电力企业B在2016年更换会计师事务所并对往年数据进行大幅调整,通过大幅增加管理费用的总额同时虚增营业收入来使其总体占比达到"下降"的状态。具体分散途径包括通过新增大量科目例如办公费、物业管理费、咨询费、中介费等和多计提固定资产折旧等非敏感费用的方式来分散差旅费、企业招待费等敏感费用。这样一来,费用可以通过多提的方式释放出去,同时又通过虚增营业收入造成占比下降,掩盖了费用的分散。资本化手段表现为将敏感费用资本化转入非敏感资产类科目,例如利用存货科目资本化手段来分散费用,其分散途径为增加原材料、库存商品、备品备件总额,同时又虚增营业收入来降低存货各个明细占比来达到"下降"的效果,并且大量增加挡水建筑物、房屋及建筑物、机器设备、运输工具、电子及其他设备总额来增加固定资产总额及在建工程总额,以达到分散敏感费用的目的。

对比以上两个企业的实现途径,发现某中央电力企业 B 的实现途径与某地方电力企业 A 存在一些异同之处。相同的是两个企业都分别使用了费用化和资本化手段;不同的是在费用化方面,某地方电力企业 A 同时通过销售费用和管理费用两个途径进行分散,某中央电力企业 B 只通过管理费用进行分散,并且同时还虚增营业收入来降低占比,向外界传达管理费用"下降"的现象。同样,在资本化方面,某地方电力企业 A 主要是通过增加存货及工程物资来分散费用,而某中央电力企业 B 通过增加存货、固定资产及在建工程来分散费用。综上所述,某中央电力企业 B 国企规模和综合实力都强于某地方电力企业 A,某中央电力企业 B 的手段较为繁杂并且更为极端激进,调节的程度更大,某地方电力企业 A 的手段则更为缓和、简单一些。

2. 动机与时机

一般企业进行费用归类操纵的动机主要包括以下几点:①使营业利润达到分析师预测;②平滑营业利润,因为持续稳定的营业利润可以带给投资者信心,同时还能向市场传递持续盈利能力的内部消息;③提高公司股票市盈率来吸引投资者;④达到摘帽所需的盈利水平;⑤某类微利公司将利润表中的核心费用转入营业外支出科目中来达到管理核心收益的目的;⑥由于国企享受国家税收政策的优惠,纳税人可能充分利用各种税收优惠政策以调整所得税支出,或者指导公司利用我国税法和会计准则中的灵活性、漏洞或二者差异,通过费用操纵等会计手段调整税费来达到利益目标;⑦国企在 2012 年"八项规定"出台之后,为了规避外部监督而采取费用归类操纵行为,相比非敏感科目,利益相关者对业务招待费更为敏感,会将消费性现金支出归入非敏感科目。

根据以上几点动机及上文对两家企业的分析可知,某地方电力企业 A 和某中央电力企业 B 进行费用归类操纵的动机主要包括后两者。首先从税收政策的角度来考虑两者动机,发现某中央电力企业 B 和某地方电力企业 A 分别为央企和国企,在享受国家税收政策方面也有所差异。2013—2016 年两者的年报税收政策说明显示,某中央电力企业 B 的税收政策比某地方电力企业 A 相对宽松,某中央电力企业 B 每年的税收政策会有细微的调整,但是某地方电力企业 A 税收政策基本无变动,灵活性较低。例如,2013—2015 年某地方电力企业 A 增值税一律按 17% 计缴,2013—2015 年某中央电力企业 B 增值税分为销售电力、商品,售水收入,以及应税劳务收入三个方向,每个方向税率不同且分层次。可见,某中央电力企业 B 税率划分较细且税收水平划分更合理。另外,某地方电力企业 A 每年税收政策变动不大,灵活性较低,某中央电力企业 B 每年税收政策会有调整,灵活性较高。总的来说,某中央电力企业 B 属于央企且税收政策优惠程度大于某地方电力企业 A,从税收的角度来看,某中央电力企业 B 由于存在有利的税收优惠政策进而虚增营业收入也不会对企业造成过多的影响。相对而言,某地方电力企业 A 没有同等强度的优惠政策,则不会轻易增加营业收入来抬高自己的税收负担。综上所述,从税收角度来分析企业的动机,享有税收优惠政策的央企可能更有动机和条件来虚增收入以达到降低费用占比的效果。相比之下,某地方电力企业 A 企业规模及综合实力远不及某中央电力企业 B,则没有同等的税收优惠政策进而采取的手段相比某中央电力企业 B 更缓和,并未涉及影响税收的部分。从"八项规定"角度考虑两者的动机,自"八项规定"出台以来,厉行勤俭节约,杜绝奢靡之风,对国有企业的工作作风和公款消费等行为产生了重大影响,随后财政部对企业招待费、差旅费、办公费、会议费、培训费、接待经费等敏感费用出台了相应的管理办法,国有企业应该更具有政治敏感度,国家出台的反腐规定与可能随之而来的外部监督和社会舆论压力,会使国企进行费用归类操纵来控制销售费用与管理费用的增长。某地方电力企业 A 作为地方国企,某中央电力企业 B 作为央企,在面对政治环境的敏感性变化与社会舆论压力时,有动机进行费用归类操纵来达到在短期内下调销售费用与管理费用占比的效果。并且某中央电力企业 B 在 2014 年还受到了来自新华网、搜狐财经等新闻媒体的负面舆论影响,企业在短期内更有动机为了应对外部监督而对费用进行调整。

企业进行费用归类操纵的影响因素主要包括以下几点:①重大事件发生;②新闻舆论导向;③税收政策变化。

从重大事件发生的角度来看,2012 年中央出台"八项规定"之后,国有企业为了避免外部监督与社会舆论压力,会采取费用操纵的行为来降低销售费用及管理费用。某地方电力企业 A 与某中央电力企业 B 作为地方国企和央企,面对高压监管与社会监督,会采取费用归类操纵的行为。根据上文分析,某地方电力企业 A 进行操纵的时间点在 2013 年。在"八项规定"的影响下,某中央电力企业 B 在 2014 年又受到负面舆论的冲击,受到两方面的压力,企业主要集中在 2015—2016 年进行费用归类操纵,两者在时机上有所不同。

从新闻舆论的导向角度来看,某中央电力企业 B 的控股公司三峡集团在 2014 年连续受到多家媒体报道,直指企业腐败贪污问题严重,给企业带来较大的负面舆论压力。在 2012 年中央出台"八项规定"之后,中央反腐工作从未停止且社会监督能力及社会舆论导向效果也随之增强,人们对贪污腐败的敏感度更高。在此环境下,某中央电力企业 B 接连受到负舆论冲击对企业而言实属雪上加霜,为了平息负面舆论和应对外部监督,企业主要集中在 2016 年更换会计师事务所,对往年的数据进行调整,进行费用操纵行为。

从税收政策变化的角度来看,某地方电力企业 A 税收政策 2013—2015 年基本没有变动,则税收优惠政策变动对某地方电力企业 A 的时机选择并无影响。而某中央电力企业 B 税收政策在 2014—2016 年出现了一些变化,在 2014 年税收优惠的基础上 2015 年增加了更多的优惠政策。例如 2015 年年报中指出:根据财税〔2014〕57 号《关于简并增值税征收率政策的通知》规定,一般纳税人销售自产的自来水,统一调整依照 3% 征收率征收。公司及下属子公司自 2014 年 7 月 1 日起,销售自来水按照售水收入的 3% 缴纳增值税。对于不同企业征税主体进行了划分,例如某中央电力企业 B 及其子公司(除去长电国际、高科公司)所得税税率为 25%,长电国际税率为 16.5%,高科公司为 15%。2016 年年报中略有变化并指出:"本公司及所属子公司(除长电国际、高科公司、川云公司)适用的企业所得税税率为25%。长电国际适用的香港利得税税率为16.5%。高科公司于2015年11月24日被认定为高新技术企业,有效期3年。享受高新技术企业所得税优惠政策,按15%的税率计缴企业所得税。根据国家税务总局公告2012年第12号《关于深入实施西部大开发战略有关企业所得税问题的公告》等政策,川云公司符合西部大开发税收优惠,可减按15%税率缴纳企业所得税。川云公司已经按规定履行了相应的审批备案程序。同时,川云公司从事国家重点扶持的公共基础设施项目的投资经营,根据国家税务总局《关于实施国家重点扶持的公共基础设施项目企业所得税优惠问题的通知》(国税发〔2009〕80号),享受'三免三减半'的优惠政策,免征2013至2015年度企业所得税,减半征收2016至2018年度企业所得税。"可见,2015—2016年存在十分有利的税收优惠,在存在十分有利的税收优惠条件下,在扩大费用的同时虚增收入来达到降低占比也不会对企业造成过大的损失,其间的税收政策变化为企业在这两年进行费用操纵提供了时机。

3. 操纵程度及效果

基于以上对某地方电力企业A和某中央电力企业B的比较可知,某地方电力企业A进行费用归类操纵的时间范围大且操作手段较为简单,某中央电力企业B面临的外部压力更大,进行费用归类操纵的时间范围小且手段较为烦琐和激进。为了进一步分析两者进行操纵之后效果的比较,现将某中央电力企业B与某地方电力企业A的数据与前文所提到的"标尺"进行对比来判断某中央电力企业B与某地方电力企业A达到的效果是否趋于正常水平。首先将国投电力的销售费用占比与某中央电力企业B及某地方电力企业A作为对比,如图32所示。

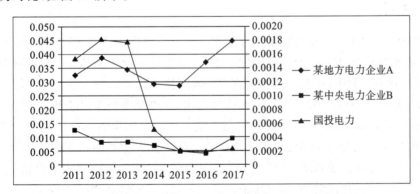

图32 2011—2017年三家企业销售费用占比波动图
(数据来源:巨潮资讯。)

由图32可知,某中央电力企业B销售费用占比低于国投电力,说明其处于正常水平,与前文分析排除某中央电力企业B通过销售费用进行费用归类操纵的结论吻合。某地方电力企业A 2013—2015年通过销售费用进行了费用归类操纵之后,虽然其销售费用占比出现大幅下降,但是比起"标尺"数据还是有一定的差距,并且在2015—2017年某地方电力企业A销售费用占比不降反升与另外两家相反,说明其行为有一定的异常。

而对比三家企业的管理费用占比(见图33):总的来说,"八项规定"之后,某中央电力企业B与某地方电力企业A的管理费用占比一直呈下降趋势,其中某中央电力企业B管理费用占比下降逐渐趋于正常的结果存在一定的操纵疑点,其2015—2016年管理费用重新调整有进行费用归类操纵的动机和效果。相比之下,某地方电力企业A同样保持下降且与"标尺"数据仍存在差距,但差距逐渐缩小,说明某地方电力企业A通过管理费用进行费用归类操纵虽有效果但是效果温和,不及某中央电力企业B效果显著。基于前文对两者进行操纵的程度分析得知,某地方电力企业A采取的操纵手段较为平缓,某中央电力企业B采取的手段较为激进。

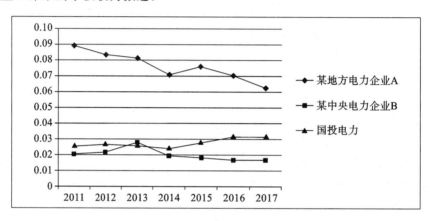

图33　2011—2017年三家企业管理费用占比波动
(数据来源:巨潮资讯。)

六、总结

2012年中央出台"八项规定"之后,社会外部监督加强。叶康涛(2016)提出,在此环境下,相比民营企业,国有企业受到的冲击更大,且国有企业进行费用归类操纵的行为动机会上升。在本案例中,我们从国有企业中选取规模不同的地方国企与大型央企两者进行了对比,基于费用归类操纵的手段、时机与动机、效果及程度方面展开了分析。可以得出以下结论,相比大型央企,中小型地方国有企业未能享受同等待遇的税收优惠待遇及资源支持,受到的监管审查程度不及大型央企,则企业进行费用归类操纵的时机与动机有所差异,并且在操纵手段方面不会选择激进的方式,而是选择较为平缓的调节手段。最后通过国投电力的"标尺"数据进行了两者调节之后的效果对比,发现采取平缓手段的某地方电力企业A进行费用归类操纵之后有效果,但达到的效果不如采取激进方式的某中央电力企业B。

除了国有企业的规模对于企业进行费用归类操纵有影响之外,从上文分析可知,外部监督及社会舆论同样会促使企业进行费用归类操纵。当企业为了规避外部监督和受到负面舆论影响时会进行费用调节,同时税收政策也是企业采取费用归类操纵的影响因素之一,如果税收政策优惠强度大,企业在选择操纵手段时会涉及收入调整。国有企业进行费用归类操纵所涉及的手段、时机与动机,说明中国会计准则对费用尤其是对期间费用的规定还不够完善,政府应该严加监管。企业自身应该进一步完善企业信息披露制度,尤其是对销管费用进行重点监控,要求对其支出情况进一步细化且充分披露和进行说明。此外,应完善内部公司治理,加强外部监督机制。

思考题

1. 政府针对不同规模的企业进行费用归类操纵行为是否存在有效约束?

2. 企业在面对外部监督加强时进行费用归类操纵是否存在风险?有哪些风险?

3. 企业进行费用归类操纵所取得的效果对企业绩效存在怎样的影响?

参考文献

[1] 叶康涛,臧文佼.外部监督与企业费用归类操纵[J].管理世界,2016(1).

[2] 杨理强,陈爱华,陈菡.反腐倡廉与企业经营绩效——基于业务招待费的研究[J].经济管理,2017(7).

[3] Barua A,Lin S,Sbaraglia A M. Earnings management using discontinued operations[J]. Accounting Review,2010,85(5):1485-1509.

[4] 田园,万寿义."八项规定"对我国国有上市公司费用影响研究[J].华东经济管理,2017,31(8):160-167.

[5] 张子余,张天西."特殊损失项目"与"核心费用"之间的归类变更盈余管理研究[J].财经研究,2012(3):70-80.

[6] 陈冬华,陈信元,万华林.国有企业中的薪酬管制与在职消费[J].经济研究,2005(2):92-101.

[7] 吴溪.盈利指标监管与制度化的影响:以中国证券市场ST公司申请摘帽制度为例[J].中国会计与财务研究,2006(4):95-137.

[8] 王跃堂,王亮亮,贡彩萍.所得税改革、盈余管理及其经济后果[J].经济研究,2009(3):86-98.

[9] Athanasakou V E,Strong N C,Walker M. Classificatory income smoothing: the impact of a change in regime of reporting financial performance[J]. Journal of Accounting & Public Policy,2007,26(4):387-435.

附例1:我国电力行业整体概况

附例2:反腐节点和负面新闻后续发展

案例十
环保监管、政治成本与盈余管理
——基于紫金矿业集团有限公司的案例分析

> **案例导读** 在中国独特的国情和背景下,政治成本有不同于国外的表现形式,其具体表现为隐性成本和显性成本,例如企业招待费、环保罚款支出和对外捐赠等。本案例以重污染行业国有企业紫金矿业集团有限公司为案例,结合企业经营动机展开分析,企业为了规避高的政治成本会进行向下的盈余管理操作。为了进一步分析政治成本对企业盈余管理的具体影响,本案例分析其进行盈余管理的路径,如通过资产减值损失、存货跌价准备、费用支出等方面进行负向盈余管理,降低企业利润以规避高额的政治成本,如政府监管和高额罚款。

一、引言

政治成本是指某些企业面临与会计数据明显正相关的严格管制和监控,一旦会计数据高于或低于一定的界限,企业就会招致严厉的政策限制,从而影响正常的生产经营。其一般表现形式为政策法规、税收、监管等。

关于政治成本假说的三大阶段,国外取得了丰富的研究成果,在西方国家的适用性很强。McKee等(1984)提出国外企业的收入越高,政府的税收就越多,"公司税费"可作为政治成本的替代变量;Watts 和 Zimmerman(1978)认为,"企业规模"也可以作为政治成本的替代变量,因为西方政府重视解决就业问题,就业人员越多,企业规模就越大,于是政府与企业之间存在一定的政治关联,认为规模代表了企业的政治敏感度。但在中国,政治成本假说发展的情况不同,由于政治成本在新兴市场的研究起步较晚,对于中国政治成本假说的适用性,在研究过程中学者持有不同的意见。

中国是以公有制经济为主体的社会主义国家,这一点有别于西方国家。中国更多的是关注 GDP 的增长,所以西方所采用的以规模作为代替变量对中国来说未必适用,并且在中国,政治成本是很难观测但又客观存在的,所以在衡量中国政治成本时,对替代变量要重新考虑。田伟若(2003)指出,行业也可以作为中国政治成本的替代变量,因为具有高公共敏感性的行业,例如烟草生产、重污染行业、高能源消耗企业等,其高利润的信息会招致社会的不满,容易成为社会指责或者诉讼的目标。聂建平(2017)的研究进一步指出,在以前中国对环保不够重视时,重污染行业以牺牲环境为代价来换取利益,规模越大的企业越容易使自身建立在破坏环境之上的财富积累在如今倡导生态文明的环境下备受关注,所面临的政治成本越高。因此,以规模作为中国政治成本的替代变量在重污染行业是适用的。

中国企业所面临的政治成本在财务报表中可体现为隐性成本和显性成本。由于政治成本在国内难以观测,隐性成本表现为企业为了维系和政府之间的联系而发生的例如业务招待费之类的隐性花销。但是在环境问题爆发之后,在高强度的监管之下,企业难以与政府讨价还价,隐性成本逐渐转化为显性成本。显性成本是指企业在面临监管的时候发生的对外捐赠、社会罚款、补偿支出、慈善捐款等。

从2011年"PM2.5爆表"事件发生以来,环保事件给人们生活带来的提醒不仅是关注空气质量,更是对保护环境表现出全面关注。一夜之间雾霾问题成为各类环保安全问题的导火索,让之前发生污染事件的企业一下子受到了广泛关注。政府要全面关注环保问题,包括大气污染、水污染等。为了响应建立生态文明社会的号召,政府必须对我国的重污染行业进行严格的整顿和监管。社会公众、媒体和政府高度关注环境问题,将重压施于国内的重污染企业。

在我国,采矿业是重污染行业之一,采矿的同时会对水资源造成污染。在雾霾问题发生之前,社会公众还没有高度关注环境安全问题,但在2011年雾霾问题爆发之后,政府迫于社会压力不得不严加监管,在此氛围下环境污染问题被高度曝光。矿产属于国有资源,郑石桥(2015)提出,政府对国有资源的管制很多,因此矿产行业在经营过程中必须要考虑政治成本的影响。我们选取的紫金矿业属于重金属采矿业,其行业特点是高污染,随着政府对环保问题的重视,企业造成的污染也受到更严格的管制,因此而支付的政治成本随之增加。

基于以上介绍,我们要研究当环境污染引发强烈的社会关注时,重污染企业尤其是国企面临的政治成本增加,企业为了控制或者减少政治成本,会如何在短时间内有效应对?在应对方法中为什么选择盈余管理手段?在财务报表中又将如何进行盈余管理操作?

二、文献回顾与理论分析

政治成本假说分为三个阶段。

第一阶段的研究主要集中于政治成本的替代变量。西方学者关于政治成本假说的研究中最早以"企业规模"为政治成本的替代变量,认为规模越大的公司受到越广泛的外界关注,其政治成本越高。企业为了维持公众形象,规避政府监管和高额罚款,就越有动机进行向下的盈余管理,向公众隐瞒其真实的利润,以此降低企业的政治成本。后来Mckee等(1984)用"企业销售额"作为政治成本的替代变量,发现收入越高的企业越喜欢进行负向的盈余管理。Daley和Vigeland(1983)用另外的方法也得到了相同的结论。此外,Boyntonet等(1992)认为,"公司税费"也是衡量政治成本的一个替代变量,认为利润较高的公司往往有降低当期盈余以减少应纳税额的动机。后期也有不少西方学者,如

Cahan等(1997)发现,重污染行业的企业在被调查期间,企业会进行盈余下调,以避免环境法案通过。Jones发现,公司为了获取政府补贴会下调利润。

但是第一阶段的规模假说之前在中国并没有达到一致,后来也有学者在此领域有新的发现。聂建平(2017)指出,中国由于在过去的30年中重污染企业主要以牺牲环境、资源和生态环境为代价持续高增长,越庞大的规模越容易使自身建立在破坏环境之上的财富积累在目前构建生态文明社会氛围下受到广泛的关注。因此在"PM2.5爆表"之后规模越大的重污染企业面临的政治成本越高,越有动机进行向下的盈余管理。最后论证了作者的假设,也就是说在国内的重污染行业中,企业的规模越大,所面临的政治成本就越高。

那么在中国重污染行业尤其是国企在面对政治成本上升时有什么应对措施?白彬等(2017)指出,在环境污染问题发生之后,政府会相应加强法制化建设,推进环保领域法制化进程,积极引导公众参与,倡导注重信息公开等策略来降低环境问题产生的政治成本。企业要维持和政府的关系,就要遵守法律规定,可以采取使用环保设备、升级排污系统、规范生产环节等环保手段,积极响应国家保护环境的号召。但是这种方法见效慢,需要长时间执行才能起到环保效果,所以此方法在污染问题发生之后不是一个立竿见影的好办法。此外,郭婉(2014)和聂建平(2017)提出,企业迫于环保压力和高额的罚款、严格监管的压力,可能会选择见效较快的方法——盈余管理。

盈余管理最先由Sclipper(1989)提出,他认为,管理层为了谋取某种利益,会有目的地操纵财务报表的披露。Healy、Wahlen(1999)最早将盈余管理分为真实盈余管理和应计盈余管理。前期对盈余管理的研究,以应计盈余管理研究为主。真实盈余管理行为会对企业的现金流量产生影响,对企业的营运造成实质性影响。安然事件后,美国于2002年推出了具有划时代意义的《萨班斯-奥克斯利法案》,对应计盈余的操纵实施了更多的限制。而真实盈余管理行为在逐年增多(Cohen et al.,2008;Cornett et al.,2009),我国学者王福胜(2014),龚启辉(2015)等针对应计盈余管理进行了研究。

有部分学者认为政治成本假说第二阶段研究主要聚焦于特定事件,比如反垄断调查、征收暴利税、进口救济、环境污染等,有针对性地考察与特定事件有关的某一类企业政治成本的变化对于会计盈余质量的影响,但是在中国没有得到验证。随后也有学者在此方面找到了证据。张晓东(2008)发现在油价飙升阶段,石化行业公司会通过调减利润来规避政治成本。郭婉(2014)发现电力供热企业为避免政府管制以及为获取补贴收入进行了负向的盈余管理。另外,电力供热行业属于能源行业,是关于国计民生的重要产业之一,与重污染行业相比受到的社会谴责压力小,所以在面临政治成本增加时企业采取应对方式的动机不同。

总体来说,政治成本假说第一阶段是研究政治成本的替代变量问题;第二阶段是聚焦于特定事件,例如本案例中选取的"PM2.5爆表"事件,研究政治成本变化对于会计盈余质量的影响,前面两个阶段取得了一些研究成果;第三阶段是寻找更加普遍的情景来进一步考察政治成本理论,但是第三阶段在中国的研究尚少。

在国内目前关于政治成本和盈余管理的文献中,部分学者找到了相关研究证据来证实政治成本假说第一、第二阶段在中国也同样适用。例如曾月明(2016)和刘运国、刘梦宁(2015)及徐锐(2014)提出,在雾霾问题爆发之后,公众严厉声讨政府的不作为和重污染企业的不环保,社会舆论的压力直接导致政府部门实施严格监管,导致重污染企业在2011年"PM2.5爆表"之后的政治成本上升,作为罪魁祸首的重污染企业会为了规避政治成本或者博取同情而选择低调行事,进行向下的盈余管理,降低其报表利润从而减少公众媒体的过多关注,甚至是博取政府同情以此获得政府补助。相较于非重污染企业,重污染企业更有动机规避政治成本,并且相对来说,那些小规模企业或非国有企业难以获得政府的补助,面临的政治成本更高,向下的盈余管理更为明显。

我国学者对于政治成本和盈余管理的关系有一定的研究,但大多是追求共性的实证研究,关于包容差异分析的案例较少,案例研究可以拓展我国企业政治成本的研究视角,差异和共性分析可以进一步为实证研究提供思路。

三、案例研究

(一) 企业背景

1. 紫金矿业集团有限公司

紫金矿业集团有限公司(简称"紫金矿业")1993年从福建省紫金山金矿起步,成为一家以黄金及其他金属矿产资源勘查和开发为主的大型矿业集团,2003年12月成功登陆香港股票市场,2008年4月25日在上交所挂牌上市,其注册资本为2303121889.00元人民币,员工总数为17445人,总市值为1070.27亿元,总股本为230.31亿股,在同行中属于中上等。

紫金矿业目前形成了以金为主,铜、铅、锌、钨、铁等基本金属并举的产品格局,在国内20多个省(市、区)和澳大利亚、塔吉克斯坦、俄罗斯、吉尔吉斯斯坦、秘鲁、刚果(金)、巴布亚新几内亚等多个国家有投资项目,是中国最大的黄金生产企业之一,主要的铜、锌、钨、铁生产企业,中国控制金属矿产资源最多的企业之一,经济效益多年位居同行业前列。

2. 环境问题频发

紫金矿业靠低成本开挖金矿发家。20世纪90年代,陈景河(紫金矿业董事长)冒险用氰化钠溶液提炼黄金,使原先没有开采价值的低品位矿具有了开采价值,庞大的紫金矿业帝国也由此崛起。然而,紫金矿业创造的这一低成本奇迹,却使企业陷入污染的泥潭,不能自拔。

伴随着紫金矿业的高速发展,环境污染问题频发。早在2007年,国家环保总局首次发布对37家上市公司的环保审查结果,对其中10家公司不予通过或暂缓通过上市核查,其中便有紫金矿业。2009年4月,公司东坪旧矿尾矿库回水系统发生泄漏。2010年5月环保部通报显示,公司矿渣渗滤液未经处理直接排入后库。同年5月底,环保部公布《通报批评公司及其未按期完成整改的环保问题》,紫金矿业成为11家被通报的上市公司之一。

2010年7月3日,紫金山金铜矿湿法厂发生铜酸水渗漏事故,事故造成汀江部分水域严重污染,给附近渔民造成重大损失。但是紫金矿业拖延至7月12日才发布公告,矿方瞒报事故9天。2010年9月21日,紫金矿业位于广东的一处矿库再度发生溃坝事件,共造成22人死亡,房屋倒塌523户,从2007年至2010年,发生过11起类似事故。10月8日,紫金矿业公告称收到《福建省环境保护厅行政处罚决定书》,针对汀江重大水污染事故,福建省环保厅决定对紫金山金铜矿罚款956.31万元。12月27日,福建省环保厅公告称,由于2010年7月紫金矿业子公司水污染事件,对其董事长陈景河、常务副总裁兼紫金山金铜矿矿长邹来昌分别处以70.6万元和77.97万元的罚款。以上事件被腾讯财经、《人民日报》、新华社等多家媒体曝光,公众的社会舆论谴责、投资者要求索赔、政府的监管,让紫金矿业不得不承担社会责任进行赔偿,接受罚款。同时,政府日益重视环保问题,连续出台了多项治理文件和法规,在这个宏观背景下,紫金矿业面临的政治成本也日渐增长。表1为2007—2010年紫金矿业污染事件及后续影响一览表。表2为紫金矿业污染事件后政府出台的相关政策法规一览表。

表1 2007—2010年紫金矿业污染事件及后续影响一览表

2007年	国家环保总局首次发布对37家上市公司的环保审查结果,对其中10家公司不予通过或暂缓通过上市核查,其中便有紫金矿业
2009年4月	东坪旧矿尾矿库回水系统发生泄漏
2009年5月	环保部通报显示公司矿渣渗滤液未经处理直接排入后库
2010年7月	发生铜酸水渗漏事故,事故造成汀江部分水域严重污染,给附近渔民造成重大损失
2010年10月	紫金矿业位于广东一处矿库再度发生溃坝事件,共造成22人死亡,房屋倒塌523户
2010年12月	福建省环保厅决定对紫金山金铜矿罚款956.31万元。对董事长陈景河、常务副总裁兼紫金山金铜矿矿长邹来昌分别处以70.6万元和77.97万元的罚款
2016年8月	由于紫金矿业发生过污染事件之后,公众对其存在强烈的抵触情绪,所以紫金矿业在黑龙江齐齐哈尔市建厂过程中遭到当地居民强烈反对
2017年4月	黑龙江齐齐哈尔市富拉尔基区紫金矿业工厂上空被污染空气笼罩

(信息来源:网易新闻。)

表2 紫金矿业污染事件后政府出台的相关政策法规一览表

2011年7月	福建省环境保护厅出台城镇生活污水处理处置工作方案
2012年10月	中华人民共和国环境保护部制定《铁合金工业污染物排放标准》(GB 28666—2012),《铁矿采选工业污染物排放标准》(GB 28661—2012)
2013年8月	国务院发布《关于加强发展节能环保产业的意见》中提到要加强污水处理设施建设
2014年12月	国务院办公厅发布《关于推行环境污染第三方治理的意见》
2015年4月	国务院印发《水污染防治行动计划》
2017年6月	中华人民共和国人民代表大会审核通过《中华人民共和国水污染防治法》

(数据来源:中国污水处理工程网。)

3. 面临政治成本增大的趋势

在国有企业与政府维系关系的动机中,国有企业和政府拉拢关系,一方面是为了多获取政府补贴和优惠政策;另一方面是为了减少罚款支出,规避外部监督,降低政治成本。对于紫金矿业这种重污染的国企来说,在环境问题之后,紫金矿业的动机应该是第二种。在紫金矿业案例中,政治成本有以下两种表现形式。第一,在政府高度关注环境污染问题之前,社会媒体还未全面报道,社会和政府对污染问题的严重性了解得不够深入,在未进行严格监管之前,国有企业和政府的关系是互惠互利的,企业为政府提供利税和就业岗位,政府为企业提供良好的经营环境,政治成本因为目标相近、矛盾不突出而不高,政治成本为维持关系所花费的招待费等隐性成本。第二,在环境问题发生之后,环境保护部制定了铁合金生产行业和铁矿采选等重污染行业排放物的标准,规定了水污染物和大气污染物的排放限值、监测和监控要求。在政府的严格监管下,政治成本中的隐性成本——企业招待费再难以隐性,企业必须要为其污染行为付出代价。在严格的环境监管下,这种成本将逐渐变成显性成本,即环保处理支出、对外捐赠补偿、环境污染罚款、诉讼罚款等支出。

上文提到,聂建平(2017)论证,在中国重污染行业中,规模可以作为政治成本的替代变量,即重污染行业中企业的规模越大,所面临的政治成本就越高。表3为2017年紫金矿业十大股东结构图。

表3 2017年紫金矿业十大股东结构图

股东名称	持股数量(万股)	持股比例
闽西兴杭国有资产投资经营有限公司	596074.22	25.88%
香港中央结算(代理人)有限公司	570899.87	24.79%
新华都-国信证券-17新华都EB担保及信托财产专户	73518.47	3.19%
中国证券金融股份有限公司	57686.59	2.50%
全国社保基金一零八组合	49059.74	2.13%
中非发展基金有限公司	32154.34	1.40%
中央汇金资产管理有限责任公司	19169.47	0.83%
华融瑞通股权投资管理有限公司	17400.47	0.76%
全国社保基金一一三组合	16521.97	0.72%
兴证证券资管-光大银行-兴证资管尊瑞5号集合资产管理计划	14469.45	0.63%

(数据来源:Wind数据库。)

从表3可以看出,紫金矿业2017年最大的股东是闽西兴杭国有资产投资经营有限公司,持股比例达25.88%。国家企业信用信息公示,紫金矿业是国有控股公司,其总市值为1070.27亿元,与同行中国铝业(总市值为1072.47亿元)、山东黄金(总市值为615亿元)相比,紫金矿业规模在中国算比较大的国有企业,按照前文所说,规模越大,当出现环境问题时其所面临的政治成本也越大。

在2009年和2010年,紫金矿业发生了严重污染事件,规模较大的紫金矿业面临较高的政治成本。那么较高的政治成本在年报中如何体现呢?在2009年的年报中未找到关于环境污染发生的显性成本如罚款支出等,环境绩效报告中对2009年环境污染一事只字未提,只是披露包含一定隐性政治成本的企业招待费为1631.57万元,最后明确表示,公司环保理念:"要金山银山,更要绿水青山。"公司环保工作准则:"决不以牺牲环境为代价谋求发展。"

紧接着在2010年年报中发现企业将罚款支出和补偿支出计入营业外支出,年报中披露营业外支出增长率高达300.36%,其中对外捐赠、罚款支出、补偿支出合计380261.62元。此外,关于重大事项中的诉讼仲裁事项有详细说明:由于2010年7月3日紫金山金铜矿湿法厂环保事件和同年9月21日信宜紫金尾矿坝溃坝造成死伤和财产损失事件紫金矿业被起诉,案件于2011年和2012年审理完毕,分别判处罚款3000万元和2.45亿元。

2010年年报中,企业招待费较2009年增长63.3%,企业招待费占销售收入比重为0.09%,附注中说企业招待费增加是因为物价上升。另外,其他货币资金中5337.2万元为闭矿生态复原准备金,按龙岩市人民政府有关规定,公司已计提矿山生态环境恢复治理保证金8104.7万元,比2009年增长2.4%,并将该款项存入银行专户,该笔存款被限制用于矿山闭坑后的复垦和环保支出。在紫金矿业环境污染问题爆发之后,政府的监管在企业的年报上有所反映,企业也为此付出了代价,支出的显性成本和隐性成本增加,即面临的政治成本相比2009年明显增加。表4和图1显示了2009—2015年紫金矿业的政治成本支出情况。

表4 2009—2015年紫金矿业营业外支出 (单位:万元)

	2009	2010	2011	2012	2013	2014	2015
罚款支出	768	4648	2012	3105	2419	805	3504
对外捐赠	14021	31158	27475	19010	23007	18585	11951
补偿支出	—	2221	—	—	—	—	—

(数据来源:Wind数据库。)

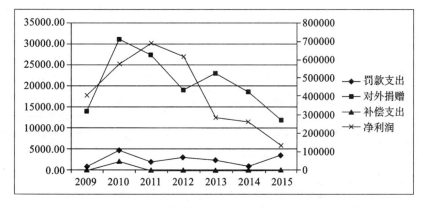

图1 2009—2015年营业外支出与净利润(单位:万元)对比图

(数据来源:Wind数据库。)

表5为2009—2015年紫金矿业企业招待费一览表,图2、图3为2009—2013年企业招待费占收入比波动图和2009—2015年紫金矿业政治成本总体波动图。营业外支出在

2009—2011 年间的波动可以说是同趋势增减。在 2009—2010 年,紫金矿业发生污染事件,企业的营业外支出尤其是对外捐赠出现了直线上涨,企业招待费占比也保持增长,可见环境问题给企业带来的政治压力很大,导致显性和隐性政治成本都上升。在 2011 年"PM2.5 爆表"事件之后,在政府严格管制的情况下,企业招待费占比、政府捐赠和补偿费用同步出现下滑趋势。为什么会出现政治成本下降?是因为环境问题曝光之后引起了社会舆论的严格监督,企业在环保方面付出很多。企业在环保方面加大力度,使得污染下降,进而导致政治成本降低,还是企业面对较高的政治成本,为了避免高额支出,采取下调盈余来降低政治成本?

表 5　2009—2015 年紫金矿业企业招待费一览表

年份	2009	2010	2011	2012	2013	2014	2015
企业招待费(万元)	1632	2666	4624	5140	4765	—	—
销售收入(万元)	2095582	2854000	3976400	4841500	4977200	5876100	7430400
业务招待费占收入比	0.08%	0.09%	0.12%	0.11%	0.10%	—	—

(数据来源:Wind 数据库。)

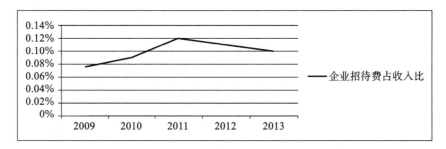

图 2　2009—2013 年企业招待费占收入比波动图

(数据来源:紫金矿业年报。)

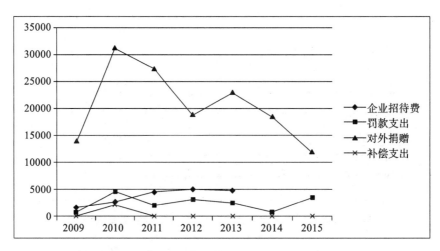

图 3　2009—2015 年紫金矿业政治成本(单位:万元)总体波动图

(数据来源:紫金矿业年报。)

田伟若(2003)提出,政治活动的影响会使那些政治敏感的企业形成政治成本激励,而在实务中应计制的应用和不同的处理程序并存(如折旧、存货计价、摊销期间的确定等),也会为会计选择留下空间,从而促使企业产生冲动进行有利于企业自身的会计选择来降低政治成本,最终形成企业的盈余管理。也就是说政治敏感度高后,企业为了规避政治活动产生的政治成本,往往会选择有助于自身利益最大化的会计政策,进而导致不同的报表盈余。前文提到企业对于政治成本的应对方法,与企业积极配合政府对环境问题进行整改相比,进行盈余管理这一方法在短期内更加有效,并且不同会计方法(如资产减值损失、存货等)的并存为盈余管理提供了可操作的空间,操作起来也比规范生产环节、升级排污系统等需要大的技术和资金投入的改造简单得多。那么紫金矿业是否会因此进行盈余管理呢?

(二) 数据分析

1. 紫金矿业营运状况分析

1) 紫金矿业盈利能力分析

从 Wind 数据库中摘取了从 2009—2016 年的财务数据(见表 6),分析紫金矿业的盈利能力在环境污染问题爆发之后是否发生较大的变化。

表 6 2009—2016 年紫金矿业盈利能力分析表

年份	2009	2010	2011	2012	2013	2014	2015	2016
净资产收益率(年化)(%)	20.7	24.1	24.4	19.6	7.6	8.4	6.0	6.7
销售毛利率(%)	33.7	35.8	30.8	24.9	17.9	13.4	8.5	11.5
净利润/营业总收入(%)	19.3	20.2	17.4	12.7	5.8	4.5	1.8	2.1
营业总成本/营业总收入(%)	75.6	73.2	77.1	83.6	92	95.2	99.0	95.5

(数据来源:Wind 数据库。)

由图 4 可以看出,销售毛利率和净利润/营业总收入从 2010 年紫金矿业发生污染之后出现大幅下滑,同时营业总成本/营业总收入开始出现大幅上升,尤其是 2010—2013 年期间出现较大波动。这说明在环境问题爆发之后,企业的盈利能力下滑。是什么原因造成紫金矿业的盈利能力出现变化?

2) 紫金矿业盈利能力变化原因

在 2010 年之后,紫金矿业的盈利能力出现大幅下降,为了找到盈利能力变化的原因,我们对 2009—2016 年的财务数据进行盈利效率分析(见图 5)。

由图 5 可以看出,2009—2016 年间,销售收入与营业成本都出现大幅上涨,尤其是 2010—2015 年,营业成本的增长速度明显高于销售收入的增长速度,从而营业成本与销售收入之间的差距逐渐缩小,因此其间企业的盈利能力下降是因为营业成本出现剧增。营业成本的剧增在报表中可体现为存货跌价准备、资产减值损失和三大费用(管理费用、销售费用、财务费用)支出增加等方面,图 6 是 2009—2016 年存货跌价准备、资产减值损失及三大费用的波动情况。

由图 6 可以看出,管理费用 2009—2016 年一直保持增长,存货跌价准备、资产减值损失及三大费用 2010—2015 年总体呈上升趋势,这些数据的持续上升导致营业成本的

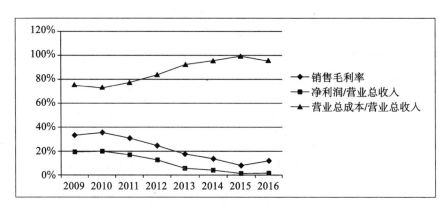

图 4　2009—2016 年紫金矿业盈利能力分析图
（数据来源：Wind 数据库。）

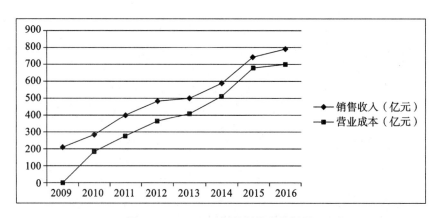

图 5　2009—2016 年盈利效率分析图
（数据来源：紫金矿业年报。）

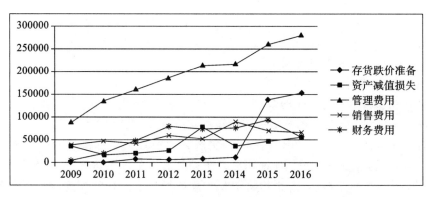

图 6　2009—2016 年营运成本（单位：万元）内部变动情况
（数据来源：紫金矿业年报。）

大幅增加。

3）紫金矿业运营能力变化

由图 7 可以看出，2009—2016 年营运能力中的应收账款周转天数基本持平，说明其间企业的销售政策没有发生变化,基本可以排除因销售政策变化而导致企业盈利能力下降。在2009—2012年存货周转天数出现增加,尤其是在2011年政府更加重视环保问题之后,增加速度变快,说明其间企业存货积压,变现能力差。

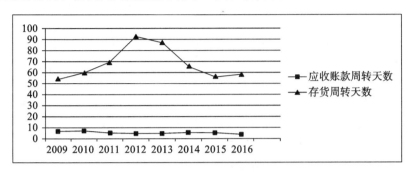

图7 2009—2016年营运能力分析图

(数据来源:紫金矿业年报。)

综上所述,在紫金矿业2010年环境污染问题曝光之后,企业的盈利能力和营运能力都出现了下降,在年报中也出现相关数据的异常变化。

2. 紫金矿业异常数据分析

从2009—2016年紫金矿业年报中找到利润总额的数据,分析其在环境问题爆发之后发生的变化情况。

由图8可以看出,2009—2016年企业的毛利润、归属净利润等指标的变化情况。企业的利润2011—2012年出现缓慢下降,2012—2015年一直呈下降趋势。这是因为2010年下半年紫金矿业发生了废水污染河流事件,我国在2012年对排放废气废水等造成环境污染的行业施行了严格的管控,进一步加强了对污染物排放的指标规定,也加大了惩罚力度,使企业的成本增加、利润降低。2012—2013年利润下降的幅度增大,是否是因为环保支出而导致利润下降?我们在2009—2016年的年报中找到企业关于环保支出的数据(见表7)。

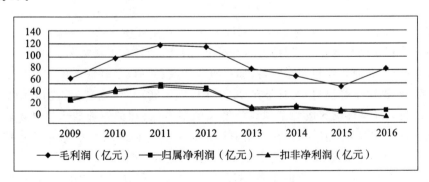

图8 2009—2016年利润总额变化

(数据来源:Wind数据库。)

表7 2009—2016年紫金矿业环保项目建设支出

年份	2009	2010	2011	2012	2013	2014	2015	2016
环保项目建设支出（万元）	2202	3629	3633	6799	6571	6462	7083	6771
环保支出占总收入之比（%）	0.11	0.13	0.09	0.14	0.13	0.11	0.10	0.09

（数据来源：Wind数据库。）

从2009—2016年的年报中找到关于环保项目建设的支出占收入之比，将其与归属净利润做对比（见图9），可以看出两者在2009—2010年紫金矿业发生污染环境事件之前呈同势增长，在2011年政府更加重视环境污染问题之后，环保项目支出直线上升，同时伴随着净利润的下降，此情况为合理现象。可是在2012—2013年，环保项目支出出现缓慢下降的情况，此时紫金矿业的净利润却出现断崖式的下跌，下降幅度高达144.65%。这说明2012—2013年间净利润的下跌并不是因为企业关于环保的支出，而是企业进行了负向盈余管理。另外，2012—2016年企业关于环保项目支出占比逐渐下降，说明企业对环境污染治理取得了成效，这也是2012年后企业的政治成本中补偿支出、罚款支出、捐赠支出逐渐减少的原因。

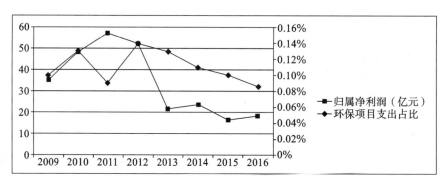

图9 2009—2016年环保项目支出占比与归属净利润对比

（数据来源：紫金矿业年报。）

由图10和图11可知，紫金矿业盈利能力在2010年环境污染问题爆发之后出现了下降，现将其盈利数据与同行业进行对比，分析其盈利数据异常下降情况。

我们可以从企业每年每股净收益、加权净资产收益率以及利润率的变化看出企业的各项盈利指标都呈下降趋势，尤其是在2010年以后。2010年，全球经济出现明显复苏迹象，中国及新兴经济体国家成为全球经济增长的引擎，公司的营业收入迅猛增长，此外，金、银、铜、锌、铁的矿产品销量均在不断增长。而企业的利润相关指标并没有顺应营业收入的增长趋势，主要是由于营业成本增加过快，公司整体毛利率下滑。在这种对公司十分有利的大环境下，企业的毛利率没有顺应行业利好形势增长而是一直呈下降趋势。

为了说明在这种对公司十分有利的大环境下，紫金矿业出现异常变动趋势，我们找到了同行业并且市值接近的三个公司的销售毛利率进行同期对比（见表8、图12）。

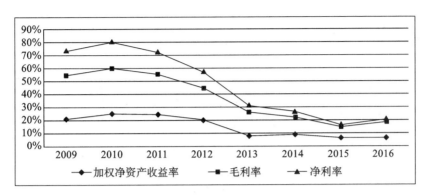

图 10　2009—2016 年紫金矿业盈利能力分析图

（数据来源：Wind 数据库。）

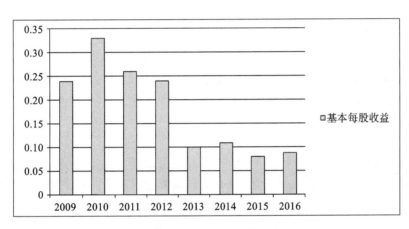

图 11　2009—2016 年基本每股收益（单位：元）变动

（数据来源：Wind 数据库。）

表 8　2009—2016 年同行业销售毛利率对比

年份	2009	2010	2011	2012	2013	2014	2015	2016
江西铜业销售毛利率（％）	10.76	10.83	9.06	5.01	4.25	3.32	2.32	3.46
山东黄金销售毛利率（％）	8.82	9.61	11.21	9.96	7.73	7.69	7.73	8.76
包钢股份销售毛利率（％）	−0.61	5.21	6.89	7.92	7.98	14.19	−14.27	8.60

（数据来源：Wind 数据库。）

由图 12 可以看出，紫金矿业的销售毛利率普遍高于同行业，在社会公众和政府高度关注环境问题后，过高的销售毛利率会引来过多外界关注造成舆论压力，因此企业有动机进行盈余下调。在 2010 年，山东黄金和江西铜业虽然也出现了下降，但是可以看出下降的幅度没有紫金矿业大。江西铜业出现缓慢下降。山东黄金在 2011—2013 年出现了大幅下降，但是之后毛利率持平甚至在 2015 年之后出现了增长。2009—2014 年包钢股份顺应了利好环境，销售毛利率也顺势增加。说明在同行业里，紫金矿业并没有顺应利好形势出现相应的增长或者与同行业相比呈缓慢下降，而是出现大幅下跌。这种现象表

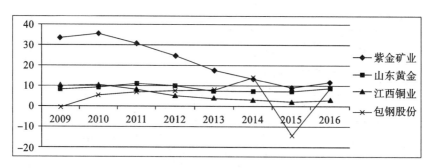

图 12 2009—2016 年同行业销售毛利率对比图（单位：%）

（数据来源：Wind 数据库。）

明紫金矿业有可能进行了负向的盈余管理，以拉低利润来避免因环境保护力度加大带来的高政治成本。

（三）盈余管理手段

陈春梅（2005）提出，企业盈余下调的手段一般有合并会计报表范围的变更，存货及存货跌价准备，长期股权投资核算方法的变更，资产减值损失，以及费用支出等。由于紫金矿业属于制造业，所以其盈余管理手段主要有以下三种：①资产减值损失；②存货跌价准备；③费用支出。

1. 资产减值损失

利用资产减值准备调节利润一直是我国上市公司进行盈余管理的主要手段之一。如果资产可收回金额低于其账面价值，那么资产减值便产生了。资产减值的产生意味着企业在对资产进行计量时不再局限于历史成本计量模式，开始关注资产的"未来经济利益"，反映了"持续经营"的会计假设，使得关于资产的会计信息相关性和可靠性更高，迎合了"决策有用观"的财务报告目标。然而，从另一角度来看，资产减值的确认带有很大的主观性，它的确认基础不是交易而是事项。通过对世界经济和国际贸易、国内经济因素、技术进步以及企业管理水平的分析，只要资产价值减少的情况存在，且其下降的程度可以相对可靠地计量，就可以加以确认。这一确认过程加入了大量的会计人员的主观判断，很容易导致对于同样的情况不同的会计主体计提不同的资产减值损失，从而增加了资产减值损失的可操作性。

1）现行资产减值准则给盈余管理留下的空间

（1）资产减值迹象的认定。根据《企业会计准则第 8 号——资产减值》的规定，企业应当在资产负债表日判断资产是否存在可能减值的迹象，而对资产减值迹象的判断除了需要来自企业内部资料外，更多地需要来自企业外部的信息，如资产的市价、企业经济、技术或者法律环境的变化以及市场利率的趋势等，这些信息都必须建立在完善的市场机制的基础上。由于我国处于市场经济的初级阶段，会计人员获取的资料缺乏充分性，这就使得他们不得不借助大量的主观判断，甚至根据企业的需要决定减值迹象的存在与否。

（2）可收回金额的确定。同上述情况一样，可收回金额确定所需的公允价值、预计未来现金流量的现值及预计的处置费用，都需要外部市场环境的完善以及企业内部强大的预算系统,即以强大的技术条件为依托。而我国目前的市场状况还难以达到这样的要求,便不可避免地助长了会计人员的主观判断。

(3) 流动资产(如存货、应收款项等)的资产减值仍可转回。尽管新的准则在同国际准则趋同的前提下结合中国国情,规定了长期资产的减值准备不可转回,但并未限制流动资产的转回。企业可以减少长期资产减值准备的计提,而加大流动资产减值准备的计提,从而利用转回达到调节利润的目的。此外,企业如果对固定资产或者使用年限确定的无形资产计提了减值准备,则会降低其在当期及以后年度的折旧或者摊销的金额,从而降低当期的利润,同样可以达到盈余管理的目的。

(4) 对资产减值的披露。新准则规定,发生重大损失的,应当在附注中披露导致每项重大资产减值损失的原因和当期确认的重大资产减值损失的金额,并披露可收回金额的确定方法。这一方面体现了资产减值会计的日益规范,另一方面必须认识到,准则中对于何种损失属于重大损失并未明确规定。而事实上,会计实务也利用了这一点,很少按规定进行披露。

2) 资产减值损失与盈余管理

前文提到资产减值损失是企业进行盈余管理的一种手段,企业通过增加资产减值损失来增加营业成本、降低利润。表9为紫金矿业2009—2016年资产减值计提率与总资产。

表9 紫金矿业2009—2016年资产减值计提率与总资产

年份	2009	2010	2011	2012	2013	2014	2015	2016
期初总资产(亿元)	—	296	384	523	674	669	752	839
计提资产减值(亿元)	3.64	1.76	2.03	2.71	7.92	3.63	4.71	5.61
资产减值计提率(%)		0.59	0.53	0.52	1.18	0.54	0.63	0.67

注:资产减值净计提率=资产减值计提额/期初总资产
(数据来源:Wind 数据库。)

由图13可知,2012—2013年和2014—2015年企业的资产减值损失占净利润之比剧增。2012年的资产减值损失从2.71亿元剧增到2013年的7.92亿元,净利润从2012年的61.5亿元下降到2015年的13.4亿元。在政府严格监管环境问题之后,紫金矿业增加了政治成本,导致2013年的资产减值损失占净利润比达到28%。2015年国务院发布《水污染防治行动计划》,对化工、采矿等重污染行业加大监管力度,引起重污染行业的高度重视,紫金矿业2015年资产减值损失占净利润比高达35%。

一般企业大量计提资产减值损失有以下三大动机。

(1) 迎合监管的动机。如上文中提到,在2012年及2013年,由于国家对环境保护出台新一轮的政策法规,以及当时行业情况的恶化,同时,紫金矿业又是一个以低成本、高污染冶金进行生产并占据市场的企业,其受到的影响是比较大的。企业为了规避高额政治成本,积极迎合政府监管。

(2) 夸大亏损的动机。由于现有法律法规并未根据亏损金额的大小而对企业实施不

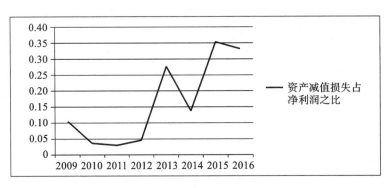

图 13　紫金矿业 2009—2016 年资产减值损失占净利润之比波动图

（数据来源：紫金矿业年报。）

同的处理办法，一些公司在首次出现亏损时便通过巨额计提减值准备，最大限度地剥离不良资产，以减小后续年度的压力或者为后续年度通过逐步转回改善业绩埋下伏笔。除此之外，当企业管理层变更时，也极易出现"大清洗"的现象，这是因为新上任的管理层通过巨额计提夸大亏损并将责任推至上届，以便自己轻装上阵，交出让上级满意的答卷。

（3）平滑利润的动机。在环境污染问题发生后，为了规避高额的政治成本和政府的监管，管理层倾向于在利润大增的年份计提较多的资产减值损失，隐藏真实的利润，以免引起社会的过多关注。

面对以上动机，紫金矿业如进行盈余下调的动机应该是第三种，进行负向盈余管理来掩饰自己的真实利润，以此博取同情，获取政府补助，规避政府的监管，绕开较高的政治成本。

2．存货跌价准备

1）存货跌价准备计提和转回

会计准则规定，存货在会计期末按照成本与可变现净值孰低计量。如果存货的可变现净值低于成本，此时公司就应该按照成本低于可变现净值的金额计提存货跌价准备，待到确定影响存货减值的因素消失了，就将已计提的相应的存货跌价准备冲回。存货跌价准备的计提使得财务数据在以历史成本计量的基础上引入公允价值的概念，使财务报表的信息更能够反映出公司当前财务状况和经营成果的真实水平，也能让投资者更好地预测到有关公司未来现金流量的信息。但是对存货跌价准备的判断在很大程度上依赖于财务人员的职业判断，这就为公司利用存货跌价准备进行盈余管理提供了机会。

2）对紫金矿业存货计提跌价准备分析

在新的会计准则下，资产减值准备可以给上市公司操纵利润带来机会。新准则中规定资产减值损失一经确认，在以后的会计期间不得转回，但是新准则对于存货减值准备仍然可以继续计提和转回。存货是企业重要的流动资产，上市公司会利用计提存货跌价准备来进行负向盈余调节。薛永红（2009）提出，2008 年后，有色金属行业热衷于提取存货跌价准备。图 14 是紫金矿业 2009—2016 年存货跌价准备占净利润比波动图。

2012 年政府制定相关工业污染物排放标准后，存货跌价准备占净利润比从往年保持平缓波动到 2012—2015 年出现剧烈波动。存货跌价准备占净利润比大幅上升说明存货跌

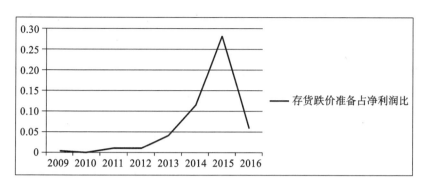

图 14　2009—2016 年存货跌价准备占净利润比波动图
（数据来源：紫金矿业年报。）

价准备的调节对盈余管理的影响较大，企业可能会利用存货跌价准备的增加来进行负向盈余管理。另外，2013 年以来黄金价格大幅下降，对公司盈利水平产生较大影响。未来若黄金、铜等价格继续下跌，将对企业经营业绩产生较大压力。企业将多渠道加强成本管控，以实现低成本运营的常态化，确立企业长期竞争优势。从 2013 年的政策以及行业变化来看，2013 年之后的计提存货跌价准备的行为可能有一定的合理性。图 15 为 2012—2016 年黄金、铜价格走势图。

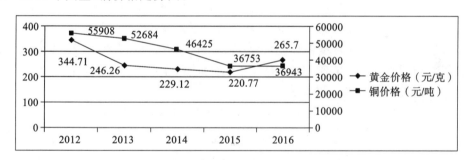

图 15　2012—2016 年黄金、铜价格走势图
（数据来源：上交所。）

　　2013—2014 年黄金价格增长率为-7%，铜价格增长率为-11.88%；2014—2015 年黄金价格增长率为-3.6%，铜价格增长率为-20.8%。结合存货跌价准备折线图，可以看出 2013—2014 年存货跌价准备确实出现增长，存货跌价准备增长率为 44%。结合其间黄金、铜价格的下跌，紫金矿业根据谨慎性原则，计提存货跌价准备的行为看起来是合理的。从 2013 年之后存货跌价准备开始出现剧增，2015 年存货跌价准备高达 138000 万元，增长率达到 961.53%，在当年年报中说明剧增的原因是因为相关产品的价格下跌。我们从 2014—2015 年黄金、铜价格的波动可以看出，铜的价格增长率明显高于黄金的价格增长率，也就是说，2014—2015 年铜的价格出现了很大的变动，而黄金的价格变动平缓，如果按照年报给的说明应该是铜的价格波动引起了存货跌价准备的剧增。与此相矛盾的是，紫金矿业是以黄金为主、铜为辅的矿业集团，在其主营构成中黄金的占比远超铜的占比。既然铜的占比不多，又为何会引起 2014—2015 年存货跌价准备出现剧增？这样看来是因为 2013 年后行情不好，相关产品价格下跌引起存货跌价准备出现剧增，这说明企业面临较高的政治成本时,利用计提大量的存货跌价准备进行负向盈余管理。

3) 存货跌价准备对公司盈余管理的作用

对紫金矿业 2009—2016 年各年的净利润、净利润增长率、资产减值损失等数据进行分析(见表 10)。

表 10 2009—2016 年对比情况 (单位:亿元)

年份	2009	2010	2011	2012	2013	2014	2015	2016
净利润	40.50	57.56	69.10	61.53	28.61	26.35	13.42	16.87
净利润增长率(%)	—	42.1	20.1	−10.9	−53.8	−7.6	−49.2	26.11
资产减值损失	3.64	1.76	2.03	2.71	7.92	3.63	4.71	5.61
存货跌价准备	0.18	0.05	0.76	0.62	0.9	1.30	1.38	1.54
存货跌价所占营业成本比重(%)	13.81	0.03	0.28	0.17	0.22	0.26	0.20	0.22

(数据来源:根据 Wind 数据库收集整理。)

在 2012—2013 年,企业所计提的存货跌价大幅增加,净利润较 2012 年下降了 53.79%。2012—2013 年,因国家发布环境保护政策、污染物排放标准,企业资产减值损失和存货跌价准备都出现了大幅增长,造成紫金矿业成本增加。2013 年企业计提的资产减值损失达到 7.92 亿元之多,企业净利润也大幅下降,净利润增长率跌至 −53.8%。紫金矿业在计提存货跌价准备数量较多时,其净利润下降幅度也随之增加。

从存货跌价准备转销数据占计提数比(见表 11)来看,可以判断出 2011—2013 年企业从计提存货跌价准备不足到大量计提存货跌价准备,企业对存货跌价准备进行了额外的计提来增加营业成本、降低企业利润。

表 11 2009—2016 年存货跌价准备转销数占计提数比

T	2009	2010	2011	2012	2013	2014	2015	2016
T 期转销数(万元)	8388.18	未转销	106.79	5605.23	3911.20	转回转销合并	转回转销合并	转回转销合并
$T-1$	2008	2009	2010	2011	2012	2013	2014	2015
$T-1$ 计提数(万元)	—	1554.48	0.31	7182.54	5754.72	11514.94	3010.53	9778.75
T 期转销数/$T-1$ 期计提数(%)	—	—	340.52	0.78	0.68	—	—	—

(数据来源:2009—2016 年紫金矿业年报。)

3. 费用支出

企业通常在进行盈余管理下调时会采取增加费用成本来降低企业的利润,2009—2016 年,随着公司的发展以及外部环境的变化,紫金矿业在销售费用、管理费用以及财务费用上都发生了较大的变化。公司在 2010 年经历了一些环境污染事件,2012 年前后中国颁布了多部有关规范重污染行业的法律法规,给公司在经营管理方面带来挑战和改变。下面分析紫金矿业是否在费用上进行了盈余管理。

1) 销售费用

销售费用是指企业销售商品和材料、提供劳务的过程中发生的各种费用,包括企业在销售商品过程中发生的保险费、包装费、展览费和广告费、商品维修费、预计产品质量保证损失、运输费、装卸费等,以及为销售本企业商品而专设的销售机构(含销售网点、售后服务网点等)的职工薪酬、业务费、折旧费等经营费用。企业发生的与专设销售机构相关的固定资产修理费用等后续支出也属于销售费用。

图 16 显示,2009—2016 年,紫金矿业的销售费用占比和销售费用总额整体呈现下降趋势,在 2014 年出现了较大的增长随后又出现下降。一般销售费用是伴随着销售活动产生的,一方面会带来销售费用成本的增加,另一方面会带来营业收入的增加。在 2011 年雾霾问题爆发之后,在这样一个敏感的时间段,销售费用占营业收入的占比反而出现上升的趋势,说明在销售费用增加的同时营业收入也在增加,但是销售费用的增速超过了营业收入的增速。尤其在 2013—2014 年,销售费用占营业收入比和销售费用总额较往年出现了大幅增长,在此期间黄金和铜等主要产品的价格持续下行,但是公司依然实现销售收入由 497.72 亿元上升到 587.61 亿元,增长率达到 18%,所以其销售量对应应该有更大幅度的增长。其间销售费用上升可能是因为销量上升、运输费相应增加所致。于是在 2009—2016 年紫金矿业年报中找到相关的销售量数据与销售费用占营业收入比进行了对比,矛盾的是,在 2013—2014 年销售费用占营业收入出现剧增的同时,紫金矿业的销售量的增长速度较上年却放缓许多。2011—2012 年的销售量的增长速度高于 2013—2014 年的增长速度,销售费用占营业收入比的增长速度却截然相反。说明 2013—2014 年企业的销售费用占营业收入比出现剧增的原因不是因为该期间企业的销售量有更大幅度的增长,而是企业在面临政府对环境保护的严格监管时进行了盈余下调。

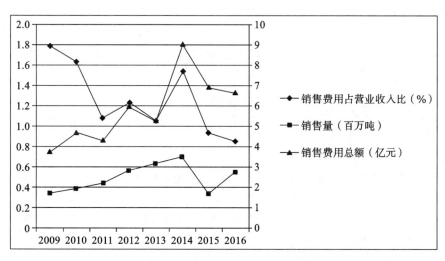

图 16　2009—2016 年销售量与销售费用占营业收入、销售费用总额变化对比图

(数据来源:紫金矿业年报。)

2）管理费用

上述销售费用是公司为销售产品而发生的费用。管理费用是指企业行政管理部门为组织和管理生产经营活动而发生的费用,具体项目有,企业董事会和行政管理部门在企业经营管理中发生的,或者应当由企业统一负担的公司经费、工会经费、待业保险费、劳动保险费、董事会费、聘请中介机构费、咨询费、诉讼费、业务招待费、办公费、差旅费、邮电费、绿化费、管理人员工资及福利费等,用以核算企业管理机构的费用支出。图17显示了2009—2016年紫金矿业管理费用占销售收入比的变化情况。

图17 2009—2016年紫金矿业管理费用占销售收入比的变化情况
（数据来源：紫金矿业年报。）

管理费用占销售收入比基本平稳,没有出现较大波动和异常情况,说明该公司的经营和管理状况基本处于正常稳定的水平。而根据财务报告及相关资料,各年管理费用变化的原因也不尽相同。

2010年管理费用增加的主要原因有：①产量及收入的增加导致资源补偿费等应交各种规费大幅上升；②人工成本大幅上升；③物价上升,办公费、业务招待费、水电费、车辆费及劳保等其他费用相应增幅较大；④新设公司增加开办费等。2010年度该公司的部分子公司为降低员工流动性,提高员工的基本工资；另外,随着生产经营的扩大,折旧和摊销费用、开办费用也随之增长,从而导致管理费用增加。公司的疯狂扩张以及境外子公司的巨大开销也是管理费用剧增的原因之一。

2011年管理费同比增长18.16%,主要原因有：①矿石处理量的增加导致资源补偿费等应交各种规费大幅上升；②人工成本大幅上升；③折旧费用增加；④物价上升,差旅费、办公费、业务招待费、水电费及车辆费等其他费用相应增幅较大。工资福利、折旧及上交违规费等不可控费用占管理费用增长额的73%。

2012年管理费用同比增长16.46%,主要原因有：因物价水平上升,紫金铜业、多宝山铜矿等企业从项目建设转为投产后,集团同比增加行政性人工相关成本费用13625万元,同比增长27.37%；大楼、车辆等固定资产折旧增加4630万元,业务咨询费同比增加3958万元,勘探费用增加2412万元。

2013年管理费用同比增长15.56%,其中可控管理费用为38988万元,同比下降3.22%。管理费用总体上升的主要原因有：①部分企业由基建期转入生产期以及合并范围变化等,增加管理费用18540万元；②物价上涨,人工成本增长。

2014年管理费用同比增长0.43%,若剔除新投产企业,则管理费用同比下降

2.54%。主要是由于集团上下严控费用开支,节支效果明显。

2015年管理费用同比增长20.49%,主要是由于2015年企业加大研发投入,研发费用同比增加,以及新并购、新投产企业增加所致。

2016年管理费用同比上升7.70%,主要是由于企业增加勘探投入,勘探费用同比增加,以及基建企业投产导致资产折旧与摊销增加所致。

综上所述,2009—2016年管理费用基本保持平稳,并且从年报中查出增长的原因也符合实情,在2011年前后没有出现大的波动,甚至在2012年时管理费用占销售收入比还下降了,说明企业应该没有在管理费用方面进行虚增费用以下调利润的盈余管理操作。

3)财务费用

财务费用是指企业为筹集生产经营所需资金等而发生的费用,具体项目有利息净支出(利息支出减利息收入后的差额)、汇兑净损失(汇兑损失减汇兑收益的差额)、金融机构手续费以及筹集生产经营资金发生的其他费用等。财务费用反映公司筹资的费用情况。图18是2009—2016年紫金矿业财务费用占销售收入比的变化情况。

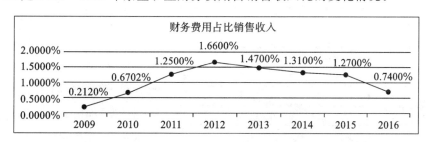

图18 2009—2016年紫金矿业财务费用占销售收入比的变化情况

(数据来源:紫金矿业年报。)

根据图18,我们可以看到紫金矿业的财务费用占比在2012年达到了一个高峰,之后出现下降的趋势。其中在2009—2012年剧增,根据年报说明,2009—2012年财务费用上升的原因是其间资金需求加大,银行贷款额增加,且贷款平均利率同比上升,增加了利息支出。2011年,该公司在境外发债4.8亿美元,开展黄金租赁业务,银行融资额增加,增加了融资成本。紫金矿业开展黄金租赁业务的原因是其融资成本低于银行同期贷款利息,可以有效解决其融资问题,也确实起到了显著作用。2012年财务费用占销售收入比高达1.66%,原因是紫金矿业黄金和铜两个冶炼项目的投产及收购项目的增加,造成资金需求增加,为此黄金租赁及银行贷款增加,导致融资成本增加。同时,增加了2011年发行的美元债券的利息支出。2012年之后,财务费用占销售收入比出现了缓慢的下降,年报中说明出现下降的原因是紫金矿业2013年发行中期票据25亿元,置换部分利率较高的短期借款,降低资金成本。2014—2015年财务费用总额增加是因为紫金矿业融资规模增加,新并购企业及技改投入增加,导致紫金矿业融资成本增加,但是财务费用占销售收入比出现下降说明销售收入的增长速度快于财务费用的增长速度,相对来说紫金矿业融资规模的扩大更多带来的是销售收入的增加。2016年财务费用占销售收入比出现大幅下跌是由于本年汇兑收益增加。

由上可以看出，紫金矿业 2009—2013 年的财务政策是通过向银行贷款、发行外债、开展黄金租赁业务来扩大融资规模，以满足企业的资金需求，前期投入较多，所以财务费用占销售收入比升高，2014—2016 年，由于紫金矿业融资规模扩大而带来了更多的销售收入和汇兑收益的增加，使得财务费用占销售收入比下降。

根据上文的分析可知，2009—2012 年紫金矿业的财务费用占销售收入比出现大幅增加，虽然 2012—2016 年出现了缓慢的下降，但是其总体水平较 2009 年还是有所上升。在财务费用占销售收入比大幅增加的同时，紫金矿业也将面临较大的财务风险。

由图 19 可以看出，2009—2016 年紫金矿业资产负债率及剔除预收账款后的资产负债率呈上升趋势，企业的财务杠杆也随之增大，说明其间企业负债合计大幅增长，企业承担较大风险。其中流动负债/负债合计呈下降趋势，非流动负债/负债合计出现大幅增加。根据前文分析，紫金矿业 2009—2014 年为扩大融资规模向外发行债券，开展黄金租赁业务，长期借款等增加，导致企业非流动负债随之增加，说明企业偿债能力不强，流通变现能力下降，面临的财务风险增加。

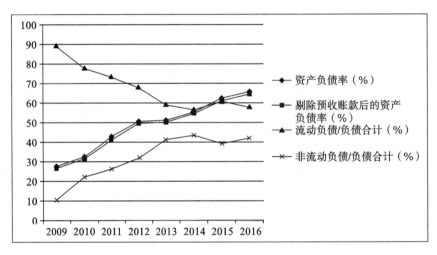

图 19　2009—2016 年紫金矿业资本结构分析图

（数据来源：Wind 数据库。）

从图 20 可以看出，紫金矿业 2009—2016 年流动比率与速动比率呈下降趋势，剔除存货因素后的速动比率在 2009—2015 年出现直线下降，说明紫金矿业短期偿债能力下降。2009—2013 年已获利息倍数出现断崖式下跌，该指标反映了企业盈利与利息费用之间的特定关系，说明其间企业长期偿债能力的保障程度很低，面临的财务风险很大。由上文得知，2013—2016 年财务费用占销售收入比出现缓慢下降，同时紫金矿业流动比率、速动比率及已获利息倍数下降速度放缓，说明企业面临的短期和长期偿债能力下降得到遏制。

综上所述，管理费用与财务费用变化属于正常波动，企业并未在这两方面进行盈余管理，而是在销售费用中进行了负向盈余管理。

4）营业外支出

营业外支出是指企业发生的与企业业务经营无直接关系的各种支出，如固定资产盘

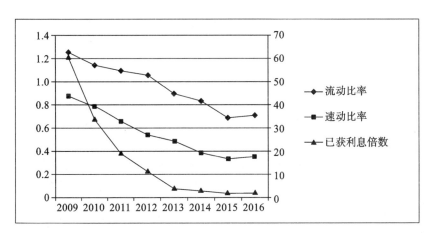

图 20　2009—2016 年紫金矿业偿债能力分析图
（数据来源：Wind 数据库。）

亏、处理固定资产净损失、非常损失、非正常停工损失等营业外支出的项目不能自行增设，要按照财政部统一规定办理。

关于紫金矿业营业外支出一项，2010 年支出最高，达 7.35 亿元，增长率为 300.36%。主要原因在于 2010 年紫金矿业发生污水泄漏事件，且公告不及时，公关不作为，背负重大诉讼仲裁事项，为了规避政府监察，企业大量增加捐赠、罚款及补偿支出。2010 年的年报披露，2010 年的对外捐赠达 31158 万元，比 2009 年增加 122%。对于这部分捐赠，公司给出的解释是支持社会公益事业。其中，贵州紫金的捐款总额为 2112 万元，麻栗坡紫金钨业捐赠 1591 万元，新疆阿舍勒铜业捐赠 1375 万元等。因为"7·3 环保事件"，福建龙岩市新罗区人民法院做出判决，判处罚金 3000 万元。

由此可以看出，2010 年紫金矿业发生环境污染问题后政治成本有所增加，为了规避更高的政治成本，企业采取对外捐赠、罚款及补偿支出来弥补过失。在 2009—2016 年的年报中将这三种支出归为营业外支出。图 21 是 2009—2016 年紫金矿业营业外支出波动图。

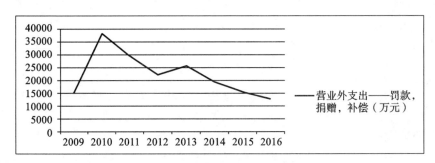

图 21　2009—2016 年紫金矿业营业外支出波动图
（数据来源：紫金矿业年报。）

营业外支出在 2009—2010 年和 2012—2013 年增加，可见紫金矿业污染问题和"PM2.5 爆表"事件给企业带来了社会压力很大，企业想要继续经营必须符合政府规定，遵守法律法规,相应地支付罚款来承担社会责任,这样就会增加企业的营业外支出,企业便降低利润来避免引起社会关注。

四、总结

综合本案例对企业政治成本和盈余管理的分析,基本可以得出以下结论:紫金矿业在2011年"PM2.5爆表"事件这个节点之后,环境污染问题受到广泛的关注,在面临2012年、2013年我国加强对生态环境保护的政策与严格管理带来的较高的政治成本时,紫金矿业的确采取各种手段进行负向的盈余管理,包括存货及存货跌价准备、资产减值损失、营业外支出以及各项费用支出,均对企业的盈余管理造成比较显著的影响。从前文所提到的企业规模来看,紫金矿业作为矿产行业内规模较大的企业,所进行的向下盈余管理的程度更高。

结合相关文献来看,总结如下,在国家加强环境保护的政策背景下,增加的政治成本、社会舆论压力、高额的罚款,是紫金矿业进行盈余管理的主要动机。相较于非重污染行业,重污染行业在面临政治成本上升的情况时,的确会采取负向的盈余管理操作,并且这一表现在规模小的企业或者非国有企业中更为明显。非国有企业难以获得和享受政府的补助和优惠政策,没有政府作为后盾,在发生严重的环境污染问题、面临较高的政治成本时越发会采取负向的盈余操作手段。

环境保护政策以及污染治理规定有助于我国环境保护,促进全国健康绿色发展,对我国的经济发展有利。但与此同时,该政策增强了矿产企业甚至包括其他污染企业的盈余管理,造成严重的信息不对称,不利于我国资本市场的发展。因此,建议政府规范环境保护政策的实施,充分考虑到企业盈余管理行为,不被企业表象所迷惑和绑架,真正做到对企业污染指数的调整,投资者也应该关注环境保护政策对投资对象的影响,做出合理的投资决策。

思考题

1. 企业的盈余管理行为是否真正影响政府环保监管措施?
2. 企业的盈余管理是否具有风险性?有哪些风险?
3. 政府就企业为了规避较高政治成本而进行盈余管理应该如何应对?

参考文献

[1] 刘运国,刘梦宁.雾霾影响了重污染企业的盈余管理吗?——基于政治成本假说的考察[J].会计研究,2015(3):26-33.

[2] 郭婉.金融危机背景下的政治成本与盈余管理——来自中国电力供热业上市公司的证据[J].绿色财会,2014(3):52-56.

[3] 张晓东.政治成本、盈余管理及其经济后果——来自中国资本市场的证据[J].中国工业经济,2008(8):109-119.

[4] 田伟若.从政治成本"透视"盈余管理[J].浙江财税与会计,2003(11):47-48.

[5] 夏小林."真实世界"中的政府与国企关系——从国际视角评切割政企关系的"假改革"陷阱[J].经济导刊,2015(5):76-83.

[6] 徐海根.论国有企业管理机制的改革——政府与国企关系的界定以及公司治理[J].改革,2002(2):47-50.

[7] 白彬,张再生.环境问题政治成本:分析框架、产生机理与治理策略[J].中国行政管理,2017(3).

并购篇
BINGGOUPIAN

案例十一
我国上市企业跨国并购融资方式研究
——以中联重科并购意大利 CIFA 为例

> **案例导读** 近年来,我国企业实力不断增强,在对外投资上表现出极大的积极性,通过海外并购获取市场、技术、资源已经成为新的发展趋势。然而海外并购是否达到预期,与融资渠道是否通畅、融资方式是否合适息息相关。相较于国内并购,海外并购融资的特点是融资金额往往较大,这就需要采用多种融资方式来实现。本案例基于中联重科并购意大利 CIFA 的案例,积极探索我国上市企业海外并购融资的特点。研究发现,尽管并购初期对 CIFA 的估价过高导致此次并购活动带来的协同效应有限,但从销售网络、经营管理等方面来看,此次并购活动是成功的,它使中联重科成功打入欧洲高端市场,实现了国际化经营最关键的一步。此外,中联重科运用的"上市企业+并购基金"的创新融资模式,对并购的成功有重要作用,值得我国上市公司借鉴和学习。

一、引言

(一) 我国海外并购发展现状

并购是兼并和收购的总称,是指由于某种原因,企业之间进行合并成为同一整体,一般由一家占优势的企业利用某种手段购买另一家企业的所有资产或部分比例的股权来达到实际或完全控制的目的。

我国对外直接投资起步比较晚,但是随着我国综合国力不断壮大,我国对外投资迅猛发展。近年来,我国对外投资金额一直呈高速增长趋势。商务部的数据显示,2017 年我国非金融类直接投资金额累计达到 1200.8 亿美元,而同年的实际使用外资规模为 739.4 亿美元。由图 1 可以看出,我国企业的海外投资总体呈上升趋势。2015 年我国二级市场的大幅整顿,极大地打击了市场积极性,资本市场出现大范围的震荡。直到证监会出台了暂缓 IPO 发行的决定,这才给并购带来了新的契机,同时呈现出新的投资发展趋势,并在 2016 年创下了阶段性高点。虽然与 2015 年相比,2016 年并购案例的增幅仅有 6.76%,但海外并购规模同比增长 170%。究其原因是因为产能过剩,市场趋于饱和,加上近年国内实体经济下滑、人民币遭受巨大的贬值压力,以及新环境下的工业升级需求,导致企业拥有向海外进行投资的迫切要求和拓宽全球新市场的强烈愿景。

图 1　2009—2017 年我国企业海外并购情况

(资料来源:清科研究中心。)

"引进来"与"走出去"战略的均衡发展对于我国对外经济合作的开展和全球经济的发展都是双赢的格局,而海外并购作为对外投资的主要方式,一直是我国对外投资增长的重要动力。在全球化高度发展的今天,中国企业积极探索海外并购之路,对其自身来说意义重大。对于中国企业来说,海外并购有以下三大好处。

(1) 海外并购可以扩大企业规模、开拓国际市场。企业规模是衡量企业发展的一个重要指标,很多大型企业都把企业规模的扩大作为一种基本的发展战略。在当今全球化时代,大型跨国企业不断整合,形成系统集成商。在全球化的 30 年间,产业集中几乎蔓延到了各个行业。因此,国际市场的开拓对于大型企业而言至关重要。

(2) 海外并购可以实现技术升级、强化资源整合。对于企业来说,科学技术是企业的灵魂和生命力,为了获得先进技术,中国企业积极与世界各地建立商业伙伴关系。对于中国企业来说,并购西方企业、取得先进技术并进行资源整合无疑是条捷径。

(3) 海外并购可以加强企业管理、增加竞争优势。企业管理是对企业生产经营活动进行计划、组织、协调和控制等一系列活动的总称。有效的企业管理,可以增强企业运作效率、提高产量、提升企业核心竞争力。在信息化时代,企业利用软件和网络化办公,建立了畅通的交流运营平台。国外企业,尤其是大型企业发展较早,其企业管理模式较为先进,在世界商业中的竞争力也较强。

(二) 海外并购融资方式

上市企业海外并购活动中的融资问题是其中的关键环节。融资不仅关系到整个并购过程的进行以及后期整合的质量,并且稍有不慎便会给并购企业带来财务危机,因而融资问题不仅影响着并购的成败,更对并购企业的存亡至关重要。

目前,当我国企业涉及海外业务时,根据自身条件的不同可以选择内源性融资或外源性融资。如图2所示,外源性融资又可以分为债务融资、权益融资和混合性融资。

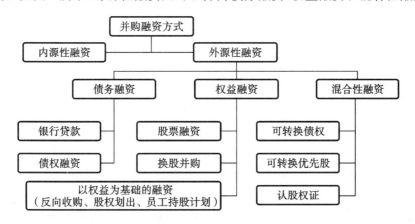

图2 海外并购融资方式

(资料来源:根据融资方式理论整理。)

1. 内源性融资

内源性融资指企业将自身的留存收益用来进行投资。内源性融资是完全使用企业自身的资金,独立性很强,也不需要付出额外的成本,更重要的是可以避免影响股东控制权分散的风险。内源性融资使用的是留存收益,因此资金规模有限,若使用的资金影响到了自身业务的正常经营,则有可能会造成资金不能回流导致财务危机,所以此方法很难满足融资需求。

2. 外源性融资

1) 债务融资

债务融资主要指企业通过发债或贷款的方式融通资金。债务融资的一个优势是可以抵税,能使企业享受税收方面的政策,另一个优势是不用担心股权稀释。但是,债务融资也存在一些不足之处,一方面会增加企业的债务压力,另一方面会使企业资本结构和再融资空间发生变化,严重时还会引发财务危机。企业在进行海外并购活动时较少使用债券融资,这是因为国内发行企业债是实行核准制,发行审批流程更为复杂、限制因素比较多,使其很难为海外并购提供有力支持。

2) 权益融资

权益融资指企业在资本市场发行权益类工具融资,常用的工具有定向增发和反向收购等。权益融资的优势在于一方面融得的资金可以持续长时间使用,并且不需要像债务融资那样还本付息,另一方面有助于为公司树立长久的口碑进而提高企业自身的融资能力。但是,权益融资也有一些不足之处,那就是会导致企业面临股权稀释的风险,同时产生巨额的成本以及过高的税收压力。

3) 混合性融资

混合性融资将上述两者的优点结合在一起,具体有可转换优先股和认股权证等工具。混合性融资拥有债务融资和权益融资这两种融资工具的双重优势,较好地规避了单一的融资工具可能产生的风险隐患,给有融资需求的企业提供了广泛的自主权。但是,由于国内资本市场还不够成熟,混合性融资工具还属于新型融资工具,其发展处于起步阶段,混合性融资的使用门槛还比较高,所以当前我国企业开展海外并购活动时仍然较少利用混合性融资。

综上所述,在受到国内资本市场和相关政策的约束的背景下,我国企业普遍使用内源性融资以及银行提供的贷款。但是企业的留存收益是有限的,同时银监会对并购贷款设定了50%的上限值,这些限制使得海外融资需求无法得到满足,要想寻求有效的出路,国内资本市场有必要探索创新性的融资方式。

(三)研究案例简介

海外并购中融资方式的作用不容忽视,为了研究企业跨国并购融资方式,本案例选择中联重科并购意大利CIFA的案例作为研究标的。

2008年6月,中国本土私募股权基金弘毅投资成功助力中联重科实现了海外并购蓝图,帮助中联重科以仅0.3252亿欧元的自有资金便完成了2.71亿欧元的海外收购。在本次并购中,中联重科对融资结构进行了周密的布局,因为中联重科在意大利圣保罗银行申请到了2.40亿欧元的贷款,所以在并购的同时也承担了CIFA的原有债务,故收购的总额实际为5.11亿欧元。2.71亿欧元中,以银行贷款1.3008亿欧元和自有资金0.3252亿欧元出资了1.6260亿欧元的中联重科占比60%,三家联合投资的私募机构则占比40%。

在这个海外并购的案例中,中联重科使用了多种融资渠道,包括了PE(私募股权)融资、银团贷款和期权交易,多种融资渠道的筹资安排为中联重科的成功收购打下了坚实的资金基础,也体现出中联重科自身在海外并购中拥有的经验以及在融资上的谨慎和创新。中联重科在此次并购中所创新的融资模式,对并购的成功具有重要作用,值得我国上市公司借鉴和学习。

二、融资理论与相关研究文献综述

(一)企业融资理论

国外学者关于并购融资的理论,大致可分为五种。

一是早期企业融资理论,包括净收益理论、净经营收益理论以及传统理论。净收益理论认为负债率越高越好,而净经营收益理论却认为负债率的高低不影响公司价值,后来的传统理论则对二者折中,认为企业的最佳资本结构是加权平均成本最低时的负债水平。

二是以MM理论为中心的现代企业融资理论。1958年,美国经济学家Miller与Modigliani提出,当市场处于完全竞争且不考虑税负的前提下,企业所用的融资方式与企业价值无关。而当Miller(1977)考虑税负因素时发现,融资方式是会影响企业价值的,100%的负债率才是最佳融资结构。

三是优序融资理论。Myers和Majluf(1984)考虑信息不对称因素后认为,企业融资应遵循先内部融资,其次是举债融资,最后是权益性融资的顺序。

四是代理成本理论。Jensen和Meckling(1976)认为,债务融资和股权融资都存在着代理成本,当两者的边际成本相等时即为最优资本结构。

五是控制权理论,代表人物是 Aghio 和 Bolton,他们认为最优的债务比例是导致企业破产时将控制权从股东转移给债权人的债务水平。

(二) 跨国并购融资方式

英国学者 Sudarsanam 较早对并购融资方式进行了较为系统的研究,在《兼并与收购》一书中,他详细地对各种融资方式进行了阐述,并且介绍了诸如递延支付和杠杆收购等创新性并购融资工具,他认为融资手段的选择与纳税的影响、对收益稀释的关注、财务风险的影响等密切相关。美国学者 Ben Daniel 和 Rosen Bloom 在《国际并购与合资:做好交易》一书中,强调了海外并购融资同时涉及国内及国际两个资本市场的特殊性,并且通过案例详细分析了各国法律、会计、制度、商业体系等不同的发展水平,寓理论于实践当中。Bharadwaj 等通过实证检验发现,完全依靠银行进行融资,可以为并购方带来显著为正的超常收益,银行可以对并购质量进行监督和确认。也有学者从公司控股权角度出发,如 Amihud 等通过实证分析认为,重视企业控制权的经营管理者,为了避免控制权稀释会更偏好于内部融资或债券融资方式,而较少考虑股票融资方式。也有学者从信息不对称角度出发,如 Moeller(2004)及 Marty Nova 和 Renneboog(2006)认为,投资者的信息通道不畅使得发行股票融资通常会被市场错误定价,引起股价下跌,导致原有股东利益遭受损失,因而认为内部融资及债务融资相对于股权融资而言更具优势。

而国内学者大多是从我国实际情况和特殊国情出发,在国外研究的基础上,对企业跨国并购融资进行研究。沈艺峰、田静(1999)对我国上市公司 1995 年及 1996 年的权益资本成本和债务资本成本进行定量分析后发现,前者比后者分别高出了 7.72% 和 7.53%,由此得出债务融资优于权益性融资的结论。侯振宇、赵绍然(2005)认为,我国企业并购融资方式受当前国家总体融资状况影响,主要以银行贷款、现金支付为主,融资方式仍然十分有限。贾立(2006)从探讨我国企业杠杆收购融资的金融制度约束入手,认为可以通过资产担保的变通、杠杆比率的降低等手段化解杠杆并购融资问题。刘淑莲(2011)通过分析吉利并购沃尔沃一案,将并购对价方式和融资方式结合,一起探讨两者的影响因素及其对并购整合的影响,并得出结论认为,在外部融资中,除一般融资方式外,还可以引进政府资源以增加海外并购项目的号召力,从而有效规避并购融资风险。姜秀珍(2006)关注了中国企业在海外并购融资中的被动处境,同时注意到中国企业融资创新模式缺乏的问题,通过对京东方杠杆融资一案的深入挖掘,发现产业资本与金融资本相结合的"战略定位+财务杠杆"新模式,可以作为我国企业未来跨国并购融资的可行路径。

三、中联重科并购 CIFA 案例介绍

(一) 并购主体

1. 并购企业——中联重科

中联重科的前身是中联建设机械产业公司,于 1992 年在湖南省长沙市高新技术开发园注册成立,2000 年 10 月在深交所上市。经过二十多年持续发展的中联重科在混凝

土机械装备制造行业一直处于龙头位置,其经营业绩在工程领域也举足轻重。中联重科的主营业务是研发和制造高新技术设备,涉足行业集中于交通、能源和建筑,同时兼顾环境和农业,在国家重点基建工程和项目中有重要影响力。

在全球经济一体化不断深入的背景下,中联重科产品系列已经涵盖混凝土机械、工程起重机械、建筑起重机械、土方机械、基础施工机械、城市环卫机械、路面施工养护机械、专用车辆、专用车桥、液压元器件、消防设备、工程机械薄板覆盖件等多个专业,逐步将自己打造成国际化的工程机械产业集群,年销售收入向千亿目标不断前进。

从1994年首次并购成功至今,中联重科一共并购了数十家国内企业和5家国外企业,在所有这些并购案例中,大幅度提高了中联重科在整个混凝土制造行业中的地位,可以说,中联重科在一次次并购中实现了企业的并购式成长。如图3所示,选择2005年至2017年的数据,观察随着中联重科的并购活动的开展,其资产规模和海外经营情况的变化。其中,资产规模以中联重科资产负债表中的总资产项衡量,海外经营情况以中联重科海外营业收入衡量。从图3中可以看出,随着各项收购活动的成功开展,中联重科的海外营业收入和公司资产规模总体是增加的。2008年后受国际经济危机影响,海外工程机械市场需求萎缩,海外订单急剧减少,造成2008年大量并购活动后的海外收入大幅下降,随后从2010年开始逐渐回暖,之后的海外营业收入虽有起伏,但仍有继续上升的趋势。

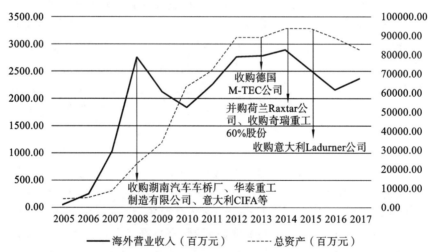

图3 2005—2017年中联重科海外营业收入和总资产变化

(资料来源:中联重科2005—2017年年报,中联重科企业年鉴。)

图4中,将中联重科的主要并购事件和专利研发情况合并在一条时间线上。随着一次次并购事件的发生,中联重科的专利数量从省内第一发展为行业第一,且多次获得国家相关专利奖项。可以说,并购活动使中联重科的产品技术和研发能力都得到了极大的提升。结合上述海外营业收入和总资产变化,中联重科的确在一次次并购活动中实现了并购式成长。

为了进一步体现并购对企业的影响,我们可以选择工程机械行业的另一个企业与中联重科进行对比,本案例中选择了中国龙工。中国龙工与中联重科同为2017年度全球

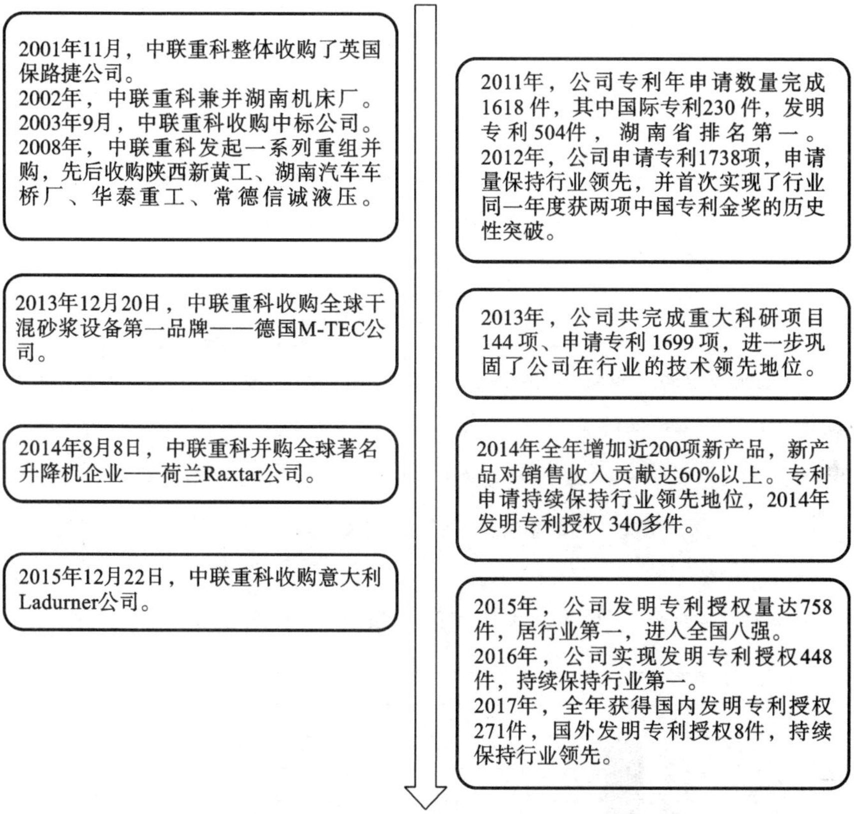

```
┌─────────────────────────────┐
│ 2001年11月，中联重科整体收购了英国 │
│ 保路捷公司。                  │
│ 2002年，中联重科兼并湖南机床厂。│
│ 2003年9月，中联重科收购中标公司。│         ┌─────────────────────────────┐
│ 2008年，中联重科发起一系列重组并│         │ 2011年，公司专利年申请数量完成 │
│ 购，先后收购陕西新黄工、湖南汽车车│         │ 1618件，其中国际专利230件，发明│
│ 桥厂、华泰重工、常德信诚液压。 │         │ 专利504件，湖南省排名第一。  │
└─────────────────────────────┘         │ 2012年，公司申请专利1738项，申请│
                                         │ 量保持行业领先，并首次实现了行业│
                                         │ 同一年度获两项中国专利金奖的历史│
                                         │ 性突破。                    │
┌─────────────────────────────┐         └─────────────────────────────┘
│ 2013年12月20日，中联重科收购全球干│
│ 混砂浆设备第一品牌——德国M-TEC公│         ┌─────────────────────────────┐
│ 司。                        │         │ 2013年，公司共完成重大科研项目│
└─────────────────────────────┘         │ 144项、申请专利1699项，进一步巩│
                                         │ 固了公司在行业的技术领先地位。│
                                         └─────────────────────────────┘
┌─────────────────────────────┐
│ 2014年8月8日，中联重科并购全球著名│         ┌─────────────────────────────┐
│ 升降机企业——荷兰Raxtar公司。 │         │ 2014年全年增加近200项新产品，新产│
└─────────────────────────────┘         │ 品对销售收入贡献达60%以上。专利│
                                         │ 申请持续保持行业领先地位，2014年│
                                         │ 发明专利授权340多件。        │
┌─────────────────────────────┐         └─────────────────────────────┘
│ 2015年12月22日，中联重科收购意大利│
│ Ladurner公司。              │         ┌─────────────────────────────┐
└─────────────────────────────┘         │ 2015年，公司发明专利授权量达758│
                                         │ 件，居行业第一，进入全国八强。│
                                         │ 2016年，公司实现发明专利授权448│
                                         │ 件，持续保持行业第一。       │
                                         │ 2017年，全年获得国内发明专利授权│
                                         │ 271件，国外发明专利授权8件，持续│
                                         │ 保持行业领先。              │
                                         └─────────────────────────────┘
```

图 4　中联重科并购活动与专利研发情况

(资料来源：中联重科 2011—2017 年年报, 中联重科企业年鉴。)

工程机械制造商 50 强，但中国龙工的并购活动并没有中联重科般丰富，尚未开展海外并购行为。于是我们将同行业的两个企业的资产规模变化情况进行比较。考虑到中国龙工的总资产基数与中联重科有较大差距，这里进行比较的是两家公司的总资产增长率，如图 5 所示。从图 5 可以看出，受经济和行业大环境的影响，二者的总体走势相差不大。即使中联重科的总资产基数比中国龙工大很多，但中联重科的总资产增长率几乎一直高于中国龙工。这其中，中联重科丰富的并购活动起到重要作用。

2. 被并购企业——CIFA

意大利 CIFA 成立于 1928 年，拥有广泛的销售网络和领先的技术工艺，在混凝土机械市场中占据着全球第三的位置，营收规模仅次于德国工程机械巨头普茨迈斯特和施维英。其总部为意大利米兰附近的塞纳哥，在意大利共设有 7 个生产基地，在北美及南美地区拥有两个销售及售后中心，销售网络遍及全球 70 多个国家。

在 2008 年被收购前，CIFA 的主要产品大都与混凝土制造有关，机械产品为输送车、泵车以及搅拌运输车。如图 6 中 CIFA 市场份额显示，2007 年 CIFA 的两种混凝土机械产品搅拌车和泵送机械都在意大利分别占有较大的市场份额，分别为 80% 和 70%。同时，其在欧洲也有比较可观的市场占有率，西欧的市场份额为 23% 和 20%，东欧的市场

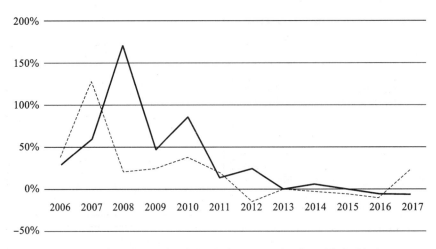

图 5　中联重科与中国龙工总资产增长率对比

（数据来源：中联重科 2006—2017 年年报，中国龙工 2006—2017 年年报。）

份额为 15% 和 20%，且在中东市场，CIFA 的产品也有 10% 左右的市场份额。

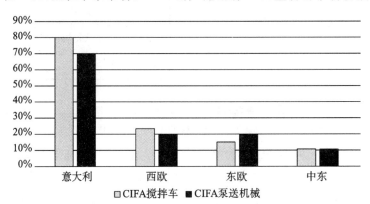

图 6　2007 年 CIFA 主要产品市场份额

（数据来源：波士顿咨询公司（BCG）。）

CIFA 有着科学的生产和采购机制，完善的销售网络和销售模式在生产和采购层面，以及先进的生产技术和专利。这也是其能占据如此高市场份额的主要因素。

在生产和采购方面，CIFA 利用位于意大利的 7 家自有基地进行生产和制造，通过 MRP（Material Requirement Planning）系统管理和控制采购活动。在制订生产和采购计划时，CIFA 会根据集中在系统中的客户订单数量、已完成生产或确定的订单和已消耗的零部件和原材料计算出净需求，并将此信息传达给各个供应商以用于供货准备。

在销售网络和销售模式方面，CIFA 在意大利本土拥有 20 多家代理机构，其全球范围内的独立经销商有接近 60 家，借此在欧洲、北非、中东、澳洲和美洲建立了较为成熟的经营销售网络。

在生产技术和专利方面，CIFA 在 20 多个国家和地区拥有 20 件专利登记和 60 个商标申请。CIFA 利用这些专利技术将混凝土泵送单元控制的准确性和稳定性明显提升,工作噪音大幅降低,同时也延长了产品寿命。

2006 年 7 月,由于遭受资金困境,CIFA 不得不向意大利本土投资基金 Magenta 出售其 72.5% 的股权,而截至 2007 年 12 月 31 日,CIFA 总资产约为 303.73 百万欧元,其中净资产约为 52.49 百万欧元,负债约为 251.24 百万欧元。资产负债率达到了 82.72%。资产负债率是评价公司负债水平的综合指标,过高的资产负债率可能会带来资金链断裂的风险,不利于公司的正常生产经营。CIFA 2006 年和 2007 年的主要财务数据见表 1。Magenta 因现金周转需要而决定出售其所持有的 CIFA 股权,从而才有了中联重科收购 CIFA 的后续发展。

表 1 CIFA 2006 年和 2007 年的主要财务数据　　　　（单位:百万欧元）

科目	2007 年 12 月 31 日	2006 年 12 月 31 日
总资产	303.73	292.68
总负债	251.24	249.17
净资产	52.49	43.52
归属母公司的净资产	52.06	43.08

（数据来源:收购意大利 CIFA 公司为基础的 2007 年备考财务报表之审阅报告。）

3. 其他参与主体

1) 并购基金——弘毅投资

弘毅投资成立于 2003 年,是由联想控股出资控股、专业从事股权投资与管理业务的私募机构。值得注意的是,弘毅投资是中联重科第二大股东佳卓集团有限公司的实际控制人。弘毅投资参与本次交易,不仅作为财务的投资者,提供财务方面的支持,还可凭借与中联重科的关联关系和长期合作关系,以及自身在业界的影响,帮助中联重科在交易阶段整合资源,并为未来与 CIFA 整合提供支持。

2) 私募基金——曼达林基金

曼达林基金是由中意两国政府牵头设立的、目前两国之间规模最大的私募股权基金,2007 年于卢森堡注册,由我国的国家开发银行、国家进出口银行以及意大利圣保罗银行发起。该基金致力于帮助中国公司获得在欧洲的经销渠道、产品技术和知名品牌,同时促进欧洲公司在中国的投资发展。值得注意的是,作为曼达林基金发起人之一的圣保罗银行,是 CIFA 的债权银行及股东之一(持有 CIFA10% 的股权),三者关系十分密切。

3) 投资银行——高盛银行

成立于 1868 年的高盛,是当前世界上规模较大的投资银行之一,兼顾全球领先的投资银行、证券公司和投资管理公司等多重身份,客户群体覆盖全球的企业、机构、政府和高净值人士等,以向客户提供多元化、专业化的优质服务而闻名。

4. 主体关系分析

中联重科在本次交易中整合了包括弘毅投资、高盛银行和曼达林基金三家机构在内的共同投资人。三家机构在本次交易中的角色为:①提供智力支持,充当中介财务顾问;②提供现金支持,充当投资人。

曼达林基金和圣保罗银行是本次交易的主要卖方。曼达林基金曾在 2006 年收购 CIFA 的 50.72% 股权,而圣保罗银行是曼达林基金的股东之一,也是 CIFA 的债权银行,持有其 10% 股权。

在本次交易中,曼达林既是中介,是大卖方,还是小买方,圣保罗银行担任卖方的融资贷款方。卖方融资是目标公司股东向收购方提供的融资。收购方在实施收购时暂不向目标公司股东支付全部收购价款,而是承诺在未来一定时期内分期分批支付。这种支付方式一般只在目标公司获利不佳、卖方急于脱手时被采用,是有利于收购方的支付方式,同时也是一种防范风险的对冲机制安排,目的是追求交易中的信息相对对称。它通过"卖方投资"、"卖方杠杆融资"方式,把部分投资风险分摊给曼达林基金和圣保罗银行并锁定 3 年,以此降低投融资风险。当目标收购公司业绩达不到预定标准时,收购方有权不付款,促使目标公司在收购后保持正常运营,这样收购方可避免因收购后目标公司业绩迅速下降而产生的风险。并购关系梳理见表 2。

表 2　并购主体关系梳理

交易主体	公司
真实买方	中联重科+弘毅投资
真实卖方	曼达林基金+圣保罗银行+CIFA 原始股东
真实中介	高盛

(资料来源:作者整理。)

上述交易可以重新理解为:中联重科基于战略和竞争考虑,希望收购 CIFA,而 CIFA 实际控制人曼达林基金及其他卖方希望进行股权的存量转让套现。于是代表真实买方的弘毅投资通过高盛银行找到卖方曼达林基金进行交易。鉴于其间多为内幕人之间的关联交易,并购风险较大,因此买方在中介安排下,通过交易结构设计,使各方利益主体对总并购风险进行分担,即各利益主体方既承担风险又获得利益。中联重科通过安排卖方杠杆融资由圣保罗银行提供,CIFA 实际控制人曼达林基金做 3 年过渡期的小股东。同时,中联重科与共同投资方进行了买入期权和卖出期权的约定,满 3 年之前未经其他投资人同意不得转让和处置其股份。使用金融工具,使交易的主要风险由共同投资人和债权人承担,这样为了在期权买卖时能赚取价差,高盛银行和弘毅投资也会有动力尽力协助中联重科管理层进行收购后的整合。

(二)并购动机

1. 并购交易背景

为进一步加强民族企业的国际竞争力,我国政府出台了企业"走出去"战略,通过各种措施鼓励和支持各类优势企业对外投资,充分利用国际、国内两个市场完成资源优化配置,提高中国企业参与国际竞争与合作的层次和水平。Putzmeister、Schwing 和 CIFA 在当前全球混凝土机械市场占据前三名。CIFA 产品性价比较高,在东欧、俄罗斯等地具有非常明显的竞争优势,市场占有率较高。中国制造的混凝土机械进入国际市场时间较短,海外用户特别是欧美地区的用户还在试用和观望中国的混凝土机械产品。尽管国内混凝土机械制造企业都在积极地研发、改进产品以满足海外不同市场的技术、安全、环保和认证等多方面要求,但还需要一定的时间才能得到海外用户的完全接纳进入市场成熟期。基于上述原因,中国混凝土机械产品现阶段在海外市场的占有率并不高。

2. 并购交易目的

中联重科实施本次交易的主要目的是巩固并提升国内市场地位同时完成向跨国企业的跨越。主要表现在以下三个方面。

第一,巩固并提升中联重科在混凝土机械领域的市场地位。在并购CIFA之前,中联重科在混凝土机械领域虽然是第一梯队的国内企业,但尚不及行业老大三一重工。从表3和图7中我们可以看出,2008年之前,中联重科的主营业务收入虽在持续增长,但一直低于三一重工,短期内难以获得巨大突破。中联重科希望借助CIFA全球性的资源来走出国门,突破市场。

表3　中联重科并购CIFA之前主营业务收入变化对比　　　　（单位：万元）

年份	2003	2004	2005	2006	2007
中联重科主营业务收入	117333.35	338045.62	327888.54	462534.11	897356.14
三一重工主营业务收入	258801.23	365622.98	353739.73	521019.09	1173360.00

（数据来源：中联重科2003—2007年年报,三一重工2003—2007年年报。）

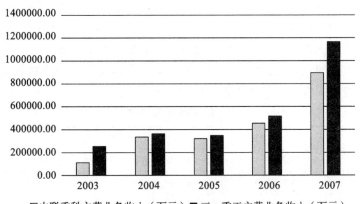

图7　中联重科并购CIFA之前主营业务收入变化（与三一重工对比）

（资料来源：作者整理。）

第二,打开和占领国际市场,促使中联重科向跨国企业跨越。本次跨国交易可以帮助中联重科全球化布局混凝土机械销售和服务网点,促使中联重科混凝土机械产品与技术向国际化跨越。正如前文所述,CIFA混凝土机械销售与服务网络布局基本覆盖了全球主要市场,不仅在欧洲市场份额领先且具有较高的客户忠诚度,还在东欧、俄罗斯、印度等具有发展潜力的新兴市场形成良好的竞争态势。而CIFA与中联重科的销售网络几乎不重叠,共享销售网络将便于中联重科进入欧洲市场和新兴市场,也便于CIFA进入亚洲市场。在收购CIFA之后,中联重科有望借助CIFA现有的全球销售网络渠道,加快开发全球热点市场,扩大公司产品在全球的市场份额,提高海外市场竞争力。

第三,在产品制造方面形成协同效应,并提升中联重科的产品技术。目前,中联重科公司在混凝土机械制造方面虽然领先于国内同行业,但是,无论从产品先进性、可靠性,还是制造工艺等方面与欧洲同行业领先企业相比,公司都还存在一定的差距,特别是在品牌知名度、用户认可度方面远远落后于欧洲同行业领先企业。CIFA 产品品种多、系列全,混凝土机械产品除了涵盖公司混凝土搅拌站、混凝土搅拌运输车、混凝土输送泵、混凝土泵车及混凝土布料机外,还有混凝土喷射台车、带输送泵混凝土运输车、隧道混凝土施工模板等产品,并且已开发出长臂架混凝土泵车。那么 CIFA 和中联重科在产品制造方面期待的协同效应就可以体现在以下两个方面。第一,部分中联重科占有制造优势的配件产品可以直接供应给 CIFA,降低 CIFA 的采购成本。第二,CIFA 由于产能限制未能得到满足的部分订单,期待可以通过中联重科的产能由 CIFA 直接在中国设厂进行生产来补足,同时降低 CIFA 本土制造的成本。此外,中联重科收购 CIFA 后,也有机会利用 CIFA 地处装备制造业发达区域的优势,共享 CIFA 的基础技术研究成果,使中联重科在产品研发方面更直接地了解欧洲先进技术和发展动向,快速提升中联重科混凝土机械的技术水平。

(三)案例进程分析

1. 并购过程

2007 年 10 月,受还债压力的影响,意大利 CIFA 的大股东——Magenta,选择向市场出售 CIFA 的股权以换取现金周转。一个月后,CIFA 正式进入了股权公开出售的竞标环节。出于对逆向跨国并购难度的担忧和巨大融资压力的考虑,中联重科联合了其第二大股东弘毅投资、具有丰富国际投资管理经验的高盛银行以及曼达林基金,一起作为共同投资方加盟本次并购。具体并购进程如表 4 所示。

表 4 并购进程梳理

时间	事件
2008.1.14	中联重科收到 CIFA 的投标邀请函及初步情况介绍材料
2008.1.28	中联重科提交第一轮投标文件
2008.3.31	中联重科提交第二轮投标文件
2008.6.3	商务部批复同意中联重科在香港设立全资子公司
2008.6.20	中联重科与 CIFA 签署最终版的《买卖协议》,并分别与共同投资方签署了《共同投资协议》以及与圣保罗银行签订相关融资协议
2008.6.25(公告日)	中联重科宣布收购 CIFA 协议的签订
2008.8.11	国家发改委批准此次收购
2008.8.14	商务部批准中联重科的香港子公司收购 CIFA
2008.9.3	中国证监会批准此次并购
2008.9.23(收购完成日)	中联重科宣布并购交易完成,其中中联重科占 CIFA 60%股权
2012.12.28	中联重科董事会通过了《关于收购子公司股权暨关联交易的议案》,批准旗下中联海外投资管理公司出资 2.35 亿美元,收购香港中联重科 CIFA 公司其他股东的 40%股权

续表

时间	事件
2013.9.9	中联重科与香港CIFA公司其他股东完成了股权交割手续,实现了对CIFA的全资控股

(资料来源:据中联重科公开资料整理。)

2. 并购融资方案分析

中联重科确定并购意向后,快速联手弘毅投资、曼达林基金和高盛银行作为共同投资方。以上三家专业中介机构,不仅并购融资经验丰富,更为重要的是其本身作为共同投资方能够在财力上大力支持并购活动。以上三家机构直接出资11.5亿元用于并购交易,约占投资总额的40%,从而在很大程度上确保资金无后顾之忧。在某种意义上说,中联重科在确认并购意向后已经提前解决了并购融资的问题,这为国内企业实施跨国并购活动中的融资方式提供了借鉴。从当时中联重科以及共同投资方与CIFA公司签订的《买卖协议》来看,CIFA所有股权规定价格是39.88亿元,交易费用是2.07亿元,其中中联重科和三家共同投资方共投放28.78亿元,CIFA以长期负债的形式来承担剩余的13.17亿元,CIFA自身承担这笔长期负债,不需要三家共同投资方以及中联重科还款和担保。中联重科支付17.27亿元并购款,其中80%来自位于香港的特殊目的公司从巴克莱银行获得的借款(年利率低于5.7%),剩余20%来自中联重科自身的自有资金,详见图8。

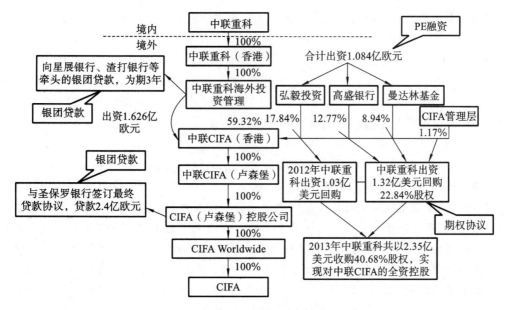

图8 中联重科并购CIFA的融资安排

(资料来源:据《关于长沙中联重工科技发展股份有限公司与共同投资方收购意大利CIFA股权实施情况的法律意见书》整理。)

在此次海外并购交易中,包含了PE融资、银团贷款和期权交易的筹资安排,体现了中联重科对此次海外并购融资方面的谨慎与创新。

1) PE 融资

PE 融资(私募股权融资),是指通过私募形式对私有企业即非上市企业进行的权益性投资,在交易实施过程中附带考虑了将来的退出机制,即通过上市、并购或管理层回购等方式,出售所持股份获利。私募股权融资有助于降低投资者的交易费用、提高投资效率,有利于解决信息不对称引发的逆向选择与道德风险问题,并且能够发挥风险管理优势,提供价值增值。

在中联重科收购 CIFA 的融资方式中,最大的成功之处即是引入了私募股权机构的融资能力。在此次交易中,弘毅投资、高盛银行、曼达林基金共出资 1.084 亿欧元,占到出资比例的 40%。与中联重科有着共同长期利益的弘毅投资、有着丰富国际并购经验的高盛银行以及熟悉意大利和欧洲市场的曼达林基金,这三家有着 PE 基金背景的机构,除了能为中联重科此次海外并购提供财务支持外,更重要的是凭借各自的经验和专长为并购的融资安排提供专业意见和建议,并为中联重科在后续环节中借助意大利当地融资渠道提供了广泛的关系网络。

2) 银团贷款

银团贷款也称"辛迪加贷款",是由获准经营贷款业务的一家或数家银行牵头、多家银行与非银行金融机构参加而组成的银行集团采用同一贷款协议,按商定的期限和条件向同一借款人提供融资的贷款方式。产品服务对象为有巨额资金需求的大中型企业、企业集团和国家重点建设项目。当借款者寻求的资金数额太大,以至于任何一个单一的银行都无法承受该借款者的信用风险时就产生对银团贷款的需求。

根据公告,在中联重科支付的 1.626 亿欧元中,有 80% 来源于由星展银行、渣打银行和德意志银行牵头的银团贷款,这是一笔期限为 3 年、利息率为 LIBOR+1% 的 2 亿美元贷款。此外,这次交易中圣保罗银行提供的银团贷款解决了并购协议中所包含的 CIFA 原有债务 2.4 亿欧元。上述两笔贷款均由中国进出口银行湖南分行提供金额与期限对应一致的融资担保,同时由中联重科进行反担保。

3) 期权安排

中联重科充分发挥了自身的谈判能力与三家共同投资方内部也签署了期权约定。它们约定:在并购完成后的 3 年届满之后,除非共同投资方的退出价值低于共同投资方的初始投资,中联重科可随时行使其以现金或股票购买各共同投资方在控股公司中全部股份的期权;各共同投资方也均可提前 4 个月以书面通知行使其向中联重科出售在控股公司全部股份的期权。在行使买入期权或卖出期权时,各接受对价方可选择接受现金或中联重科股票作为对价,但不接受现金和股票组合。上述中联重科与共同投资方关于股权买卖的期权约定,相当于用 40% 的股权空间换取了 3 年整合时间,从而使两家存在巨大文化差异的企业可以渐进地、有序地在磨合中融合,在融合中整合。这一结构充分调动和利用了各种资源,将风险控制在 1.6 亿欧元,而收益则被放大到整个企业。中联重科未做出共同投资人收益保底承诺,共同投资人在压力之下会更加努力做好 CIFA。同时,为了赚取股权回售给中联重科的差价,曼达林基金、高盛银行和弘毅投资也会有动力协助中联重科的管理层做好收购后的企业的整合工作。风险共担、利益共享原则使中联重科与共同投资人形成利益一致的合作基础。

3. 并购交易结构

此次并购交易涉及较为复杂高效的交易结构,有效解决了母国监管、预提所得税规避以及海外资金流动等监管问题。

中资企业尤其是中资国有背景的企业,在收购欧盟企业时通常会面临来自标的母国和欧盟的审查与监管,因此需要重新设计收购主体以求在最大程度上规避监管。此外,考虑到各国规定的预提所得税不同,需要选择合适的避税结构。依照中意之间的税务协定,资本或利得离开意大利要征收高达30%的预提所得税。若借助恰当的第三国设置,预提所得税可以大幅减少甚至规避。中联重科早年曾在香港成立过一家全资控股子公司——Zoomlion HK Holding。利用该公司为本次交易再次设立了一家全资子公司——香港特殊目的公司A,香港特殊目的公司A联手弘毅、高盛和曼达林在香港合作设立了一家香港特殊目的公司B。在香港特殊目的公司B中,中联重科通过香港特殊目的公司A持股60%实现了对该公司的绝对控制权,弘毅持股、高盛和曼达林分别持股18.04%、12.92%和9.04%,也可以参与收购获取的收益分享权和投票权。香港特殊目的公司B在欧盟卢森堡设立全资子公司——卢森堡公司A,然后利用卢森堡公司A设立另外一家全资子公司——卢森堡公司B。卢森堡公司B于意大利全资设立一家意大利特殊目的公司,并由该公司收购CIFA 100%股权(见图9)。完成上述运作后,意大利特殊目的公司和CIFA将吸收合并。上述SPV(特殊目的载体)实现了巧妙避税:意大利和卢森堡皆为欧盟国,彼此免除预提所得税;只要资金不流回国内,国内也不征收所得税。通过该结构设计,有效解决了母国监管问题、预提所得税规避问题以及海外资金流动监管问题。同时,这样的并购设计通常也可以缩短并购审查时间,降低交易费用。

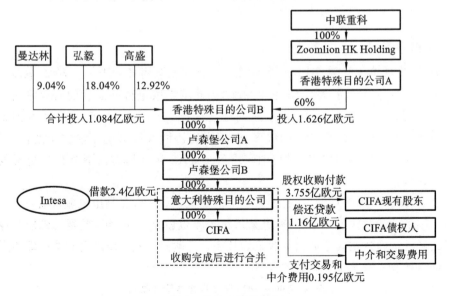

图9 并购交易结构图

(资料来源:收购意大利CIFA公司为基础的2007年备考财务报表之审阅报告。)

四、中联重科并购后表现

(一) 资本市场表现

在并购事件公布的当日,即 2008 年 6 月 25 日,中联重科公司股价应声下跌,跌幅高达 9.96%,直至并购完成宣告日(2008 年 9 月 23 日)之前,基本维持下跌的趋势(见图 10),显示出投资者对此次交易的担忧。主要是因为当时市场上有声音质疑此次并购的估价不当,超过了目标企业的内在价值,同时由于并购宣告日公布的条件中,提及需经多重政府审批通过之后才能生效,因而投资者也对此次交易所包含的政治风险表示担忧。

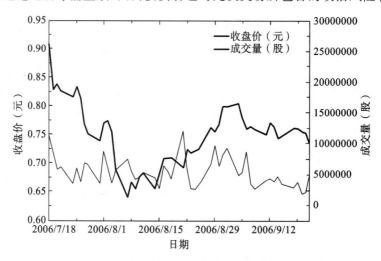

图 10 2008 年 6 月 25 日至 9 月 23 日中联重科的股价和成交量走势图
(数据来源:同花顺。)

(二) 财务表现

首先,以中联重科收购 CIFA 后的营业收入来衡量其财务表现。一方面,混凝土设备是 CIFA 公司核心的产品和主要的盈利来源,因此将中联重科并购后的营业收入与并购后的混凝土营业收入进行对比分析。时间维度选择 2008—2011 年,主要是考虑到常规的财务绩效研究大多数使用 3 年的维度,时间太短协同效应可能不能完全发挥出来,时间过长受其他因素影响的概率增加;中联重科从 2012 年开始首次海外设厂也触发了其他的跨国并购。

由表 5 和图 11 可以看出,并购后第一年也就是 2009 年,混凝土机械营业收入增长率逐渐赶上主营业务营业收入增长率,并购后第二年也就是 2010 年,混凝土机械营业收入增长率已经远远超过主营业务营业收入增长率。并购意大利 CIFA 公司为中联重科混凝土业务的营业收入带来了飞跃式的发展。

表 5 2008—2011 年中联重科营业收入

科目及增长率	2008 年	2009 年	2010 年	2011 年
主营业务营业收入(万元)	1354878	2076216	3219267	4591249

续表

科目及增长率	2008 年	2009 年	2010 年	2011 年
混凝土机械营业收入(万元)	468237	715659	1408424	2121277
主营业务营业收入增长率(%)	53	53	55	43
混凝土机械营业收入增长率(%)	33	53	97	51

(数据来源:中联重科 2008—2011 年年报。)

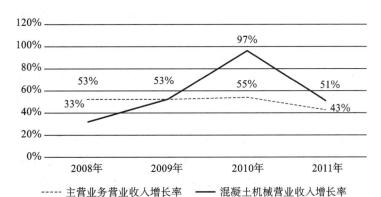

图 11 中联重科 2008—2011 年主营业务营业收入、混凝土机械营业收入增长率

(数据来源:据中联重科 2007—2011 年年报整理。)

从图 12 可以看出,在并购当年,由于大额举债来支持收购活动,使得中联重科当年的资产负债比率飙升至 76.89%。而代表短期偿债能力的流动比率与代表盈利能力的净资产收益率等指标也出现不同程度的恶化,再加上金融危机的冲击,使得 CIFA 的表现远远没有达到中联重科的预期,因而中联重科的财务表现不容乐观。

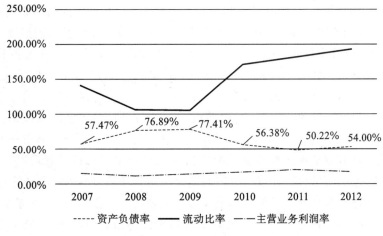

图 12 2007—2012 年中联重科重要财务比率情况

(数据来源:据中联重科 2006—2012 年年报整理。)

此外,由于 2010 年 2 月中联重科向弘毅投资等 9 家特定投资者实行了定向增发,成功募得了 55.72 亿元资金,这一再融资计划优化了公司的资本结构,使资产负债率下降到 56.38%,回归到资产负债率的适宜水平。自 2009 年后,公司的流动比率开始回升,资产负债率也开始回落,而主营业务利润率也显示出平稳的增长趋势,这些数据都表明,实施海外并购后的中联重科,正处于良好的发展阶段。

(三)非财务表现

跨国并购是项复杂的、涉及方面较广的活动,并购后通过双方的整合实现协同效应很大程度上体现在管理水平、创新能力、企业文化等"软实力"上,这些指标无法用数据来衡量。为了弥补数据评估并购绩效的缺陷,更全面地评价并购绩效,可以采用非财务的方法从战略层面分析中联重科此次并购的绩效。

此次并购活动对中联重科国际化战略产生了非常积极的意义。经过 10 多年的努力,中联重科目前已经成功站在国内工程机械行业的制高点上,领导着行业的技术创新和产品进步。如何实现企业的国际化战略已经是非常关键的一步。收购 CIFA 公司,是中联重科国际化战略中快捷且关键的步伐。

第一,快速提升公司混凝土机械的技术水平。CIFA 产品的综合技术比较先进,其在产品设计理念、泵车臂架智能控制技术、液压系统控制技术、泵车金属结构优化以及焊接技术和涂装工艺等方面领先于包括中联重科在内的中国企业。完成对 CIFA 的收购后,中联重科将 CIFA 的产品技术引入公司,无论是在产品技术性能方面,还是在制造工艺水平方面,都给公司混凝土机械制造带来了技术上的提升。而这种技术上的提升最明显的体现就是公司混凝土机械销售收入的变化,自 2008 年中联重科成功收购 CIFA 后,2009—2011 年的混凝土机械销售收入都以 50%以上的增长率增长,在 2010 年更是达到了 97%。

第二,使公司生产经营管理能力迅速提高到国际水平。中国制造业与国际先进水平在生产经营管理方面的差距,将是中国企业真正成为国际化企业的关键障碍。中联重科根据国内上市公司 2007 年年报,从管理的口径比较了 CIFA 和国内同行业企业同等资产投入下的人均劳动生产效率。2007 年,CIFA 的 984 名员工共计投入固定资产和流动资产 204058 万元,形成主营业务收入 314567 万元,国内同行业领先企业在同样资产投入的情况下,人均创造主营业务收入只有 CIFA 的 1/16。公司虽然是国内领先企业,但与国际先进企业相比,管理提升的空间仍十分巨大。多年以来,我国制造业一直在致力于向发达国家学习技术和管理,但是,通过参观、访问方式的学习,已经难以真正理解和掌握先进管理的精髓。完成对 CIFA 的收购后,中联重科通过对 CIFA 制造中心平移国内等方式,使公司现有制造单元有机会近距离学习先进的生产与运作管理经验,通过人才尤其是基层管理人才的交流,完成了国内制造单元的管理能力向国际水平的提升。

第三,迅速建立起全球市场网络和全球品牌知名度。CIFA 的产品在东欧、俄罗斯等地的市场占有率较高,建立了较为完善的销售和服务网络。中联重科 2007 年海外销售收入占总销售收入的比例已达 12%,海外销售将是公司未来业务增长的重要驱动力。但是,海外市场的继续扩大已经面临着销售和服务网络不完善、品牌知名度和认同度不高、对目标市场不熟悉等问题。通过本次交易,中联重科已在较短的时间内进入东欧、俄罗斯、印度等具有发展潜力的新兴市场,提升了中联重科在海外市场的营业收入。中联重科大力拓展海外市场,也可以缓解国内市场的恶性竞争,保持企业的快速发展。

第四,从数据入手分析并购CIFA公司对中联重科国际化战略的贡献。为更具针对性,仅选取中联重科国际业务的年营业收入,而不是整体的年营业收入。在并购CIFA公司当年,中联重科海外营业收入大幅提升,营业收入的量级从2007年的10亿元直逼2008年后的20亿元,增幅高达84%。

综上所述,中联重科并购CIFA公司后,在财务绩效与战略绩效上都取得了一定成绩,达到了预期的并购目的。

五、结论

在本次中联重科收购CIFA的案例分析中,首先详细介绍了并购主体的情况。中联重科是并购企业,作为国内知名机械制造商,中联重科在并购中获得了成长。CIFA为被并购企业,拥有国际化的销售网络和领先的技术工艺,但正遭受着资金困境。其他参与主体弘毅投资、曼达林基金、高盛银行,三者成为共同投资人,并在此次并购活动中根据各自的定位发挥了不同的作用。然后,从市场地位、市场份额和产品技术三个方面归纳分析了中联重科并购CIFA的动机。接下来介绍此次并购的过程,并重点介绍了融资方式和交易结构。最后,从资本市场表现、财务表现和非财务表现三个角度评价了中联重科此次并购CIFA的行为。

我们重点研究的是中联重科并购的融资方式。一家公司控制风险、稳健经营的首要任务就是控制企业的现金流,上市企业进行海外并购更是如此。海外并购项目往往需要巨额资金,于是融资便成为我国企业进行海外并购所要面对的首要问题。本案例中,收购合同约定的现金对价为28.9亿元,如此巨额的资金需求显然需要求助于外部融资渠道。常用的外部融资渠道有债务融资和股权融资,2008年并购前中联重科的资产负债率为57.47%,此时若采用贷款会使资产负债率超过70%进而引发财务危机。若进行股权融资的方式,此时中联重科控股股东的持股比例已经降到了24.99%,增发配股可能会影响到公司控股权的稳定。在综合考量各种融资方式的利弊后,中联重科选择以弘毅投资、高盛银行、曼达林基金为共同投资方,以解决海外并购的巨额融资问题。

目前,我国资本市场还不健全,融资渠道较为单一,选择弘毅投资作为并购基金来源可以为企业海外并购提供资本支持。弘毅投资作为一个战略投资者,与银行只收取利息有很大的区别,其通过向企业提供股权融资成为企业股东,拥有和企业相同的战略目标,因此投资以后还会继续提供专业化的增值服务以及帮助企业摆脱经营困境。本案例中,中联重科在并购完成一年半后出现了资金困难,在公布定向增发公告以后,弘毅投资认购了9.84亿元股份解决了企业资金周转难题,使中联重科的资本结构得到不断的优化。反观我国当前市场上企业融资现状发现,我国企业主要还是采用间接融资方式例如银行贷款,但是这种方式会使得资金使用效率不高,无法盘活成资本。因此,企业在需要巨额资金进行海外并购时可以考虑使用并购基金这种融资方式,一方面可以高效提供并购所需资金,另一方面还可以方便快捷地获取所需资金,提高企业并购成功率。

在前文对并购主体中联重科和CIFA公司的介绍中我们可以发现,在并购之前,虽说中联重科是我国著名的机械制造企业,但CIFA拥有更加先进的技术,并且在世界范围内构建了发达的销售渠道。所以,中联重科并购 CIFA 的难度要更上一个台阶。于是在并购共同投资人中,除了主要的出资人弘毅投资,高盛银行由于具有非常全面的专业知识,在并购过程中给予了专业的指导意见。同时,曼达林基金作为意大利的本土基金,对当地的法律法规、本土文化、财税政策等非常了解,也更方便收集目标企业的财务信息,因此具有中意两国背景的曼达林基金拥有丰富的信息资源,对解决并购过程中的信息不对称问题提供了很好的帮助。

在此次海外并购活动中,最具创新代表的就是上述联合弘毅投资、高盛银行、曼达林基金的 PE 融资方式。除此之外,由于并购的资金需求,中联重科还采取了银团贷款的方式筹措资金,而中联重科与 3 家共同投资方约定的期权安排,相当于中联重科用 40% 的股权空间换取了 3 年的整合时间,让中联重科与共同投资人风险共担、利益共享,形成利益一致的合作基础。

中联重科利用 PE 融资成功完成我国机械制造业海外并购第一案,充分利用了 PE 基金在融资方面、资源整合方面和风险管理方面的作用,这种融资方式为我国企业海外并购提供了很大的借鉴意义。

思考题

1. 在此次并购活动中,中联重科所采取的复杂融资方式和交易结构的确为其节省了巨额资金,但同时也带来了巨额的中介费用。若将中介费用考虑进去,对此次并购融资方式的评价结果是怎样的?

2. 在此次中联重科并购 CIFA 的案例中,除了对其融资方式的研究学习外,还有哪些值得研究分析的地方?并购目标的恰当选择、估值方法的合理性、并购风险的管控这些对我国企业海外并购的意义何在?

3. 此次案例的发生时间为 2008 年,中联重科所选择的融资方式也是基于当时大环境下的选择,现在的海外并购活动不能完全予以借鉴。现在的海外并购融资方式有什么新的特点?

参考文献

[1] Miller M. Debt and taxes[J]. Journal of Finance, 1977, 32(2): 261-275.

[2] S C Myers, N S Majluf. Corporate financing and investment decisions when firms have information that investors do not have[J]. Journal of Financial Economics, 1984, 13(2): 187-221.

[3] M C Jensen, W H Meckling. Theory of the firm: managerial behavior, agency costs and ownership structure[J]. Journal of Financial Economics, 1976, 3(4): 305-360.

[4] Aghio P, P Bolton. An incomplete contracts approach

financial contracting[J]. Reviews of Economic Studies,1992,1(9):473-494.

[5] 萨德沙纳姆.兼并与收购[M].胡海峰,译.北京:中信出版社,1998:34-37.

[6] 大卫·J本丹尼尔,阿瑟·H罗森布鲁.国际并购与合资:做好交易[M].北京:中国人民大学出版社,2002.

[7] Yakov Amihud, Baruchlev, Niekolaos G Travlos. Corporate control and the choice of investment financing: the case of corporate acquisitions[J]. The Journal of Finance, 1990,45(2):603-616.

[8] 沈艺峰,田静.中国上市公司资本成本的定量研究[J].经济研究,1999,6(11):26-32.

[9] 贾立.杠杆收购:并购融资创新路径探讨[J].理论探讨,2006,11(3):69-71.

[10] 刘淑莲.并购对价与融资方式选择:控制权转移与风险承担——基于吉利并购沃尔沃的案例分析[J].投资研究,2011,30(7):130-140.

[11] 裴力.杠杆收购与私募股权基金[M].北京:社会科学文献出版社,2010.

[12] 邓茂.浅谈并购基金融资方式[J].中国证券,2012,34(9):21-26.

[13] 何孝星,叶展,陈颖,等.并购基金是否创造价值——来自上市公司设立并购基金的经验证据[J].审计与经济研究,2016,11(5):50-60.

[14] 姜军.交易结构化:中联重科海外并购案例的再分析[J].财务与会计.2013,21(1):36-39.

[15] 胡杰武.中联重科并购CIFA获得了什么?——5周年之后的回顾与反思[J].中国软科学,2016(4):150-165.

附例1:混凝土机械行业分析

附例 2：并购主体介绍

附例 3：并购整合的绩效分析

案例十二
高资产专用性的企业并购有协同效应吗?
——基于天神娱乐并购的案例分析

> **案例导读** 资产专用性也是并购的动因之一,通常认为高资产专用性并购可以降低企业的交易成本,实现企业之间的经营、财务协同效应。本案例以天神娱乐并购事件为例,对高资产专用性并购的绩效资产进行了研究,分析并购中的专用性资产、定价和整合,结果发现天神娱乐与标的公司都存在异质的专用性资产。进一步研究发现,由于标的公司资产的专用性较高,导致其估值的增值率较大。最后通过对公司并购整合的分析和并购的市场反应、财务分析以及并购效果发现,虽然并购并没有产生良好的财务协同效应,但天神娱乐通过并购完善了公司的游戏产业链,提高了自身的游戏研发能力,提高了公司的游戏市场份额,为资本市场上以完善产业链为动机的并购树立了典范。

一、引言

并购被认为是企业寻求发展的重要方式,企业通过并购竞争对手实现扩张是现代经济史上的一个突出现象(Stigler,1950),是以目标企业的部分或全部产权为标的的一种特殊交易活动(张德亮等,2002)。根据 Wind 数据库数据显示,我国 2008—2017 年发生的并购事件从 2424 次上升到 8814 次。交易金额方面,2012 年并购交易金额急剧下滑主要是受到全球经济不明朗和中国经济放缓的双重影响。而 2012 年之后并购金额稳定上升,2017 年并购总金额达 4.94 万亿元(见图 1)。总体上来说,我国并购市场处于稳定上升期。

新制度经济学认为,企业并购的关键在于资产的专用性(Williamson,1996),即资产专用性高的交易降低了公司的交易成本。一般来说,公司管理层决策者认为并购的专用性资产有利于本公司研发、生产和经营活动时,才会做出并购决策。因此,资产专用性理论也可以用来解释企业并购,资产专用性也是企业并购活动的动机之一(徐虹,2015)。然而,在并购中,由于行业、业务、公司文化等多方面的差别,资产专用性程度衡量的标准也不相同。正是标的公司专用性资产的动态变化,导致并购公司对标的公司专用性资产

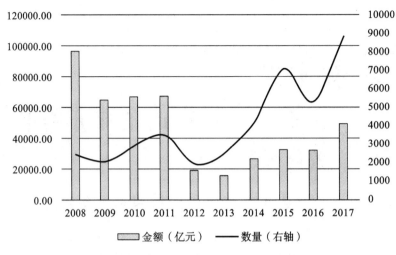

图 1　2008—2017 年我国并购市场规模

的估值存在信息不对称,对专用性资产估值并不容易,这种不确定性往往使并购活动存在巨大风险。

虽然并购活动引入了标的公司的专用性资产,但新专用性资产与原公司专用性资产存在不同程度的差异性。并购公司之间的差异性存在于很多方面,不同行业的公司在其主营业务上有着根本的差别,同一行业的公司在产品研发、生产、经营等方面有着不同程度的差异。由资产专用性理论可知,并购公司需要将标的公司与本公司专用性资产之间的差异性消除,实现并购公司双方专用性资产的融合,这样才能达到降低交易成本的目的。即并购是一种引入专用性资产,消除并购公司和标的公司之间异质性,使标的公司的专用性资产更好地为本公司的生产经营活动服务的交易活动。因此,并购公司如何消除与标的公司之间的异质性将直接影响到并购的绩效。

在实际操作中,并购公司与标的公司之间的资产专用性程度如何衡量?并购公司对标的公司专用性资产的出价是否合理?异质专用性资产如何实现融合?并购公司应具有何种治理能力才能较好地融合标的公司专用性资产以达到协同效应?本案例对天神娱乐 2015 年的多次并购事件进行案例分析,试图从资产专用性的角度探究上市公司在并购中是否能产生较好的绩效。

二、文献综述

(一)关于资产专用性的文献回顾

资产专用性的概念由 Williamson 提出,指在不牺牲其生产价值的前提下,某项资产能够被重新配置于其他替代用途或是被替代使用者重新调配使用的程度,即当某种资产在某种用途上的价值大大高于在任何其他用途上的价值时,该种资产在该种用途上即具有资产专用性。

按照 Williamson(1985,1996)的观点,资产专用性主要可分为场地专用性、物质资产专用性、人力资产专用性、特定用途资产、品牌资本和暂时性资产专用性六种。在公司并购中,不同公司并购出于经营发展考虑,想从标的公司中获取不同类型的资产专用性,因此并购公司想从标的公司获取的资源也可以按照以上标准来划分。李青原、王永海(2008)从债务治理角度,构造了一个同时考虑产品市场竞争和资产专用性因素的供给两阶段模型,实证检验发现产品市场竞争对资产专用性与公司资本结构间的关系具有调节作用。由于并购公司之间存在各方面的异质性,并购公司在吸收专用性资产过程中如何进行债务治理,是研究并购活动的重要组成部分。

(二) 关于并购绩效的文献回顾

我国学者对并购绩效的研究广泛。杨道广等(2014)认为,高质量的内部控制有助于增强企业并购后的整合能力,从而提高并购业绩。因此,研究并购公司对标的公司资产的整合是研究并购绩效的重要途径。葛结根(2015)研究了不同支付方式对并购绩效的影响,发现现金支付及现金与资产支付组合的绩效较为稳定,资产支付方式的绩效表现为高开低走,而现金与承担债务支付组合的绩效呈现先上升后下降的趋势。李晓良等(2014)从异质股东的角度对并购行为进行研究,发现机构持股随着企业并购资产专用性的增加而显著增加,对较高资产专用性的并购具有显著的积极治理效应,而且这种现象在民营企业中表现得更为明显。

(三) 关于资产专用性和并购的文献回顾

温军等(2015)按照资产专用性的不同对并购进行了划分,探讨了债务结构与企业并购的匹配关系,研究发现:为提高企业并购效率,不同类型的并购需要匹配以不同的治理机制;关系性债务对于具有较高资产专用性的并购是一种有效的治理机制;而对于资产专用性较低的并购,交易性债务则是一种有效的治理机制。徐虹等(2015)研究了在不同产品竞争市场环境下资产专用性对横向并购行为与绩效的影响,发现产品市场竞争程度越高,横向并购越有利于提升企业价值,尤其在高专用性资产投入的企业中更为显著。李青原(2011)以地点相近性、研发支出密度和契约密度衡量公司纵向并购双方的资产专用性,分析资产专用性对公司纵向并购财富的影响,结果发现并购交易双方资产专用性越高,收购方公司财富效应越大。因此,并购公司如何融合并购资源之间的异质性,整合标的资产,获取标的公司的专用性资产,是研究并购事件的一个重要方向。

三、研究方法与案例介绍

(一) 研究方法

本案例以天神娱乐2015年2月17日并购深圳市为爱普信息技术有限公司(以下简称"深圳为爱普")以及2015年12月8日并购北京妙趣横生网络科技有限公司(以下简称"妙趣横生")、雷尚(北京)科技有限公司(以下简称"雷尚科技")、上海麦橙网络有限公司(以下简称"上海麦橙")和Avazu Inc.两次并购事件进行案例分析。

本案例试图通过对天神娱乐的案例分析,研究互联网游戏行业中资产专用性如何衡量,天神娱乐对标的公司专用性资产的出价是否合理,天神娱乐如何融合标的公司专用性资产的,天神娱乐是否能在并购中取得较好的并购绩效。本案例所参考的资料和数据来源主要为天神娱乐公司发布的公告(包括各年年报)、Wind数据库以及各大财经网站的新闻报道。

（二）公司简介

北京天神互动科技有限公司（以下简称"天神互动"）成立于 2010 年 3 月，是一家网页网游、移动网游的研发与发行公司，于 2014 年 7 月经中国证券监督管理委员会核准，成功实现在国内 A 股市场借壳上市，上市后壳公司改名为大连天神娱乐股份有限公司（以下简称"天神娱乐"）属于 Wind 行业分类中的"互联网电子游戏行业"。

天神娱乐自借壳上市以来，借助资本市场平台，通过业务整合和拓展，已经从单一的游戏公司向泛娱乐化集团公司转型。目前集团公司通过收购、投资妙趣横生、雷尚科技、幻想悦游、深圳为爱普、初聚科技、合润传媒等公司，已经形成涵盖游戏研发与发行、iOS 应用分发、移动互联网广告、影视制作与营销等业务的全方位的泛娱乐产业布局。

（三）行业背景与并购动机

随着移动互联网的快速发展、移动智能终端的全面普及和移动网游用户规模的持续扩张，我国移动网络游戏市场出现了爆发式增长。

根据中国音数协游戏工委(GPC)、伽马数据(CNG)、国际数据公司(IDC)联合发布的《2017 年中国游戏产业报告》，2017 年中国游戏市场实际销售收入达到 2036.1 亿元，同比增长 23.0％。自 2015 年实际销售收入增长率开始出现下降趋势以来，2016 年的实际销售收入增长率低至 17.7％，而 2017 年缓和了增长率下跌的趋势。可以说游戏产业总体上保持着高速增长趋势。

在 2017 年中国游戏市场中，移动游戏、客户端游戏和网页游戏仍是主力。其中，移动游戏市场实际销售收入 1161.2 亿元，同比增长 41.7％，市场份额较 2016 年上升，占 57.0％；客户端游戏市场实际销售收入 648.6 亿元，同比增长 11.4％，然而市场份额同比出现下滑，占 31.9％；网页游戏市场实际销售收入 156.0 亿元，同比下降 16.6％，仍处于下降趋势，同时市场份额也同比大幅减少，仅占 7.6％。

另外，报告显示，在游戏用户方面，2017 年中国游戏用户规模达到 5.83 亿人，同比仅增长 3.1％，结合 2014 年至 2016 年的用户增长率（分别是 4.6％、3.3％和 5.9％）可以发现中国的游戏用户规模增长速度已经处于较低的状态，游戏用户数量已经趋于饱和。而在不同的游戏领域，游戏用户有着不同的变化：移动游戏用户数量在增速放缓的情况下增长；客户端游戏的用户数量近 5 年来已经趋于平稳，2017 年的波动不大；而网页游戏用户数量自 2014 年以来持续下滑，2017 年的下降幅度为 －6.6％，并无缓和趋势。

在游戏行业快速发展中，天神娱乐作为一家定位于网页网游和移动网游的研发和发行的公司，公司的两次并购目的在于通过"外延发展"的方式继续增强上市公司游戏产品的开发能力，完善公司的游戏产业链。

（四）并购深圳为爱普事件简介

深圳为爱普主要从事移动应用分发平台的开发和运营业务，主要通过"爱思助手"平台在 iOS 系统中开展移动应用分发服务。截至 2014 年 10 月 31 日，"爱思助手"累计用户超过 1500 万人，月活跃用户超过 660 万人，跻身国内领先的独立运营移动应用分发渠道商行列。

2015年2月17日,天神娱乐通过全资子公司天神互动以现金方式完成对深圳为爱普100%股权的收购,交易价格为6亿元人民币。交易完成后,深圳为爱普将成为天神互动的全资子公司,并成为天神娱乐的全资二级子公司。

(五)并购妙趣横生等四家公司事件简介

由于天神娱乐在对妙趣横生等四家公司进行并购时,向证监会提交的是一整套申报方案,故将这四家公司的并购结合在一起讨论。

北京妙趣横生网络科技有限公司成立于2010年,是一家从事网络游戏开发的公司,旗下研发的《黎明之光》《神之刃》《十万个冷笑话》等多款游戏深受用户喜爱。截至2014年12月31日,妙趣横生研发且在线运营的游戏产品累计开服总数达950组,游戏总注册用户逾2283万人,月均活跃用户超过194万人,游戏产品月平均值约243元,游戏产品的累计流水近3亿元。

雷尚(北京)科技有限公司成立于2010年,是一家从事移动网游和网页网游研发和发行的公司,公司拥有十余款享誉海内外的游戏作品,如《坦克风云》《超级舰队》《开炮吧坦克》《战争风云》《玩具战争》《战争指挥官》等,成功登陆中国、韩国、日本、北美、南美、欧洲、俄罗斯及其他俄语区、东南亚等全球大部分国家和地区,用户数量超过5000万。

Avazu Inc.隶属跨国互联网集团 Avazu Holding 旗下,2009年在德国成立,目前在北京、东京、柏林、阿姆斯特丹、文莱等地都设有分公司,主要从事互联网广告投放业务,负责与客户和供应商签订合作协议,并通过其互联网广告平台进行互联网广告投放。

上海麦橙网络科技有限公司成立于2012年1月11日,主要从事互联网广告平台的技术支持、网站运营维护、数据库管理更新、操作界面优化、客户咨询和操作培训服务等支持工作。Avazu Inc.与上海麦橙采用技术服务外包的模式开展合作,Avazu Inc.按照上海麦橙所有发生的成本费用加成10%向上海麦橙进行支付,对服务费定期进行结算。与互联网广告平台相关的专有技术、商标、品牌等知识产品属于 Avazu Inc.所有。

2015年12月8日,天神娱乐通过发行股份及支付现金方式完成收购妙趣横生95%的股权、雷尚科技100%的股权、Avazu Inc.和上海麦橙100%的股权,发行股份价格为53.13元。上述四个交易标的的交易价格、现金对价和股份对价如表1所示。

表1 妙趣横生等四个交易标的的交易价格、现金对价和股份对价

项目	交易价格(万元)	现金对价(万元)	股份对价(万元)	发行股份数量(股)
妙趣横生95%的股权	58900	3500	55400	10427253
雷尚科技100%的股权	88000	22000	66000	12422360
Avazu Inc.100%的股权	20700	52599	154401	29060982
上海麦橙100%的股权	1000	1000	—	—
合计	354900	79099	275801	51910595

(数据来源:大连科冕木业股份有限公司重大资产置换及发行股份购买资产暨关联交易报告书。)

本次交易前,上市公司全资子公司天神互动已持有妙趣横生5%的股权;经过本次交

易,妙趣横生成为天神娱乐直接持有和通过天神互动间接持有的全资子公司,雷尚科技、Avazu Inc.和上海麦橙成为天神娱乐的全资子公司。

四、案例分析

(一)并购公司间业务相关性分析

天神娱乐属于 Wind 行业分类中的"互联网游戏行业",根据前瞻产业研究院发布的对网络游戏产业的分析,目前我国网络游戏产业已经进入了一个较为稳定成熟的发展阶段,并且逐渐形成较为完整的产业链(见图2)。

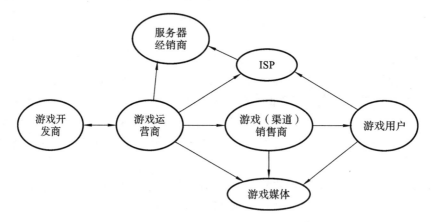

图 2　网络游戏产业链

并购之前天神娱乐的主营业务为网页网游和移动网游的研发与发行,在互联网游戏产业链中属于"游戏开发商"的上游位置,是产业链中掌握游戏研发能力的核心位置。根据天神娱乐 2014 年披露的年度报告显示,天神娱乐主要的前五大主要供应商(见表2)都是互联网服务提供商(ISP),而前五大主要客户都是游戏产业供应链中的游戏运营商和游戏(渠道)销售商。因此,可以发现天神娱乐在 2014 年的主营业务还比较单一,只专注于游戏研发,还没涉及游戏产业链的其他环节。

表 2　天神娱乐 2014 年前五大主要供应商和客户

序号	供应商名称	客户名称
1	无锡七酷网络科技有限公司	深圳市腾讯计算机系统有限公司
2	深圳市腾讯计算机系统有限公司	趣游科技集团有限公司
3	无锡蛮荒网络科技有限公司	北京百度网讯科技有限公司
4	北京嘉禾国信投资有限公司	VNG Corporation(越南)
5	北京蓝汛通信技术有限责任公司	北京鸣鹤鸣和文化传媒有限公司

(资料来源:《大连科冕木业股份有限公司 2014 年年度报告》)。

而根据天神娱乐披露的《大连科冕木业股份有限公司重大资产购买报告书》,深圳为爱普主要从事移动应用分发平台的开发和运营业务,其主要产品爱思助手主要在 iOS 系统中进行移动应用分发服务。因此深圳为爱普在网络游戏产业链中属于移动端游戏的游戏(渠道)销售商。

妙趣横生主要从事网络游戏的研发,在并购发生之前公司完成且正在运营的产品有《黎明之光》、《神之刃》、《十万个冷笑话》,因此妙趣横生也属于网络游戏产业链的游戏开发商。

雷尚科技的主营业务为移动网游和网页网游的研发和发行,公司研发的游戏产品主要专注于军事类 SLG 策略游戏,如《坦克风云》、《火力全开 HD》,因此雷尚科技也属于网络游戏产业链中的游戏开发商。

Avazu Inc.和上海麦橙主要从事移动互联网广告业务,公司通过构建广告网络平台实现客户和供应商之间广告的精准投放。因此这两家公司并不属于游戏或游戏相关产业,而是遍布整个互联网,以实现广告的精准投放,因此公司也可以实现游戏开发商企业的广告投放需求。

从标的公司所处的产业链位置可以发现,天神娱乐与标的公司之间的业务关系十分密切。天神娱乐并购妙趣横生和雷尚科技主要是扩大了自身在游戏开发商环节的市场份额。并购深圳为爱普一方面是为了实现与下游游戏(渠道)销售商有更好的联系和沟通,使中间的交易费用内部化,另一方面还可以更好地了解客户需求,实现游戏产品直达客户以及客户直接反馈游戏开发商。并购 Avazu Inc.和上海麦橙主要是为了实现天神娱乐广告等销售费用内部化,同时实现游戏产品更精准地指向客户。

(二) 并购公司的资产专用性分析

关于资产专用性的衡量,不同的学者有不同的观点。最初,Balakrishnan 和 Fox(1993)及 Močnik(2001)研究资产专用性与资本结构间关系时采用研究开发支出和广告费用与主营业务收入之比作为公司资产专用性的度量指标;Williamson(1985,1996)则采用固定资产总额与资产总额之比来度量公司资产专用性;Collis 和 Montgomery(1997)认为无形资产具有较强的专用性,使用无形资产与总资产之比来度量公司资产专用性是一个较好的替代性指标。

而后,我国学者对资产专用性的衡量多借鉴国外学者的观点,而针对不同方向的研究对衡量指标的选取又有所不同。如徐虹等(2015)关注产品市场竞争,故采用研发支出密度(研发费用/主营业务收入)指标来衡量公司的资产专用性程度。李青原(2011)研究纵向并购财富效应时采用了地点相近性、研发支出密度和契约密度衡量公司资产专用性。李晓良等(2014)认为资产专用性在并购中存在于以下三个方面:①涉及研发活动的并购;②涉及商誉的并购;③涉及高额沉淀成本的并购。

1. 天神娱乐及行业资产专用性衡量

考虑到本案例研究的案例公司天神娱乐属于互联网游戏行业,公司之间沟通与业务管理等对地点远近的要求不高,而对公司的研发能力要求更高。因此本案例选取研发支出密度(研发费用/主营业务收入)对互联网游戏行业的资产专用性进行评估。

根据搜狐财经披露的数据,2016 年互联网行业 A 股上市公司研发费用占营业收入比例高达 8.4%(见图 3),位列所有行业第二名,仅次于计算机行业的 11.1%。而在 2016 年 A 股上市公司人均研发费用排名(见图 4)中,互联网行业位居第一,人均研发费用高达 10.6 万元。很明显,这两项指标均远超所有行业平均线水平,由此可以断定互联网行业的资产专用性程度相当高。

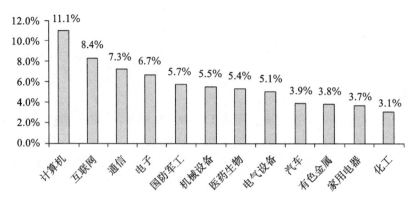

图 3　2016 年 A 股上市公司分行业研发密度排名

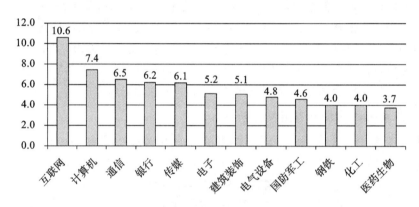

图 4　2016 年 A 股上市公司人均研发费用(万元)排名

天神娱乐在并购之前的研发投入强度如表 3 所示。天神娱乐在没有借壳上市之前即如此之高的研发投入强度,在 2012 年高达 23.94%,2013 年和 2014 年分别为 17.89%和 19.29%。在互联网行业迅速发展的背景下,天神娱乐的研发投入强度已经远高于行业 2016 年的平均研发投入强度,由此可见天神娱乐在行业内属于高资产专用性企业。

表 3　天神娱乐 2012—2014 年研发投入强度

会计年度	2012 年	2013 年	2014 年
研发投入强度	23.94%	17.89%	19.29%

(数据来源:天神娱乐 2014 年年度报告、大连科冕木业股份有限公司重大资产置换及发行股份购买资产暨关联交易报告书。)

2. 标的公司的资产专用性衡量

钟田丽等(2014)认为,人力资本、专有技术和品牌都能反映创新型公司资产专用性。吴爱华等(2014)采用生产经营场所、实物资产、人力资源、经营过程和品牌资产五个项目测量资产专用性。Hitt 等(2011)将企业核心人员的任期时间作为人力资源的替代变量。

由于标的公司财务数据的有限性以及所属行业对研发需要较高,本案例对标的公司采用人力资源、核心技术和品牌资源三个项目对标的公司的资产专用性进行分析。

深圳为爱普的资产专用性在于其创始人徐红兵与其创建的品牌资源——爱思助手。爱思助手是一款针对苹果手机用户的习惯和喜好所开发的 iOS 软件市场,深圳为爱普通过爱思助手平台在 iOS 系统中开展移动应用分发服务。截至 2014 年 10 月 31 日,爱思助手累计用户超过 1500 万人,月活跃用户超过 660 万人,跻身国内领先的独立运营移动应用分发渠道商行列,而且爱思助手也是公司最主要的营业收入来源。徐红兵不仅作为公司创始人与品牌创始人,也是自公司创建以来最大的股东,也是该品牌的主要核心技术人员,徐红兵与爱思助手对于公司来说无疑产生了巨大的资产专用性。

妙趣横生的资产专用性在于公司创始人左力志和公司核心技术。左力志创建公司时即拥有公司 95%的股权,此外在公司不断引入新股东的情况下,左力志也一直是公司的大股东,而且作为公司核心技术人员之首,左力志带领公司研发团队开发的自研核心技术高达 16 项,这 16 项技术构成了一整套研发游戏的解决方案。依托这套核心技术,妙趣横生不仅能够研发大型 PC 客户端网游、网页网游,也能够研发移动网游。因此,左力志以及其拥有的核心技术对公司产生了巨大的资产专用性。

雷尚科技的资产专用性在于其研发团队的人力资源和公司的核心技术。雷尚科技核心技术研发团队包括王萌、皮定海、董磊和陈中伟 4 人,其中王萌和皮定海自公司成立之初即是公司的大股东,同时一直担任核心研发人员;而董磊和陈中伟是公司成立一年后入股,在雷尚科技被并购之前共 4 年间,董磊和陈中伟担任核心研发人员长达 3 年。在这 4 人的带领下,公司拥有了基于 cocos2d-x 引擎开发的客户端引擎、高性能服务器端引擎、大数据平台及其他相关开发技术等核心技术,雷尚科技凭借自身技术优势开发出来的多个游戏产品取得较好的业绩,如《坦克风云》多次取得苹果 iOS 平台 Appstore 港台 iPhone、iPad 畅销榜前 5 名、免费榜第 1 名以及安卓 360 平台精品榜前 10 名的业绩。因此雷尚科技的研发团队与其掌握的核心技术给公司带来了巨大的资产专用性。

Avazu Inc. 和上海麦橙的资产专用性在于公司创始人石一及其核心技术。石一于 2009 年创立 Avazu Inc.,其间虽有股权转让,但石一一直是 Avazu Inc. 的最终控制人和董事,而且石一作为公司核心研发团队之首,掌握了公司 8 项已完成自研核心技术,公司基于技术优势开发的互联网广告平台包括广告网络平台和 DSP 平台(需求方平台)。互联网广告平台给 Avazu Inc. 在海外地区带来了大量优质客户和覆盖海外 130 多个国家和地区的媒体资源,形成了一个较好的品牌资源。互联网广告平台不仅提升了 Avazu Inc. 的营收规模,也建立了良好的业内口碑和企业形象。上海麦橙虽然名义股东不是石一,但上海麦橙仅有的两个股东金佩芬和石恒忠是石一的外祖母和外祖父。而且据天神娱乐公告披露,上海麦橙实际上为石一代持,因此石一一直是上海麦橙成立以来的实际控制人,而上海麦橙和 Avazu Inc. 的关联交易也是基于石一带领的研发团队开发的互联网广告平台实现的。因此,石一及其掌握的核心技术是 Avazu Inc. 和上海麦橙的资产专用性所在。

3. 并购事件的资产专用性衡量

商誉通常是指企业在同等条件下,能获得高于正常投资报酬率所形成的价值。我国新会计准则第 20 号《企业合并》中规定:购买方对合并成本大于合并中取得被购买方可辨认净资产公允价值份额的差额应当确认为商誉。而在互联网游戏这种技术含量较高的行业,公司并购往往会产生较高的溢价,导致并购产生的商誉较大。因此本案例选取并购中产生的商誉来衡量并购事件的资产专用性程度。

在两次并购交易中,通过天神娱乐 2015 年年报披露数据可以发现,对于每家标的公司,天神娱乐的并购成本均远超标的资产可辨认净资产公允价值(见表4),最低不低于 5 倍出价,最高在收购 Avazu Inc. 和上海麦橙时达到了近 10 倍的出价。由于多次大手笔的溢价并购,天神娱乐在 2014 年不存在任何商誉的情况下,2015 年公司商誉价值瞬间达到了 36.64 亿元,占总资产的 50.16%(见表5)。而 2016 年公司商誉价值继续上涨,是因为公司在 2016 年以超过 10 倍的溢价并购了深圳市一花科技有限公司,导致商誉价值继续上升,2016 年商誉总价值占总资产比例达 61.61%。由此可以推断,天神娱乐在 2015 年的并购交易具有极高的资产专用性。

表 4　两次并购交易中产生的商誉

事件	合并成本总计(万元)	取得的可辨认净资产公允价值份额(万元)	产生的商誉(万元)
并购深圳为爱普	60000	10696.27	49303.73
并购妙趣横生	62000	11635.34	50364.66
并购雷尚科技	88000	9737.68	78262.32
并购 Avazu Inc. 和上海麦橙	208000	19484.05	188515.95

(数据来源:《大连科冕木业股份有限公司重大资产购买报告书》)。

表 5　天神娱乐 2014 年至 2016 年商誉情况

项目	2014 年	2015 年	2016 年
商誉(万元)	—	366446.67	455277.46
总资产(万元)	74416.17	730584.49	739026.02
商誉占总资产比例	—	50.16%	61.61%

(数据来源:《大连科冕木业股份有限公司重大资产购买报告书》)。

(三)并购标的资产的估值定价分析

1. 并购深圳为爱普估值分析

天神娱乐并购深圳为爱普采用了市场法和用户价值法两种方法。

市场法是运用企业价值倍数 EV/EBITDA=企业价值/税息折旧及摊销前利润来对公司价值进行估值。企业价值倍数选取了市场上同行业可比公司发生的并购事件作为参考,根据参考事件的企业价值倍数计算平均值得到本次事件适用的企业价值倍数。

用户价值法是指将估值对象与参考企业、在市场上已有交易案例的企业、股东权益等用户数情况进行比较以确定估值对象价值的估值思路,通过计算参考公司的月活跃用户价值的平均值,乘以本次并购标的公司产品爱思助手的月活跃用户数得到标的公司的价值。

在市场法中,对市场上同行业可比公司的选取十分重要,选取的参考案例公司必须要与深圳为爱普具有类似的业务和交易事件可比性。本次并购选取的参考事件为北纬通信收购杭州掌盟、中青宝收购江苏名通和中文传媒收购智明星通三个并购交易事件。根据这三次并购事件的披露信息,三家标的公司的主营业务如表6所示。

表6 参考案例标的公司主营业务

参考并购事件标的公司	主营业务	参考公司与深圳为爱普业务是否类似	在游戏产业链中的位置
杭州掌盟软件股份有限公司	依靠其自主开发的移动应用分发平台,为移动应用程序开发商及发行商提供发行推广渠道,同时为用户提供丰富的移动应用程序和其他资源下载平台	是	游戏(渠道)销售商
江苏名通信息科技有限公司	提供以网页游戏平台运营为主的游戏综合服务,运营的游戏囊括国内主要热门网页游戏产品《梦幻飞仙》、《龙将》、《神仙道》、《斗破苍穹》等	否	游戏发行商和运营商
北京智明星通科技有限公司	主要从事移动网络游戏研发和运营业务,以及以导航网站为核心的互联网产品服务	否	游戏开发商

(资料来源:三次并购事件各自披露的收购报告书。)

由表6可知,市场法中并没有选取合适的参考案例,仅北纬通信收购杭州掌盟事件中标的公司与深圳为爱普的业务类似,且都处于游戏产业链中相同位置。其余两家参考案例标的公司业务与深圳为爱普不一致,在游戏产业链中的位置也不相同。因此,采用该方法选取的多数参考案例并不具有可比性。

在用户价值法中,同样选取的参考案例对估值有着重要的影响,选取的参考案例要求用户性质与深圳为爱普旗下产品的用户性质一致。在此方法中,天神娱乐选取北纬通信收购杭州掌盟、顺网科技收购杭州浮云和中文传媒收购智明星通三次并购事件作为参考案例。根据这三次并购事件的披露信息,三家标的公司的主营业务如表7所示。

表7 参考案例标的公司主营业务

参考并购事件标的公司	主营业务	参考公司用户性质与深圳为爱普产品用户性质是否一致	在游戏产业链中的位置
杭州掌盟软件股份有限公司	依靠其自主开发的移动应用分发平台,为移动应用程序开发商及发行商提供发行推广渠道,同时为用户提供丰富的移动应用程序和其他资源下载平台	是	游戏(渠道)销售商

续表

参考并购事件标的公司	主营业务	参考公司用户性质与深圳为爱普产品用户性质是否一致	在游戏产业链中的位置
杭州浮云网络科技有限公司	从事研发及运营网络休闲游戏及平台,旗下91y平台是国内首家将街机电玩与竞技棋牌游戏融合打造的具有全新的网络电玩城概念的休闲娱乐平台	否	游戏开发商和游戏运营商
北京智明星通科技有限公司	主要从事移动网络游戏研发和运营业务,以及以导航网站为核心的互联网产品服务	否	游戏开发商

(资料来源:三次并购事件各自披露的收购报告书。)

深圳为爱普旗下的爱思助手属于移动应用的分发渠道,其用户并不是游戏用户。而浮云网络和智明星通的主营业务实际上还是游戏研发,不仅业务范围不一致,而且其用户实际上为游戏用户,与深圳为爱普不一致,只有杭州掌盟与深圳为爱普具有可比性。因此,采用用户价值法选取的多数参考案例并不具有可比性。

最终估值结果见表8。

表8 深圳为爱普估值结果

估值方法	所有者权益账面价值(万元)	所有者权益估值(万元)	增值额(万元)	增值率
市场法	3200.41	60046.59	56846.18	1777.22%
用户价值法		55530.47	52330.06	1635.10%
差异额		4516.12	—	—

(数据来源:《大连科冕木业股份有限公司重大资产购买报告书》。)

由两种方法的估值结果以及深圳为爱普和相应行业的PE、PB估值(见表9)可以发现,本次并购标的资产的估值较账面价值增值较大,虽然在选取参考公司时并不准确,但行业内并购的大幅增值现象普遍存在。究其原因,主要有以下几点:一是深圳为爱普属于"轻资产"型公司,虽然固定资产和营运资金等有形资产账面价值不高,但公司具有高资产专用性,其专用性资产体现在公司的品牌产品爱思助手上。该产品不仅给深圳为爱普带来了巨大的用户群,体现了公司的核心研发能力和营销渠道,而且由于深圳为爱普与天神娱乐业务上的相关性,并购之后将产生经营上的协同效应,这些都从实质上提高了公司价值,难以体现在公司账面价值中。二是在互联网行业持续快速发展的背景下,用户对互联网的需求持续上升,由此给互联网行业企业资产带来不同程度的增值。

表9 深圳为爱普PE、PB估值及行业对比

标的方名称	PE	PB	行业	PE	PB
深圳市为爱普信息技术有限公司	—	18.06	信息科技咨询与其他服务	87.91	5.91

(数据来源:Wind资讯。)

2. 并购妙趣横生等四家公司估值分析

天神娱乐并购妙趣横生和雷尚科技采用的是收益法和市场法,并购 Avazu Inc. 和上海麦橙采用的是收益法。收益法是通过估计标的公司未来若干年内的企业自由现金流,采用适当的折现率计算得出营业性资产价值,再加上溢余资产价值、非经营性资产价值,减去有息债务得出股东全部权益价值。

在收益法中,企业自由现金流的估计包括营业收入、营业成本、营业税金及附加、管理费用、财务费用、营业外收支、所得税、损益表、折旧与摊销、资本性支出和营运资金等,最终汇总成企业自由现金流的预测。在现金流的预测中营业收入的预测最为关键,在收购妙趣横生等四家公司对营业收入的预测中,天神娱乐采用的方法为:结合游戏生命周期,从不同阶段的历史收入数据模拟未来的营业收入,并结合行业的发展趋势和公司的游戏研发能力考虑了未来可能研发的游戏产品。

而折现率的估计选取的是加权平均资本成本(WACC),通过估计无风险报酬率、企业风险系数(β系数)和市场风险溢价,利用资本资产定价模型(CAPM)来得到权益资本成本(K_e),最终根据标的公司的资本结构得到 WACC。其中的关键在于 β 系数的估计,天神娱乐对妙趣横生和雷尚科技两家公司的收购均选取了北纬通信、拓维信息、掌趣科技、神州泰岳、天舟文化、朗玛信息、凤凰传媒和浙报传媒等可比公司来计算 β 系数的参考值。通过 Wind 证券投资分析系统可以发现,虽然这些参考公司都是互联网信息服务行业的公司,但其主营业务范围远异于妙趣横生和雷尚科技的游戏研发业务,业务上类似的参考公司仅有掌趣科技,因此可以断定这些参考公司不具有可比性。而对 Avazu Inc. 和上海麦橙的 β 系数的估计选取的分别是上市公司中涉及网络广告业务的公司的 β 系数平均值和软件服务类上市公司的 β 系数平均值。对比 Avazu Inc. 和上海麦橙的主营业务,可以发现该参考 β 系数具有可比性。相关计算公式如下:

$$\text{WACC} = K_e \times \frac{E}{E+D} + K_d \times (1-t) \times \frac{D}{E+D}$$

$$K_e = R_f + \beta \times (R_f - R_M)$$

本次并购的估值结果如表 10 所示。上海麦橙等四家公司及对应行业估值对比如表 11 所示。

表 10 妙趣横生等四家公司估值结果

标的公司	估值方法	所有者权益账面价值(万元)	所有者权益估值(万元)	增值额(万元)	增值率
妙趣横生	收益法	6818.61	62011.60	55192.99	809.45%
	市场法		62206.01	55387.40	812.30%
雷尚科技	收益法	3139.37	88015.50	84876.13	2703.60%
	市场法		88266.40	85127.03	2711.60%
Avazu Inc.	收益法	7590.90	206937.81	199346.91	2626.13%
上海麦橙	收益法	70.70	1081.16	1010.46	1429.22%

(数据来源:《大连科冕木业股份有限公司重大资产购买报告书》。)

表 11 上海麦橙等四家公司及对应行业估值对比

标的方名称	PE	PB	行业	PE	PB
上海麦橙网络科技有限公司	185.45	15.29	信息科技咨询与其他服务	87.91	5.91
北京妙趣横生网络科技有限公司	70.28	9.09	互联网软件与服务	127.99	9.91
雷尚(北京)科技有限公司	1751.96	20.79	家庭娱乐软件	133.71	5.34
Avazu Inc.	36.5	27.26	互联网软件与服务	127.99	9.91

(数据来源:Wind 资讯。)

同样,第二次并购的四家标的公司也具有极高的增值率,估值相对行业整体也较贵。在并购中,妙趣横生的专用性资产在于其游戏业务的核心技术,其自主研发的已完成的核心技术共 16 项,构成了一整套研发游戏的方案,妙趣横生可以通过该套技术研发许多游戏;雷尚科技的专用性资产在于其专注于军事类游戏的研发技术,雷尚科技通过其自主研发技术可以在研发游戏中形成许多优势,比如节省移动设备电源、集成快速平台接入系统等;而 Avazu Inc. 和上海麦橙的专用性资产在于其主营业务中逐渐形成的互联网广告平台,公司通过沟通供应商和客户之间的广告需求积累了众多供应商和客户资源,公司借鉴这些资源为天神娱乐带来游戏广告的更快投递。随着互联网行业迅速发展,这些专用性资产的价值会随着上升,这导致其估值具有很大的不确定性。

(四)并购整合分析

由上述对天神娱乐与标的公司之间的业务相关性分析可以发现,天神娱乐的两次并购主要是具有资产专用性的相关并购,目的在于降低交易成本,进一步完善互联网游戏产业链,实现公司在互联网游戏行业的快速扩展。为达到较好的并购绩效,天神娱乐主要在以下四个方面对标的公司进行了整合。

1. 人力资源整合

为了保证核心团队的稳定性,天神娱乐对标的公司的主要管理层和核心研发人员进行了以下三方面的承诺。

一是要求深圳为爱普管理层人员和核心技术人员签署承诺函,承诺自签署承诺函之日起 25 个月内不离开标的公司;妙趣横生核心技术人员承诺自《重组协议》生效之日起 3 年内不离开妙趣横生,其在妙趣横生服务期间及离职后 2 年内不从事与妙趣横生相同或竞争的业务;雷尚科技的核心技术人员承诺自《重组协议》生效之日起 5 年内不离开雷尚科技,其在雷尚科技服务期间及离职后 1 年内不投资或从事与雷尚科技相同或竞争的业务;Avazu Inc. 和上海麦橙的核心技术人员承诺自《重组协议》生效之日起 5 年内不离开 Avazu Inc. 和上海麦橙,其在 Avazu Inc. 和上海麦橙服务期间及离职后 2 年内不投资或从事与 Avazu Inc. 和上海麦橙相同或竞争的业务。

二是天神娱乐对标的公司持股的公司或个人承诺了不同的股份解锁条件,如表 12 所示。

表 12　标的公司持股公司或个人股份解锁条件

持股公司或个人	控制公司	股份解锁条件
左力志、潘振燕、陈睿、姚洁、张鹏程、姚遥	妙趣横生	股份自登记至左力志等名下之日起满 12 个月,不超过本次认购的全部股份的 60% 可解锁;股份自登记至左力志等名下之日起满 24 个月,本次认购的全部股份可解锁
北京光线传媒股份有限公司	妙趣横生	若完成交割时,持有妙趣横生股权满 12 个月,本次认购的全部股份锁定 12 个月;若完成交割时,持有妙趣横生股权未满 12 个月,本次认购的全部股份锁定 36 个月
王萌、皮定海、陈中伟、董磊	雷尚科技	股份自登记至左力志等名下之日起满 12 个月,不超过本次认购的全部股份的 60% 可解锁;股份自登记至左力志等名下之日起满 24 个月,本次认购股份的 80% 可解锁;股份自登记至王萌等交易对方名下之日起满 36 个月,本次认购的全部股份可解锁
深圳市东方博雅科技有限公司	雷尚科技	股份自登记至左力志等名下之日起满 12 个月,不超过本次认购的全部股份的 20% 可解锁;股份自登记至左力志等名下之日起满 24 个月,本次认购股份的 80% 可解锁;股份自登记至王萌等交易对方名下之日起满 36 个月,本次认购的全部股份可解锁
上海集观投资中心(有限合伙)	Avazu Inc.	股份自登记至左力志等名下之日起满 12 个月,不超过本次认购的全部股份的 25% 可解锁;股份自登记至左力志等名下之日起满 24 个月,本次认购股份的 50% 可解锁;股份自登记至王萌等交易对方名下之日起满 36 个月,本次认购的全部股份可解锁
上海诚自投资中心(有限合伙)	Avazu Inc.	若取得本次发行股份时,持续持有 Avazu Inc. 股权满 12 个月,本次认购的全部股份锁定 12 个月;若取得本次发行股份时,持续持有 Avazu Inc. 股权未满 12 个月,本次认购的全部股份锁定 36 个月

(数据来源:《大连科冕木业股份有限公司重大资产购买报告书》。)

三是天神娱乐在收购这五家公司的方案中还承诺了额外的业绩奖励,即当标的公司完成了业绩承诺时,超额部分的 50% 将作为标的公司的业绩奖励支付给各自的承诺方。另外,在收购深圳为爱普的方案中还赋予了深圳为爱普的承诺方在将来根据公司的业绩贡献度获得公司股票期权的权利。

2. 资产和业务整合

天神娱乐将与深圳为爱普进行深度交流,共享研发经验和市场资源。天神娱乐将利用其自身优质的游戏产品支撑深圳为爱普应用分发服务,进而扩大客户群体,提高市场占有率。而深圳为爱普将自身所拥有的客户资源共享给天神娱乐以完善天神娱乐自身的游戏产品发展规划和拓展游戏产品影响力。天神娱乐将自身在国内、马来西亚和越南等较强的竞争力、客户和渠道资源共享给妙趣横生和雷尚科技,同时妙趣横生和雷尚科技将为天神娱乐共享和拓宽移动网络游戏合作平台。Avazu Inc.的互联网广告业务及其对海外市场的了解和经验将显著提高天神娱乐的海外推广能力,为天神娱乐提供更多的海外游戏运营平台。天神娱乐则可为 Avazu Inc. 提供更多的广告内容产品,并拓展

Avazu Inc. 的国内客户资源。

在进行业务整合的同时,天神娱乐还和标的公司签订了业绩承诺,如表13所示。如标的公司在承诺期限内未能实现业绩承诺,则标的公司业绩承诺方应在承诺期内向天神娱乐支付相应的补偿。

表13 标的公司业绩承诺

承诺方	控制公司	业绩承诺
徐红兵、罗真德	深圳为爱普	承诺深圳为爱普在2014—2016年经审计的扣非净利润累加不少于15250万元
左力志、潘振燕、陈睿、姚洁、张鹏程、姚遥	妙趣横生	承诺妙趣横生在2014—2016年经审计的合并报表扣非净利润分别不低于4150万元、5475万元和6768.75万元
王萌、皮定海、陈中伟、董磊	雷尚科技	承诺雷尚科技2015年、2016年及2017年经审计的扣非净利润数为6300万元、7875万元及9844万元,三年累计不少于24019万元
上海集观和石一	Avazu Inc.和上海麦橙	承诺Avazu Inc.于2015年度、2016年度和2017年度实现的扣非净利润分别不低于12899.21万元、17574.51万元、23315.74万元;上海麦橙于2015年度、2016年度和2017年度实现的扣非净利润分别不低于100.79万元、105.49万元、110.26万元

(数据来源:《大连科冕木业股份有限公司重大资产购买报告书》。)

3. 技术研发整合

天神娱乐将保持各子公司之间、核心技术人员之间的良好沟通和合作,定期举办技术研讨会议,分享技术人员之间的研发心得;同时,天神娱乐将依靠自身的平台优势,与海外市场保持良好的沟通,以最快速地获取海外先进技术优势,并以讲座等形式向各子公司进行传授,保持公司技术研发的优势。

4. 公司治理整合

并购完成后,标的公司董事会由5名董事组成,天神娱乐提名3名董事,标的公司管理层提名2名董事。董事长由天神娱乐提名的董事担任,副董事长由标的公司管理层提名的董事担任。各个标的公司将以保持独立法人主体的形式存在,只是天神娱乐将向标的公司输入具有规范治理经验的管理人员,使标的公司满足上市公司的各类规范要求的同时保持子公司各自管理层的稳定性。

(五)并购绩效分析

对并购绩效通常采用事件研究法和财务指标法来评估。事件研究法是通过计算公司并购交易事件首次披露日前后的股票累计超额收益率来考察市场反应;财务指标法是通过选取适当的财务指标根据公司并购前后的财务数据的变化来衡量并购事件的绩效。

本案例首先采用事件研究法对天神娱乐并购事件的市场反应进行评价,再采用财务指标法对天神娱乐的财务绩效进行评价。除此之外,本案例还针对公司通过并购完善游戏产业链这一动机,通过选取适当的指标来评价本次并购对天神娱乐的游戏研发能力和市场份额到底产生了怎样的影响。

1. 事件研究法

天神娱乐的两次并购事件首次披露日分别是2015年1月6日和2015年3月24日,由于公司股票从2014年10月31日起开始停牌,直到2015年3月24日复牌,因此这两次并购事件可以在一个事件窗口中进行市场反应的评估。本案例选取事件披露的前后各40个交易日作为估计窗口,前5个交易日和后15个交易日为事件窗口,以深证综指的前复权涨跌幅值作为市场指数收益率,构建天神娱乐股价收益率的回归方程,获得天神娱乐股价在时间窗口内的日超额收益率和日累积超额收益率,如图5所示。

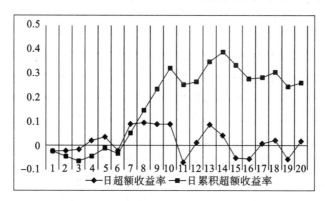

图5 天神娱乐并购事件研究法结果

从事件研究法的结果来看,事件披露日的第一天市场反应不大,而从第二天开始的四天内市场反应持续上涨,之后便维持了高股价势态。因此可以推断市场对于该并购事件的态度是积极的。

2. 财务指标法

接着,本案例通过选取适当财务指标评价天神娱乐的盈利能力、营运能力和偿债能力,具体财务指标如表14所示。由于天神娱乐在2014年之前是从事地板业务的上市公司,2014年天神互动借科冕木业的壳上市,之后剔除了公司的木板业务,专注于从事网络游戏业务,因此2013年选取的是天神互动的财务数据。

表14 天神娱乐(互动)2012—2016年主要财务指标

会计年度	2012	2013	2014	2015	2016
净利润增长率	65.49%	14.77%	72.31%	52.29%	53.07%
总资产收益率	47.83%	36.64%	31.45%	4.88%	7.38%
净资产收益率	61.14%	45.98%	35.30%	7.17%	9.56%
流动资产周转率	0.8715	0.9183	0.7026	1.4894	0.6831
流动比率	4.2978	3.7606	6.1636	1.4384	1.2309
资产负债率	0.2178	0.2030	0.1090	0.3199	0.2275

(数据来源:天神娱乐历年年报。)

从表14可以发现,公司在2015年完成并购之后多项指标数据都有所下降。净利润增长率从 2014 年的 72.31％下降至 2015 年的 52.29％；总资产收益率急剧下降，从 31.45％下降至 4.88％；净资产收益率同样急剧下降，从 35.30％下降至 7.17％；流动比率从 2014 年的 6.1636 下降至 1.4384；而流动资产周转率和资产负债率略有上升。这说明，并购带来的财务效应使得天神娱乐的短期盈利能力急剧下降，短期偿债能力略有下降，而流动资产的使用效率略有上升。

3. 并购效果

天神娱乐并购深圳为爱普和包括妙趣横生在内的四家公司，目的在于提升公司的游戏研发能力，完善公司的游戏产业链。之前对天神娱乐与标的公司的业务相关性的分析可以说明，这两次交易的确使天神娱乐的业务范围覆盖到整个游戏产业链，而并购对游戏研发能力和市场份额到底产生了怎样的效果？

游戏研发能力方面，天神娱乐 2015 年完成并购前共研发且正在运营的主要游戏产品有《傲剑》、《苍穹变》、《全民破坏神》、《梦幻 Q 仙》等页游，2015 年成功研发并上线《苍穹变》手游。在并购之后，公司于 2016 年共上线《黎明之光》、《封神英雄榜》和《帝国争霸》三款手游，其中《黎明之光》获得渠道厂商的极高评价，被"硬核联盟"评选为 2016 年 9 月的明星产品。同时天神娱乐在 2016 年拥有 4 个在研项目，其中一个项目于 2017 年上半年正式上线。天神娱乐 2014 年至 2016 年的研发支出如表 15 所示。由此可以发现，天神娱乐在并购之前主要从事网页游戏研发，而并购之后实现了从页游到手游的转型，研发支出的持续增长和研发游戏的转型说明了天神娱乐的研发能力得到了提升。

表 15　天神娱乐 2014 年至 2016 年研发支出及增长率

年份	研发支出（万元）	增长率
2014	9174.6	—
2015	12423.83	35.42％
2016	16157.31	30.05％

（数据来源：天神娱乐历年年报。）

市场份额方面，本案例参考了 Wind 数据库披露的互联网电子游戏行业营业收入排行，天神娱乐在 2015 年、2016 年和 2017 年 3 季度的营业收入排名分别是第 9 名、第 9 名和第 5 名，可以看出 2016 年新推出的手游虽然在当年对公司的营业收入影响不显著，而在 2017 年显著提高了公司的营业收入，扩大了公司在游戏市场上的份额。

总体来说，天神娱乐在 2015 年的两次并购完善了公司游戏产业链，并购事件的确推高了公司股价，短期市场反应较好。从并购前后的财务指标来看，并购导致公司的盈利能力和偿债能力均有不同程度的下降。从公司最初的并购动机来看，天神娱乐实现了提高公司游戏研发能力的目的，扩大了公司在游戏市场上的份额。

五、主要结论

在相关并购中，企业为了扩张壮大、实现经营和财务上的协同效应，经常会采用行业内并购的方式。在一些高资产专用性的行业，标的公司由于其自身资产的专用性，不仅在价值上存在巨大的不确定性，而且并购公司在整合过程中也会有不同程度的困难。

案例十二　高资产专用性的企业并购有协同效应吗?

本案例通过对天神娱乐于2015年完成的两次并购事件进行案例分析,发现天神娱乐与标的公司之间存在十分密切的业务联系,共处游戏产业链之中。同时,不仅天神娱乐自身存在较高的资产专用性,而且其并购标的公司在核心技术和业务等不同的方面分别具有不同的资产专用性。进一步研究发现,天神娱乐在对标的公司的估值中选取的参考公司部分存在不合理,行业内并购增值率较大现象普遍存在,标的公司资产的专用性较高导致其估值的增值率较大。最后,通过对公司并购整合分析和并购的市场反应与财务分析发现,虽然这两次并购在短期内提高了公司股价,但天神娱乐在整合之后并没有达到有效的财务协同,公司的盈利能力和短期偿债能力均显著下降。就其并购动机本身而言,天神娱乐实现了完善公司游戏产业链、提升游戏研发能力和扩大游戏市场份额的目的。

思考题

1. 高科技企业并购的重点是什么?
2. 资产专用性强的企业间并购,其核心业务是什么?
3. 市场反应是否合理有效? 与当时的市场趋势是否存在关联?

参考文献

[1] Stigler G J. Monopoly and oligopoly by merger[J]. American Economic Review,1950,40(2):23-34.

[2] Dijana Močnik. Asset specificity and a firm's borrowing ability:an empirical analysis of manufacturing firms [J]. Journal of Economic Behavior and Organization,2001,45(1).

[3] Balakrishnan S, Fox I. Asset specificity, firm heterogeneity and capital structure[J]. Strategic Management Journal,1993,14(1):3-16.

[4] Williamson O E. The mechanism of governance[M]. Oxford University Press,1996.

[5] Williamson O E. The economic institutions of capitalism [M]. New York:Free Press,1985.

[6] David P,O'Brien J,Yoskikawa T. The implications of debt heterogeneity for R&D investment and firm performance [J]. Academy of Management Journal,2008,51(1):165-181.

[7] Michael A Hitt, Leonard Bierman, Katsuhiko Shimizu,et al. Direct and moderating effects of human capital on strategy and performance in professional service firm:a resource-based perspective[J]. The Academy of Management Journal,2011,44(1):13-28.

[8] 李青原,王永海.产品市场竞争、资产专用性与资本结构:一个供给视角的分析[J].经济评论,2008(6):109-114.

[9] 徐虹,林钟高,芮晨.产品市场竞争、资产专用性与上市公司横向并购[J].南开管理评论,2015,18(3):48-59.

[10] 温军,冯根福,赵旭峰.异质并购、债务治理与股东收益[J].经济管理,2015(5):139-151.

[11] 贾镜渝,李文.经验与中国企业跨国并购成败——基于非相关经验与政府因素的调节作用[J].世界经济研究,2015(8):48-58.

[12] 张学勇,柳依依,罗丹,等.创新能力对上市公司并购业绩的影响[J].金融研究,2017(3):159-175.

[13] 张峥,聂思.中国制造业上市公司并购创新绩效研究[J].科研管理,2016,37(4):36-43.

[14] Williamson O E. Corporate finance and corporate governance[J]. Journal of Finance,1988,43(3):567-591.

[15] 张德亮,和丕禅.企业并购动因的一种理论解析[J].经济管理,2002(10):20-24.

[16] 李晓良,温军,吕光桦.收购兼并、异质股东与企业绩效[J].当代经济科学,2014,36(3):104-111.

[17] 葛结根.并购支付方式与并购绩效的实证研究——以沪深上市公司为收购目标的经验证据[J].会计研究,2015(9):74-80.

[18] 杨道广,张传财,陈汉文.内部控制、并购整合能力与并购业绩——来自我国上市公司的经验证据[J].审计研究,2014(3):43-50.

[19] 李青原.资产专用性与公司纵向并购财富效应[J].南开管理评论,2011(6).

[20] 李晓良,温军,吕光桦.收购兼并、异质股东与企业绩效[J].当代经济科学,2014,36(3):104-111.

[21] 钟田丽,马娜,胡彦斌.企业创新投入要素与融资结构选择——基于创业板上市公司的实证检验[J].会计研究,2014(4):66-73.

[22] 吴爱华,苏敬勤.专用性视角下创新型文化、创新能力与绩效[J].科研管理,2014(6):47-55.

案例十二 高资产专用性的企业并购有协同效应吗?

附例 1

股权分配和股权激励篇

GUQUANFENPEIHE
GUQUANJILIPIAN

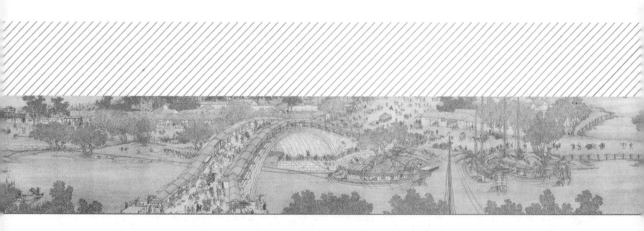

案例十三
定向增发之后高送转,是否存在股利分配动机异化?
——基于鑫科材料的案例分析

> **案例导读** 本案例研究发现,鑫科材料在修订的定向增发预案中下调了定增基准价格,仍然高于二级市场现价,说明外部机构投资者与大股东达成了某种妥协;进一步研究发现,为方便外部投资者减持获利,在定向增发实施后的一年锁定期内,鑫科材料不断地利用利好消息推高股价,并在解禁期前推出高送转预案将股价抬升至历史高点,合谋动机得到印证。本案例为定增之后实施高送转市值管理的事前甄别提供了新的思路。

一、引言

高送转是指上市公司通过送股或转股将发行在外的股票数量扩大到原有股票数量的1.5倍以上,其实质是股东权益的内部调整,只是导致公司流通在外的股数增加,公司的基本面并没有变化。虽然高送转并不会增加股东的财富,也不会改变公司的基本面,但市场从来没有忽略高送转,近些年来更是出现了投资者追逐高送转、上市公司争相高送转和送转比例连创新高的趋势。高送转本是传递公司高管对公司经营业绩充满信心的信号,但在中国资本市场,原本应是利好消息的"高送转"却频频变成大股东侵害中小股东利益的陷阱。近年来,一些上市公司在高送转的过程中存在违规行为,利用高送转来达到一些特殊目的。而大部分投资者更是盲目投资,最终被套牢,上市公司也因高送转过程中的违规行为而受到相应处罚。因此,深刻剖析上市公司推行高送转股利政策背后的动因和利益输送机制有着迫切的现实意义。上市公司实施高送转是出于怎样的动机?高送转的股票是否真的对投资者有利?高送转背后是否存在着利益的输送?这些都值得我们进一步关注。

我国资本市场中定向增发所涉的利益输送问题较为严重,其主要原因是信息不对称,大股东会通过自身对上市公司的控制权获得足够的信息优势。定向增发的对象主要可以分为大股东及关联方或外部机构投资者。在定向增发方案公告之前,若上市公司股价被低估,大股东在具备信息优势、掌握更多上市公司内部信息的前提下,往往会高比例认购增发股份;反之,大股东会选择低比例认购。虽然外部投资者相较于公司实际控制人不存在信息优势,但这类财务投资机构有着丰富的投资经验和专业的风险把控能力,对于参与定向增发这一行为本应经过审慎评估和考察。然而A股市场中的定向增发对象为外部机构投资者的方案不胜枚举,发布定增预案的上市公司良莠不齐,外部投资者为何还乐此不疲地认购增发股票呢?这一点也值得研究和关注。

现有的研究发现,通过定向增发融资的上市公司在定向增发股份解禁期前后会进行"高送转",限售股解禁后,外部投资者的减持行为尤为突出。在低价认购增发股票后,再借助"高送转"的利好消息推高股价最终疯狂减持,财务投资者的投资目的得以实现。然而,上市公司的控制权主要集中于控股的大股东,其能够对上市公司的决策完全控制或施加重大影响。参与定增的外部投资者想顺利实现自身的投资目的,离不开上市公司的利好消息配合,这也在很大程度上取决于控股股东。需要注意的是,控股股东也有自己的利益诉求,当股价被高估时,大股东也有动机脱手转让自己的股份,获取超额收益,这一动机与外部投资者的利益诉求是一致的。

此外,因为定向增发新股上市到解禁需要一年时间的限售锁定期,如何对这一内幕行为进行事前甄别显得尤为重要。究竟如何做到事前甄别,本案例通过对鑫科材料定向增发公告内容进行分析,发现二级市场股价跌破定向增发基准价格后调低了增发价格,但是新的增发基准价格仍然高于二级市场现价。外部投资者为何选择了妥协?本案例选择鑫科材料这一案例,对大股东减持行为和定向增发及公司高送转政策进行深入研究,揭示高送转背后的利益实现路径,为投资者提供一定的借鉴和参考意义。

二、文献回顾及研究框架

(一)高送转相关研究文献

高送转属于股利政策的范畴,具体为股利分配和资本公积转增股本,实质等同于股票拆分。Brennan(1988)提出信号传递理论,他认为股票拆分会稀释每股盈余,从而向市场传递企业对未来盈利的信心。Baker(1993)则提出流动性理论,该理论认为公司管理层发放股利会将股票的价格控制在一个合理区间,从而提高了股票的流动性。何涛等(2003)认为,以上两种理论并不能解释中国股市的高送转行为,并基于行为金融的"价格幻觉"加以分析,这与Baker(2004)提出的迎合理论相吻合。迎合理论认为,在投资者非理性情况下,管理者会迎合投资者对股利政策的非理性偏好进行决策,以实现管理者自身利益最大化。李心丹等(2014)基于迎合理论和中国股市现状,发现上市公司管理者及大股东在"高送转"前增发,在"高送转"后减持,利用"高送转"导致的股票溢价来实现自身利益最大化。谢德仁等(2016)则实证得出"高送转"是内部人减持的"谋定而后动",即上市公司内部人的股票减持与公司高送转之间如果存在关联关系,则很可能潜藏着内部人有意识地利用投资者非理性的自利动机,为减持股票而安排高送转。

(二)股权再融资与定向增发

我国的股权再融资方式主要为增发和配股两种,管征等(2008)应用信息不对称理论对我国上市公司股权再融资方式选择问题进行了理论分析和实证检验,发现我国上市公司首选增发方式进行股权再融资,次优选择配股方式。中国证监会于2000年4月正式允许上市公司通过公开增发向社会公众投资者募资。2006年,中国证监会引入定向增发,在丰富股权再融资手段的同时,也逐渐取代了公开增发,被上市公司广泛采用。

在我国的A股市场中,由于股权集中度较高以及资本市场投资者法律保护不健全,控股的大股东和中小股东存在严重的代理问题,定向增发中存在的利益输送问题也较为突出。章卫东等(2008)研究发现,增发价格与增发对象和大股东持股比例密切相关,大股东可以通过信息优势在一定程度上操控增发价格。朱红军等(2008)发现控股股东在增发前选择合适时机以及停牌操纵锁定较低的增发价格进行利益输送,同时还发现定向增发时大股东和中小股东存在利益协同问题。在对驰宏锌锗的案例研究中发现,驰宏锌锗在其推出股改和定向增发方案前进行长达两个月的停牌,成功节省了因停牌期间资源价格飞涨给大股东带来的高额认购成本。章卫东等(2010)则从注入劣质资产、盈余管理以及财富转移等角度研究定向增发的利益输送问题。

(三)研究框架与数据来源

国内学者对定向增发所涉及的利益输送手段的研究很充分,同时对高送转之后的内部人的减持行为进行了深入探讨,定向增发后高送转减持这一"谋定而后动"的利益输送框架日益被市场认知。然而对于股权分散、大股东无绝对控股实力的上市公司,其在与外部投资者进行合谋的过程中由于利益诉求不完全一致,增发方案的落地实施以及引入外部投资者之后的公司治理行为会在一定程度上受到新股东影响的研究还处于空白之中。本案例选取鑫科材料这一案例素材,首先发现其在高送转实施的当天,公司第二大股东刚好解禁期满开始疯狂减持,并注意到第二大股东为前一年参与定向增发的泽熙投资。基于这一条线索,分析了定向增发公告发布和实施过程中的控股股东和外部投资者出现的分歧与妥协,修改预案调低了增发价格,更好地揭示了二者的合谋动机。最后,控股股东恒鑫铜业在合谋者泽熙投资的帮助下,利用概念炒作将股价推高,最终双双完成了减持套现。

本案例数据均取自东方财富网以及巨潮资讯网提供的上市公司公告信息。

三、案例概况

1. 公司简介

安徽鑫科新材料股份有限公司(简称鑫科材料,股票代码600255)系由芜湖恒鑫铜业集团有限公司作为主要发起人,联合合肥工大复合材料高新技术开发有限公司、安徽省冶金科学研究所、芜湖市建设投资有限公司、芜湖市鸠江工业投资有限责任公司,以发起方式设立的股份有限公司。设立时公司总股本为6500万股。经2000年10月26日向社会公开发行了人民币普通股3000万股后,公司总股本已达9500万股。主营铜基复合材料、稀有及贵金属材料(不含金银及制品)、粉末冶金及特种材料、特种电缆、电工材料及其他新材料的开发、生产、销售。2014年开始大规模进军影视传媒行业,公司于2017年开始变更公司名称为安徽梦舟实业股份有限公司,简称梦舟股份。

2. 发展战略

公司坚持绿色发展、安全发展、创新发展的经营理念,依托国家级企业技术中心,推进产品技术、工艺创新,着力研发高新技术产品,瞄准产品高端应用领域,提高高端产品供应能力,增加高端产品销售量,提升产品市场占有率和品牌影响力,逐步淘汰落后产品,实现产品结构优化,提升公司整体盈利能力。

逐步改善现有影视制作和投资模式,实现对优秀人才、题材的整合,向题材多元化、作品精品化方向发展,不断提高影视制作能力和市场竞争力。实现铜加工业务、影视传媒业务两个板块的共同发展,提高公司综合竞争实力和可持续发展能力。

3. 案例时间轴

2012年6月21日,鑫科材料发布非公开发行股票预案,本次非公开发行股票的数量不超过14000万股,其中单个投资者及其一致行动人认购上限合计不超过4990万股。发行价格不低于定价基准日前20个交易日公司A股交易均价的90%,即不低于6.50元/股。本次非公开发行募集资金总额不超过93000万元,扣除发行费用后的募集资金净额将全部用于投资建设高精度电子铜带项目。

2012年11月29日,公司发布非公开发行股票预案(修订),主要更正内容为定价基准日的确定,从而使得基准价从不低于6.50元/股变更为不低于5.16元/股。

2013年9月23日,鑫科材料发布关于非公开发行股票获得中国证监会核准的公告,此次定向增发正式被批准实施。

2013年9月23日,增发新股上市。

2014年9月22日,本次增发上市的新股为期一年的限售期满,可上市流通。

2014年10月10日,经公司六届七次董事会审议通过,拟以2014年6月30日公司总股本625500000股为基数,以资本公积金向全体股东每10股转增15股,转增后公司总股本将增加至1563750000股。

四、案例分析

(一)解禁期满后发布高送转预案

1. 鑫科材料是否具备高送转能力?

大量文献总结出了关于推行高送转股利政策的上市公司的一些基本特征,主要可以概括为三高一低:高股价、高成长性、高积累和低股本。过高的股价会使一些中小投资者滋生"恐高情绪",进而导致股票的流动性受到抑制,高价股存在通过送转的除权降低股价、提高流动性的动机;高成长性是高送转的长期内在支撑,只有业绩的快速增长才能抵消高送转对每股收益等指标的摊薄稀释;较高的每股未分配利润及每股资本公积说明企业在进行规模扩张时有充足的资金,是实施高送转的基础和前提;较低规模的股本容易被外部集团控制,致使出现股价的大幅波动甚至丧失控制权,在这样的情况下进行高送转,可以稳定股价,提升市值,并通过增加股本巩固控股地位。因此,基于高送转带来的上市公司股价降低、股本扩张和每股收益摊薄的结果,以及转增股本需要较多的资本公积的现实,高送转上市公司往往具有"三高一低"的特点。

2014年8月23日,鑫科材料发布了关于2014年资本公积转增股本预案的补充公告,提出资本公积向全体股东每10股转增15股,该方案于解禁后的10月10日正式实施。

鑫科材料送转方案实施的股价偏低。2014年沪深A股中实施高送转的上市公司中,送转比例为1至1.9倍的上市公司有287家,均值为26.13元,其中最低价为5.64元,最高价为127.53元。鑫科材料的送转比例为1.5,处于上述送转比例区间,但其股价在发布高送转方案时仅为10.54元,远低于相同送转比例区间的均值。同时,10元左右的股价在A股市场不足以让投资者产生"恐高"的幻觉。

鑫科材料的成长性并不好。2010年至2013年,其主营业务收入增长率分别为33.07%、36.67%、-21.80%、11.67%。在主营收入情况不稳定甚至下滑的背景下,公司的销售毛利率逐年走低,2013年仅为2.85%,创历史新低。不仅如此,2013年公司还出现上市以来的首度亏损,鑫科材料在这一时间节点上并不具备较高的成长性。

鑫科材料不存在高积累。截至2013年底,鑫科材料的每股资本公积和每股未分配利润之和为2.10元,远低于同年度相同送转比例区间上市公司均值的5.05元。若剔除掉当年由于定向增发产生的资本公积7.32亿元,则上述累计值仅为0.93元,为相同送转比例区间的上市公司中最低值,鑫科材料每股累积水平很低。

无扩张股本的需要。较小规模的股本更容易被外部集团控制,致使出现股价的大幅波动甚至丧失控制权。然而鑫科材料在高送转实施前的总股本为62550万股,股本数量也超过相同送转区间上市公司股本均值的42670万股,鑫科材料并无明显股本扩张的动机。

综上所述,鑫科材料并不具备很强的高送转能力。

2. 第二大股东在高送转后疯狂减持

实施高送转后,泽熙增煦投资中心(简称"泽熙增煦")持有鑫科材料1.25亿股,占鑫科材料总股本的7.96%。2014年10月10日、10月20日、10月21日,泽熙增煦先后减持4620万股、11.25万股、1万股,成交均价分别为6.18元、5.31元、5.3元。图1可清晰反映出减持过程中成交量明显放大,主力出货意图明显。

2014年10月21日,泽熙增煦只减持了1万股,虽然数量极少,然而这笔减持数量刚好帮助泽熙增煦将持股比例降到5%以下,这也意味着未来泽熙增煦减持将不再需要通知鑫科材料进行公告。以高送转后的除权价格计算,泽熙增煦持股成本为2.06元/股。以此计算,伴随着一连串的利好消息公布及减持后,泽熙增煦获利近2亿元。

从2014年9月22日增发新股解禁到10月10日实施高送转仅间隔8个交易日,高送转伴随的第二大股东清仓式减持行为,很明显是外部投资者与上市公司合谋的一场游戏。那么这场合谋游戏如何开始?合谋的主角在游戏中扮演何种角色呢?

(二)鑫科材料定向增发的实施

1. 下调增发价格:控股股东与外部机构投资者合谋过程中的分歧与妥协

第二大股东泽熙增煦是在2012年公司定向增发引入外部财务投资者的过程中入主鑫科材料的。鑫科材料分别在2012年6月21日和2012年11月29日先后发布非公开发行股预案和修正预案,主要内容为修改可定向增发定价基准日。

从图2可以发现,2012年6月21日发布定增预案的当日,鑫科材料的股价以涨停价

图 1　鑫科材料 2014 年除权除息日前后二级市场走势图
（资料来源：东方财富网。）

7.65 元跳空高开，其后一路震荡回落至 7.18 元收盘，换手率为前一交易日的近 5 倍。直至修改预案的 2012 年 11 月 29 日，鑫科材料股价已一路下挫至 4.91 元。股价下挫与更改定增基准日存在怎样的关联？

图 2　鑫科材料 2012 年定向增发预案发布和修订阶段二级市场走势图
（资料来源：东方财富网。）

上市公司再融资管理办法规定,发行价格不低于定价基准日前 20 个交易日公司股票均价的 90%,而发行价格的主要决定因素为定价基准日的选取和基准日以前的股票价格。发行价格即为定增对象的买入成本,定增参与者当然希望能以更低的价格成交。同时,鑫科材料非公开发行公告显示,本次非公开发行股票的发行对象为符合中国证监会规定的证券投资基金管理公司(以其管理的两只以上基金认购的,视为一个发行对象)、证券公司、信托投资公司(以自有资金认购)、财务公司、保险机构投资者、合格境外机构投资者(QFII)、其他境内法人投资者和自然人等不超过 10 家符合相关法律法规规定的特定对象,特定对象均以现金认购本次发行的股票。分析发现,本次定向增发的认购方无大股东参与,均为外部财务投资者,定向基准日的调整很可能是大股东受迫于股价下挫与外部投资者达成的妥协。

以 2012 年 6 月 21 日为基准日,鑫科材料股价单边上涨维持高位。6.5 元的定增基准价已是高位,然而各方机构投资者在以该基准价参与询价的同时,公司股价却一路下跌,6 月到 9 月长时间低于基准价。如此一来,投资者完全可以在二级市场上以市场价买入鑫科材料的股票,而不会以不低于 6.5 元的价格参与竞价,定向增发面临流产,这是大股东不能接受的。

因此,2012 年 9 月 6 日,鑫科材料发布 2012 年第三次临时股东大会决议公告,会议审议通过《关于修订公司章程的议案》、《安徽鑫科新材料股份有限公司未来三年(2012年—2014 年)股东回报规划》(以下简称《股东回报规划》)。《股东回报规划》的主要内容为:在弥补亏损及足额提取法定公积金、任意公积金以后,最近 3 年以现金方式累计分配的利润不少于最近 3 年实现的年均可分配利润的 30%。很明显,为确保定向增发的实施,大股东发起召开临时股东大会明确了未来 3 年股利分配政策和力度,在该利好政策的刺激下,鑫科材料股价应声数日上涨,股价回到了 6.5 元的基准价以上,并一度攀升到 7.25 元。

好景不长,鑫科材料此次增发计划面临的或许不仅是股价这道坎。因为在方案曝光之初,募投项目——高精度电子铜带项目就曾经引发了一些质疑。鑫科材料在方案中表示,项目建成投产后,预计可实现年均新增销售收入(含税)25.45 亿元,项目实现净利润 1.73 亿元,投资回收期(含建设期)税后为 7.61 年。需要指出的是,鑫科材料 2011 年全年净利润还不足 3500 万元,超过 1.7 亿元的项目盈利预测确实令人感到惊讶。同时,鑫科材料所属的铜加工领域与整个宏观经济联系相当密切,项目新增产能如何消化也将是一个不小的问题。饱受质疑的定增预案逐渐被市场消化,短期快速上涨的股价开始二次调头向下,仅 3 个交易日后股价又重新跌回至 6.5 元以下,并一直持续到 2012 年 11 月底。鑫科材料被迫修改定增预案的定价基准日,根据定价规则实则是下调了定增基准价,最终基准价格确定为 5.16 元,似乎大股东和外部机构投资者就定价基准达成一致。

2. 股价持续下跌背景下,外部投资者为何还是参与了定向增发

定向增发参与的时机值得讨论,在股价单边上涨阶段,定向增发更容易确保实施。根据定向增发定价规则,发行价格不低于定价基准日前 20 个交易日公司股票均价的 90%,若当下股价单边上涨,则认购价会低于市场价,优惠的折扣会使得定向增发更容易实施。相反,若股价单边下跌,认购价会高于市场价,认购方还不如直接以市场价买入股

票,而不会以更高的成本来参与定向增发。既然如此,鑫科材料股价在修正预案发布之前持续下跌,机构投资者为何最终还是参与了定向增发了?此外,本次定增资金所投项目本就经不起市场分析师推敲,机构投资者为何依然参与其中?

本次非公开发行的认购结果如表1所示。

表1 鑫科材料2012年修订后的定向增发认购情况

序号	认购对象	申购价格(元/股)	申购数量(万股)
1	上海泽熙增煦投资中心(有限合伙)	5.16	4980
2	财通基金管理有限公司	5.16	3100
3	平安大华基金管理有限公司	5.16	3100
4	凌祖群	5.16	2800
5	韩玉山	5.16	1860
6	金鹰基金管理有限公司	5.16	1760

(数据来源:鑫科材料年报。)

本次定向增发的认购价为5.16元,认购方共6家机构或自然人,其中泽熙增煦认购4980万股,占本次定增总股份数量的28.30%;财通基金管理有限公司、平安大华基金管理有限公司、金鹰基金管理有限公司等三家公募基金共认购7960万股,占本次定增总股份数量的45.23%;此外,凌祖群和韩玉山为民间两名牛散,二人共认购4660万股,占本次定增总股份数量的26.47%。公告显示,本次权益变动前,泽熙增煦不持有鑫科材料的股份;定增完成后,泽熙增煦持有鑫科材料4980万股,占鑫科材料总股本的7.96%,通过认购本次定向增发股份后一跃成为公司第二大股东,也开始对鑫科材料施加重大影响。

在2013年上半年,主营铜基合金材料、辐照特种电缆等业务的鑫科材料尚未受到很多投资者关注,股价也持续低迷。然而,本次定向增发实施后,鑫科材料的风格突然转变,相继参股民营银行、投资新能源锂电池、融资13亿元收购西安梦舟影视,不断涉足概念炒作和制造重组题材。2014年10月9日,鑫科材料股价一路上扬至15.59元(复权后的历史最高价),并于10月10日发布公告提出"每10股转增15股"的中期分配预案,一跃而成为2014年的一大"牛股"。

3. 多元化经营下的"不务正业"

在本次定向增发开始之前,鑫科材料主营收入结构稳定,金属加工制造收入占主营业务收入的100%。但近年来,普通及低端铜加工材料市场同质化现象严重,产品附加值较低,行业竞争更加激烈,中小企业,尤其是资金、技术实力欠缺的企业将逐步被淘汰。自2008年开始,公司便募集4.33亿元分别投向精密黄铜带、紧密紫铜带、引线框架铜带等三个重大改造项目,开始布局高端铜加工产业。此后,公司2012年6月21日发布非公开发行预案公告,拟募集资金总额不超过93000万元,扣除发行费用后的募集资金净额将全部用于投资建设高精度电子铜带项目。然而,定向增发预案中的可行性分析和盈利性预测有些经不起市场的推敲,同时也为之后的"不务正业"埋下了伏笔。

然而A股市场存在相当数量的投资者热衷于概念炒作,对于时下最热门的题材,投资者往往追求想象空间而忽视可行性的有效评估。在这些题材概念的利好刺激下,一些质地较差的上市公司股票反而受到热捧,出现非理性上涨。图 3 为引入实施定向增发以来,鑫科材料的股价走势图。

图 3　鑫科材料 2013 年新股增发上市以来的二级市场走势图
(资料来源:东方财富网。)

1) 出资参股民营银行

2013 年,中共十八届三中全会明确允许民间资本筹建银行,A 股持续掀起了民间银行热。2013 年 11 月 19 日,鑫科材料发布公告,公司拟投资 1 亿元参与发起设立大江银行股份有限公司,全部以现金方式出资,占大江银行注册资本的 10%。公告显示,大江银行股份有限公司注册资本为 10 亿元,其中信义节能玻璃(芜湖)有限公司出资 2 亿元,占比 20%。此外,多家安徽上市公司也现身股东名单中,除鑫科材料外,精诚铜业、鑫龙电器、神剑股份拟分别出资 1 亿元,占比为 10%。鑫科材料表示,公司参股大江银行主要考虑到银行业的长期向好以及大江银行未来的成长性,同时投资大江银行对于公司推进多元化发展、优化资产结构、分散经营风险、提高投资收益具有积极意义。

回顾本次定向增发的认购人和认购方式,本次增发对象均为外部投资者,认购方式为现金认购,这在一定程度上反映出公司自有现金不足。然而仅仅在定向增发刚完成之后即斥资 1 亿元参股银行设立,究竟是推进多元化发展、分散经营风险,还是题材炒作的开始,值得商榷。

2) 进军锂电池行业

距离出资参股银行仅过去一个季度,2014 年 3 月 6 日,鑫科材料又出资 1.2 亿元收购天津力神部分股权。鑫科材料今日公告,公司拟出资 1.2 亿元收购广州唐寥商务服务有限公司持有的天津力神电池股份有限公司 1.6% 的股权。天津力神是国内投资规模最大的锂电池生产商,是一家拥有自主知识产权核心技术的股份制高科技企业。天津力神的第一大股东为中海油,其持股占比为 42.16%。公司表示,天津力神立足新能源行业,有一定的市场影响力,成长性较好。通过收购广州唐寥持有的天津力神股权,可以培养公司未来的利润增长点,有利于公司的持续发展。

2013年和2014年国内的锂电池市场总需求呈现出爆发式增长,2013年主要得益于智能手机和移动电源市场的大爆发,2014年主要得益于电动汽车市场的大爆发,本次股权交易是公司首次涉足新能源领域。

3) 涉足影视行业

鑫科材料2014年5月6日晚公告,2014年5月5日公司与张健、吴建龙、武汉信能仁和股权投资基金中心(有限合伙)就收购并取得西安梦舟影视文化传播有限责任公司控制权的相关事宜签署了《股权收购意向性协议》。根据鑫科材料8月2日发布的正式预案,公司拟以不低于7.36元/股的价格向特定对象非公开发行股票不超过1.80亿股,募集资金13.25亿元。其中9.3亿元用于收购西安梦舟100%的股权,剩余3.95亿元将用于补充鑫科材料的流动资金,进一步发展影视文化产业。

西安梦舟专注战争题材电视剧制作,此前代表作《雪豹》、《黑狐》和《苍狼》等都积累了良好的口碑,2013年净利润为4066.56万元。而鑫科材料当前产品仍然是以中低端为主,各项业务盈利水平较低,主业发展缓慢。鑫科材料2013年业绩也并不理想。2013年,公司净利润由盈转亏,净亏损5381.39万元,同比下降624.01%;营业收入为43.79亿元,较上年同期增加11.67%;基本每股亏损0.11元。鑫科材料本次股权收购西安梦舟影视文化传播公司宣告鑫科材料多元化经营大门彻底打开,其后数年公司的主营业务收入构成分为加工制造业和影视行业,影视行业收入占主营业务收入的近10%。更值得一提的是,鑫科材料2017年7月19日发布关于变更公司名称和证券简称的公告,通过了《关于变更公司名称和证券简称的议案》,将公司中文名称变更为"安徽梦舟实业股份有限公司",证券简称"梦舟股份"。2017年3月起鑫科材料变更控制权,而公司在变更前后仍坚持以双主业发展作为发展战略。随着公司业务的扩张,公司名称的片面性影响了公司双主业发展的战略布局,目前公司已基本形成了铜加工和影视剧制作的双主业格局。

4) 多元化的效果

鑫科材料多元化的效果远没有其投资之前声称的那样好。大江银行至今仍未挂牌营业,天津力神的股权也于2017年以1.7亿元的对价转让,2014年收购梦舟影视的方案当年未完全落地,没有并入该年的年度报表。很明显,鑫科材料的三大步动作并未贡献实质性的盈利。相反,从2013年9月23日定向增发新股上市开始,直至2014年9月22日锁定期满解禁,鑫科材料的股价在这三次重大题材利好的炒作下不断攀升,一年内从6.33元上涨至13.42元。

事实上,本次定向增发后鑫科材料投资并购风格的切换与第二大股东泽熙增煦的投资炒作风格高度契合。定向增发实施完成后,泽熙增煦持股比例达到7.96%,一跃成为鑫科材料的第二大股东,与此同时,控股股东的持股比例被稀释至13.85%。很明显,鑫科材料的第一大股东对上市公司不具备绝对控股能力,同时第二大股东持股比例将近8%,也能对上市公司施加重大影响,因此鑫科材料的"不务正业"主要归因于第二大股东泽熙增煦的入主。

(三)控股股东的出逃计划

鑫科材料2017年更名为"梦舟股份",实际控制人完成变更。原控股股东在拥有更加充分的内部人信息基础上,也随即开始巨额减持。图 4 为鑫科材料 2008—2017 年扣非净利润(扣除非正常经营利润后的净利润)情况。自 2010 年开始,鑫科材料扣非净利润逐年下降,2012—2015 年 4 年间扣非净利润更是一度为负,这也反映出鑫科材料经营状况的严重恶化,尤其是新的投资没有为企业带来收益的增长。而二级市场股价却在题材和牛市的带动下日益高企,完全无视其日益恶化的盈利质量,也说明我国二级市场的投资者非理性特征明显。鑫科材料股价过分虚高,这也给了鑫科材料原控股股东减持套现的契机。

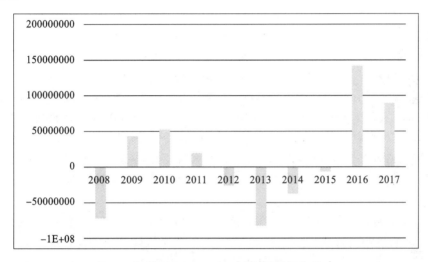

图 4　鑫科材料 2008—2017 年扣非净利润情况
(资料来源:作者根据新浪财经数据绘制。)

在泽熙增煦的帮助下,鑫科材料股价伴随着概念炒作一路攀升,控股股东的利益诉求也逐步显现,更加疯狂的减持套现开始了。

截至 2015 年 2 月 28 日,鑫科材料的控股股东芜湖恒鑫铜业集团有限公司(以下简称"恒鑫铜业")持股 323018455 股,占鑫科材料总股本的 20.66%。然而随着 2015 年上半年牛市的来临,鑫科材料的股价从年初的 4.92 元上涨至 3 月 31 日的 8.21 元。在股价几乎翻倍的同时,大股东恒鑫铜业开始了疯狂的套现行为。4 月 1 日和 2 日两个交易日内,恒鑫铜业通过二级市场减持无限售条件流通股 15460200 股,占鑫科材料总股本的 0.99%。4 月 2 日和 3 日,恒鑫铜业通过大宗交易出售 62500000 股,占鑫科材料总股本的 4%。短短的 3 个交易日,大股东共减持 4.99% 的股份,持股比例降至 15.67%。

2015 年 5 月 28 日,鑫科材料非公开发行股份正式实施使得恒鑫铜业的持股比例从 15.67% 降至 13.85%。2015 年 6 月中下旬,A 股股市异动,鑫科材料的股价从 6 月 18 日的 12.66 元狂泻至 7 月 7 日的 5.28 元,而此时的大股东恒鑫铜业又开始了新一轮的减持行为。2015 年 7 月 9 日,鑫科材料发布控股股东减持计划的提示性公告,其于 2015 年 7 月 7 日分别与自然人梁焯贤和甘少林签署了《股份转让协议》,以协议方式分别向自然人梁焯贤和甘少林转让其所持有的鑫科材料 70000000 股股份,合计转让鑫科材料 140000000 股股份,占鑫科材料股份总数的 7.91%。然而随着牛市热情快速散去,鑫科材料的股价开始持续走低。截至 2016 年 3 月 11 日,鑫科材料收盘价为 3.95 元,远低于《股份转让协议》中的 7 元。因此,公司于 3 月 11 日当日发布解除协议转让的公告,本次大股东股份转让无疾而终。

然而恒鑫铜业时隔一年之后很快又找到了新的对手方,2017 年 3 月 21 日,鑫科材料发布关于控股股东签署《股份转让协议书》及控制权发生变更的提示性公告,恒鑫铜业于 2017 年 3 月 20 日与霍尔果斯船山文化传媒有限公司(以下简称"船山传媒")签署了《股份转让协议书》,以协议方式向船山传媒转让其所持有的鑫科材料 17500 万股股份(占安徽鑫科新材料股份有限公司股份总数的 9.889%),转让价格为每股 5.1 元。自此,鑫科材料的控股股东变为船山传媒,而原大股东恒鑫铜业的持股比例降至 3.959%。

值得注意的是,由于 2015 年股市异动,鑫科材料大股东迫于监管层的压力,通过基金计划从二级市场增持 1.64% 股份,同时原实际控制人李非列个人增持 0.113%,恒鑫铜业直接和间接持有鑫科材料股份比例达到 5.717%。2017 年 5 月 20 日,鑫科材料发布关于持股 5% 以上股东减持股份计划的公告,6 月 21 日,恒鑫铜业直接和间接以 4.05 元的均价减持鑫科材料股份的 1.469%,原实际控制人李非列所持的 0.113% 股份全部抛售。截至当日,恒鑫铜业共持有 3.25% 的鑫科材料股份,持股比例降至 5% 以下,恒鑫铜业不再具备足够能力对鑫科材料施加重大影响。2018 年一季度报告披露,恒鑫铜业所持股份占公司总股本的 1.61%。

回顾 2015 年以来大股东的出逃计划,在 2014 年定向增发价格 5.16 元的基础上 2015 年 4 月份的减持价格(复权)为 20.53 元,2017 年协议转让的复权价格为 12.75 元,2017 年 5 月 20 日减持计划实施的复权价格为 10.13 元,均明显高于 2014 年增发价格。大股东在高送转以后,特别是借助牛市高位进行疯狂减持,后续通过协议转让继续高价减持股票,短短 3 年减持幅度超过 90%,大股东实现也实现了大规模套现的目标。

2014 年 10 月 10 日,第二大股东泽熙增煦疯狂减持套现获利,2015 年 4 月 1 日,第一大股东恒鑫铜业出逃式高位减持,合谋双方都在股价推至高位后双双获利出局,二者利益诉求都得以实现。

五、案例总结

本案例第一部分从鑫科材料 2014 年实施高送转方案入手,发现在高送转实施的当天,第二大股东泽熙增煦开始疯狂减持套现,上市公司高送转能力和实施时机都引起了巨大的怀疑,第二大股东系 2013 年定向增发实施时引入的外部机构投资者。

第二部分研究则从鑫科材料 2012 年修改非公开发行股票预案的公告入手,发现时隔半年不到,鑫科材料将定向增发基准价格从 6.5 元/股下调至 5.16 元/股。结合二级市场股价走势以及外部机构投资者的动机分析,第一次定增方案出台后伴随的是股价一路下探,并一度跌破原定的增发基准价格,这使得大股东开始担心定向增发方案就此终止。于是在大股东的主导下,鑫科材料发布了 3 年股东回报计划,也就是明确了未来 3 年的分红情况,实际效果等同于一种分红承诺。受此利好消息刺激,鑫科材料股价回升到拟定增发基准价以上,暂时摆脱了定向增发预案流产的危机。然而,利好公告的正确信息终究会被市场彻底消化。虽然鑫科材料做出了优先分红和高比例分红的承诺,但都

案例十三 定向增发之后高送转,是否存在股利分配动机异化?

是基于企业盈利的假设。事实上,鑫科材料的净利润在 2013 年以前连续 3 年逐年走低,2013 年当年甚至还出现了亏损,高额的现金分红实际上并不可期。如此一来,该利好消息被市场消化,二级市场估计开始继续回撤,再一次跌破原先的定增基准价,上市公司又一次迎来定向增发流产的窘境。就在股价继续单边下探的时候,新修订的非公开发行预案获得通过,虽然新设的定向增发基准价格明显高于现价,但外部投资者还是选择参与了定增,矛盾的背后是合谋双方在出现利益分歧后达成的妥协。

研究还发现,从 2013 年 9 月 23 日定向增发新股上市开始,直至 2014 年 9 月 22 日解禁期到来,这一整年的时间鑫科材料先后分别进行三次多元化经营举动,参股民营的大江银行、涉足锂电池行业、大举进军影视传媒行业。看似多元化的背后更多的是利用当时最热的题材进行概念炒作,投资风格明显切换的始作俑者很大程度上是本次定向增发后引入的第二大股东——泽熙增煦,鑫科材料这一系列收购行为与泽熙增煦的二级市场炒作风格类似,利用概念炒高股价,然后高位减持套现。

案例分析的第三部分对大股东的减持过程进行了阐述。合谋方泽熙增煦利用概念炒作推高股价后,原控股股东恒鑫铜业则在高送转之后借助牛市大规模减持,同时还通过协议转让的方式减持股份。控股股东与外部投资者一样都存在很强的减持套现诉求,鑫科材料的案例分析很好地印证了大股东和外部投资者通过"定向增发+市值管理"的合谋手段以实现各方利益。

思考题

1. 高送转是什么?为什么 A 股市场热衷于高送转的炒作?
2. 定向增发涉及的利益输送方式有哪些?
3. 控股股东和外部投资者合谋的基础是什么?试找出典型案例进行分析。

参考文献

[1] Myers S C, Majluf N S. Corporate financing and investment decisions when firms have information that investors do not have[J]. Social Science Electronic Publishing, 1984,13(2):187-221.

[2] 刘星,魏锋,詹宇,等.我国上市公司融资顺序的实证研究[J].会计研究,2004(6):66-72.

[3] 黄少安,张岗.中国上市公司股权融资偏好分析[J].经济研究,2001(11):12-20,27.

[4] 管征,卞志村,范从来.增发还是配股?上市公司股权再融资方式选择研究[J].管理世界,2008(1):136-144.

[5] Baker H K, Powell G E. Further evidence on managerial motives for stock splits[J]. Quarterly Journal of Business & Economics,1993,32(3):20-31.

[6] 何涛,陈小悦.中国上市公司送股、转增行为动机初探[J].

金融研究,2003(9):44-56.

[7] 谢德仁,崔宸瑜,廖珂.上市公司"高送转"与内部人股票减持:"谋定后动"还是"顺水推舟"?[J].金融研究,2016(11):158-173.

[8] Brennan M J, Copeland T E. Stock splits, stock prices, and transaction costs[J]. Journal of Financial Economics,1988,22(1):83-101.

[9] 李心丹,俞红海,陆蓉,等.中国股票市场"高送转"现象研究[J].管理世界,2014(11):133-145.

[10] Baker M, Wurgler J. A catering theory of dividends[J]. Journal of Finance,2004,59(3):1125-1165.

[11] 章卫东,李德忠.定向增发新股折扣率的影响因素及其与公司短期股价关系的实证研究——来自中国上市公司的经验证据[J].会计研究,2008(9):73-80.

[12] 章卫东,李海川.定向增发新股、资产注入类型与上市公司绩效的关系——来自中国证券市场的经验证据[J].会计研究,2010(3):60-66,99.

[13] 朱红军,何贤杰,陈信元.定向增发"盛宴"背后的利益输送:现象、理论根源与制度成因——基于驰宏锌锗的案例研究[J].管理世界,2008(6):136-147.

案例十四
股权激励是企业融资手段还是人才自我投资手段?
——基于华为、科大讯飞高科技企业的案例分析

> **案例导读** 本案例从高新技术企业特点出发,以华为5次股权激励为分析对象,利用现金流量表结构及企业生命周期理论将华为所处的历史阶段进行区分,得出华为作为高新技术企业领军者,在研发费用及专利申请上有着出色的表现,并得出华为正处于发展期向成熟期的过渡阶段的结论。随后简述华为5次股权激励的内容,指明股权激励方案在不同时期为公司募集资本、留住员工有着重要作用;从净利润和员工持股比例等角度纵向分析华为股权激励的效果。同时以科大讯飞为对比,分析高新技术企业上市公司的研发投入特点及股权激励的积极、消极影响。最后分析案例涉及的高新技术企业股权激励实施方式、资金来源等知识点,得出高新技术企业针对不同时期资金及人才需求要制定与其对应的股权激励机制的结论。

一、引言

互联网引起的技术变革,使高新技术企业(又称"高科技企业")成为企业运行的重要模式。知识型企业的资源配置并非封闭的体系,而是一个将内外部资源统筹、优化的系统。人才资本作为独立的生产要素,成为高新技术企业资源配置的核心。

合理高效的资本结构与人力资本的投入成为高新技术企业的特色标签。高新技术企业尤其需要重视人的作用,重视创新的作用。科技人员比例高,研发投入力度大,研发费用占销售收入的比重高,专利设计与申请数量多,产品更新换代速度快。企业的发展尤其注重研发资金的投入与高科技创新人才的培养与挖掘。

表1从各方面对传统企业与高新技术企业进行了比较。高新技术企业在发展中对资金和人才的需求有其特殊的偏好。一方面,企业尤其注重研发资金的投入,主要表现在研发、研发产品商品化阶段的试验和推广、专用设备等方面需要大量的资金;另一方面,从高新技术企业人员构成上看,从事技术研究和产品开发、设计的科技人员在企业员工总数中占较高比例,专业技术人员在企业中的作用远大于其他企业人员,企业会通过

各种激励机制留住人才。

表 1 传统企业与高新技术企业比较

特征项目	传统企业	高新技术企业
研发经费密度	低	高
科技人员密度	低	高
产品技术含量	低	高
产品创新性	低	高
产品附加值	较低	高
产品生命周期	较长	较短
环境不确定性	较低	较高
战略目标	低成本	技术创新、灵活多变
关键资源	土地、劳动力、资本	人力资本和知识资本
人力资本	相对比较同质	异质性
组织结构	金字塔、刚性	扁平化、柔性
组织文化	强调规则和服从	创新、合作、学习、共享

作为一种典型的人力资本投资方式,股权激励在我国越来越受到重视。上市公司实施股权激励,目的是通过股权激励的实施,完善公司的法人治理结构,健全公司的激励约束机制,最大限度地调动公司经营管理骨干及核心技术(业务)人员的积极性,提升企业业绩,这在一定程度上很好地满足了高新技术企业对于人力资本投入的需求。

根据这些特点,本案例分析围绕以下问题展开:①高新技术企业的发展周期以及对人才和资金的需求特点是什么?②在不同的发展周期,应采用怎样的股权激励计划?③如何评估股权激励的效果?④股权激励计划除了激励之外,对于企业还有什么其他积极或消极作用?

二、文献回顾与理论分析

股权激励开始于 20 世纪 50 年代,近年来在美国等西方发达国家得到广泛应用,其实质是通过市场为经理人员定价并由市场付酬。它最大的优点在于创造性地以股票升值所产生的价差作为对高级管理人员的报酬,从而将高级管理人员的报酬与企业长期经营业绩相联系,将作为代理人的高级管理人员的利益变成公司价值的增函数,促进了经营者和股东利益实现渠道的一致性,减少了管理人员的机会主义行为和股东对其进行监督的成本。现有文献主要从制度背景、公司治理、公司特征三个层面研究公司为什么选择股权激励。

1. 制度背景

一国的制度背景会对公司高管激励行为产生重要影响。Yermark(1995)考虑了政府监管对公司股权激励决策的影响,研究发现属于监管行业的公用事业单位选择股权激励的动机最弱。刘凤委等(2007)提供了中国制度背景下政府干预和行业管制影响公司高管激励行为的证据。

2. 公司治理

公司高管激励行为除了受外部制度环境的影响外,还受公司治理结构的影响。国外研究结果表明,股权激励制度作为降低公司代理成本的路径之一,与公司治理之间存在替代关系。Chourou 等(2008)就高管持股对股权激励的影响进行了研究,发现由于高管持股有助于协调高管与股东之间的利益,因此,公司对持有公司股票的管理层的激励动机就会减弱。该研究还表明,对于股权高度集中的公司,股东对管理者的监督能力就会加强,这样对管理者激励的必要性就会降低,这时,公司选择股权激励的动机就会减弱。

3. 公司特征

基于公司高管与股东之间的信息不对称和代理成本,不同的公司特征如成长性、规模、人才需求、高管年龄、流动性限制、业绩等因素会影响公司选择不同的股权激励机制。首先,Chourou 等(2008)认为,对于成长性高的公司,管理层会拥有更多关于公司成长机会的私有信息,随着这种信息不对称的加剧,股东对管理层的监督难度也会加大,这时公司就会有动机对管理层进行股权激励。公司规模的扩大也会增大股东对管理者的监督难度(Jensen,1986)。股权激励除了可以作为对管理者直接监督的替代机制外,还可以用于人才的吸引与保留。Tzioumis(2008)认为,CEO 的离职会促使公司选择股权激励以吸引人才,从而解决对人才的事前筛选与事后激励问题。公司除了考虑是否有激励的必要外,还会考虑管理者是否适合股权这种激励方式,有很多学者就管理者年龄对股权激励决策的影响进行了研究。Smith 和 Watts(1982)认为,临近退休的管理者会放弃一些对公司有价值的投资项目和研发支出,存在短视的行为。Lewellen 等(1987)认为高管年龄越大公司越有动机对高管进行股权激励,而 Chourou 等(2008)及 Tzioumis(2008)则得出了相反的结论。公司除了将股权用于激励外,还会利用股权的特殊性质来满足公司财务方面的需要。Yermark(1995)认为,面临流动性限制的公司会有动机用权益性报酬代替现金报酬以减少现金支出,因此现金流不足的公司更有动机授予管理层股权。

目前国内外学者围绕大股东控制权问题进行了大量研究,他们普遍认为,大股东控制权的实现过程中存在两种与管理层的互动:监督和冲突。监督体现为大股东利用手中的投票权监督甚至参与管理层决策的制定及实施,阻止管理层为最大化自己的收益而牺牲股东利益。在这种情况下,大股东持股比例越高,越有动机和能力对管理层决策进行监督,管理层股权激励效果越好。冲突表现为利益冲突和认知冲突。认知冲突是指管理层受到较大程度的激励后,收益与企业业绩挂钩,其与大股东之间就决策问题不能达成妥协或者即使达成妥协,决策的执行力度也会降低(Eric Vanden Steen,2005)。利益冲突源于大股东通过侵害小股东利益获得隐性收益。这两种与大股东关系极度紧张的情况均不利于股权激励目标的实现,因此,大股东持股比例越高,冲突出现的可能性越高,股权激励效果越差。

同时,在高新与非高新技术公司中,大股东控制权对管理层股权激励效果也有差异。Zeckhauser(1990)分析大股东的监督作用时提出,与其他企业相比,高 R&D 企业存在更大的信息不对称特征,不利于大股东对决策的监督及参与;Hsiao-Tien Pao(2007)通过对比我国台湾地区高科技企业与非高科技企业中的代理问题也发现,与非高科技企业业绩提高依赖管理层较高的管理效率相比,高科技企业业绩的提高更多依赖于新产品的研发,大股东的参与程度较低,不利于监管;Kwon 等(2006)对高科技企业与非高科技企业管理层激励机制进行了分析,发现高科技企业倾向于实施股票期权计划,这种对管理层更大程度的激励使得其更加关心企业经营业绩。然而,成长性公司中必然伴随着高频率的决策,这种情况下对高新技术企业经营参与不足的大股东与非常关注经营业绩的管理层对重大决策的不一致判断情况增多。因此,大股东控制权越强,双方认知冲突越明显,管理层股权激励效果越差。夏纪军(2008)的研究也利用数据证明了成长速度较快的公司中管理层激励与大股东控制权之间存在认知冲突,非高新技术企业中则不存在这种情况。因此本案例认为,与非高新技术相比,高新技术企业大股东与管理层冲突明显。

三、案例分析

华为技术有限公司是一家生产销售通信设备的民营通信科技公司,于 1987 年正式注册成立,总部位于深圳市龙岗区坂田华为基地。成立初期,华为注册资本仅为 2 万元,员工仅有几十人,目前,华为已成为全球领先的信息与通信技术(ICT)解决方案供应商,销售额达数千亿元,约有 18 万名员工,业务遍及全球 170 多个国家和地区,服务全世界三分之一以上的人口。

华为作为通信行业高新技术企业的代表,目前其业务分为运营商网络业务、企业解决方案业务和消费者终端业务。面对激烈的市场竞争,截止到 2016 年上半年,华为运营商网络业务已经排名世界第一,华为实现销售收入 2455 亿元人民币,排名世界第二的爱立信完成营收 1063 亿瑞典克朗,约合人民币 819 亿元。企业解决方案业务方面,华为成为仅次于思科的世界第二,目标是在 2019 年做到 100 亿美元。消费者终端业务方面,华为紧随苹果和三星,成为世界第三。华为至今仍未上市,如何在企业不同的发展阶段,激励员工,保持人才的忠诚度和持续的研发热情,是华为必须面对的重大问题。而华为从 1990 年开始,先后 5 次开展了侧重点不同的股权激励方案,很好地解决了人才的激励和稳定问题。

华为作为高科技企业的代表,其长期保持研发投入占销售收入的比例在 10% 以上(见图 1)。公司研发人员占全体员工的比例长期稳定在 45% 左右,专利申请数量保持稳定增长。近 10 年来,华为净利润保持了平稳快速的增长。

2014 年专利申请数相比 2013 年下降(见图 2),因 2014 年及以后年报数据中并未包含 PCT 国际专利申请数量。

与研发投入相伴随的,是数量宏大的专利申请,这关系到企业创新力和企业无形资产的价值,是高科技企业最为重要的表现形式。华为自 2009 年开始,专利数量逐年上升,这与华为保持高比例的研发投入是分不开的。

华为公司内部股权计划始于 1990 年,至今已实施了 5 次大型股权激励计划。每次股权激励计划都有特殊的使命,解决了华为不同发展阶段的发展困境。本案例围绕公司不同阶段的目标分析与之对应的激励机制,简要探讨非上市公司以及高科技企业的股权激励机制。

图 1 华为研发费用及研发费用率

（数据来源：华为历年年报。）

注：研发费用率＝研发费用/公司销售收入，代表公司将销售收入的多大比例用于新产品研发上，华为始终保持这一比率在10%以上，并呈逐年上升趋势。

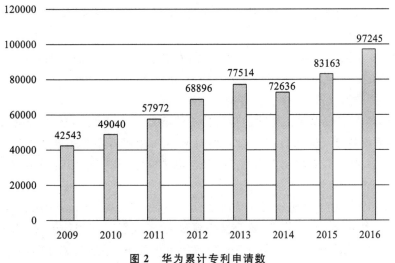

图 2 华为累计专利申请数

（数据来源：华为历年年报。）

注：累计专利申请数＝累计申请中国专利＋PCT 国际专利申请＋海外专利。

（一）不同发展时期划分

此处参考企业生命周期理论，结合分析企业现金流量结构，将企业发展阶段分为初创期、发展期、成熟期及衰退期，划分依据见表2。

表 2 企业生命周期划分依据

时期	经营活动现金净流量	投资活动现金净流量	筹资活动现金净流量
初创期	－	－	＋
发展期	＋	－	＋
成熟期	＋	＋	－
衰退期	－	＋	－

当经营活动现金净流量为负数、投资活动现金净流量为负数、筹资活动现金净流量为正数时,表明该企业处于产品初创期。在这个阶段企业需要投入大量资金,形成生产能力,开拓市场,其资金来源只有靠举债、融资等筹资活动。

当经营活动现金净流量为正数、投资活动现金净流量为负数、筹资活动现金净流量为正数时,可以判断企业处于高速发展期。这时产品迅速占领市场,销售呈现快速上升趋势,表现为经营活动中大量货币资金回笼。同时为了扩大市场份额,企业仍需要大量追加投资,而仅靠经营活动现金净流量可能无法满足所需投资,必须筹集必要的外部资金作为补充。

当经营活动现金净流量为正数、投资活动现金净流量为正数、筹资活动现金净流量为负数时,表明企业进入产品成熟期。在这个阶段产品销售市场稳定,已进入投资回收期,但很多外部资金需要偿还,以保持企业良好的资信水平。

当经营活动现金净流量为负数、投资活动现金净流量为正数、筹资活动现金净流量为负数时,可以认为企业处于衰退期。这个时期的特征为:市场萎缩,产品销售的市场占有率下降,经营活动现金流入小于流出,同时企业为了应付债务不得不大规模收回投资以弥补现金的不足。

华为2008年以前的数据缺失,但根据生命周期理论,企业初创期年限一般为3～8年,其间以筹资扩张作为主要发展目标。华为1987年成立,1990年实施第一次股权激励,通过员工持股筹集资金,带有显著的初创期特征。

2001年,华为实施以员工持股为核心目的的第二次股权激励,利用"虚拟受限股",通过年终股票增值和分红增加员工收益,表明企业此时由以筹资为主要目的转变为关注企业长期发展,追求职工结构稳定,以此为依据,以2000年作为华为初创期与发展期的分节点。

2008年至今华为公司现金流量结构见表3,2008年公司经营活动现金净流量为正,投资活动现金净流量为负,筹资活动现金净流量为正,说明公司仍处于发展期。

从2009年开始,公司筹资活动现金净流量由正变负,逐渐向成熟期转变,但投资活动现金净流量仍为负,由此判断,目前公司仍处于由企业发展期向成熟期过渡阶段。这一转变过程中筹资活动现金净流量由正变负,投资活动却仍在持续扩大,其产生的现金净流量为负。

表3 华为现金流量结构 （单位:百万元）

年份	经营活动现金净流量	投资活动现金净流量	筹资活动现金净流量	所处时期
1987	—	—	＋	初创期
2001	＋	—	＋	发展期
2008	6455	−12477	13992	
2009	21741	−5219	−8384	
2010	28458	−4262	−14907	
2011	17826	3421	−4774	成熟期

续表

年份	经营活动现金净流量	投资活动现金净流量	筹资活动现金净流量	所处时期
2012	24969	−5426	−9180	
2013	22554	−8037	−7126	
2014	41755	−26209	−10406	
2015	52300	−741	−19763	
2016	49218	−28524	−10851	
平均值	29475.11	−9719.33	−7933.22	

(数据来源:华为 2008—2016 年年报。)

(二) 公司不同时期的激励机制

华为从 1990 年开始,先后 5 次开展了侧重点不同的股权激励(见表 4)。

表 4　华为 5 次股权激励

次数	时间	核心目标	备注
第一次	1990 年	内部融资	内部发行股票
第二次	2001 年	员工持股	虚拟受限股,通过增值和分红获得收益
第三次	2003 年	留住人才	对核心层骨干进行激励
第四次	2008 年	留住员工	饱和配股,扩大员工持股比例
第五次	2014 年	股权激励	TUP(Time Unit Plan)

根据以上分析,本案例将第一次股权激励列入初创期,将第二、三次股权激励列入发展期,将第四、五次股权激励列入成熟期。下面分别对各次股权激励进行介绍。

1. 第一次股权激励

1990 年,华为第一次提出内部融资、员工持股的概念。当时参股的价格为每股 10 元,以税后利润的 15% 作为股权分红。那时,华为员工的薪酬由工资、奖金和股票分红组成,这三部分数量几乎相当。其中股票是在员工进入公司一年以后,依据员工的职位、季度绩效、任职资格状况等因素进行派发,一般用员工的年度奖金购买。如果新员工的年度奖金不够购买派发的股票额,公司帮员工取得银行贷款来购买。

2. 第二次股权激励

2001 年底,华为开始实行名为"虚拟受限股"的期权改革,出台《华为技术有限公司虚拟股票期权计划暂行管理办法》,实施股票期权计划。虚拟股票是指公司授予激励对象一种虚拟的股票,激励对象可以据此享受一定数量的分红权和股价升值权,但是没有所有权,没有表决权,不能转让和出售,在离开企业时自动失效。

华为公司还实施了一系列新的股权激励政策。

(1) 新员工不再派发长期不变一元一股的股票。

说明:1993 年,华为公司每股净资产为 5.83 元,1994 年每股净资产为 4.59 元,1995 年每股净资产为 3.91 元,每股 1 元的认购价格一直延续到此次股权激励,此次股权激励股票的价格定为 2.64 元/股。

因此,华为员工持股一直取得绝对正收益,因为公司每股净资产长期高于新股认购价 1 元/股,这也正是员工长期稳定增持企业股票的重要原因。

(2) 老员工的股票也逐渐转化为期股。

期股是企业所有者向经营者提供激励的一种报酬制度,企业出资者同经营者协商确定股票价格,在任期内由经营者以各种方式(个人出资、贷款、奖励部分转化等)获取适当比例的本企业股份。要想把期股变实,前提条件必须是把企业经营好,到期有可供分配的红利。如果企业经营不善,不仅期股不能变实,本身的投入都可能亏掉。

(3) 以后员工从期权中获得收益的大头不再是固定的分红,而是期股所对应的公司净资产的增值部分。

期权方式比股票方式更为合理,华为规定根据公司的评价体系,员工获得一定额度的期权,期权的行使期限为 4 年,每年兑现额度为 1/4。假设某人在 2001 年获得 100 万股,当年股价为 1 元/股,其在 2002 后每年可选择 4 种方式行使期权:兑现差价(假设 2002 年股价上升至 2 元,则可获利 25 万元)、以 1 元/每股的价格购买股票、留滞以后兑现、放弃(什么都不做)。从固定股票分红向"虚拟受限股"的改革是华为激励机制从"普惠"原则向"重点激励"原则的转变。

3. 第三次股权激励

2003 年,华为开始实施第三次股权激励。

特点:

(1) 配股额度很大,平均接近员工已有股票的总和;

(2) 兑现方式不同,往年积累的配股即使不离开公司也可以选择每年按一定比例兑现,一般员工每年兑现的比例最高不超过个人总股本的 1/4,对于持股较多的核心员工每年可以兑现的比例则不超过 1/10;

(3) 股权向核心层倾斜,骨干员工获得的配股额度大大超过普通员工。

此次配股规定了一个 3 年的锁定期,3 年内不允许兑现,如果员工在 3 年之内离开公司,则所配的股票无效。

华为同时也为员工购买虚拟股权采取了一些配套措施:员工本人只需要拿出所需资金的 15%,其余部分由公司出面,以银行贷款的方式解决,公司开始以"个人助业"的形式通过员工持股计划从银行获得贷款。

4. 第四次股权激励

2008 年,次贷危机引发全球经济危机,华为推出新一轮的股权激励措施。

2008 年 12 月,华为推出配股公告,此次配股的股票价格为每股 4.04 元,年利率逾 6%,涉及范围几乎包括所有在华为工作时间一年以上的员工。

这次配股属于"饱和配股",即不同工作级别匹配不同的持股量,限制了对应级别老员工持股量的上限。比如级别为 13 级的员工,持股上限为 2 万股,14 级的上限为 5 万股。大部分在华为总部的老员工,由于持股已达到其级别持股量的上限,并没有参与这次配股。

这次的配股方式与以往类似,如果员工没有足够的资金实力直接用现金向公司购买股票,则华为以公司名义向银行提供担保,帮助员工购买公司股份。

5. 第五次股权激励

2014年,华为推出了第五套股权激励方案TUP(Time Unit Plan),每年根据不同员工的岗位、级别、绩效,配送一定比例的期权。这种期权不需要花钱购买,周期一般是5年。例如,2012年员工获得100股,当期股票价值为5.42元/股,且当年没有分红权。那么,2013年员工可以得到1/3的分红,2014年可以得到2/3的分红,2015年可以得到全部分红,2016年可以获得全部分红,2017年可以获得股票增值结算。如果第五年股票价格为6.42元/股,那么员工可以获得的收益为100((6.42－5.42)×100)元,同时股票数额清零。

(三)不同的股权激励方案解决了什么问题

结合各激励方案实施的历史节点,可以看出华为在每次股权激励的背后都有其直接的企业发展需求,总能在关键时刻做出决策,审时度势,站在历史高点解决公司发展中遇到的难题。

1. 第一次激励目标:解决创业期的资金困难

公司面临的环境:创业期的华为一方面由于市场拓展和规模扩大需要大量资金,另一方面为了打压竞争者需要大量科研投入,加上当时民营企业的性质,出现了融资困难。内部融资不需要支付利息,存在较低的财务困境风险,不需要向外部股东支付较高的回报率,同时可以激发员工努力工作。因此,华为优先选择内部融资。

1997年6月,华为公司对股权结构进行了改制。改制前,华为公司的注册资本为7005万元,全部来自员工股份,其中688名华为公司员工总计持有65.15%的股份,而其子公司华为新技术公司的299名员工持有余下的34.85%股份。改制之后,华为新技术公司、华为新技术公司工会以及华为公司工会分别持有华为公司5.05%、33.09%和61.86%的股份。

同时,华为公司股东会议决定,两家公司员工所持的股份分别由两家公司工会集中托管,并代行股东表决权。

此次股权激励,使华为企业注册资本增长到7005万元,华为刚成立时的注册资金仅2万元,此次股权激励的集资效果十分明显,这保证了华为在初创期充足的资金供给,尤其是在基建和研发方面的资金投资需求。

2. 第二次激励目标:应对网络泡沫引致的公司发展前景不乐观,募集资金渡过难关,继续实行员工持股,留住人才

公司面临的环境:一方面,网络泡沫使员工对公司股票期望不高,年终分红的收益低;另一方面,网络泡沫使企业发展资金出现紧张,公司需要资金进行扩大再投资。

股票短期内无法给员工带来较大收益,华为的"虚拟股票"实际上是类似于"股票期权计划"的股票期权激励方案,提高了公司员工对公司前景的发展信心,员工持股,加大其工作积极性。

3. 第三次激励目标:增加核心层利益,留住人才,扩张海外市场

公司面临的环境:国内"非典"突发事件导致整体宏观环境增长滞后,同时与思科之

间存在产权纠纷,华为海外市场受到影响。公司要通过管理层的努力去拓展自己的海外市场。

在电信、IT等高科技领域,各个公司最为核心的资源不是固定资产,而是掌握核心技术的员工,且行业内人员的流动性较大。正因如此,华为、中兴等公司之间对于核心员工的争夺异常激烈,给公司核心员工配发公司股票和期权,是留住人才的重要方法。

4. 第四次激励目标:尽力减少国际金融危机的影响,留住员工,维持企业生命力

公司面临的环境:实现"饱和配股",让普通员工享受企业发展的红利,在留住老员工的同时吸引新员工,提高员工积极性。

5. 第五次激励目标:应对虚拟受限股信贷遭到暂停,为大规模的海外扩张提供足够人力

公司面临的环境:将股票转为期权,并且不使用现金购买,可以避免与相关政策法规相抵触,又可以消除员工购买股票的现金压力,增强员工对股票增值的关注度,激发员工工作的积极性和持续性。华为正处于成熟期,开始实施大规模的海外扩张,周期为5年的行权方式有利于提高员工的积极性和公司长期发展。

综合来看,每一次股权激励都有其特殊的历史使命。华为公司的股权激励说明,股权激励可以将员工的人力资本与企业的发展紧密联系起来,形成一个良性的循环体系。针对不同发展阶段的企业,公司可制定对应的股权激励方案:一方面员工获得股权,参与公司分红,实现公司发展和员工个人财富的增值;另一方面与股权激励同步的内部融资,可以增加公司的资本比例,为公司提供充足的现金流。

(四)不同激励计划的效果分析

不同激励计划均取得成效,解决了各自亟待解决的问题,公司保持了稳定高速的增长。2005—2016年华为公司净利润见图3。

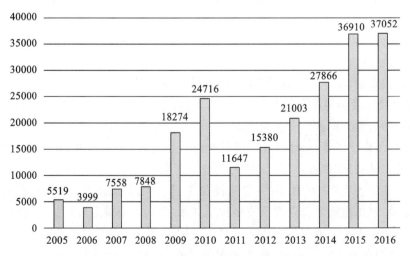

图3　2005—2016年华为公司净利润(单位:百万元)

(数据来源:华为历年年报。)

2016年,企业净利润达到370.52亿元人民币,华为作为高科技企业的代表,其发展

之快,成效之显著,与不同历史阶段的股权激励方案有着重要关系。

图 4 是华为员工持股比例。由图 4 可以看出,2016 年员工持股比例为 45.64%。我们从员工持股计划实施至今华为虚拟股票股权变动表(见表 5)对华为激励计划的效果进行另一角度的观察。

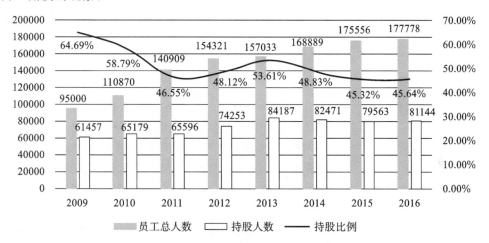

图 4 华为员工持股情况(单位:百万元)

(数据来源:华为历年年报。)

表 5 华为虚拟股票股权变动表

年份	1997	1998	1999	2000	2003	2004 至今
虚拟股权代表	华为公司员工	华为公司工会	深圳市华为技术有限公司工会	华为公司工会	深圳市华为投资控股有限公司	深圳市华为投资控股有限公司
股份	65.15%	61.86%	88.15%	98.92%	99.98%	98.58%
虚拟股权代表	华为新技术公司	华为新技术公司	华为新技术公司工会	任正非	华为创业元老副总裁纪平	任正非
股份	34.85%	5.05%	11.85%	1.07%	0.01%	1.42%
虚拟股权代表		华为新技术公司工会	—	—	—	—
股份	—	33.09%	—	—	—	—

(数据来源:华为年度报表,其他相关分析报告。)

从员工持股至今,华为虚拟股票总值达到相当规模,且全由企业员工持股。一方面员工从中得到分红,另一方面为企业发展提供了强大的资金支持。华为的发展背后有数量极为庞大且稳定的内部融资渠道;此外,企业对于没有购买能力的员工,通过公司担保的形式,以"个人助业"形式帮助员工从银行取得借款购买,甚至规定员工只需出资 15%,其他由银行贷款补足。

四、案例对比分析

华为是典型高新技术企业非上市公司的代表,那么在人力资本同样重要的高新技术企业上市公司,其在研发投入和专利申请上是否有着同样出色的表现?高新技术上市公司采取的股权激励政策是否也对企业募集资本、留住人才有着重要作用?本案例选取同为高新技术企业的上市公司科大讯飞作为对比,对上市公司股权激励的作用和影响进行分析。

(一)企业概况

科大讯飞股份有限公司,成立于1999年,是一家专业从事智能语音及语言技术、人工智能技术研究,软件及芯片产品开发,语音信息服务及电子政务系统集成的国家级骨干软件企业。其主要股东包括中国移动、中科大资产经营有限公司、上海广信、联想投资、盈富泰克等。在语音技术领域是基础研究时间最长、资产规模最大、历届评测成绩最好、专业人才最多及市场占有率最高的公司,其智能语音核心技术代表了世界的最高水平。2008年,科大讯飞在深圳证券交易所挂牌上市,股票代码:002230。

如图5所示,总体来说,科大讯飞的研发费用率在20%到30%之间波动,相比华为其研发费用占比更高,且2010年以来研发费用稳步增长,同样在研发投入上有着较好的表现。

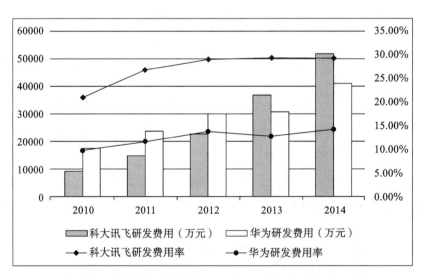

图5 华为及科大讯飞研发费用及研发费用率对比图

(二)股权激励方案

1. 股权激励动机

自我国2005年进行股权分置改革以来,对于高新技术企业推行股权激励出台了一系列政策。上市公司实施股权激励,目的是通过股权激励的实施,完善公司的法人治理结构,健全公司的激励约束机制,最大限度地调动公司经营管理骨干及核心技术(业务)人员的积极性,提升企业业绩。与华为等高新技术非上市企业相比,科大讯飞有更丰富和全面的融资渠道,其股权激励的目的更偏向对人力资本的投资。表6是科大讯飞股权融资情况。

表6 科大讯飞股权融资情况 （单位:百万元）

年份	2011	2012	2013	2014	2015	2016
外部融资需求	422.9	23.64	1757.46	111.07	2257.07	491.11
增发股本数	10.95	—	90.38	—	68.40	12.9
股权筹资额	422.89	—	1729.47	—	2103.95	352.8
筹资活动现金流量	54.60	100.4	100.9	116.4	158.8	438.1

注:外部融资需求=增加的资产-增加的经营负债-增加的留存收益。

由表6可知,从2011年开始,科大讯飞的外部融资需求较高,且从其每年获得的股权筹资额来看,科大讯飞的融资需求在很大程度上都能得到满足,这与高科技产业尤其人工智能是资本市场的宠儿不无关系。正是因为可以很容易地获得股权融资,其股权激励才更侧重于人才激励。

2. 股权激励机制

2011年12月29日,科大讯飞股东会审议通过《股票期权激励计划(草案修订稿)》。该计划对科大讯飞股权激励的对象、股票来源、等待期、行权期以及行权条件等进行了详细说明,如表7所示。

表7 科大讯飞股权激励计划具体内容

授予日	2011年12月30日
激励对象	公司董事、高级管理人员、中级管理人员以及公司核心技术人员,共计370人
股票来源	公司向激励对象定向增发的股票
股票比例	988.3万份股票期权,占公司当时总股本的3.92%
行权价格	40.76元,随后由于股价的波动,行权价格也多次进行调整
等待期	两年,即授予股票期权两年后才可以行权
行权期	期权行权分为三期进行。 第一期:从被授予股票期权日起第24个月到第48个月期间,可行权股票所占比例为30%。 第二期:从被授予股票期权日起第36个月到第60个月期间,可行权股票所占比例为30%。 第三期:从被授予股票期权日起第48个月到第60个月期间,可行权股票所占比例为40%

续表

行权条件	被激励对象行使已获授权的股票期权除需满足《上市公司股权激励管理办法(试行)》中的法定条件外,还必须满足公司层面业绩考核要求和员工层面绩效考核要求。 公司层面业绩考核(2012年至2014年): 公司层面业绩考核由净资产收益率、净利润三年定基增长率、发明专利数量增长率三个指标组成。 加权平均净资产收益率目标值分别为:7%,8%,9%。 净利润三年定基增长率目标值分别为:40%,80%,120%。 发明专利数量增长率目标值分别为:30%,60%,80%。 员工层面绩效考核: 公司按照《员工绩效管理制度》的规定,对员工的表现进行考核,员工层面考核系数需大于等于0.8

(资料来源:Wind金融资讯金融终端公司公告板块。)

(三) 激励方案实施绩效分析

从综合指标和财务指标两方面来对科大讯飞股权激励方案实施的作用和绩效进行分析。其中,综合指标分析包括公司产品创新能力分析、公司员工离职率分析和管理者行为分析等,财务指标分析包括盈利能力分析、偿债能力分析和发展能力分析等。

1. 综合指标分析

科大讯飞实施股权激励,目的是完善公司的法人治理结构,健全公司的激励约束机制,最大限度地调动公司经营管理骨干及核心技术(业务)人员的积极性。

1) 公司产品创新能力分析

由于科大讯飞的股权激励方案中,将发明专利数量增长率这一指标纳入到公司层面业绩考核体系中,激励方案规定2012年到2014年公司发明专利数量增长率目标值分别为30%、60%、80%,因此公司的发明专利数量是否增长(即公司产品的创新能力是否提高)能够有效反映出科大讯飞股权激励计划的实施效果。表8列出了科大讯飞2010—2014年专利发明情况。2011年12月科大讯飞推行股权激励之前,公司的专利数量较多,2010年新增专利数31项,2011年新增专利数高达112项,故而在研究和开发费用上的支出较大,2010年研发费用合计达9145.84万元,2011年研发费用合计达14833.67万元。

表8 科大讯飞2010—2014年专利发明情况

年份	新增专利及新产品	数量
2010	发明专利14项	31
	实用新型专利1项	
	外观设计专利16项	

续表

年份	新增专利及新产品	数量
2011	企业新申请专利 37 项	112
	获授权专利 13 项	
	获软件著作权 29 项	
	获软件产品登记 21 项	
	通过省级成果鉴定 6 项	
	省级高新技术产品 4 项	
	国家重点新产品 1 项	
	省级中线新产品 1 项	
2012	发布了新一代语音云	3
	推出了中文语音助理产品——讯飞语点	
	与中国移动合作推出智能语音门户产品——灵犀	
2013	讯飞语音用户数突破 3.5 亿	—
	应用开发超过 2 万个	
2014	讯飞语音云用户数突破 6 亿	—
	应用开发超过 5.5 万个	

（数据来源：科大讯飞 2010 年至 2014 年公司年报。）

2011 年末科大讯飞推出股权激励计划,在此激励下,公司推出 3 项重要产品:语音云、讯飞语点以及灵犀,研发费用也一路高涨。但是自 2012 年公司推出讯飞语点后,2013 年和 2014 年只是在拓展产品的应用领域,扩大市场份额,并没有新产品推出,公司在研发费用支出上却只增不减。不可否认,公司在推行股权激励过程中,充分调动了广大员工的积极性,保持公司在研发和产品创新方面的优势,公司始终把研发放在战略高度,坚持市场导向,不断完善核心技术,开发新产品,升级产品结构,全面提升核心竞争力。但是也存在员工中为了达到自己的业绩标准不断进行研发,造成费用增加而并无新产品诞生的现象。

2）公司员工离职率分析

股权激励计划的重要作用之一就是在企业内部留住人才,避免由于大量人才流失给企业带来机会成本和沉没成本。因此,对公司员工的离职率进行分析,能够帮助我们了解员工对这项计划的认可度,从而理解股权激励计划的实施效果。

根据科大讯飞实施股权激励计划以来发布的公告,我们对科大讯飞员工离职情况做了梳理,并将离职人数整理在表 9 中。

表 9 科大讯飞股权激励计划实施期间离职人数

时间	职务	人数	首期股权激励人数	离职率（%）
2012 年 5 月	核心骨干	5	364	1.37

续表

时间	职务	人数	首期股权激励人数	离职率（%）
2013年3月	核心骨干	13	351	3.70
2013年11月	核心骨干	8	343	2.33
2014年4月	核心骨干	3	339	0.88
2014年12月	核心骨干	1	338	0.30
2015年4月	核心骨干	1	—	—

（资料来源：根据科大讯飞2012年至2016年公布的股权激励计划实施公告整理所得。）

由于股权激励计划实施之前，科大讯飞公司并没有公布每年高管离职人数，因此无法通过纵向比较来分析股权激励计划实施之前以及实施之后科大讯飞的员工离职率变化。为此，我们采取一种折中的方法，即横向比较法，将科大讯飞股权激励实施后的离职人数与同时期行业平均离职人数进行比较。

2012年至2015年，根据人力资源服务商前程无忧发布的《2016离职与调薪调研报告》，我们对2012年、2013年、2014年和2015年这4年的平均离职率做了统计，如图6所示。

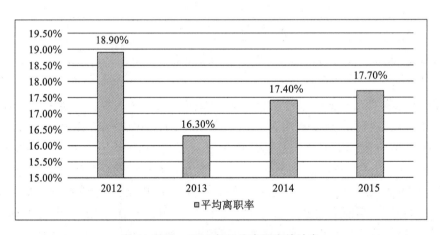

图6　2012—2015年平均离职率统计表

需要特别指出的是，根据《2016离职与调薪调研报告》来看，2015年员工整体流动性小幅上升，平均离职率为17.7%。但是高科技行业员工离职率为19.1%。之所以会出现高科技行业员工离职率高于市场整体离职率，是因为高科技行业发展正如火如荼地上升，对于人才的需求较高。人才的整体缺口较大，专业人才在各个领域内的流通业愈加频繁，再加上传统行业的不景气，让高科技行业专业人才更为抢手。因此，对于高科技企业来说，专业技术人才在很大程度上决定着企业的未来，留住专业技术人才至关重要。

对比表9和图6，可以看出，科大讯飞作为高新技术领军企业，在实施股权激励以来虽然在4年内共有31名技术人员离职，但每年的离职率远远低于全国平均水平，这对于处于内陆地区的高科技公司来说，更是难能可贵。可见，公司对人才实施股权激励与薪酬激励政策，使得公司核心技术人员的离职率大为下降。

3) 管理者行为分析

科学有效的股权激励机制能够通过激励企业管理人员,促进其日常经营工作。由于股权激励金额大,同时又与企业业务水平密切相关,因此为了想方设法达到股权激励方案规定的业绩目标,管理层会努力削减公司日常费用,同时,科大讯飞是我国语音技术界的领头企业,其研发投入更是重中之重。管理者对费用有效的控制和对技术的投入支持,不仅有助于业绩的提升,同时也关系到公司的长远发展。因此,本案例将管理费用率、销售费用率(见表10)作为研究股权激励财务效果是否对科大讯飞管理者行为产生影响的指标。

表10 科大讯飞主要费用支出表

年份	2011	2012	2013	2014
销售费用率	0.153	0.167	0.126	0.135
管理费用率	0.210	0.206	0.224	0.257

(数据来源:CSMAR 数据库。)

由表9可知,科大讯飞的销售费用率从 2011 年到 2014 年分别为 0.153、0.167、0.126 和 0.135,呈波动性变化,其中 2012 年达到最高水平,之后有所下降,这样的变化趋势间接反映出,科大讯飞管理者在实施股权激励计划后,更加注意对费用的控制。同时,从公司年报中了解到,从 2012 年到 2014 年间,企业管理者为企业工作人员提高薪资水平,所以企业在管理方面的支出也在不断增长(见图7)。

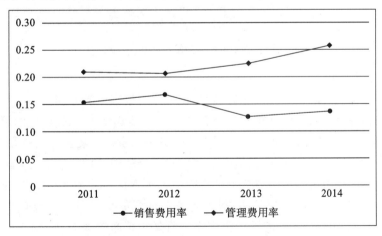

图7 科大讯飞管理者行为相关指标变化图

总之,这些数据表明,股权激励的财务效果对科大讯飞管理者的行为产生了一定的积极影响,管理者更加注重对公司费用的控制,以及提高员工整体薪酬水平,这些行为转变有利于促进公司的长远发展。

2. 财务指标分析

本案例接下来对科大讯飞的绩效衡量是建立在公司的各项财务指标基础上,具体包括反映公司盈利能力、偿债能力以及发展能力的各项财务指标。由于科大讯飞自2011年开始实施股权激励,故收集并整理了公司自 2011 年实施首期股权激励方案起,至 2015

年连续5年的财务数据进行比较,分析在实施股权激励计划后公司相关指标的变化,判断股权激励对公司绩效的影响。

1) 盈利能力分析

衡量公司总体盈利能力可用销售净利率、营业利润率和净资产收益率等来体现,此处主要选取净资产收益率。净资产收益率反映了一家公司股权资本的盈利能力,代表了股东们投入到公司的每一元资本所能够产生的经济效益。由图8可知,在2011—2014年,科大讯飞的净资产收益率分别为10.55%、11.26%、13.62%和14.36%,显示出良好的盈利态势。同时,资产报酬率、总资产净利润率、净资产收益率呈平稳上升的趋势。

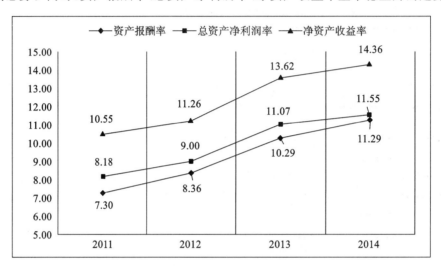

图8 2011—2014年盈利指标变化图(单位:%)

2) 偿债能力分析

公司借入的资金,由于财务杠杆的影响,在为公司带来风险的同时,也能为公司带来赚取更多利润的机会。此外,公司的偿债能力会进一步影响其举借新债的可能性,同时保证自身具有一定的债务偿还能力,有利于公司的持久发展。衡量公司偿债能力的指标有速动比率和资产负债率。资产负债率不仅反映了企业的长期偿债能力,还进一步说明了企业的资本结构,而速动比率则从企业负担的短期债务来评价企业的偿债能力。

从图9可以看出,2011—2015年,科大讯飞的资产负债率都在15%以上,其中2014年更是接近25%。可见,公司的资产负债率一直处于较高的水平,说明科大讯飞充分利用了财务杠杆来促进公司的发展。科大讯飞的速动比率一直在5%以下,而资产负债率较高,说明公司的债务主要为长期负债,且短期偿债能力比较稳定。

3. 发展能力分析

对于一个企业能力的分析,既要从固有的角度出发,也要兼顾持续变化的角度。而一个企业的发展能力体现在企业获利、运作、偿还债务等各个方面。因此,为了更加全面、科学、准确地分析企业发展水平,必须要动静结合,也要重视企业发展变化的方向和趋势。比如要对企业在整个经济市场中的价值的变动率进行详细的分析和估算,所运用到的预估指标是企业经营除去各类成本后利润的增长比率,从而为预估未来企业的总体

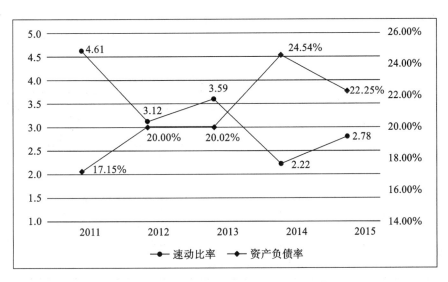

图 9　2011—2015 年资产负债率及速动比率变化图

发展水平提供科学的依据。

因此,我们选用净利润增长率、总资产增长率、加权平均净资产收益率作为衡量科大讯飞发展能力的指标,如表 11 和图 10 所示。企业净利润增长率 2011 年至 2014 年呈向上发展趋势,并在 2013 年达到峰值 0.532。另外,其加权平均净资产收益率更是稳步上升。

表 11　科大讯飞发展能力相关指标

时间	2011 年	2012 年	2013 年	2014 年
净利润增长率	0.311	0.371	0.532	0.395
总资产增长率	0.195	0.295	0.654	1.335
加权平均净资产收益率	0.106	0.108	0.127	0.146

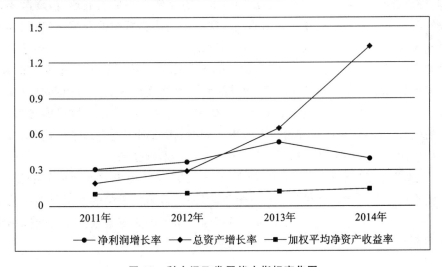

图 10　科大讯飞发展能力指标变化图

(数据来源:CSMAR 数据库。)

另外,为了更好地了解科大讯飞在同行业中的发展状况,本案例将科大讯飞的每股收益增长率和营业收入增长率进行同行业比较(见表12),以此来了解科大讯飞的发展能力。

表12 科大讯飞发展能力同业比较表

	项目	三年复合	2012年	2013年	2014年
每股收益增长率(%)	科大讯飞	41.54	36.00	35.23	44.00
	行业均值	25.38	22.40	34.90	47.94
	行业中值	39.20	25.16	39.31	40.03
营业收入增长率(%)	科大讯飞	45.74	41.60	46.79	45.53
	行业均值	27.95	17.36	24.95	30.00
	行业中值	30.49	19.14	27.24	29.49

(数据来源:同花顺。)

从表12可以看出,科大讯飞2011—2014年每股收益增长率和营业收入增长率均高于行业均值和行业中值,并且在未来两年,其发展趋势呈良好上升趋势。

综上所述,科大讯飞在实施股权激励的2011—2014年间,无论是纵向年度比较还是横向同业比较,发展态势都有所上升。

五、总结

在不同的历史时期,华为公司作为高科技企业,创新时刻驱动着企业向前进步,顺应时代潮流,时刻着力于人力资本的投资,有什么样的资金需求,需要什么样的人才和队伍,根据自身发展的特点和历史阶段制定具体的股权激励方案,解决企业发展中遇到的困难,取得显著效果,业绩甚至远远超过同行业公开上市公司的发展速度,逐渐成为国际电信业的领军者。华为5次股权激励的成功实施助力华为辉煌的业绩,这说明股权激励计划要顺应时代潮流,顺应企业自身的发展阶段。

而科大讯飞作为高新技术企业上市公司,股权激励在降低核心技术人员的离职率,增强管理人员对销售费用的控制意识,改善盈利能力和发展态势等方面都有着显著的积极意义。但同时对高新技术企业上市公司的研究也发现实施股权激励可能增加负债、暴露风险的弊端,容易使企业在虚增研发费用的同时,产品创新能力却未见增长。同时,上市公司行权期价格调整不足,也容易引起未行权数量累积过多。

因此,华为之所以会选择虚拟股,而非公开上市,与其历史发展特征分不开,也与上市即将面临的各种问题息息相关。然而当下,华为公司员工手中的虚拟股如何转化为实体股会是一个巨大的难题,这使得华为公司整体上市的解决方案成为今后研究亟待突破的重要内容。

思考题

1. 选择股权激励计划的公司具有哪些特征？
2. 华为公司将股权激励与内部筹资融为一体的计划是否具有普遍意义？其应用范围有哪些？
3. 股权激励与期权激励有何异同？
4. 高新技术产业和非高新技术产业股权激励计划设计是否有不同的侧重点？为什么？
5. 股权结构、股东与管理层的关系对于股权激励计划设计的影响有何不同？哪几点是需要特别关注的？
6. 评估股权激励计划实施效果，应该考虑的影响因素有哪些？

参考文献

[1] 邵帅,周涛,吕长江.产权性质与股权激励设计动机——上海家化案例分析[J].会计研究,2014(10):43-50.

[2] 周仁俊,高开娟.大股东控制权对股权激励效果的影响[J].会计研究,2012(5):50-58.

[3] 唐清泉,徐欣,曹媛.股权激励、研发投入与企业可持续发展——来自中国上市公司的证据[J].山西财经大学学报,2009,31(8):77-84.

[4] 惠祥,李秉祥,李明敏,等.技术创业型企业经理层股权分配模式探讨与融资结构优化[J].南开管理评论,2016,19(6):177-188.

[5] Jensen M C. Agency costs of free cash flow, corporate finance, and takeovers[J]. The American Economic Review, 1986,76:659-665.

[6] Kwon Sung S, Yin, Qin Jennifer. Executive compensation, investment opportunities and earnings management: high-tech versus low-tech Firms[J]. Journal of Accounting, Auditing & Finance,2006,21(2):119-148.

[7] 顾斌,周立烨.我国上市公司股权激励实施效果的研究[J].会计研究,2007(2):79-84.

[8] 周仁俊,高开娟.大股东控制权对股权激励效果的影响[J].会计研究,2012(5):50-58.

[9] 陈文.我国上市公司股权激励实施效果的研究[J].会计研究,2012(2):89-98.

[10] 刘广生,马悦.中国上市公司实施股权激励的效果[J].中国软科学,2013(07):110-121.

附例1：我国高新技术企业整体概况

附例2：华为三大业务情况

附例3：华为主要产品介绍

附例4：科大讯飞公司介绍及发展历程

附例5:科大讯飞股权激励实施过程

附例6:科大讯飞股权激励期间股票分析

资本市场篇
ZIBENSHICHANGPIAN

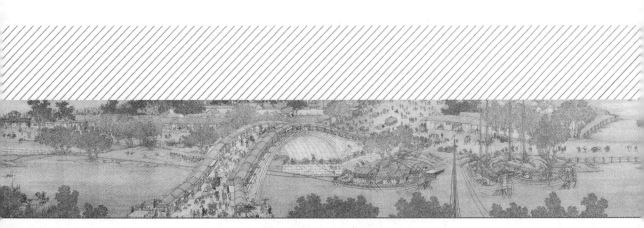

案例十五
成长的烦恼:新三板企业转板 vs 创业板上市
——基于合纵科技与北京科锐的案例研究

> **案例导读** 我国建立了新三板、创业板、主板等多层次资本市场来满足不同成长阶段企业的融资需求,以便全面、有效地为实体经济服务。作为众多中小企业优选登陆的新三板市场,既有市场准入容易的优点,也存在着股票流动性差和融资规模小的缺陷。在企业发展中,企业存在不断增长的融资需求并且需要必要的价值评估激励,新三板转板机制的匮乏进一步限制了企业的成长,但是创业板审核上市又前路漫漫。对比探讨两种不同市场对于企业发展,建立两个市场间合理、高效的转板机制举足轻重。本案例以合纵科技为主要研究对象,并对比北京科锐进行分析发现:①继续挂牌新三板造成的融资约束会影响企业的快速发展;②创业板市场的审核机制也会耗费企业大量的时间成本,造成机会损失;③转板机制的落实需要市场制度建设和企业自身素质双管齐下,建立合理有效的转板制度,有利于新三板中小企业发展,对我国完善多层次资本市场建设有积极作用。

一、引言

我国一直致力于建设多层次资本市场,也从形式上建成了以主板、中小板、创业板、新三板作为层次划分的基本框架,以增加金融市场多样性并满足不同成长阶段企业的融资需求,多层次地为实体经济服务。2017年3月5日第十二届全国人民代表大会第五次会议开幕式上,李克强总理在做政府工作报告时强调,要深化多层次资本市场改革,完善主板市场基础性制度,积极发展创业板、新三板,规范发展区域性股权市场。定位于基础性资本市场的新三板[①]市场,是创新型、创业型和成长型中小企业通过发行普通股、优先

---

① 新三板前身起源于2001年"股权代办转让系统",用于处理两网公司(原STAQ和NET系统)和退市公司股票,称为"旧三板"。2006年,证监会试点中关村科技园区非上市股份公司进入三板市场进行股份报价转让,因挂牌企业大都是中关村科技园内的高新技术企业,不同于原转让系统遗留企业,为了予以区别,特称为"新三板"。

股和债券等渠道融资的平台,近年来不断实施各项改革创新举措,成为中国资本市场改革创新的试验田。

回顾新三板的成长历程,从 2006 年仅 10 家挂牌公司,截至 2018 年 8 月 24 日,新三板挂牌公司达到 11050 家,总股本 6444.57 亿股,总市值超过 5 万亿元。新三板市场自成立以来挂牌企业数量持续高速增长,尤其是在 2013 年新三板全面扩容从中关村科技园走向全国之后,新三板挂牌公司数量呈现井喷式爆发。挂牌新三板可以拓宽中小企业的融资渠道,在一定程度上缓解融资难的困境。另外,新三板企业还能享受到地方政府给予的政策优惠和经济补贴,并树立良好的企业形象,产生较好的品牌效应。然而,新三板在迅速发展结出硕果的同时,也逐渐暴露出诸多由制度缺陷、管理方式等引起的客观缺陷,例如投资者参与度不高、市场流动性差、企业融资规模小等。随着挂牌企业的不断成长,这些问题被逐步放大并产生制约作用,限制了企业的进一步发展。

新三板作为中小企业的成长摇篮,无法满足优质企业的进一步需求,转板进入更高层次的资本市场成为企业首选的解决方案。然而,我国转板机制的缺失导致企业无法在不同层次资本市场间自由流转,造成相当部分企业的发展阶段和所属资本市场层次的错配。实际上,我国企业目前只能采用先在新三板退市后在其他板块 IPO 的方式实现转板,这在拖慢企业发展速度的同时也降低了整个金融市场的运行效率。如何建立合理、有效的转板机制,成为当下研究关注的重点。

本案例以 2015 年成功转板创业板的合纵科技(430018)为案例分析对象,基于其转板过程的分析,对我国如何建立合理、高效的转板制度的问题进行探究,并给出了相关建议。作为新三板诸多优质企业之一,北京合纵科技有限公司(简称"合纵科技")历时 5 年半终于成功从新三板转板至创业板,该过程充满曲折且效率较低,还使得企业损失了诸多发展机遇,企业的运营存续也受到了负面影响,直至其登陆创业板后才有所好转。基于此,本案例将主要探寻三个问题:合纵科技坚持要进行转板的动机是什么?其转板过程出现障碍的原因是什么?以及基于本案例来看,我国当前转板制度应当怎样设计落实,应该注意哪些问题?本案例的主要贡献如下:

(1)本案例对合纵科技转板案例的分析总结可为当前转板企业提供参考思路,减少转板摩擦以提高效率,便于企业在新三板市场与较高层次资本市场之间灵活流转。

(2)通过对比分析,本案例说明了同行业不同企业挂牌不同资本市场、同一家企业挂牌不同资本市场带来的巨大差异,进而说明转板制度对我国企业自身发展以及多层次资本市场建设的必要性。

(3)基于案例分析结果,本案例创新性地提出新三板转板制度落地的些许建议,特别是"设立'精选层'和排队打分机制",希望能够为转板制度的最终落实提供些许帮助。

二、文献综述与国外实践经验

(一)文献综述

1. 多层次资本市场、转板的定义

多层次资本市场一般是指为满足不同企业的不同规模融资需求而建立的多层次资

源、资本交易和分配市场(陈岱松,2008)。转板通常是指上市企业可以根据自身企业发展状况和融资需求变化选择在不同层次资本市场之间自由流转(李珊珊,2008)。转板包括从较低层级资本市场向较高层级资本市场的升板,也包括反向操作的降板。转板制度的实施,有利于不同层次的资本市场明确自身定位,发挥差异竞争优势(Filer & Gampos,2000)。

在资本市场上,不同的投资者与融资者都有不同的规模与主体特征,存在着对资本市场金融服务的不同需求。投资者与融资者对投融资金融服务的多样化需求决定了资本市场应该是一个多层次的市场体系。我国资本市场从20世纪90年代发展至今,由场内市场和场外市场两部分构成。其中场内市场的主板(含中小板)、创业板(俗称二板)和场外市场的全国中小企业股份转让系统(俗称新三板)、区域性股权交易市场、证券公司主导的柜台市场共同组成了我国多层次资本市场结构(见图1)。

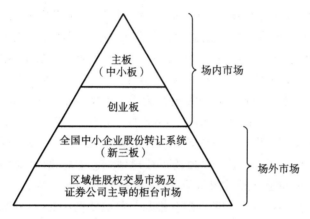

图1 我国多层次资本市场结构示意图

我国各层次资本市场之间升降板机制的缺失影响多层次资本市场发挥协同作用(周茂清、尹中立,2011)。转板制度是连接多层次资本市场的神经元(潘玉军,2011)。在新三板市场建立升板机制和退市预警机制,可以有效提高新三板市场的整体质量(侯东德、李俏丽,2013)。

2. 转板相关理论

转板制度是联系多层次资本市场的纽带,国外发达资本市场相关理论研究与实践总结较为成熟,国内研究还大多停留在理论认证和设想阶段。

1) 企业成长周期理论

企业的成长过程一般企业会经历初创、成长、成熟与衰退四个阶段,企业在不同阶段的融资需求也呈现出周期性的变化(Weston & Brigham,1970)。企业融资结构会随着成长周期的变化而产生一定区别,初创期偏向于内部融资,成长期则相反(Berger & Udell,2001)。在企业成长的不同阶段,企业融资需求千差万别,创建成熟的多层次资本市场应对各不相同的融资需求显得至关重要。高层次资本市场对企业质量要求较高,初创期企业一般先在低级市场上市,随着自身成长慢慢向高层次资本市场转移(冯志高,2010)。

2)信号传递理论

完备的信息披露机制有利于投资者了解上市公司的真实财务状况,便于对公司未来盈利能力和股价水平做出预测(Taylor,1997)。高效的转板机制有利于降低信息不对称局面下资本市场投资者逆向选择的风险,有利于保持不同层次资本市场的活力(陈露,2008)。

3)"扩容-转板"理论

一个市场进入和流出主体的差能够度量市场的规模,一般市场都是经历扩容阶段发展到一定程度才会开始研究转板问题(刘国胜,2014)。新三板市场目前挂牌企业已经突破万家,从挂牌数量上来看已经颇具规模,应该尽快落实转板制度,保持新三板市场规模相对稳定。

3. 国内外转板机制的研究

在转板制度较为成熟的美国,Kedia(2004)通过对比考察从 NASDAQ[①]转板至 NYSE[②]上市的企业和没有转板而是继续在 NASDAQ 挂牌的企业的经营状况和财务数据,发现选择转板的企业大多是因为随着自身企业的不断发展壮大,对于融资有了更大的需求,因此选择转板到 NYSE 上市,有利于满足企业在下一个发展阶段通过发行债券或者股票来融资的需求。而资本市场发展较为完善的韩国的情况则略有不同,通过对企业财务数据的分析表明,从 KOSDAQ[③]市场转板到 KSE[④]交易市场的企业在企业自身质量方面大多出现了不同程度的下降(Kyong Shik Eom,2013)。我国台湾地区专门为上柜公司[⑤]转上市公司的情况制定了单独的审核规则和作业标准,依据数据分析可以得出上柜公司转板成为上市公司的主要动机是提高公司股票流动性、提升公司自身的知名度、提升股价估值,达到在主板市场再融资推动公司继续发展的目的(陈全伟,2004)。

与国外成熟实践理论相比,国内研究大多处于理论设想阶段。转板制度的制定可以采取核准制与备案制并行,针对只转板不公开发行和转板后公开发行两种情况分别制定标准(刘流,2012)。新三板挂牌企业符合创业板上市标准的,只需申请交易所上市审核,不用取得发审委核准(刘纪鹏,2012)。转板机制的落实还需配套机制的完善,完善新三板投资者适当性管理制度和新三板内部分层机制非常重要(潘玉军,2011)。

当前我国并没有成功落实新三板转板制度,导致这一问题的主要原因有:①直接建立转板制度会产生主板市场影响新三板市场渠道畅通的问题(刘国胜,2014);②新三板与其他市场上市制度不同,新三板是注册制,而场内市场为核准制,贸然建立转板对接机制会破坏市场运行秩序(罗云开,2018)。我国当前建立新三板转板机制任重而道远。

(二)国外实践经验

国外公司转板的相关案例较为丰富,例如美国、日本等较为成熟的资本市场都有着

[①] 纳斯达克(NASDAQ),美国全国证券交易商协会自动报价系统。
[②] 纽约证券交易所(New York Stock Exchange,NYSE)。
[③] KOSDAQ 成立于 1996 年 7 月,是韩国在原有场外交易市场上发展起来的创新股票市场。
[④] 韩国证券交易所(Korea Stock Exchange),是韩国股票、债权、股指期货的主要交易市场。
[⑤] 上柜公司,在柜台市场(OTCBB)交易的公司。

良好的转板制度,可作为我国设计转板制度的参考。一般而言,国外公司转板时必须经历如下过程。首先,公司及其股票必须满足每股价格、总价值、公司利润、每日或每月交易量、收入和SEC报告要求的上市要求。公司必须先向提交申请,并提供各种财务报表,以证明其符合转板到新资本市场的要求。其次,公司必须得到交易所的批准才能上市。如果申请被接受,该公司通常必须向其以前的交易所提供书面通知,表明其自愿退市的意图。同时交易所要求该公司发布一份新闻稿,通知股东该决定。最后,当一只股票在新的交易所上市,但并不会伴随着"首次公开募股(IPO)",这种股票只是从场外市场的交易变成了在交易所的交易,但是股票代码往往会改变。

1. 美国场外柜台交易市场转板要求

美国场外证券市场主要由美国场外柜台交易市场(OTCBB)[①]、全美证券交易商协会自动报价系统(NASDAQ)以及美国粉红单市场(Pink Sheets)[②]三个市场组成。

OTCBB挂牌公司如果想要转板到NASDAQ,需要满足以下三个条件之一:①要求公司市值超过5000万美元,股东人数超过300人,而且每股股价超过4美元;②要求公司最近三年的营业利润中至少有一年的营业利润超过75万美元;③要求公司净资产达到400万美元以上。

Pink Sheets挂牌公司如果想要转板到OTCBB,需要满足的条件如下:公司净资产需要达到200万美元以上,近12个月营业收入必须超过1000万美元,同时净利润要求达到200万美元以上,而且近两年营业收入和盈余增长率要达到20%以上。

另外,企业申请转板时还需要根据美国证券交易委员会(SEC)的规定,聘用注册会计师进行审计工作,并在每个季度向SEC提交财务报表和流水账目明细以供审查。

2. 日本场外柜台交易市场转板要求

日本场外柜台交易市场(JASDAQ)包含两个板块——标准板块和成长板块,标准板块对挂牌公司要求比较严格,成长板块准入条件相对宽松。许多在JASDAQ挂牌上市的中小型公司经过一段时间的融资和成长以后,满足了交易所规定的转板条件即可直接转板到二板市场上市,特别优秀的公司还可以直接转板到东京证券交易所(TSE)主板上市。

挂牌公司从JASDAQ转到二板上市的具体条件为:公司存续期在三年以上而且前一年毛利润要求超过4亿日元。

在此基础上,如果公司总市值达到6亿日元即可直接转板到主板上市。如果转到主板的公司出现财务指标下滑且在之后9个月内无法达到主板上市要求,则对该公司停止主板上市。

JASDAQ的转板制度不仅包含以上升板制度,还专门制定了降板制度。在JASDAQ挂牌上市的公司如果连续五年营业亏损,则会被强制退市。

通过对比可以发现,日本JASDAQ市场的架构和地位与我国新三板市场尤其是实

[①] 美国场外柜台交易市场(OTCBB),又称布告栏市场,是由全美证券交易商协会(NASD)负责管理运营的一个场外交易中介系统,属于三板市场。

[②] 美国粉红单市场(Pink Sheets)由美国国家报价机构于1904年创立。

行创新层-基础层分层后的新三板市场极其相似,JASDAQ 市场成熟的市场管理制度和转板机制对于我国新三板市场将要推行实施的转板制度具有极强的实践指导和借鉴意义。

三、案例介绍

(一)合纵科技简介

合纵科技由法人代表刘泽刚于 1997 年 4 月在北京中关村成立,属于民营企业,其注册资本为 100 万元人民币,2000 年和 2004 年经过两次增资扩股注册资本增至 1193 万元。2006 年 12 月,正式将公司名称定为"北京合纵科技股份有限公司"(以下简称"合纵科技")并沿用至今。随后公司进行了股份制改革并于 2007 年 1 月变更为股份公司,同年 9 月成功登陆新三板市场挂牌交易[①],股票代码为 430018,总资本为 8218 万元,为典型的中型企业。[②] 2015 年 6 月 1 日转板成功后,合纵科技采用首次公开发行的方式在创业板挂牌上市,股票代码为 300477,共发行新股 2340 万股,发行价为 10.61 元/股,募集资金净额约 24415.05 亿元。

作为一家北京中关村的高新技术企业,合纵科技自成立以来一直活跃在我国电力输配电市场的各个领域。公司产品种类齐全,核心产品环网柜生产量和销售量连续多年蝉联行业内第一,其他产品如箱式变电站、柱上开关、配电节能变压器等产品均在行业内处于领先地位。合纵科技同时也高度重视技术创新和研发以及自主知识产权的保护和成果转化,企业建有自己的省部级研发中心,配备了先进的实验设备和实力雄厚的研发团队,拥有近百项国家专利技术,是北京市知识产权重点试点单位之一。多年来,合纵科技始终秉承"专注户外,领先半步"的研发战略,努力尝试户外配电产品小型化、免维护、智能化,开展了许多前瞻性的技术研究和产品研发工作。

合纵科技在转板前处于新三板电工电网行业约 190 家挂牌公司中的前列,2014 年净利润排名第一,营业收入排名第二。而转板至创业板后,合纵科技进入高速发展期,公司经营状况持续好转上升,目前在电气部件与设备行业上市公司中排在第 11 名(按市值排名)。

转板至创业板之后,合纵科技的主营业务构成在原本电力板块的基础上,通过 2017 年并购湖南雅城和江苏鹏创新增了新能源板块。合纵科技当前的主营业务是面向国内电力网络、市政建设、铁路、城市轨道交通等诸多领域,生产和销售户外中高压配电和控制设备,产品主要包括环网柜、箱式变电站、柱上开关、变压器、电缆附件、其他开关等。其全资子公司——湖南雅城的业务主要集中在新能源汽车领域和钴产业领域,主营业务为锂电池正极材料前驱体的研发、制造和销售,主要产品包括四氧化三钴、氢氧化亚钴、

---

① 资料来源:《北京合纵科技股份有限公司股份转让报价说明书》。
② 根据《中华人民共和国中小企业促进法》和《国务院关于进一步促进中小企业发展的若干意见》(国发〔2009〕36 号),划分中小企业的标准为:工业企业,从业人员 300 人及以上到 1000 人以下,或营业收入 2000 万元及以上到营业收入 40000 万元以下的为中型企业。

磷酸铁等。① 2018年上半年，合纵科技新增锂电池正极材料前驱体的制造和销售业务及电力工程设计服务业务，取得了良好的经营业绩。

（二）案例背景介绍

2012年，国务院在《金融业发展和改革"十二五"规划》中，提出完善不同层次市场间的转板机制和市场退出机制，逐步建立各层次市场间的有机联系，形成优胜劣汰的市场环境。2013年12月，国务院发布《关于全国中小企业股份转让系统有关问题的决定》，表示在全国股份转让系统挂牌的公司，达到股票上市条件的，可以直接向证券交易所申请上市交易。2014年8月，证监会在为学习国务院常务会议精神所召开的视频会议中表示，要完善创业板制度，支持尚未盈利的互联网、高新企业在新三板挂牌一年后到创业板上市。2015年6月，国务院印发了《关于大力推进大众创业万众创新若干政策措施的意见》，其中提到，加快推进全国中小企业股份转让系统向创业板转板试点。但是，截至2018年8月，关于新三板转板至创业板的正式转板制度仍然没有出现。

我国新三板市场目前仍然采用"非正式"的转板机制。新三板挂牌企业可以通过"退市＋IPO"方式转板至创业板、中小板甚至是主板，企业须向证监会提出上市申请，待证监会接受申请后，挂牌企业先在股转系统实施暂停交易，待证监会对企业新股发行核准后，再从全国股转系统摘牌。这种转板方式和普通企业申请上市的途径几乎没有差别，也无法显示出新三板的独特性与优越性。另外，新三板企业还可以通过"介绍上市"的方式实现转板，挂牌企业通过证监会的核准成为公众公司，无须公开发行便可直接向上海或深圳交易所提出上市申请，无须证监会审核。"介绍上市"没有公开招股的环节，因此不涉及发行新股或出售现有股东所持股份的问题，这种方式与国外的转板制度相类似，但是通过核准的条件苛刻，甚至会出现比"退市＋IPO"更为困难的情况。此外，如果部分挂牌企业与交易所市场上市公司可以建立股权关系，可以通过纳入上市公司的合并报表，成为上市公司的一部分，即所谓"借壳上市"，间接实现转板，但这往往也伴随着公司所有权以及管理层的变动等问题。

截至2015年5月，相继有11家挂牌企业成功实现从新三板升级转板至创业板，如表1所示，它们均是采用传统的"退市＋IPO"方式实现转板的。时隔三年，截至2018年8月10日，实际参与转板的新三板挂牌企业已有84家，而真正转板成功的仅有46家，如图2所示。在这段时间内，相应的正式转板机制仍然没有得到落实，尽管新三板挂牌企业在达到一定标准和要求的情况下，可以向证监会申请，由发审委审核，审核通过后即可向上海或深圳证券交易所申请上市交易，但实际上走的仍旧是"退市＋IPO"的老路。真正意义上的转板，即不经过IPO的程序，没有公开发行的环节，直接从新三板市场转板至A股上市的转板方式至今也没有出现。这在很大程度上限制了企业的发展，同时也不利于我国多层次资本市场的建设。因此，研究我国如何建立合理、有效的正式转板制度，将对促进我国整体金融市场发展有着极其重要的指导作用。

---

① 资料来源：《北京合纵科技股份有限公司2017年年度报告》。

表 1 合纵科技及之前转板成功企业汇总

转板前(新三板)			转板后(创业板)		
代码	简称	摘牌时间	代码	上市交易所	上市日期
430018.OC	合纵科技(退市)	2015-06-01	300477.SZ	深圳	2015-06-10
430040.OC	康斯特(退市)	2015-04-22	300445.SZ	深圳	2015-04-24
430049.OC	双杰电气(退市)	2015-04-20	300444.SZ	深圳	2015-04-23
430030.OC	安控科技(退市)	2014-01-09	300370.SZ	深圳	2014-01-23
430045.OC	东土科技(退市)	2012-08-29	300353.SZ	深圳	2012-09-27
430012.OC	博晖创新(退市)	2012-05-10	300318.SZ	深圳	2012-05-23
430008.OC	紫光华宇(退市)	2011-09-28	300271.SZ	深圳	2011-10-26
430023.OC	佳讯飞鸿(退市)	2011-04-20	300213.SZ	深圳	2011-05-05
430001.OC	世纪瑞尔(退市)	2010-12-06	300150.SZ	深圳	2010-12-22
430006.OC	北陆药业(退市)	2009-09-30	300016.SZ	深圳	2009-10-30
430007.OC	久其软件(退市)	2009-07-29	002279.SZ	深圳	2009-08-11
400003.OC	粤传媒(退市)	2007-08-27	002181.SZ	深圳	2007-11-16

(数据来源:Wind 资讯,新三板转板情况统计数据。)

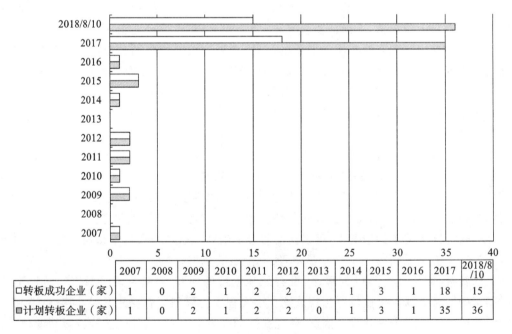

图 2 新三板转板企业情况统计

(数据来源:Wind 资讯,新三板转板情况统计数据。)

(三) 转板历程及成本

从新三板转板至创业板给合纵科技带来了巨大的发展机会,但合纵科技的转板过程十分艰辛,前后三次申请,共历时五年半时间才最终成功。

合纵科技于 2010 年 1 月做出转板决定,并于 3 月 25 日提交创业板 IPO 申请。此后,合纵科技出现了专利权纠纷的问题,上会接受审核延误。2011 年 11 月 25 日,发审委最终以"财务报表存在会计核算不规范,内控制度存在缺陷"为由否决了合纵科技第一次递交的 IPO 申请,合纵科技于 28 日恢复在新三板市场的股份报价转让。

2012 年 9 月 20 日,合纵科技再次向创业板提出 IPO 申请,并于 10 月 16 日暂停在新三板转让,但随后遭遇了长达近 14 个月的 IPO 暂停,合纵科技 IPO 被迫停滞,转板进程一拖再拖。

2015 年 4 月 24 日,合纵科技第三次提交 IPO 申请。2015 年 5 月 26 日,合纵科技创业板上市申请获证监会核准,2015 年 6 月 10 日正式在创业板挂牌。

合纵科技是通过"新三板退市+创业板 IPO"的方式来进行转板的,由于未能给予新三板企业专业化的转板服务和简化相关环节的手续,在一定程度上增加了合纵科技转板的时间成本。漫长的转板历程让企业错失了难得的发展机遇。在 2010 年至 2015 年间,电工设备行业处于高速发展阶段,合纵科技的运营状况良好,却由于融资约束、产能不足等限制而无法有效地扩张企业规模、拓展市场,失去了诸多潜在的盈利机会。合纵科技第二次转板申请时还意外遭遇了"IPO 暂停"误伤。IPO 暂停是我国主板市场在市场资金供应不足或者信心不足的时候,为减轻市场资金供给压力,维持市场稳定而实施的一种措施。IPO 暂停对合纵科技转板造成严重阻碍的原因,是这种措施在减轻市场资金压力的同时,也会对排队等待上市的企业造成融资延误,影响其正常发展,尤其是对急需资金的新三板拟转板企业,影响更大甚至出现误伤。

此外,合纵科技在新三板挂牌期间,通过股权融资获得的资金支持仅有 2008 年的一次定增,共计 3000 万元(净募集资金 2928 万元)。在首次转板失败后,只能依靠企业内部融资以及债务融资来缓解资金短缺的压力,这伴随着巨大的资本成本。并且,创业板 IPO 的成本也对新三板挂牌中小企业造成了巨大的资金压力。由于只能采用 IPO 上市的方式实现转板,合纵科技在创业板挂牌上市时首发募集资金 27586 万元,发行费用合计 3170.95 万元,占全部募集资金的 11.5%。创业板并没有因为合纵科技是一家新三板拟转板企业而给予部分费用减免,这也是巨大的资本成本支出。

(四)案例选择依据

作为新三板较早转板成功的企业之一,合纵科技的转板历程可谓坎坷。本案例选取合纵科技作为新三板成功转板的企业作为案例分析,主要原因是其具有一定的代表性,具体表现在以下三个方面:①合纵科技是《国务院关于全国中小企业股份转让系统有关问题的决定》文件出台后首家尝试转板的企业,其转板过程可以体现国家对新三板转板制度的政策态度;②合纵科技在新三板市场挂牌时,属于电气部件与设备行业中的领头企业,是新三板市场的优质挂牌企业,但其转板过程仍较为艰辛且存在诸多问题,具有进行案例分析的价值;③合纵科技转板成功至今已有近三年时间,其间市场表现良好,融资渠道明显拓宽,公司整体估值提升,转板为合纵科技带来了巨大效益。通过对比分析合纵科技转板前后情况,可进一步说明建立转板制度对于新三板挂牌企业发展以及完善我国多层次资本市场的必要性。

本案例使用的对比案例分析对象是北京科锐配电自动化股份有限公司（以下简称"北京科锐"，交易代码002350），本案例选取其作为对比分析对象主要基于以下两点考虑：①北京科锐同属于电工电网行业，是合纵科技在北京市区内最为主要的竞争对手，具有对比分析价值；②北京科锐与合纵科技均在2010年做出了在场内资本市场上市的计划，北京科锐计划上市中小板并取得了成功，而合纵科技历时五年半才上市创业板。可通过对比分析其间中小板与新三板对企业造成的不同影响，进而说明转板制度的建立对企业发展的必要性。

四、案例分析

（一）转板动机分析

近年来，全国电网投资维持在一个较高的规模水平。2008年全年电网投资占电力总投资的比例首次突破50%，电网投资额度达到2895亿元。2009年电网投资增长继续加快，电网投资额度达到3898亿元。国家能源局发布的"十二五"、"十三五"期间配电网升级改造规划进一步使得电工电网行业进入高速发展期。在这样的背景下，合纵科技在挂牌新三板期间始终保持快速发展，营业收入和净利润一直保持较快增长。从2008年至2014年，营业收入从1.28亿元增至9.11亿元，净利润从1476.18万元增至7501.36万元。但是，继续挂牌新三板导致合纵科技自身价值评估十分不合理，并且企业经营所需的融资供需不匹配，这限制了企业的战略计划实施。

1. 价值评估不合理

合纵科技在新三板市场挂牌后，受限于新三板的诸多客观缺陷而导致自身价值评估十分不合理。

首先，新三板的交易制度并不健全。新三板自成立起就肩负着为中小企业提供便利的融资渠道的使命，然而现行的交易制度无法为市场带来充足的流动性。目前新三板市场以协议转让交易和做市商交易为主。与主板相比，协议转让效率较低。2014年推出了做市商制度，但实际上市场的灵活性并没有提升。截至2018年8月10日，新三板做市商有1215家，而集合竞价的企业却有9864家，并且投资者与投资者之间不能成交，投资者只能看到做市商的报价，整个市场活跃度不高。

在新三板市场的交易制度不健全的同时，投资者的参与度也不高。我国现行的新三板制度规定，只有机构投资者和满足一定条件的自然人才能参与新三板股份转让。新三板对自然人的要求往往很高，通常需要资产达到百万元以上的自然人才有资格参与新三板股份转让。而机构投资者作为新三板市场参与的主体，由于新三板资本市场信息不对称程度要远高于其他资本市场，这就使得机构投资者也未能积极参与新三板市场的股份转让交易。于2013年扩容之后，虽然企业数量上有了一定的增长，但是市场内部的交易量仍然不活跃，如表2所示。这些都使得新三板市场的流动性不足，在资金的供给端方面限制了新三板市场的发展。这一境况虽然在近年来稍微有所改进，不过还是有为数不少的新三板挂牌企业未能获得资金的支持，因此，如何在新三板资金的供给端提供有效的资金支持,是新三板发展过程中面临的重大挑战。

表 2　新三板市场 2013—2017 年交易数据统计

年份	2013	2014	2015	2016	2017
成交金额(亿元)	8.14	130.36	1910.62	1912.29	2271.8
成交数量(亿股)	2.02	22.82	278.91	363.63	433.22
换手率(%)	4.47	19.67	53.88	20.74	13.47
市盈率(倍)	21.44	35.27	47.23	28.71	30.18

(资料来源:全国中小企业股份转让系统(新三板官网)定期统计数据。)

在新三板制度不健全、投资者参与度低的影响下,合纵科技挂牌股票交易低迷,合纵科技企业自身价值评估受到了极大影响。从合纵科技转板前后的市盈率数据来看,2015年1月至3月合纵科技在新三板上的市盈率位于20~30之间,直至4—5月份合纵科技转至创业板消息确认时,投资者集中进入市场,才使得市盈率上升至30以上。合纵科技转板至创业板后,起步市盈率达35以上,且从2015年10月份开始增至50以上。这直接反映出新三板对企业的估值明显低于创业板,这与股票在流动性上的差异有着直接联系,市场流动性差以及交易情况低迷使得新三板较创业板有明显的折价。

2. 融资供需不匹配分析

新三板的融资能力难以满足合纵科技的快速发展,引起企业融资需求与供给不匹配。

1) 融资需求分析

中小型科技企业在快速发展过程中会产生巨大的融资需求,处于成长期的企业对外部融资需求是最大的(张卫平,2014)。挂牌新三板期间,正处于成长期的合纵科技的融资需求主要是扩张产能与 R&D 投入两个方面带来的。

合纵科技急需外部融资来缓解产能不足的问题。挂牌新三板后,合纵科技在2008年的定增资金缓解了此前的产能不足问题。但由于2009年公司发展速度较快,其中户外环网柜的产量较2008年增长了52%,箱式变电站的产量较2008年增长了161%,导致2009年当年即出现新的产能不足问题,外部融资需求大幅扩张。此后,产能不足的问题始终制约着合纵科技的进一步发展。从2010年起,合纵科技就试图转板至创业板解决这个问题,均以失败告终。公司只能通过投入部分自有资金,投资建设部分厂房,添置部分设备,并在建设期采用租赁的形式暂时扩充厂房,在一定程度上缓解了产能不足问题。

合纵科技的产能不足问题在数据上也有所体现。我们参考钱爱民等(2017)针对微观企业产能的测度指标,选择营业收入与固定资产的比值来间接测度企业产能情况,该指标值偏高时,反映出企业的固定资产难以满足企业逐渐成长的生产需求,即产能不足。通过计算合纵科技2009年至2014年间的产能情况并与同行业的北京科锐进行对比(见图3),我们发现,在挂牌新三板期间内,合纵科技产能不足的问题愈发严重。值得注意的是,2009—2011年合纵科技挂牌新三板,北京科锐未上市,新三板的合纵科技产能问题比未上市的北京科锐小;2011年北京科锐上市中小板后,合纵科技处于新三板,2012—2014年北京科锐的产能问题比合纵科技解决得好。这说明北京科锐在上市中小板之前,也存在产能不足的问题。而上市中小板后在2011—2014年间该指标表现为下降趋势,产能不足问题得到改善。通过对比北京科锐与合纵科技之间的产能情况,我们明显注意到不同层次资本市场对于企业生产能力的影响,这也直接说明新三板市场对于挂牌企业进一步发展的制约。

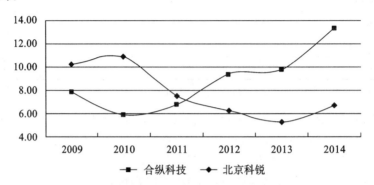

图3　合纵科技与北京科锐产能情况对比(单位:倍)

合纵科技的R&D投入增加也加大了企业融资需求。合纵科技一直重视对R&D的投入力度。但是,高新技术产品普遍存在着高投入、研发周期长和市场认可周期长的特点(Aboody,2000),并且研发过程和成果转化过程中不确定因素太多(黄学军等,2006;徐欣等,2010),企业将资金投入研发项目的风险较高(Kothari et al.,2002;胡晓蕊,2014)。合纵科技在科研投入上的支出表现出投资额度高、投资期限长的特点。

合纵科技存在诸多研发项目,包括智能化户外环网开关设备改扩建、小型化户外箱式变电站生产线、户外柱上开关生产线及智能化、小型化配电设备研发中心建设等项目。如表3所示,合纵科技研发项目的投资金额从2010年的1090.16万元增加到2014年的4449.02万元,占营业收入比重最高达到6.25%。并且,公司的研发和技术人员也从2010年的52人增加到2014年的125人,合纵科技也明确于年报中指出管理费用的增加主要原因是工资涨幅导致的薪酬增加以及研发项目的增加。这也反映出合纵科技为实现技术领先而进行的资金投入。合纵科技于2008年通过定向增发获得2928万元专项用于TPS6系列环网开关柜产业化项目和TPSQ系列环网开关柜的产业化项目,于2010年末确认完成了生产线构建并稳定运营,共计使用2982.702万元,直接说明合纵科技科研项目长周期、高耗资的特点。

表3　合纵科技研发投入情况

年份	2010	2011	2012	2013	2014	2015
研发投入(万元)	1090.16	2180.61	3034.06	4460.65	4449.02	6901.53
营业收入(万元)	26512.79	36032.65	51665.05	71423.52	91146.47	111744.90
研发投入占比(%)	4.11	6.05	5.87	6.25	4.88	6.18

(数据来源:合纵科技各年度报表管理费用、无形资产等项目及对应批注。)

综上所述,处于成长期的合纵科技一方面受限于产能不足而急需外部融资给予支持,另一方面又在加大对R&D的投资,由此产生了巨大的融资需求。

2) 融资供给情况

合纵科技挂牌新三板期间的外部融资供给情况并不乐观。

股权融资方面,合纵科技除去2008年4月17日一笔3000万元的定向增发外再没有从新三板市场募集资金的记录。这主要是新三板市场的以下客观缺陷导致的:①新三板融资方式相对单一,由于优先股、私募债和公司债等融资工具还没有在新三板正式推出,只能以定向增资这种非公开的方式筹集资金;②2006—2012年间新三板市场处于发展阶段初期,市场规模较小,2012年末总挂牌企业数量为200家,而实际增发次数累计52次,交易活跃度较低(见表4),2013年扩容后有所好转;③新三板市场流动性不足导致合纵科技估值偏低(余万林等,2018),合纵科技常年换手率为0,平均市盈率约为15.04,难以通过定向增发的方式吸引投资者入股,表现为前五大股东持股比例在2007年至2014年间近乎没有变化(见图4)。受到新三板市场客观缺陷的约束,合纵科技挂牌新三板期间难以获取定价合理的股权融资。

表4 新三板2007—2014股票发行(定向增发)情况统计

年度	发行次数	发行金额(万元)	发行股数(万股)
2007	3	11874.92	4542.00
2008	5	24564.55	5620.00
2009	2	5639.28	956.00
2010	8	35835.91	6867.00
2011	10	64818.45	8007.00
2012	24	85886.00	19292.00
2013	60	100236.43	29193.87
2014	327	1299877.76	264298.28

(数据来源:全国中小企业股份转让系统(新三板)数据统计板块。)

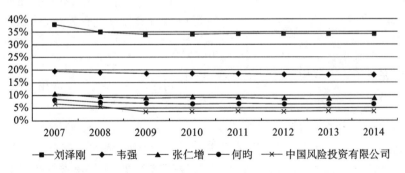

图4 合纵科技前五大股东2007年至2014年持股比例

合纵科技的外部融资主要由银行贷款构成,但由于新三板对企业的增信不足,其债务融资获取也存在约束。上市信用指上市公司在证券市场上的信用,这种信用是借助证券市场表现出来的,反映在上市公司股票、债券的发行、交易中(朱慈蕴等,2004)。由于新三板市场流动性不足,合纵科技的上市信用难以发挥作用,表现为难以获取信用借款,并且存在着较高的债务成本。

合纵科技难以获取成本相对低廉的长期借款,负债全部来自短期借款[①],导致短期借款余额持续飙升。合纵科技的短期借款余额在2010年出现显著增加(见图5),但大多采用的是借款成本较高和手续繁杂的保证借款与委托借款,缺乏能更好满足企业不规律融资需求、节约利息成本的信用借款。并且,合纵科技的债务成本占比在2011年至2014年始终处于整体负债的8%以上(见表5),甚至还超过了10%,其中包括占比较高的银行借款担保费以及委托贷款管理费。

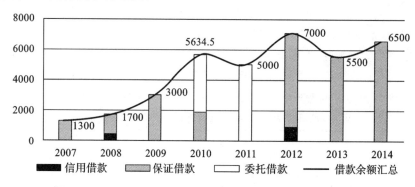

图5 2007—2014年合纵科技短期借款融资统计(单位:万元)

表5 2008—2014年合纵科技的债务成本[②]

年份	2008	2009	2010	2011	2012	2013	2014
债务成本占比	8.79%	6.18%	7.45%	11.26%	8.09%	10.93%	8.13%
贷款基准利率	7.47%	5.31%	5.31%	5.81%	6.56%	6.00%	6.00%

我们利用企业财务管理对外部融资额的计算方式估算合纵科技各年所需的外部融资,并与实际获取的外部融资情况进行对比。以合纵科技各年真实的销售增长率作为销售预测,并假设各项经营资产与经营负债按照相同的增长率进行扩张,并结合企业历年可动用的实际金融资产以及留存收益等数据,对合纵科技2009年至2014年所需外部融资额进行估算。外部融资需求计算公式为:

外部融资需求$_{t+1}$=预计净经营资产合计$_{t+1}$-基期净经营资产$_t$-可动用金融资产$_{t+1}$-留存收益$_{t+1}$

实际外部融资为各年短期借款的增量。

将估算结果(见图6)与实际融资情况进行对比,发现二者并不匹配。合纵科技2009年的外部融资需求远高于实际融资情况,直接说明其于2010年谋求转板至创业板的动机合理。2010年合纵科技获取的外部融资超过了预期需求,合纵科技于2011年至2014

---

① 财务报表数据显示,合纵科技2008年至2015年间不存在长期负债,实际上,合纵科技的负债始终是短期借款。截至2018年上半年,合纵科技仍没有长期负债。

② 债务成本包括利息支出、手续费支出、银行借款担保费以及委托贷款管理费。贷款基准利率来源于《贷款利率表》"短期借款"各年初数据。

年间的融资需求始终难以得到满足。特别是,2011年与2013年还出现了借款净增加值为负的情况,在本身融资需求较大的基础上,合纵科技还需要被迫归还借款,使得合纵科技的融资约束进一步加深。

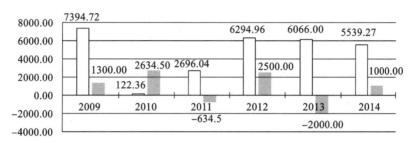

图6 合纵科技2009—2014年预测外部融资与实际融资情况(单位:万元)

基于以上分析,我们发现挂牌新三板使得合纵科技在快速发展过程中产生了巨大的融资需求,但是挂牌新三板使得合纵科技的融资供给难以与之匹配,限制了企业的进一步成长。

(二) 转板障碍分析

合纵科技的转板动机明确,然而由于我国正式转板制度的缺乏,整个转板过程异常艰辛,前后历时5年半,3次提交IPO申请,前两次都因为种种原因而没有成功。对合纵科技两次IPO失败的原因和整个转板历程进行深入研究和分析,有利于发现当前制度的缺陷和不足,同时也为众多新三板挂牌的拟转板企业起到前车之鉴的作用。

2010年,合纵科技的管理层做出了从新三板市场转板到创业板上市的决定,以期到更高层次资本市场拓宽股权融资渠道,同时希望能够改善间接融资渠道受限的问题,实现企业融资需求与资本市场融资供给合理匹配的愿望。另外,合纵科技转板至场内市场可使企业自身价值评估更加公允、合理,有利于企业得到进一步发展。

1. 新三板与创业板①上市条件对比

截至2018年8月10日,新三板市场近300家挂牌企业正在接受IPO辅导,其中有84家企业的IPO材料已经递交到证监会正在接受审核。然而从近年转板成功的企业数量来看,最后真正转板成功的仅仅只是其中非常小的一部分,而企业自身的财务指标和公司治理完善程度没有达到创业板或主板(中小板)的平均标准是主要原因。

新三板的挂牌上市标准较为宽松,事实上实行的是注册制,即满足相关信息披露要求,申请注册通过后即可上市。而很多新三板挂牌企业以为达到了创业板挂牌上市的最低标准就能够转板,实际情况并非如此,新三板挂牌标准和创业板上市条件对比如表6所示。

---

① 由于本案例分析对象合纵科技自新三板转板至创业板挂牌上市,故着重分析新三板转板到创业板上市中遇到的问题和对策。

表6　新三板挂牌标准和创业板上市条件对比

项目	新三板	创业板
经营年限	两年	三年
盈利	无	近两年每年净利润不少于1000万元；或近一年净利润不少于500万元，但同时要求营收不少于5000万元而且营收增长率要高于30%
净资产	无	2000万元
总股本	无	发行后不少于3000万股
业务经营	业务明确	主营业务明确，近两年公司治理结构无变更

（资料来源：证监会、股转系统网站。）

通过对比可以看出，创业板挂牌上市的标准相较于新三板的挂牌条件而言，在财务指标和公司治理规范程度方面要求更为严格，这也符合创业板作为更高层级资本市场的定位。对于新三板挂牌的拟转板企业，主要应从以下几个方面引起重视。

(1) 创业板对于企业的存续期和经营的稳定性有较强要求。作为新三板拟转板企业，首先要明确自身的主营业务范围，提升主营业务的持续稳定盈利能力。

(2) 创业板对于上市企业的财务数据有硬性要求，新三板拟转板企业要想顺利转板，不仅要达到创业板挂牌上市的最低标准，最好能够取得更加优秀的财务指标，这可以有效防止转板后企业出现盈利能力不足而引起资源和效率的浪费。

(3) 创业板上市对于企业的公司治理规范性和信息披露机制的完备性有较高要求。企业应该加强自身财务数据的真实性和统计的规范性，不能为了登陆创业板而在财务数据上弄虚作假。证监会的审查十分严格，对财务报表数据的审核要求逐项对应，每一个数据都对应有明确的出处，一经发现不合理之处会立即要求企业给出明确答复，以保证数据的真实性及完整性。另外，从这一角度看，信息披露机制的不一致也显示出新三板市场信息披露机制需要进一步加强和完善。由于新三板市场缺乏完善的挂牌企业信息披露机制，很多拟转板企业对于创业板严格的信息披露要求很不适应，由于种种原因不敢将自己的财务数据向市场公开展示，这是拟转板企业急需面对和解决的问题。

(4) 企业的盈利能力是挂牌创业板的关键指标。新三板拟转板企业在自身发展中要着重提高主营业务盈利能力，同时积极挖掘新的增长点，拓宽业务范围和销售渠道，只有过硬的盈利能力才是企业转板成功的根本要素。

2. 制度缺陷的影响

转板对于合纵科技的发展而言发挥着极为关键的作用，但是"非正式"的转板制度对企业造成了许多不利影响。尽管我国构建了多层次的金融市场，形成了场内、场外不同的资本市场以满足不同企业群体的各项需求，但是缺乏专门的转板通道服务，新三板挂牌的企业转板至中小板、创业板或者主板资本市场并没有专门途径。

我国新三板挂牌企业的转板方式存在诸多问题，效率极低。新三板挂牌企业是通过"退市＋IPO"的方式来转板的，即先在新三板退市，然后申请其他板块的IPO。这本身依旧需要由证监会审核发行，虽然这种与企业IPO统一操作的模式能够简化机构设置，但由于未能给新三板挂牌企业提供专业化的转板服务，未能简化相关环节的手续，在一定程度上增加了转板企业的时间成本。另外，IPO 的成本相对于新三板挂牌企业而言，显然过于巨大，即使发行费用将会从募集资金里扣除，但也会使得募集资金的总额减少，在一定程度上导致企业融资需求的不匹配。

合纵科技选择在创业板转板上市，但由于创业板上市标准单一、审批制度过于严苛和上市名额有限，存在着大量企业排队等待上市。诸多在创业板上市的企业早已经满足了上市要求，却被严格的审核制度以及低效率的审核流程耽误。合纵科技在转板过程中付出了巨大的时间和资金成本。

此外，2012 年 10 月 16 日合纵科技第二次尝试转板至创业板时，遭遇了史上最长期限的 IPO 暂停。IPO 暂停指的是证监会停止股份有限公司公开发行股票。一般而言，A 股遇到制度改革或者突发事件时，我国监管层为防止股市震荡，都会暂停新股发行，在行情稳定时再恢复。新发行股票必然会占用股票市场内的资金，如果没有新的资金进入，一般会引发股票市场行情下跌。因此 IPO 暂停可以起到稳定股市，减少对股票市场现有资金的占用的作用，IPO 暂停是我国特殊金融市场环境下伴随的一种行政调整措施。

这是市场环境以及外部市场制度带给合纵科技转板的客观阻碍，本次 IPO 暂停间接迫使合纵科技承担了极大的时间成本。合纵科技在经历第一次转板失败之后，第二次尝试可谓志在必得，以缓解当时的融资约束以及对企业自身价值评估等方面带来的影响。由于处于国家电网升级转型的关键时期，合纵科技急需转板至更高层次的资本市场以拓宽直接与间接融资渠道，为科研费用支出、企业规模扩张以及开辟新市场提供资金支持。然而，突如其来的 IPO 暂停直接阻断了合纵科技的转板之路，使得合纵科技的 IPO 申请一拖再拖，并无果而终。这直接引起合纵科技在此期间的营收增长率出现下滑，自身的成长也受到了限制。

从研究转板制度缺失的影响的角度看，合纵科技 IPO 暂停的经历为我们提供了一个独特的视角，即了解并分析企业在不同资本市场的融资情况，更好地了解企业在场内、场外市场上的各项差异。因为 IPO 暂停的影响，合纵科技在新三板被迫多停留了一年多的时间，并导致其历时近五年半才转板成功，这给予了我们充分的时间区间进行案例对比分析。我们将同时计划进入场内资本市场的合纵科技与北京科锐进行对比，能够进一步了解同行业中的不同企业因为身处不同资本市场而产生的在估值、融资等方面的差异，进一步分析转板制度的建立对于企业发展的必要性。

IPO 暂停是我国主板市场在市场资金供应不足或者信心不足的时候，为减轻市场资金供给压力，维持市场稳定而实施的一种措施。而分析 IPO 暂停对合纵科技转板造成严重阻碍的原因，是这种措施在减轻市场资金压力的同时，也会对排队等待上市的企业造成融资延误，影响其正常发展，尤其是对急需资金的中小企业，影响更大。

以应对 IPO 暂停为例，如果能够在转板机制当中加入注册制，可以解决 IPO 暂停对于合纵科技转板的影响。例如，当转板制度引入注册制之后，可以按照如下方式进行：首次计划于创业板上市的企业，可以继续保持证监会核准制，按照常规的流程进行首次公开发行募股；而对于已经在新三板上市并且有着良好市场表现的公司，因为融资体量小，符合条件的企业数量也少，因而对市场资金的需求是很低的。IPO 暂停会对急需发展资金的小企业影响很大，甚至出现误伤。如果它们在达到转板要求之后可以采用注册制的方式实现转板,在对应的交易所确认之后即可挂牌交易。这种方式不需要公司重新进行IPO,只需要改变股票代码并同时在旧的交易所摘牌即可。在这样的情况下,IPO暂停就不会影响企业的转板申请,可以有效避免出现"实施行政举措救市而误伤优质微观企业"的尴尬情况。目前经常有合纵科技这样的误伤事件发生,这与我国创业板上市制度与新三板上市制度不一致、不能对接有直接关系。我国创业板上市采取的是证监会审批制,相较于国外成熟的注册制而言存在审批程序烦琐、耗时过长、企业上市面临高昂审批成本等问题。而注册制只需要企业满足相关财务因素要求,并且能够提交相关证明材料即可,交易所确认合格之后即可完成上市。

但是,在我国资本市场建设不完善的情况下,推出新三板企业向交易所市场转板制度,意味着企业直接向交易所申请上市交易,交易所主要根据企业是否符合上市条件,做出许可与否的决定。只是这样一来,便带来一个新的问题:同样的一家企业,假设其满足上市条件,如果借助IPO途径,并不一定能通过发审委审核而上市,但是如果借助新三板转板的方式,则可以顺利上市。这就会出现监管套利或不公平竞争的弊端,这也是不符合实际的。

3. 企业自身因素

除去制度本身的缺陷带来的影响外,企业自身情况也是导致合纵科技转板失败的原因。那么,当前这种"非正式"的转板制度下,要实现转板成功,企业应该具备哪些素质?我们将对合纵科技在转板期间遇到的问题进行分析,进而探讨了当前拟转板企业应该着重注意的内容。

合纵科技成立于1997年,于2015年转板时客观条件已经符合创业板关于企业存续期的要求。合纵科技在2013年和2014年分别取得了7639.36万元和7501.36万元净利润的惊人财务数据,远超创业板的上市标准,同时合纵科技2014年营业收入高达91146.47万元,合纵科技本次发行股本也符合创业板相关规定。另外,合纵科技的主营业务明确,主营各类电气开关、环网柜以及箱式变电站等,且在2013年和2014年高管层人员没有变动,实际控制人也一直是创始人刘泽刚,符合创业板相关挂牌条件。综合以上情况,合纵科技的营业收入和净利润等条件均已达到创业板挂牌上市的要求,其在2015年上市并不存在任何数据上的问题,并且也最终成功登陆创业板。

但是,我们注意到,合纵科技前两次尝试转板时,其相关指标也达到了创业板的要求。包括存续年限要求在内,其净利润状况、营业收入以及净资产都满足了创业板要求,且主营业务与公司治理结构也符合要求,IPO申请却没有得到通过。特别是相较于第二次IPO暂停的客观障碍,合纵科技第一次申请IPO时却被拒绝了,这是我们分析自身因素对合纵科技转板造成障碍的关注点。

1) 内控制度问题

合纵科技第一次申请转板时间是2010年4月,间隔一年半时间。证监会创业板发审委于2011年11月25日举行2011年第74次创业板发审委会议,依法对合纵科技首次公开发行股票并在创业板上市的申请进行了审核,发审委认为合纵科技存在的若干情形与《首次公开发行股票并在创业板上市管理暂行办法》(证监会令第61号)中的第二十条、第二十一条的规定不符,以"合纵科技企业内部的会计核算不规范,合纵科技的内控制度在一定程度上存在缺陷"为由否决了合纵科技的 IPO 申请。

创业板发审委在审核后认为合纵科技存在以下情形:2008 年度及 2010 年 1 月至 6 月原始财务报表存在不符合收入确认原则,并且关联交易的会计数据统计不完整,导致合并报表内部交易抵消不彻底,申报财务报表存在重大会计差错更正,使申报财务报表与原始财务报表产生重大差异。"认为合纵科技企业内部的会计核算不规范"①。其中最近一个会计年度中,2010 年 1－6 月因跨期收入调整主营业务收入 29.09 万元,调整应收账款 1670.78 万元,因未实现内部销售利润抵消错误,调整销售利润－135.29 万元。这说明合纵科技会计核算基础工作不规范,内控制度存在缺陷。

对于创业板的上市公司而言,公司未来发展性和业绩成长性尤为重要。基于之前"间接融资渠道"的分析,我们知道作为中小企业的合纵科技有着短期借款规模过高的问题,这可能会隐藏债务风险,并有可能危及企业的正常运营。而从反映企业实际经营能力的财务数据看,合纵科技也存在问题。

合纵科技的现金流管理存在明显缺陷。在利润持续增加的同时,企业的现金流量净额反而呈现下降趋势,如图 7 所示。经营现金流量净额在 2010 年骤降,与净利润之比相差巨大,其中,投资现金流量净额也已连续两年为负。究其原因,2010 年合纵科技为缓解产能不足问题占用经营现金流进行大规模的投资扩张,导致公司在 2010 年度现金及现金等价物净增加额仅为 100 万元。在发审委认为合纵科技存在财务数据缺陷的时间区间内——2011 年上半年合纵科技现金及现金等价物的净额已达－2400 万元,并且合纵科技 2010 年的相关数据显示其净现金流量额也为负值,这侧面反映出公司没有及时匹配业务扩张过程中的资金,使得公司面临现金流断开的风险。

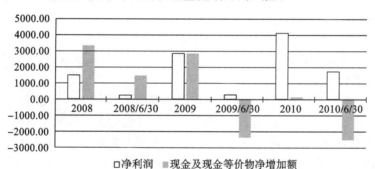

图 7　合纵科技净利润与现金及现金等价物净增加额(单位:万元)

合纵科技的经营能力也存在不足(见图 8)。从应收款项来看,合纵科技在交易中存在过多的应收账款,且近年来应收账款数额持续攀升,但是对应的应收账款周转率较低,且呈现下降趋势,反映出应收账款创造营业收入的能力下降。再从反映企业存货管理的角度来看,存货周转率较低但表现出上升趋势,在发审委审核合纵科技当前报告期内,却出现了大幅下降,这反映出企业经营成本受存货过多拖累的问题。

可以看出,审核期内合纵科技的业绩含金量逐渐降低、周转不畅、应收账款累积,这

---

① 资料来源:发审委对合纵科技 IPO 申请审议结果的公开资料。

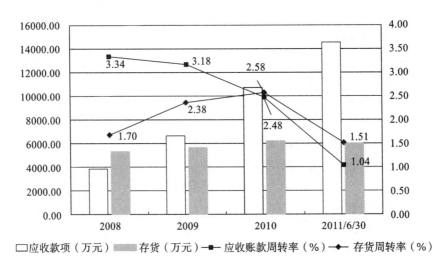

图8 合纵科技应收款项与存货情况

注：应收款项包括应收账款与应收票据，存货周转率按"营业成本/存货"计算。

些都给公司未来的利润增长和营收平衡带来不稳定性，发审委认为合纵科技内控制度存在缺陷实属合理。

2）涉案专利纠纷

除去合纵科技内控制度存在缺陷外，合纵科技还存在着较大的诉讼风险，这是合纵科技本次申请创业板IPO时的表外因素——案件纠纷带来的影响。在评审期间，合纵科技与北京科锐发生了专利权纠纷，其"故障指示器"产品牵涉两起相隔十余年的专利诉讼案，并且合纵科技最终败诉。

知识产权作为一个企业提高核心竞争力的战略资源，是企业竞争力的直观表现。对于那些拟上市的企业来说，侵权纠纷的舆论影响尚且不提，在合纵科技上市之前因侵权纠纷而导致上市延迟甚至是失败的案例也有不少。

2001年，新东方教育科技集团在上市前因与美国ETS、GMAC之间的版权纠纷而导致上市延迟。2003年，因为北京恒升远东电子计算机集团分别致函杭州恒生电子股份有限公司和证监会，称被"侵犯商标专用权"，并"要求解决重大问题"，杭州恒生电子股份有限公司不得不取消IPO。2007年，江西天施康中药股份有限公司上市失败，因为其"康恩贝"商标的使用依赖于股东康恩贝集团间接控股的康恩贝医药销售公司。2010年，原计划于5月20日在创业板上市的河南新大新材料股份有限公司在上市创业板前夜宣布暂缓上市。据了解，新大新材料股份有限公司曾被实名举报称其主营业务及其生产技术涉嫌侵犯河南醒狮的专利权及其公司产品特有名称。

合纵科技本次的专利纠纷也在事实上造成了IPO审核的延迟。合纵科技于2010年3月向发审委提交了创业板上市申请，以期解决产能、融资获取等方面的问题。在准备上市材料的同时却遭到了北京科锐对其专利权的诉讼，这引起了合纵科技近一年的IPO申请延迟，其间合纵科技的股东大会不得不通过了延长转板期限的决议。2011年6月专利纠纷案件尘埃落定，2011年11月合纵科技的IPO申请才正式被审理。然而，合纵科技在提交申请材料时并没有在招股书中就专利侵权问题给出明确承诺和风险提示，发审委对合纵科技 IPO 被否原因并未提及这一诉讼,但鉴于专利权问题一直是 IPO 审核的重点,这成为其过会的一大障碍。另外,涉案产品停产在短期内拖累公司营业收入,这直接影响了发审委对于企业持续经营能力的判断。

该案件纠纷的直接影响是 IPO 申请暂缓一年半,同时也成为最终上市失败的原因之一,甚至还可能包括之后合纵科技在创业板 IPO 申请的四年时间成本。而本次专利纠纷案件中合纵科技的所有花费(包括赔偿费用、审理费用等)约为 42 万元。两者相比较,合纵科技本次专利纠纷的机会成本显得过于巨大。事实上,合纵科技在申请 IPO 过程中可以通过措施避免案例纠纷因素的影响,例如通过高价聘请律师事务所或者通过私人协商解决产权问题,都可以有效避免不利的司法诉讼对于企业申请 IPO 的影响。

基于合纵科技的前车之鉴,其他拟转板企业或直接申请上市的公司应加强对企业发展环境的关注,特别是加强对知识产权、物权等可能引起诉讼纠纷的因素的关注,否则这些将可能成为企业 IPO 申请的阻碍。

总体而言,合纵科技首次 IPO 申请失败的原因来自两个方面:自身内控缺陷与外部陷于司法诉讼。报表数据是企业当前经营状况的直观反映,而外部信息会间接影响发审委对企业经营、盈利能力的判断,在这两方面因素均带来不利影响的情况下,合纵科技首次 IPO 申请以失败告终。

综上所述,在合纵科技转板过程遇到的障碍中,既与我国金融市场制度设计不完善、转板制度缺失有关,也有企业自身财务指标、盈利能力以及表外因素等方面的原因。实现我国转板制度的落实,需要从市场制度建设和企业自身素质两个方面共同努力。

(三) 转板制度的必要性

通过对合纵科技转板的动机以及转板过程中遇到的障碍的分析,我们了解到新三板转板制度缺失对企业发展带来的负面影响。我们将通过对比分析来说明建立转板制度对于新三板优质中小企业发展的关键作用,并说明转板制度的建立对我国多层次资本市场建设的必要性。

1. 建立转板制度对企业的影响

我国已经在结构上形成了场内、场外不同层次的资本市场来为处于不同发展阶段的企业进行服务,旨在形成企业与金融市场之间的合理搭配,使金融更加准确有效地为实体经济服务。然而,伴随着企业的成长,往往会出现当前挂牌市场限制企业进一步发展的局面,能否迅速有效地转板至其他板块,在企业发展战略中显得尤为重要。通过对比同行业中上市其他板块的企业以及合纵科技转板前后的情况,我们可以较为直观地认识到建立转板制度对于我国企业发展的影响。

1) 对比分析:北京科锐

我们利用北京科锐 2009—2015 年间的相关财务情况与合纵科技进行对比分析,以说明场内外不同资本市场带给企业发展的差异。

北京科锐自 2010 年 2 月 3 日正式登陆中小板,首次公开发行募集资金净额60169.13

万元,这为北京科锐带来了巨大的股权融资[①]。不考虑资金的时间价值,北京科锐IPO募资净额是合纵科技在创业板IPO净额的近3倍,更是合纵科技挂牌新三板募资的近20倍。这是中小板作为更高层次资本市场,其在直接融资方面区别于创业板、新三板的直观体现。

北京科锐在2010年初获取的巨额股权融资使得企业资产规模大幅扩张,由2009年末的52575.42万元变为2010年末的112869.4万元。这使得北京科锐的营业收入、经营利润呈爆发式增长,如图9所示,2011年北京科锐营业收入增长率与净利润增长率均高于60%,直接说明了其挂牌中小板市场之后企业价值创造能力的提升。特别是正值"十二五"初期,国家政策偏向于对电工电网行业加大投资力度,行业处于高速发展时期。对比合纵科技的营业收入和净利润规模,北京科锐在2011年与2012年的营收状况是合纵科技的两倍多。与北京科锐之间的营业收入差异直观地反映出合纵科技在"机会收入"上的损失。2011年末,合纵科技第一次转板以失败告终,2012年仍在谋求第二次IPO申请,损失了快速发展的大好机会。在合纵科技创业板上市前,其营收规模始终与北京科锐有较大差距,且增速持续减缓,直到转板后才有所改善,并于2017年明显缩短差距。这是创业板缓解合纵科技融资约束问题的直接效果。

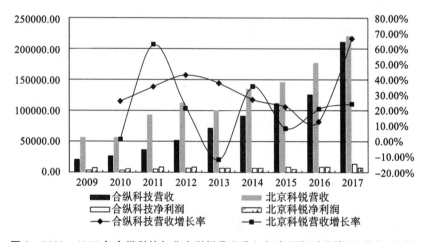

图9 2009—2017年合纵科技与北京科锐营业收入与净利润对比情况(单位:万元)

另外,场内资本市场对上市企业增信功能强大,使北京科锐可以获取成本较低的信用借款,其债务成本与合纵科技也有着很大的差别。如图10所示,北京科锐的借款结构与合纵科技类似,主要是以短期借款为主,长期借款较少(2011年长期借款余额850万元,2013年为1350万元,均为抵押贷款,两年期)。北京科锐的短期借款构成主要是信用贷款,而质押贷款与保证贷款占比较小。高规模的信用贷款融资反映出银行有信心对企业提供资金支持,间接传达出中小企业板的公司信用优势。特别是2014年北京科锐并没有寻求短期借款支持,仅通过自身资产和长期借款的支持就实现了较高的营业收入以

---

① 北京科锐上市中小板后,截至2018年8月共进行两次股权融资,第一次是首次公开发行,第二次是2018年6月的配股融资,获得约47066.05万元(净额)。

及净利润规模,且相较于 2013 年同比上升,反映出自身融资游刃有余。

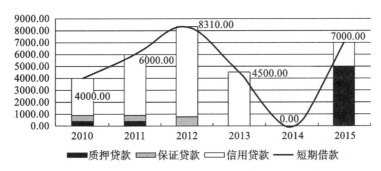

图 10　2010—2015 年北京科锐短期借款融资统计(单位:万元)

如表 7 所示,上市中小板后北京科锐的间接融资成本明显低于仍处于中小板的合纵科技。此外,在 2010 年至 2014 年间,北京科锐的财务费用均为负值,即利息收入大于利息支出以及相关贷款管理费、手续费,体现出公司拥有的现金流能够支持对外投资并取得了一定收益,北京科锐不存在融资约束。

表 7　北京科锐与合纵科技债务成本对比

年份	2010	2011	2012	2013	2014
贷款基准利率	5.31%	5.81%	6.56%	6.00%	6.00%
北京科锐	5.26%	5.60%	6.78%	8.47%	0
合纵科技	7.45%	11.26%	8.09%	10.93%	8.13%

注:北京科锐 2014 年借款余额为零。

相较于北京科锐上市中小板,2010 年至 2014 年合纵科技仍处于转板不得的困境之中,受限于融资供需不匹配而阻碍了企业的进一步发展。

2) 合纵科技转板后效益

转板至创业板后,合纵科技营业收入持续增长,融资约束问题显著改善(见表 8),并获得了公司价值提升带来的巨大红利。

表 8　合纵科技历年直接融资情况一览

上市日	所属市场	融资方式	发行价格(元)	募资总额(万元)	发行费用
2008-04-17	新三板	定向增发	3.00	3000.00	2.40%
2015-06-10	创业板	首发	10.61	27586.00	11.49%
2016-09-13	创业板	定向增发	11.32	10548.50	3.52%
2017-09-06	创业板	定向增发	20.28	50633.15	0
2017-10-10	创业板	定向增发	25.00	46764.91	4.17%

(数据来源:东方财富 Choice 数据。)

转板解决了合纵科技长期以来融资供需不匹配的问题。从直接融资渠道(仅包括股权融资,合纵科技并没有发行债券及相关权证等)看,如表 8 所示,合纵科技于 2015 年 6 月创业板首发便获得了 27586.00 万元的股权融资。另外,合纵科技于 2017 年 9 月以定向增发的方式收购湖南雅城70.44％股权、江苏鹏创70％股权,并且于10月再次募集资金46764.91万元以支付购买资产的现金对价、交易税费以及增资标的公司在建项目。这是合纵科技在新三板难以实现的融资规模。并且,定向增发的发行费用明显低于创业板首发,直接说明"退市＋IPO"的转板方式带给合纵科技获取股权融资的巨大资本成本。

间接融资渠道方面,合纵科技的间接融资仍然主要来源于短期借款(还包括部分一年内到期的非流动资产),但是债务成本相较于挂牌新三板期间有了明显的降低。2015年至2017年债务成本分别是15.45％、4.89％、2.23％,其中2015年过高的财务费用占比与创业板上市发行费用有关。甚至在2016年合纵科技还出现了财务费用为负的状况,即企业的利息收入大于利息支出,反映出企业自身现金流存在盈余,融资状况明显得到改善。

上市创业板之后,长期困扰合纵科技的产能不足问题也得到了解决。合纵科技转板成功后,利用募集资金建设新的产能,大幅提升了公司生产系统的自动化程度,使公司的生产效率得到质的提升;2016年合纵科技利用自有资金建设了天津生产基地,进一步解决了公司新增产品线的产能问题,同时投入大量资金建设公司的ERP系统,使公司的综合实力得到增强。转板使得合纵科技现金流更加充沛,对R&D投入力度进一步增加,2015年至2017年分别为6901.52万元、7244.95万元、14259.97万元,同比增幅分别为55.12％、4.98％、96.83％,占营业收入比重分别为6.18％、5.14％、6.76％。

另外,合纵科技挂牌创业板之后,其股票的流动性较之前有了明显的提升。合纵科技挂牌新三板期间长期处于"僵尸股"状态,交易寥寥无几。登陆创业板之后,合纵科技股票的流动性大大增强,2015年6月10日至2018年11月31日间日均换手率为6.49％,与之前在新三板常年日均换手率为0形成鲜明对比。

股票流动性的提高使得企业价值评估更为合理。以转板前后对比,合纵科技在新三板挂牌期间平均市盈率约为15.04,转板到创业板后,截至2018年11月30日,平均市盈率为62.07,特别是在2017年10月25日出现了102.49的市盈率。伴随着股价估值显著提升,企业市值最高突破70亿元,转板创业板为合纵科技带来了显著的财富效应。在上市创业板之后,合纵科技共进行了三次分红派息,累计现金分红为11758.14万元,平均分红率高达32.19％,而企业挂牌新三板期间共分红四次,累计现金分红为6040.23万元,平均分红率仅为8.19％。这体现出合纵科技良好的价值创造能力,具有一定的投资价值。

2. 完善多层次资本市场建设

我国建立新三板的初衷是为了构建一个重点培育的基础性市场。作为场外交易市场,新三板定位为多层次资本市场最主要的基础层级,主要为中小企业,特别是科技创新型企业服务。当前,其挂牌企业早已突破万家,新三板市场吸收了不少高科技、高成长性企业,但是其作为我国多层次资本市场结构的基础作用并没有得到有效体现,主要表现在以下两个方面。

(1) 由于新三板交投清淡、规模不大的问题,新三板融资能力不足,难以吸引中小企业入驻。基于合纵科技融资角度看,挂牌新三板之后其直接融资只有最初的一笔3000万元的定增,而在间接融资方面没有得到有效支持。对比北京科锐直接上市中小板带来的收益,合纵科技在新三板挂牌期间并没有得到过多的益处。诚然,合纵科技可能受限于自身财务因素无法直接进入场内资本市场,但是合纵科技完全可以选择不在场外资本市场上市,而是通过自身积累以及间接融资渠道获取资金等方式逐步实现规模扩张,进而直接在创业板上市。并且事实上,合纵科技挂牌新三板之后股票交易低迷,流动性极为不足,新三板并没有在融资、估值等方面为合纵科技带来益处。从这个角度看,诸多企业也可以完全不必进入新三板,新三板的基础性市场作用难以体现。

(2) 新三板无法沟通其他层次资本市场。对于已经在新三板挂牌的公司而言,伴随着企业自身的发展,新三板必然会产生约束作用。然而,由于我国没有正式的转板制度存在,企业无法直接通过新三板进入更高层次的资本市场继续发展。以合纵科技为例,其上市创业板也是通过 IPO 方式进行的,整个过程之中新三板甚至都没有发挥任何作用。从 2013 年国务院 49 号文第一次正式提出转板问题以来,其间各相关部门领导在各种级别的会议讲话中多次提到要抓紧落实新三板转板制度的建设,然而转板制度一直迟迟不肯露面,新三板挂牌的优质企业望眼欲穿,并在不断等待新一轮 IPO 审核的过程中丧失了诸多发展机会;而在高层次资本市场出现问题的企业由于直接被退市,也无法进入新三板休养生息。新三板既无法向更高层次市场传递优质企业,也无法接纳从其他市场退回的企业,无法体现出其基础性。

因此,建立合理有效的转板制度对于改善新三板当前问题十分关键。转板制度有利于激发新三板市场活力,改变目前投资规模小、交易流动性不足的现状。新三板当前交易低迷的局面,一方面与挂牌上市条件多、投资者融资方式局限等因素有关,另一方面是因为转板制度的不健全。转板制度的确立,特别是"择优转板"制度的确定,有利于形成企业间良性竞争的氛围,新三板将发挥上市公司蓄水池作用,为创业板和主板市场输送优质资源。另外,由于新三板上市门槛明显低于其他板块市场,且事实上实现注册制上市,这也将吸引更多的企业进入新三板市场。这将会直接改善当前交易不足、投资者稀少的情况,更能体现出新三板的基础性市场作用。事实上,目前新三板的上市公司中很大一部分已经符合创业板发行上市的财务要求,转板制度一旦建立,挂牌企业"进可攻、退可守",新三板的吸引力将极大提升,无论是板块规模还是交易投资的活跃性都将得到实质性改善。

转板制度的存在也可以提高证监会等相关部门的工作效率,减轻相关审核问题带来的工作负担,进而提高对金融市场的监管效率。并且,只有尽快落实转板细则,摒弃原有的退市重新 IPO 的老路,建立真正意义上的转板渠道,使得新三板的转板制度与分层制度良好契合,以独特的服务或制度吸引优质的企业资源转板流入,才能使得不同层次资本市场有机结合在一起,完善我国当前的多层次资本市场建设。

此外,新三板市场作为我国多层次资本市场建设的重要一环,也起到多层次资本市场建设试验田的作用。将来新三板市场板内的升降层制度实施情况和转板快捷通道的落实情况将会为整个多层次资本市场的建设积累丰富的实践经验。新三板市场不仅承担了扶持创新型中小企业成长的重任,也充当了我国多层次资本市场建设排头兵的角色。监管层应当尽快开展新三板转板试点,通过实践积累经验,发现问题,将转板制度建设从口号落实到行动中来,让更多的中小企业共享多层次资本建设的红利。

综上所述，新三板转板制度的建立十分必要。相关监管层应该重视加强市场挂牌企业的运营规范监管，建立合适的转板和退市制度，提高新三板市场的整体质量，这样也能够吸引更多的优质企业挂牌新三板，吸引更多的投资者参与新三板投资交易，以激发多层次资本市场的活力，并为我国未来多层次资本市场建设提供经验。

（四）转板制度建议

通过前文分析，我们了解到转板制度对于我国企业发展以及多层次资本市场建设的重要性，我们结合合纵科技转板案例，对我国当前转板制度落地给出以下建议。

1. 落实快捷转板机制

快捷转板机制应当避免现行IPO制度的复杂流程，已经在新三板挂牌的优质企业，如果满足创业板上市条件而且不涉及公开发行新股，可以直接向交易所申请转板上市，而无须经过发审委的IPO审核，实现交易所上市交易审核和证监会发审委公开发行审核的真正分离。这将极大提高新三板挂牌企业转板的效率和积极性，提高新三板市场对于优质创新型中小企业挂牌的吸引力，有利于新三板市场挂牌企业整体质量的提升和投融资环境的优化。在此基础上，新三板市场挂牌企业质量和规范程度将逐渐向创业板靠近，快捷转板机制也就能够顺利落实。

2. 完善配套机制

新三板转板快捷通道的建立，不仅是新三板内部的问题，而且是整个多层次资本市场建设的系统问题。因此不仅要考虑转板制度本身，还要全方位合理修改相关政策制度，相互配合，以便顺利落实"新三板—创业板—主板（中小板）"的转板层次。

（1）IPO注册制的落实。新三板企业目前的挂牌上市制度实际上就是注册制，如果直接开启新三板快捷转板通道，将会对尚未实行注册制的主板市场产生强烈冲击，而许多优质企业挂牌新三板仅仅是将其作为转板的跳板，希望借新三板市场快捷转板机制绕开IPO的重重审核，一旦达到转板条件就会立刻离开新三板。这样的制度背景下会出现监管套利以及企业不公平竞争的恶性局面，既不利于主板市场的稳定，也不利于新三板市场的健康发展。只有在不同层次资本市场均实行IPO注册制的背景下才能解决问题。企业若满足交易所上市条件，做到信息披露合规，便能直接到场内市场完成首次公开发行并上市；而符合转板条件的新三板企业若申请转板上市，也可以顺利进入交易所市场，完成转板。因此，想要实现真正意义上的快捷转板制度，需要不同层次资本市场挂牌制度尽快取得一致。

（2）扩大投资者范围。新三板市场流动性差、交易冷清的现状与投资者范围较窄、市场内投资总额过低有显著关系。扩大投资者范围绝不能从降低新三板个人投资者准入门槛的角度下手，而应该丰富投资者类型，引入更多私募基金和公募基金等机构投资者加入做市商行列。因为新三板市场毕竟挂牌门槛太低，挂牌企业良莠不齐，贸然引入大量风险识别能力和估值判断能力不足的个人投资者，不但不能起到盘活新三板市场流动性的效果，反而可能给新三板市场带来灾难性的冲击。合理引入机构投资者，同时加快完善新三板市场信息披露机制和退出机制，提高新三板市场整体的素质和吸引力，自然而然会有更多参与者加入到新三板市场中来，流动性问题和投融资规模问题也可迎刃而解。

（3）市场化的上市和退市制度。目前我国的发行制度仍然存在诸多问题，例如市场自我调节能力弱、询价机制欠合理、市场定价能力不强、发行市场诚信不足等。建立转板制度还需要配套通过强化信息披露、合理化发行定价机制、加强市场风险约束，进一步推进发行制度的市场化改革。另外，当前我国上市公司的退市门槛仍然较高，退市制度须结合"降板"制度共同进行，给予企业更多的选择空间，也有利于我国企业的良性发展。

3. 设立"精选层"和排队打分制度

2016年新三板市场推出了基础层—创新层分层制度，将一部分优质企业放入创新层实行分层管理，但是并没有对创新层企业给予制度红利，创新层企业在交易方式上也与基础层没有任何差别，新三板分层制度还有待进一步完善。

结合本案例研究结论，初步设想新三板可以在基础层、创新层的现有模式下再单独分离出一个"精选层"，将新三板市场最优质企业放入该层，对处于"精选层"中的企业实行严格的信息披露机制，尝试在"精选层"开展竞价交易试点。一方面，在当前转板制度难以确立的情况下，对于精选层的部分企业进行"打分"，其在排队等候IPO的过程中可以利用挂牌新三板时期的"成绩单"进行排序，提高审核效率；另一方面，当转板制度正式确立之后，"精选层"企业应该得到相应的政策支持，拥有优先转板至其他板块的权利，以提高新三板优质企业的转板效率。

"精选层"的设立以及排队打分制度的实现，在一定程度上也可以提高新三板内部的企业竞争水平，增强市场活跃度，进一步吸引更多中小企业入驻，体现出新三板"基础性资本市场"的定位。

五、案例总结

对于许多中小企业来说，新三板挂牌是他们进入资本市场的优先选择。随着企业的逐渐发展壮大，新三板融资功能和规模的局限性已经不能满足处于成长期的企业的发展需求，转至更高层次的资本市场发展成为企业的首选措施，而我国转板制度的缺失直接影响了企业在不同资本市场之间的转移。

本案例通过对合纵科技转板案例的分析发现，合纵科技谋求转板至创业板的原因主要是继续挂牌新三板会影响企业的进一步发展，而当前新三板转板普遍采用的"新三板退市＋其他板块IPO"转板模式十分不合理。要落实真正意义上的直接转板，必须从拟转板企业自身素质提高和制度建设两方面双管齐下。只有提高了新三板挂牌企业的整体素质，同时完善当前资本市场制度建设，构建互相流通的多层次资本市场才有可能实现。另外，通过对比分析北京科锐上市中小板以及合纵科技转板前后情况，我们进一步说明了转板制度确立的必要性。建立合理有效的转板制度，对新三板挂牌企业自身发展有极大的促进作用，能够使得企业经营状况明显改善，融资约束减缓，且得到更为合理的价值评估。另外，转板制度的确立对于完善我国多层次资本市场建设有着极为重要的作用。一方面，转板制度的确立可以改善当前新三板交易低迷、流动性不足的局面，使其更有效地发挥"基础性市场"作用；另一方面，新三板转板制度的设立也能够发挥"试验田"的作用，为其他资本市场板块出台转板机制提供经验。

思考题

1. 新三板与主板IPO制度有何不同,为什么可能出现转板套利现象?
2. 为什么新三板对于合纵科技显得融资功能受限?是因为它的规模还是发展速度?
3. 直接到主板轮候上市和在新三板上市再转板主板,哪种方式更好?

参考文献

[1] 陈全伟.台湾证券市场转板机制动因及影响[N].证券市场导报,2004-07-10.

[2] 程晓明,王旭.中国新三板退市机制及其完善建议[J].中国证券期货,2011(5).

[3] 陈露.资本市场的层次构建与转板制度——基于分离均衡模型的研究[J].上海金融,2008(9).

[4] 胡海峰,罗惠良.风险分担、信息不对称与资本市场层次演进[J].经济学动态,2009(6).

[5] 胡晓蕊.基于全生命周期的科研项目财务风险识别与控制[J].经营管理者,2014(25).

[6] 侯东德,李俏丽.多层次资本市场间转板对接机制探析[J].上海金融,2013(12).

[7] 黄琪琦.我国场外交易市场的体系和制度构建[D].上海:复旦大学,2012.

[8] 季节.新三板——资本市场的基石[J].经济导刊,2010(8).

[9] 刘国胜.新三板转板制度设计与发展前景分析[J].西部经济管理论坛,2014(2).

[10] 林安霁,林洲钰."新三板"市场的发展模式与对策研究[J].经济体制改革,2012(5).

[11] 罗云开.新三板转板制度落地须以IPO注册制为前提[N].中国经济时报,2018-05-24.

[12] 钱爱民,付东.信贷资源配置与企业产能过剩——基于供给侧视角的成因分析[J].经济理论与经济管理,2017(4).

[13] 闻岳春.台湾多层次资本市场的形成、发展及对大陆的启示[J].上海金融,2006(11).

案例十五 成长的烦恼:新三板企业转板 vs 创业板上市

附例1:全国中小企业股份转让系统投资者适当性管理细则(部分)

附例2:IPO暂停介绍

附例3:合纵科技与北京科锐的诉讼官司

附例4:2009年至2014年合纵科技外部融资需求预测计算